Germany 德國

no.74

丹麥

北海　　　波羅的海

● 法蘭克福
Frankfurt am Main　捷克

法國　　● 慕尼黑
München　奧地利

瑞士

MOOK NEWAction

德國 Germany

MOOK NEWAction no.74

©A.Savin, WikiCommons

本書所提供的各項可能變動性資訊,如交通、時間、價格(含票價)、
地址、電話、網址,係以2023年06月前所收集的為準;特別提醒的
是,COVID-19疫情期間這類資訊的變動幅度較大,正確內容請以當
地即時標示的資訊為主。
如果你在旅行中發現資訊已更動,或是有任何內文或地圖需要修正
的地方,歡迎隨時指正和批評。你可以透過下列方式告訴我們:
寫信:台北市104中山區民生東路二段141號9樓MOOK編輯部收
傳真:02-25007796
E-mail:mook_service@hmg.com.tw
FB粉絲團:「MOOK墨刻出版」www.facebook.com/travelmook

符號說明

🕿 電話　🕙 休日　❶ 注意事項　🕑 所需時間　❶ 旅遊諮詢
🏠 地址　💲 價格　🎯 營業項目　🛈 如何前往　🅗 住宿
🕐 時間　🆙 網址　✿ 特色　🚇 市區交通

Welcome to Germany

歡迎來到德國

德國雖然歷史悠久，但說起來，她成為一個統一的民族國家，也不過就是150多年前的事。在那之前，這片土地由許多大大小小的王國、公國、自由城市所佔據，神聖羅馬帝國皇帝雖是名義上的共主，但並沒有建立中央專制，各王國與城市仍保有自己的主權、文化與傳統價值。正因為如此，今日的德國才能呈現如此繽紛多元的面貌，每個區域都散發出不同的氣質與韻味。

由這群王國所造就出的歷史，留給德國數量龐大的城堡與宮殿，文藝復興的和諧、巴洛克的華麗、洛可可的繁複、新古典主義的氣派，每個時代的潮流風氣都鐫刻在富麗堂皇的宮殿裡，總看得遊人眼花撩亂、心醉神馳。另一方面，德國的現代科技也同樣有口皆碑，最經典的成果表現在汽車工藝上，今日人們來到賓士、保時捷、BMW與福斯的博物館，無不大開眼界，對德國人的一絲不苟佩服得五體投地。

然而，每個民族都有其黑歷史，德國的黑歷史更是惡名昭彰。德國人對這些並不會避而不談，更不會極力隱藏掩飾，而是讓他們的下一代真真切切地了解到，過去在歷史上所發生的錯誤。今日來到德國，處處都能看到關於納粹罪行的反省，探討東德鐵幕箝制思想的展覽也有不少，因為德國人相信，唯有正視自己國家的陰暗面，而不是一味歌功頌德來粉飾太平，才能避免再次走上歧路，才能讓整個民族更向前邁進。

德國全圖

N

波蘭
Polska

波羅的海
Baltic Sea

北海
North Sea

丹麥
Danmark

荷蘭
Die Niederlande

史特拉爾松Stralsund

羅斯托克Rostock

梅克倫堡-前波莫瑞邦
Mecklenburg-Vorpommern

威斯瑪Wismar

新布蘭登堡Neubrandenburg

施威林Schwerin

呂北克Lübeck

基爾Kiel

什列斯威-霍爾斯坦因邦
Schleswig-Holstein

漢堡Hamburg

易北河
Elbe

維騰貝爾格Wittenberge

柏林
Berlin

特雷普托-克佩尼克
Treptow-Köpenick

科特布斯Cottbus

忘憂宮
Schloss Sanssouci

波茨坦
Potsdam

沃利茨Wörlitz

維騰堡Wittenberg

布蘭登堡邦
Brandenburg

德紹Dessau

萊比錫
Leipzig

馬德堡Magdeburg

薩克森-安哈特邦
Sachsen-Anhalt

哈雷Halle

奎德林堡Quedlinburg

下薩克森邦
Niedersachsen

沃爾夫斯堡Wolfsburg

戈斯瑞克Goslar

哥廷根Göttingen

漢諾威Hannover

布斯拉格Braunschweig

童話大道
Märchen Straße

不來梅Bremen

威悉河
Weser

希德斯漢Hildesheim

哈默爾
(Hameln)

哈明登
Hann. Münden

沃夫哈根

不來梅港Bremerhaven

奧登堡Oldenburg

奧斯納布魯克Osnabrück

比勒費爾德Bielefeld

帕德伯恩Paderborn

明斯特Münster

埃姆斯河
Ems

威廉港Wilhelmshaven

諾爾登Norden

多特蒙德Dortmund

哈根Hagen

哈姆Hamm

埃森Essen

北萊因西發里亞邦
Nordrhein-Westfalen

杜伊斯堡Duisburg

6

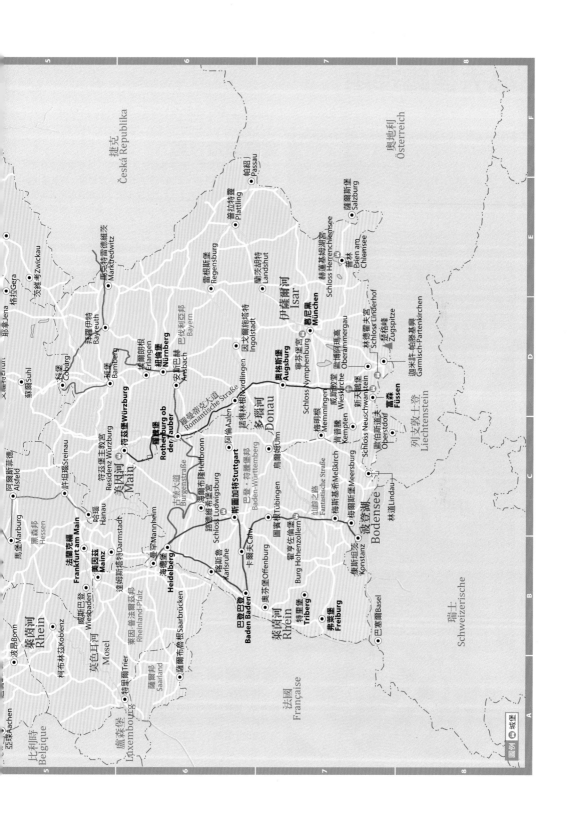

奧地利 Österreich

捷克 Česká Republika

帕紹 Passau

薩爾斯堡 Salzburg

普拉特靈 Plattling

馬克特德維茨 Marktredwitz

雷根斯堡 Regensburg

蘭茨胡特 Landshut

普林 Prien am Chiemsee

赫連基姆湖宮 Schloss Herrenchiemsee

拜羅伊特 Bayreuth

埃爾朗根 Erlangen

紐倫堡 Nürnberg

安斯巴赫 Ansbach

巴伐利亞邦 Bayern

因戈爾施塔特 Ingolstadt

伊薩爾河 Isar

慕尼黑 München

楚格峰 Zugspitze

加米許‧帕騰基興 Garmisch-Partenkirchen

科堡 Coburg

班堡 Bamberg

諾德林根 Nördlingen

奧格斯堡 Augsburg

寧芬堡宮 Schloss Nymphenburg

歐博阿瑪高 Oberammergau

林德霍夫宮 Schloss Linderhof

埃爾福特 Erfurt

蘇爾 Suhl

格拉 Gera

耶拿 Jena

茨維考 Zwickau

阿倫 Aalen

多瑙河 Donau

烏爾姆 Ulm

梅明根 Memmingen

肯普騰 Kempten

威斯教堂 Wieskirche

新天鵝堡 Schloss Neuschwanstein

福森 Füssen

歐伯斯道夫 Oberstdorf

列支敦斯登 Liechtenstein

許坦瑙 Steinau

哈瑙 Hanau

符茲堡主教宮 Residenz Würzburg

符茲堡 Würzburg Main 美因河

海布隆 Heilbronn

羅曼蒂克大道 Romantische Straße

羅騰堡 Rothenburg ob der Tauber

斯圖加特 Stuttgart

巴登‧符騰堡邦 Baden-Württemberg

卡爾夫 Carw

霍亨佐倫堡 Burg Hohenzollern

圖賓根 Tübingen

梅斯基希 Meßkirch

梅爾斯堡 Meersburg

波登湖 Bodensee

康斯坦茨 Konstanz

林道 Lindau

阿爾斯費德 Alsfeld

馬堡 Marburg

黑森邦 Hessen

法蘭克福 Frankfurt am Main

達姆斯塔特 Darmstadt

美因茲 Mainz

威斯巴登 Wiesbaden

曼海姆 Mannheim

海德堡 Heidelberg

路德維希堡宮 Schloss Ludwigsburg

城堡大道 Burgenstraße

古堡大道 Burgenstraße

仙蹤之路 Fantastische Straße

波昂 Bonn

萊茵河 Rhein

柯布林茲 Koblenz

莫色耳河 Mosel

特里爾 Trier

萊茵‧普法爾茨邦 Rheinland-Pfalz

薩爾布呂肯 Saarbrücken

薩爾邦 Saarland

卡爾斯魯 Karlsruhe

奧芬堡 Offenburg

巴登巴登 Baden Baden

特里堡 Triberg

弗萊堡 Freiburg

萊茵河 Rhein

巴塞爾 Basel

瑞士 Schweizerische

法國 Française

亞琛 Aachen

比利時 Belgique

盧森堡 Luxembourg

圖例 ⊕ 城堡

必去德國理由

金碧輝煌宮殿

如果對「富麗堂皇」的定義感到不甚明確,來到德國便有無數機會能讓你具體見識。從名列世界遺產的忘憂宮、符茲堡主教宮、威廉高丘宮,到由巴伐利亞王路德維二世所建的新天鵝堡、林德霍夫宮、赫蓮基姆湖宮等一系列宮殿,無不教人看得目眩神迷。

羅曼蒂克古堡

航行在萊茵河中游河段上,或是沿著古堡大道的城市一一探訪,抬眼就能看到歷盡滄桑的古老城堡佇立在山頭上。這些過去雄據一方、保家衛國的軍事重地,如今都成了羅曼蒂克的代名詞,等著遊人前來聊發思古之幽情。

莊嚴宏偉教堂

在德國許多城市裡,教堂永遠是天際線上的視覺焦點所在,高可參天的塔樓、哥德式的尖頂拱門與飛扶壁,讓人們不由得在它們面前屏氣凝神,領受神聖氛圍的震撼。而像是科隆大教堂、亞琛大教堂、烏爾姆大教堂、皇帝大教堂等,不但規模宏偉,當中的宗教藝術與收藏的寶物,更是不可錯過的重點。

頂尖汽車工藝

最早發明出現代化汽車的,是德國的賓士與戴姆勒,時至今日,德國的汽車品牌仍是汽車產業的翹楚。無論是賓士、保時捷、BMW還是福斯,都有廣大的品牌追隨者,而由這些廠牌所創立的博物館與觀光工廠,更讓全球愛車迷們趨之若鶩。

超凡大師藝術

德國地靈人傑,各方領域皆是天才輩出,論繪畫有杜勒、魯本斯、克拉那詞,論音樂有巴哈、貝多芬、孟德爾頌、華格納,論文學有歌德、席勒,論思想有黑格爾、尼采。在其故居與博物館中,可以感受到他們的才華,也能讓自己的鑑賞力有所啟發。

豪邁美味享受

德國東部的鹽醃冰腿與咖哩香腸、德國南部的脆皮烤豬腳與火焰脆餅、德國西部的法蘭克福香腸與菜捲、德國北部的水手雜燴與煎鰈魚……德國的每一處地方都有美味,讓人無論到哪裡都能大快朵頤。當然,一定要配上大杯啤酒,豪邁地乾杯才是王道。

旅行計畫
Plan Your Trip

Top Highlights of Germany
德國之最

文●蔣育荏　攝影●墨刻攝影組

富麗堂皇的王室宮殿
Splendid Royal Palace

　　宮殿不只代表君王個人的品味喜好，更時常是國家財富與國力的象徵，因此無論是哪個政權，歷任統治者皆無不致力於把宮殿打造得金碧輝煌、極盡誇張炫富之能事。於是各個時代的藝術風氣、御用巧匠的超凡手藝，都表現在一棟棟雕樑畫柱、氣派恢宏的建築與其繁富華麗的裝飾細節上，直教人眼花撩亂、讚嘆不已。

　　這其中最著名的，當然還包括由19世紀時的巴伐利亞國王路德維二世所興建的一系列宮殿，當時他抱持著對中世紀傳奇的浪漫憧憬，打造出一座座富於童話色彩的城堡，雖然讓巴伐利亞國力大衰，卻造就出今日德國最引人入勝的觀光景點。

最佳城堡
The Best Castle

瑪麗恩堡要塞 / 符茲堡
Festung Marienberg /
Würzburg
(P.218)

新天鵝堡 / 富森周邊
Schloss Neuschwanstein /
Around Füssen
(P.235)

故事豐富的歷史古堡
Charming Castle

　　德國境內至今仍佇立著許多中世紀時代的古老城堡，尤以萊茵河中游谷地一帶為最。這些古堡大多都有將近千年的歷史，過去擔負著控制通衢要道、保護領民安全的角色，然而許多堡壘在經歷數個世紀的激烈攻防後，最終淪為廢墟。所幸19世紀時，當時還是普魯士太子的腓特烈威廉四世將部分城堡買下，並加以重新整修，讓它們喚回往日榮光。今日已有不少古堡向大眾開放，或是成為博物館，或是成為古堡酒店，甚至是青年旅館，讓好奇的人們前往一探究竟。

　　而在德國南部，留存至今的古堡也為數不少，許多城市的堡壘依舊昂然挺立，也有許多城市保有完整城牆，有民間觀光協會於是將這些城市串連起來，規劃出一條古堡大道，供遊人對這些古意盎然的城堡一一巡禮。

海德堡古堡 / 海德堡
Schloss Heidelberg /
Heidelberg
(P.241)

皇帝堡 / 紐倫堡
Kaiserburg / Nürnberg
(P.246)

霍亨佐倫堡 /
斯圖加特周邊
Burg Hohenzollern /
Around Stuttgart
(P.266)

遠近馳名的博物館
Famous Museum

　　德國擁有豐富的文化內涵，幾乎每個大城市都有精彩絕倫的博物館。最有名者，莫過於柏林市中心的博物館島，5座國家級的博物館緊密相鄰，內容包括重量級的歷史文物與藝術作品，甚至還有數千年前的大型古蹟遺址在館內重新搭建。再加上近年開幕的洪堡論壇，更讓博物館島的國際地位向前躍進。

　　法蘭克福的博物館河岸亦不遑多讓，短短1公里的距離內就有12家博物館，堪稱德國博物館最密集的區域，不但主題五花八門，等級也相當具有水準。至於慕尼黑的國王廣場一帶，也是著名的博物館區，許多德國最重要的大師級藝術作品，就收藏在這裡的博物館裡。

最佳宮殿
The Best Palace

忘憂宮 / 波茨坦
Schloss Sanssouci /
Potsdam
(P.100)

茲溫葛宮 /德勒斯登
Zwinger / Dresden (P.122)

宏偉莊嚴的大教堂
Magnificent Cathedral

德國人的信仰有多虔誠，看看城內教堂的密集程度，再看看教堂的宏偉規模就知道。主塔高達161.53公尺的烏爾姆大教堂，是當今世界最高的教堂建築，事實上在世界最高教堂排行榜上，前20名的教堂裡，有8座都位於德國！

除了烏爾姆大教堂外，其他包括號稱地球最完美哥德教堂的科隆大教堂、由查里曼大帝下令打造的亞琛大教堂、過去為神聖羅馬帝國皇帝加冕的皇帝大教堂、名列世界遺產的威斯教堂等，都是德國聞名遐邇的教堂建築。

有些教堂雖然規模並不突出，但依然有其可看之處，像是亞桑教堂的洛可可式華麗裝飾、聖史蒂芬教堂的夏卡爾彩繪玻璃、聖托瑪斯教堂的巴哈史蹟等，不論你是不是教徒，都應該前往朝拜一下。

| 赫蓮基姆湖宮 / 慕尼黑周邊 Schloß Herrenchiemsee / Around München (P.205) | 符茲堡主教宮 / 符茲堡 Residenz Würzburg / Würzburg (P.217) | 林德霍夫宮 / 富森周邊 Schloß Lainderhof / Around Füssen (P.236) |

綠意盎然的葡萄園Lush Vineyards

德國普遍來說，氣候比較寒冷，葡萄酒的產量不像隔壁的法國那樣豐盛，不過這並不代表德國沒有好酒。德國葡萄酒區主要是在萊茵河中游與鄰近法國的莫色耳河流域(Mosel)，南部的符茲堡與斯圖加特也能看到大片葡萄園。德國的葡萄酒以白酒為多，最有名的是麗絲玲，其他像是灰皮諾、白皮諾、慕勒圖高(Müller-Thurgau)也有不少，至於紅酒則以黑皮諾(Spätburgunder)為大宗。

不管喝的是哪一種葡萄釀的酒，看的主要還是熟成度，最高等級的是Qualitätswein mit Prädikat (QmP)，當中又再細分為6個等級。QmP中的最高境界是貴腐酒Trockenbeerenauslese (TBA)，其次是冰酒(Eiswein)。雖然提起冰酒，大多數人想到的都是加拿大，不過別忘了，冰酒最初就是德國農民發明的。

最佳博物館
The Best Museum

博物館島 /
柏林
Museumsinsel /
Berlin
(P.72)

格拉西博物館 /
萊比錫
Museen im Grassi /
Leipzig
(P.110)

葉金蘭提供

熱鬧滾滾的啤酒節
Beer Festivals

　　不管什麼節慶，氣氛一定是熱鬧非凡的，已經超過百年歷史的慕尼黑十月啤酒節與斯圖加特啤酒節，無論氣氛或技術上都很超凡。除了超大型啤酒帳篷之外，更讓人大開眼界的是多樣化的遊樂設施、傳統的巴伐利亞與施瓦本食物、現場的音樂演奏，每個人大口吃肉、大口喝酒，熱鬧滾滾的氣氛佔滿整個會場。真的很難想像，這麼大的會場、這麼多吃的喝的玩的買的，都只是臨時上場，時間一到，就要下台一鞠躬，熄燈關門、拆卸完畢，彷彿是灰姑娘的馬車，午夜一到就變回南瓜。不過只要大家愛啤酒、愛熱鬧、愛慶典的心意不變，每年秋天，啤酒節依然準時上菜。

嘆為觀止的汽車博物館
Astonishing Automobile Museum

　　賓士、BMW、保時捷這些著名的德國汽車廠牌，在愛車人心目中擁有崇高的地位，它們象徵了身份地位、代表著性能優越，既擁有悠久的傳統，也保證品質的穩定。賓士與保時捷的總部在斯圖加特，BMW的總部在慕尼黑，它們在當地都設有博物館，讓世界各地慕名而來的人們見證其品牌發展茁壯的過程。博物館內最精華的部分，當然就是品牌從創始至今的各式車款，所有傳說中的名車齊聚一堂，怎不令人熱血沸騰？

　　另外，福斯也是重要的德國汽車品牌，雖然沒有設立專門的博物館，但其總部沃爾夫斯堡卻有一處更勝博物館的汽車城，不但有歷代著名車款的展示，更有多種互動設施，簡直就是愛車者的遊樂園！

最佳大教堂
The Best Cathedral

| 皇帝大教堂 /
法蘭克福
Kaiserdom /
Frankfurt
(P.135) | 科隆大教堂 /
科隆
Kölner Dom /
Köln
(P.168) |

優美怡人的萊茵河風光
Picturesque Scenery of Rhein

光是萊茵河的名字，就已讓人湧起無限的浪漫遐想，沿著風光明媚的大河河岸，從呂德斯海姆翠綠如茵的葡萄園、賓根至柯布林茲一帶的古堡要塞、一直到聞名遐邇的科隆大教堂，完全滿足了人們童年時的中世紀夢想。

河道沿岸除了數不清的巍峨城堡可以造訪外，還能到神秘傳說籠罩的羅蕾萊之岩一探究竟，或是乘著呂德斯海姆纜車飛越葡萄園上方，或是登上博帕爾德的制高點俯瞰著名的「馬蹄鐵彎處」……萊茵河之旅已成為德國浪漫的經典，若你來過德國，卻沒有造訪萊茵河，那就未免太可惜了。

| 亞琛大教堂 / 亞琛 Aachen Dom / Aachen (P.175) | 威斯教堂 / 富森周邊 Wieskirche / Around Füssen (P.237) | 烏爾姆大教堂 / 烏爾姆 Ulmer Münster / Ulm (P.267) |

登高望遠的楚格峰
Panoramic Zugspitze

　　位於德國南部阿爾卑斯山系的楚格峰，海拔2,964公尺，是德國的第一高峰，同時也是德國唯一仍保有冰河之地，無論冬寒夏暑，終年積雪不退，為德國地勢最高的滑雪勝地。站在楚格峰頂上，不但可以飽覽一望無際的阿爾卑斯山脈全景，更可遙望到奧地利、義大利、瑞士和德國境內層層山巒的景色，令人讚嘆大自然如此美麗的揮灑色彩。

　　而楚格峰下的艾比湖，標高1,000公尺，背倚雄偉聳峙的山峰，身擁蒼翠蓊鬱的山林，湖水清澈如鏡，高山湖泊的天然之美真教人永生難忘！

最佳名人故居
The Best residence of celebrities

孟德爾頌故居 /
萊比錫
Mendelssohn-Haus /
Leipzig
(P.109)

席勒故居 /
威瑪
Schillers Wohnhaus /
Weimar
(P.114)

歷史悠久的巴登巴登溫泉
Historic Baden Baden

　　「Bad」這個字在德文中便是「沐浴」的意思，因此地名中若是出現「Bad」，就代表這是古人沐浴之處，也就是有溫泉的地方。古羅馬人非常重視浴場，帝國所到之處，只要有溫泉就一定會開發為城鎮，而這股風氣即使在羅馬帝國滅亡後依舊延續下來。

　　2021年時，聯合國教科文組織將歐洲7國共11個溫泉小鎮列為世界遺產，德國的巴登巴登也在名單之中。位於黑森林的巴登巴登，自古以來便是貴冑名流薈萃的泡湯之城，你可曾想像過在古羅馬式的圓頂宮殿下，享受如帝王般泡湯的樂趣？或是在露天的羅馬花園裡悠游於現代化的溫泉水池中？巴登巴登的斐特列溫泉與卡拉卡拉溫泉就是像這樣的地方，對於習慣日式與台式溫泉的台灣遊客而言，絕對是個嶄新的歐式溫泉體驗。

歌德故居 / 威瑪 Goethes Wohnhaus / Weimar (P.116)	貝多芬故居 / 波昂 Beethoven-Haus / Bonn (P.173)	杜勒故居 / 紐倫堡 Albrecht-Dürer-Haus / Nürnberg (P.247)

Top Itineraries of Germany
德國精選行程　文●蒙金蘭

德東懷舊6天
●行程特色

自從東、西德合併，柏林重回首都地位後，柏林在國際舞台上日益活躍，無論是純觀光或參加會展，它都散發著強烈的熱力。現在在前東德的領地上，仍能看到不少共黨時代的殘留遺跡，不過這些東德遺產早已失去了政治上的嚴肅，反而作為一種潮流而大受歡迎。

●行程內容

Day 1-2：探索柏林

Day 3：當天往返波茨坦

Day 4：前往萊比錫

Day 5：當天往返威瑪

Day 6：前往德勒斯登

萊茵河閒情7天
●行程特色

到萊茵河流域旅遊，一定要坐看看萊茵河上的遊船。經營這條航線的船公司很多，其中以KD的航線最完整，使用德鐵通行證還能打折，最常被外國觀光客搭乘。不過如果要去某些特定城堡，還是要搭其他家的渡船，建議根據你想去的地方來選擇行程，若是覺得太複雜，也可以請遊客中心的人協助。科隆是交通樞紐城市，南來北往相當方便，如果不想帶著行李天天搬家，不妨以科隆為基地，輕鬆走訪它和周邊的城市。

●行程內容

Day 1：探索法蘭克福

Day 2：前往美因茲

Day 3：搭乘萊茵河遊船北上，在呂德斯海姆下船

Day 4：搭乘萊因河遊船北上，至柯布林茲下船

Day 5：前往科隆，探索科隆

Day 6：當天往返亞琛

Day 7：當天往返波昂或杜塞道夫

羅曼蒂克9天

● 行程特色

　　若航班許可，盡量安排從不同城市進出，就能在一趟之中盡覽兩個截然不同風味的大城，不亦快哉！

　　「羅曼蒂克」大道光聽名字就讓人心動不已，拜大道專車所賜，已經可以用比較節省時間的方式一站站探索。每個城鎮都有各自的特色，如果時間充裕的話，不妨放慢腳步，以免流於走馬看花。

● 行程內容

Day 1：探索法蘭克福

Day 2：前往海德堡

Day 3：前往符茲堡

Day 4：搭乘羅曼蒂克專車南下，至羅騰堡下車

Day 5：搭乘羅曼蒂克專車南下，至奧格斯堡下車

Day 6：搭乘羅曼蒂克專車南下，至富森下車

Day 7：探訪新天鵝堡及郝恩修瓦高城

Day 8：前往慕尼黑

Day 9：探索慕尼黑

黑森林仙蹤8天

● 行程特色

　　黑森林和仙蹤之路雖然沒有專車串連，但巴登巴登、康斯坦茨等城市的火車班次都很多，要遍覽德國南部的湖光和山色並不難。只有霍亨佐倫堡由於對外交通輾轉，接駁車又不多，加上當地的住宿選擇也比較少，行程安排起來有點傷腦筋。不妨以交通相對方便的斯圖加特為基地，當天往返，是最符合時間和經濟效益的安排了。行程中若打算拜訪霍亨佐倫堡，除非自己開車，否則注定要花掉一整天的時間，要有心理準備。

● 行程內容

Day 1：探索法蘭克福

Day 2：前往海德堡

Day 3：前往巴登巴登

Day 4：前往斯圖加特

Day 5：從斯圖加特當天往返霍亨佐倫堡

Day 6：從斯圖加特前往康斯坦茨

Day 7：前往慕尼黑

Day 8：探索慕尼黑

德北格林童話7天

●行程特色

　　漢諾威是德國首席的商務城市，一年會有上百場會展，如果你是參加會展來到漢諾威，那麼會展前後利用機會好好探索它周邊的城鎮。位於北海和波羅的海岸的漢堡和呂北克，是漢薩同盟時期的權力中心城市，曾經風光不可一世，留存至今的市容，呈現出和德國其它大城不太一樣的面貌。

　　遊完大城之後，不妨跟著格林兄弟的一生行腳，走一趟童話大道，回味一下那些自己在童年時曾經信以為真的故事，並且「考察」一下故事中人物是在什麼環境下生活的。

●行程內容

Day 1：探索漢堡

Day 2：當天往返呂北克

Day 3：從漢堡前往不來梅

Day 4：前往漢諾威

Day 5：前往哈默爾

Day 6：前往卡塞爾

Day 7：前往法蘭克福

德西&德南城市之旅8天

●行程特色

　　如果假期很短、又不想浪費太多時間在交通、轉車之間，最佳策略就是拜訪一些對外四通八達、往返班次又眾多的大城市。機票可以安排的話，不妨從北邊的杜塞道夫進入德國，然後一路向南把科隆、法蘭克福、海德堡、斯圖加特等德國西部和南部最知名的城市全部玩遍，最後從最精彩的慕尼黑告別德國，為這趟德國西南行畫下完美的句點。

●行程內容

Day 1：探索杜塞道夫

Day 2：探索科隆

Day 3：前往法蘭克福

Day 4：前往海德堡

Day 5：前往斯圖加特

Day 6：前往烏爾姆

Day 7：前往慕尼黑

Day 8：探索慕尼黑

When to go
最佳旅行時刻　　文‧圖●墨刻編輯部

德國位處歐洲中央，愈往南地勢愈高，北部平原約占國土1/3面積，中部地區是大片森林，到了與瑞士、奧地利的邊界，已進入阿爾卑斯山區。德國大部份地區屬於涼爽潮溼的溫帶海洋性氣候，東部則是大陸性氣候。春天大約4、5月來臨，10月之後便開始下雪，不過近年來氣候變化劇烈，前一年的天氣往往已不能作為後一年的參考，建議出發之前最好先查詢好即時的氣候預報。

不來梅市與下薩克森邦
Bremen & Niedersachsen

下薩克森邦的氣候介於海洋性氣候與大陸性氣候之間，冬夏溫差頗大，1月均溫在0℃上下，7月均溫則有17℃左右。降水量各地分布不均，約在650mm以上。

北萊茵-威斯特法倫邦、萊因-普法爾茲邦與薩爾邦
Nordrhein-Westfalen, Rheinland-Pfalz & Saarland

萊茵河流域屬於溫帶海洋性氣候，冬暖夏涼，1月均溫為2.6℃，7月均溫為18.8℃，年雨量在800mm以上。

黑森邦 Hessen

本區屬於溫帶海洋性氣候，氣溫較為溫暖，年溫差與日溫差較小，但日照時數也相對較短。1月均溫約1.6℃，7月均溫約20℃，年雨量均勻，約在620mm以上。

巴登-符騰堡邦
Baden-Württemberg

巴登-符騰堡終年位於西風帶內，受溫帶海洋性氣候支配，但愈往東部，則逐漸出現溫帶大陸性氣候的特徵。由於緯度較低，平地氣溫比德國其他區域暖和，但由於地形起伏較大，山地常測得德國的最低溫。

漢堡市、什列斯威-豪斯敦邦與梅克倫堡-前波莫瑞邦
Hamburg, Schleswig-Holstein & Mecklenburg-Vorpommern

屬溫帶海洋性氣候，受潮溼的西風調節，冬季相對來說氣溫較為溫和，夏天也比較涼爽，1月均溫為零下4℃至零下1℃，7月均溫約在18℃左右。本區雨水豐沛，年雨量約在500~800mm，愈往東邊雨量愈少。

柏林市與布蘭登堡邦
Berlin & Brandenburg

受到溫帶海洋性氣候與大陸性氣候交互影響，呈現溫帶大陸性溼潤氣候的特徵，冬天溫和、夏天涼爽，1月均溫約0.5℃，7月均溫約19℃，年雨量在570mm以上。

薩克森邦、薩克森-安哈特邦與圖林根邦
Sachsen, Sachsen-Anhalt & Thüringen

本區由溫帶大陸性溼潤氣候過渡到大陸性氣候，冬季寒冷，氣溫常在零度以下，夏季炎熱，偶有測得30℃以上的紀錄，溫度變化強烈而明顯。降水量分布平均，冬天稍比夏天乾燥，年雨量在400~600mm左右。

巴伐利亞邦
Bayern

屬溫帶大陸性溼潤氣候，冬季寒冷，夏季不熱，但日夜溫差較大。迎風坡常有突發性的暴雨，山背處也偶有焚風出現。1月均溫約零下2.2℃，7月均溫17.3℃，年雨量600~1400mm。

地圖標示：

漢堡市、什列斯威‧豪斯敦邦與梅克倫堡‧前波莫瑞邦
Hamburg, Schleswig-Holstein & Mecklenburg-Vorpommern

不來梅市與下薩克森邦
Bremen & Niedersachsen

柏林市與布蘭登堡邦
Berlin & Brandenburg

北萊茵-威斯特法倫邦、萊因‧普法爾茲邦與薩爾邦
Nordrhein-Westfalen, Rheinland-Pfalz & Saarland

薩克森邦、薩克森‧安哈特邦與圖林根邦
Sachsen, Sachsen-Anhalt & Thüringen

黑森邦
Hessen

巴伐利亞邦
Bayern

巴登‧符騰堡邦
Baden-Württemberg

德國**節慶**

2月	柏林	**柏林國際影展** **Internationale** **Filmfestspiele Berlin**	國際電影界的年度盛事之一，在為期10天的影展中播放入圍的各國電影，並於最後一日評選出得獎作品，其獎項則稱為「金熊獎」。
2或3月	天主教地區	**嘉年華** **Karneval**	最初是日耳曼農民迎春的儀式，信教之後成為四旬齋前的狂歡。整個嘉年華其實從11月11日便已開始，到了2月大齋首日前的一個星期達到最高潮。
4/30~5/1	哈茨山脈	**女巫之夜** **Walpurgisnacht**	源自中世紀的女巫集會，現在已成為一場嘉年華會，人們會打扮成女巫的模樣，圍著巨大篝火跳舞狂歡。
5~9月	萊茵河中游	**萊茵火祭** **Rhein in Flammen**	在波昂(5月第1個週六)、呂德斯海姆(7月第1個週六)、柯布林茲(8月第2個週六)、歐博威瑟(9月第2個週六)、聖高爾(9月第3個週六)，所舉行的煙火慶典。
5月	漢堡	**建港紀念日** **Hafengeburtstag**	在漢堡港的登陸橋附近，會有遊行慶典及帆船比賽，晚上還會施放煙火。
5月	德勒斯登	**國際迪克西蘭節** **International Dixieland** **Festival**	自1971年開始，每月5月為期兩週的爵士樂嘉年華會。
6月	萊比錫	**巴哈節** **Bachfest Leipzig**	為期10天，全城會有近百場獨立音樂會，而最後的壓軸是在聖托瑪斯教堂演奏巴哈的B小調彌撒曲。
6月	各大城市	**同志大遊行** **Christopher Street Day**	為紀念1969年6月紐約的石牆事件，同性戀者每年6月都會走上街頭，舉行別開生面的華麗大遊行。
8月	法蘭克福	**美因節** **Mainfest**	在城內會搭建起臨時遊樂園，並舉辦盛大儀式、音樂會與競技比賽，當然，也少不了煙火。
8月底~9月初	斯圖加特	**斯圖加特美酒節** **Stuttgarter Weindorf**	為期2週，屆時城內會搭起近百座帳篷，由當地酒莊提供美酒品飲，以及施瓦本地方料理。
9月底~10月初	慕尼黑	**十月啤酒節** **Oktoberfest**	全城重要釀酒商會聚集在Theresienwiese 搭建帳篷，現場還有各種大型遊樂設施與音樂表演，屆時將有數十萬人次在2週之內陷入狂歡…與爛醉。
11月底~12/25	全國各地	**聖誕市集** **Weihnachtsmarkt**	為了準備聖誕節的到來，德國全境大城小鎮上的市集廣場，會有長達1個月的聖誕市集，不但張燈結綵熱鬧非凡，而且每個邦都有自己的地方特色。

Best Taste in Germany
德國好味

文●蔣育荏・墨刻編輯部　攝影●墨刻攝影組

直到1870年，德國才以統一姿態成為一個國家名詞，各地之間錯綜複雜的糾葛歷史也反映在食物方面，許多料理乍看之下都有血緣關係，仔細分辨卻又多少還是不同。

德國人對肉類情有獨鍾，尤其是豬肉，像是豬腳、香腸，幾乎成了全德共同菜色。此外，用蕪菁或甘藍菜醃製的酸菜(Sauerkraut)以及水煮馬鈴薯(Salzkartoffeln)，則是最常見的配菜。另一項特色是份量豪爽，德國人不像他們的法國鄰居，願意花許多心思研究精緻的醬汁細節，他們覺得吃飽幹活最重要，因此在德國吃飯絕對不會餓著。雖然味道上可能沒有太多層次的驚喜，甚至口味時常偏鹹，需要大口喝啤酒來取得平衡，但德國人不愧是烹調肉類的高手，對肉質口感的處理十分在行，所以只要選對餐廳，在德國也能獲得意猶未盡的用餐體驗。

咖哩香腸
Currywurst

德國東部

咖哩香腸說穿了，其實就是把香腸淋上蕃茄醬汁，再灑上一層咖哩粉，然而味道不但意外相合，而且具有爆炸性的激盪。其醬汁內容頗有學問，雖然是以蕃茄泥為基底，但每家攤販都有其獨門祕方，像是加入蘋果醬、芒果汁、可樂等，因此各家味道皆不相同。

獵人肉排
Jägerschnitzel

德國東部

這是德國東部常見的家常菜，肉排用的是豬肉或小牛肉，有些廚師也會裹上麵包屑粉後油炸。淋上的醬汁有紅醬與白醬兩種，紅醬是以蕃茄熬煮，白醬則是奶油醬，兩者都會加入大量蘑菇，配菜則大多是麵條。

鹽醃冰腿
Eisbein

德國東部

以柏林為首的東德料理中，非吃不可的就是豬腳。和巴伐利亞烤豬腳不同，東德豬腳用的是肥嫩的腿庫肉，用鹽巴醃漬後長時間燉煮，滋味鮮美、肉質軟嫩，好一點的餐廳甚至能做到入口即化。雖然名為「冰腿」，但其實是道熱菜，之所以會有這個名字，據說詞源可能來自古高地德語的「髖骨」；而另一種民間流傳的說法是，這部份的骨頭常會用來當作冰鞋的材料。

水手雜燴
Labskaus

德國北部

這道菜是從前水手們長時間出海時在船上吃的正餐，在漢堡北部海港邊的許多餐廳都可以點到，但在其他地方就很少見。其主菜是拌有青魚肉末與馬鈴薯的鹹牛肉碎泥，一旁搭配醃鯡魚、甜菜根和醃黃瓜。肉泥上面覆有一片半熟荷包蛋，傳統上是要把蛋黃攪破和進肉泥吃，不過並不強迫，端視個人喜好而定。

煎鰈魚
Finkenwerder Scholle

德國北部

將鰈魚鋪滿培根與洋蔥後，放進烤箱烘烤，有時還會撒上北海的蝦蟹肉。另一種做法是將鰈魚和培根一起在平底鍋中油煎。無論是烤是煎，都是皮脆肉鮮，美味非常。

炸鱒魚
Forelle Gebacken

德國北部

德北濱臨北海，魚類海鮮佔有相當比重，像是這道炸得酥酥脆脆的鱒魚，淋上檸檬汁和香草，有時再鋪上一層杏仁片，是許多當地人喜歡吃的一道料理。

單片麵包三明治
Butterbrot

德國北部

Butterbrot字面上的意思是「奶油麵包」，可以只是單純在全麥麵包上抹上奶油，也可以加上各種配料做成豪華的三明治。做成開放式三明治的版本在北歐尤其常見，據説這是源自中世紀的傳統，當時人們吃飯不用盤子，食物都是放在一片麵包上面。

德國西部

法蘭克福香腸
Frankfurter Würstchen

法蘭克福香腸長得細細長長，大多數是以豬肉灌成，再以水煮的方式烹調。這種香腸大家一定再熟悉不過，因為當它於19世紀傳入美國後，得到一個更響亮的名號──熱狗。

菜捲
Kohlroulade

德國西部

這是以長時間燉煮的甘籃菜(也就是高麗菜)包上肉類做成，其實和關東煮裡的菜捲非常相似，只是塊頭大上許多，且常會搭配馬鈴薯泥食用。這道菜源自猶太人，不只在德國，歐洲的其他地方也很常見。

蘆筍料理
Spargel

德國西部

每年春天(約5月至6月)是德國的蘆筍盛產季節，屆時在整個德國的大小餐廳，都會推出各式各樣蘆筍料理，新鮮甜美的滋味，成為德國人最期待的季節限定。

烤豬腳
Schweinshaxe

德南巴伐利亞

和德國北部鹽醃燉煮的方式不同，德國南部比較喜歡先將豬腿庫肉浸透滷汁，再串起來烤乾，淋上肉汁後搭配醃酸菜和黃芥末一起吃。若是喜歡酥脆口感，則可要求將外皮做成脆皮(knusprig gebratene)，更有咬勁。

白香腸
Weißwürste

德南巴伐利亞

以沸水汆燙的白香腸也是巴伐利亞(尤其是慕尼黑)代表性鄉土美食，通常作為早餐，香腸內以荳蔻、香芹、蔥薑調味，上桌時會裝在熱水鍋中，以防太快冷卻。白香腸搭配的醬料常是芥末，並與蝴蝶脆餅一同食用。

蝴蝶脆餅
Breze

德南巴伐利亞

蝴蝶脆餅是一種質地紮實的扭結狀麵包，外皮沾有粗鹽粒，在傳統酒館中經常會有侍者問你是否需要，不過即使蝴蝶脆餅是「自動」出現在餐桌上，只要你拿起來吃了，價錢也會「自動」加在帳單裡。

煎烤香腸
Bratwurst

德南
巴伐利亞

Bratwurst的辭源意指絞肉香腸(brät wurst)，其實是香腸的一種統稱，不過現在大多用來指涉煎烤香腸。香脆多汁的煎烤香腸在整個德國都能找到，除了餐廳供應，路邊也有許多小販販賣。在餐廳點的香腸，通常搭配酸菜和馬鈴薯；而向小販購買，有時會夾在麵包或土司裡吃。

德南
巴伐利亞

紐倫堡小香腸
Nürnberger Rostbratwurst

紐倫堡特有的小香腸傳說源自中世紀時，當時紐倫堡城門到了傍晚就會關閉禁止出入，為了讓來不及進出的人們可以填飽肚子，便將香腸做成小小的，方便從城門的鎖鑰孔傳遞出去，這也就是為什麼紐倫堡的香腸比德國其他城市還要小的原故。

德南
施瓦本

焗烤起士蛋麵
Kässpätzle

以巴登-符騰堡為主的施瓦本地區(Schwaben)，其料理以麵食為重心，最典型的就是在麵條上放了大量起士焗烤的Kässpätzle，相當重口味。

烤牛肉配手指麵
Rostbraten mit Schupfnudeln

如果覺得非得大口吃肉，烤牛肉排也是道地的施瓦本菜，不過和肉排搭配的還是麵類，通常是又粗又短的Schupfnudeln，因為樣貌的關係，也被稱作「手指麵」(Fingernudeln)。這種麵條是將麵粉和入馬鈴薯泥搓揉而成，相當具有飽足感，除非真的很餓，否則應該等肉排上了之後再一起吃。

德南
施瓦本

德國餛飩
Maultaschen

施瓦本人也喜歡把肉包在麵皮裡，捏成像餛飩或餃子一樣的東西，這種德國餛飩既然拿來煮成清湯，也能調上醬汁成為主菜，做法十分多元。

德南
施瓦本

煎餅湯
Flädlesuppe

煎餅湯是將煎好的鹹餅捲起後，再切成麵條狀，最後泡在清湯或肉湯中。由於煎餅本身質感紮實，泡在湯中其實相當具有飽足感。

扁豆熱狗腸拌麵
Linsen mit Saiten

德南
施瓦本

這道典型的施瓦本菜，是用扁豆泥拌麵或麵疙瘩，再搭配熱狗腸吃，若整盤吃完很容易脹氣。

德南
施瓦本

火焰脆餅
Flammkuchen

最早源於法國的史特拉斯堡(Strasbourg)，後來傳進鄰近的德國黑森林地區。這是把麵皮杆成薄薄的四方形或圓形，灑上洋蔥、培根碎片等，放進攝氏300度的烤箱烤成有如Pizza似的脆餅，是巴登-符騰堡地區引以為傲的特色美食。

德南
施瓦本

黑森林蛋糕
Schwarzwälder Kirschtorte

德國雖不以甜點著稱，但黑森林蛋糕卻是舉世聞名。正宗的黑森林蛋糕內摻有櫻桃白蘭地、櫻桃果粒，再塗上厚厚的鮮奶油，口感濃厚、香氣十足。由於黑森林就以櫻桃白蘭地著稱，在當地品嚐黑森林蛋糕，入口時那股濃濃的酒香，十分醉人！

German Beers
德國啤酒

文●蔣育荏　攝影●墨刻攝影組

西元1516年，巴伐利亞的威廉四世公爵頒布了德國史上最重要的法令──純酒令，規定只能用麥芽、啤酒花及純水來釀造啤酒，後來發現酵母的存在後，又將酵母列為第四項元素。直到現在，德國啤酒仍遵循這項古老的法令，以此保證啤酒的釀造品質，造就出德國啤酒數百年來不壞的堅實口碑。

深色啤酒
Dunkel

Dunkel寫成英文就是Dark Beer，這種源於慕尼黑的啤酒如今已流行於全巴伐利亞，傳統印象中德國人豪飲時拿的有把大啤酒杯，裝的就是這種啤酒。深色啤酒屬於下層發酵，色澤亮棕至暗棕，聞起來有烤土司和小麥麵包的香味，喝起來甘苦適中，有點巧克力或焦糖的味道，濃度在4.5~6%左右。

啤酒杯

因為每種啤酒都有各自不同的屬性，有的啤酒對溫度特別敏感，有的啤酒講究香氣擴散，而泡沫、味覺乃至於喝法，都會因為杯子的形狀而產生變化。因此每種啤酒都有屬於自己的特別酒杯，例如深色啤酒使用有把的大啤酒杯，小麥啤酒使用上寬下窄的流線形酒杯，皮爾森啤酒的酒杯呈現笛型，而科隆啤酒的酒杯則細細長長，如此一來，每種啤酒的五感特性才會發揮到極致。

黑啤酒
Schwarzbier

源於德國中南部的Schwarzbier，寫成英文就是Black Beer，為下層發酵的拉格啤酒。顏色呈暗棕色至黑色，有淡淡的啤酒花香，味道則有烘烤麥芽的甜味，濃度為3.4~5%。

開　車　上　路　請　勿　喝　酒

煙燻啤酒
Rauchbier

班堡特有的煙燻啤酒是一種特別的混合發酵啤酒，顏色呈亮茶色至黑色，喝起來有烘烤麥芽的甜味與煙燻的香味，濃度在4.6~5%之間。

老啤酒
Altbier

這種特產於杜塞道夫的上層發酵啤酒，之所以名為「老」，是因為其完全發酵的釀造方式。啤酒色澤呈銅色至茶色，氣味有清淡的水果香，啤酒花和麥芽味皆屬中等，濃度在4.3~5%左右。

柏林白啤酒
Berliner Weisse

白啤酒為上層發酵，色澤呈淡麥桿色，聞起來有濃郁的水果香，喝起來完全沒有苦味，卻有濃烈的果香酸味，濃度約為2.8~3.4%。

勃克啤酒
Bock

勃克啤酒為下層發酵的清啤酒，色澤呈暗銅或暗棕，啤酒花味道極淡，而麥芽極濃，苦味較不明顯。濃度在6~8%左右。

古斯啤酒
Gose

上層發酵的古斯啤酒只有在萊比錫的傳統酒館才喝得到，由於豁免於啤酒純釀法令的限制，在釀酒過程中加入胡荽、鹽巴等其他原料，因此喝起來有點鹹味。許多人在點古斯啤酒時會要求混合一點威士忌，或者加入草莓、檸檬、薄荷等口味的香精，味道非常奇妙。

科隆啤酒
Kölsch

這種上層發酵的啤酒，顏色金黃，啤酒花的味道極淡，苦味中等，略帶些微甜味，喝來十分爽口，有「女性啤酒」之稱，濃度為4.8~5.2%。

小麥啤酒
Weizen

不喜歡啤酒苦味的人，多半都很喜歡小麥啤酒，這種上層發酵的啤酒，顏色呈現極淡的麥色或淡琥珀色，泡沫漂亮而持久，氣味有類似丁香、肉桂，或薰香、香草的香味，苦味極淡，口感香甜，濃度約為4.9~5.5%。

皮爾森
Pilsener

源於捷克的皮爾森，流行於德國東部與北部一帶，由於皮爾森最流行的時候正好是德國向遠東經略的新帝國主義時代，因此東亞國家熟悉的啤酒，大多屬於皮爾森。皮爾森為下層發酵，色澤金黃明亮，具高度透明感，且泡沫純白綿密，氣味溫和，聞得到些許麥芽香，但啤酒花味道較苦。濃度約為4~5%。

Best Buy in Germany
德國好買

文●蔣育荏・蒙金蘭・墨刻編輯部　攝影●墨刻攝影組

德國人一絲不苟的務實個性，專注於工藝的精湛完美，使得這個國家上自汽車工業，下到炮廚用品，擁有不少天字第一號的精品名牌，不但性能沒有話說，更是品味的象徵。至於德國的傳統工藝，如咕咕鐘、胡桃鉗木偶等，已逐漸脫離實用的範疇，不過作為充滿民族韻味的精緻裝飾品，仍是紀念品店中的寵兒。

柏林熊
Berlin Bear

色彩鮮豔、造型多變的柏林熊，是柏林街景的重要成份，每尊柏林熊充滿創意精神與藝術性，讓人很想搬一尊回家。於是以縮小比例複製的柏林熊，便成了紀念品店中的熱門商品，依其大小不同，也有各種等級價差。

號誌人產品
Ampelmann

要問柏林現在最流行什麼，那大概就是號誌人了。這位前東德行人號誌燈中戴著寬邊禮帽的小人，不但沒有隨著德國統一而消失，反而作為一種流行元素保留下來，甚至還衍生出遍布德東的商品文化，像是書架、花瓶、T恤、馬克杯、雨傘、文具用品、皮包等，每一件都很有型。

胡桃鉗木偶
Holzknackl

早在幾百年前，德國人就開始把胡桃鉗做成國王、士兵等人偶造型，將胡桃放在木偶的大嘴巴裡，壓下背後機關，胡桃便在木偶咬合下應聲開殼。然而隨著胡桃鉗木偶愈做愈精緻，已不再有什麼人真的拿它來開胡桃，大多數人把它買回家是為了要放在書架上，當作德國到此一遊的證明。

傳統啤酒杯
Bierkrug

從前德國的啤酒杯並非玻璃所製，而是由粗陶燒成，杯口有用白鑞製成的蓋子，據說這是源於黑死病流行時期，為了避免其他人的口沫滴進杯中而作此設計。現在的德國人已很少再用這種杯子喝酒，不過由於裝飾華麗、民族色彩濃厚，許多人家裡都有擺放幾個當作裝飾品。

咕咕鐘
Kuckucksuhr

咕咕鐘是德國經典買物之一，其木雕裝飾是由手工製作，因此精緻與否的價差極大。咕咕鐘靠著下方松果的重量運作，需要定時上鏈，小松果24小時上鏈一次，大松果可以8天再上鏈，每個鐘都有3根松果，分別控制時間、音樂及鳥叫，若只有兩根松果，表示沒有音樂功能。若不想定時上鏈，也可選購太陽能或電池供電的鐘。

薰香木偶
Holzknoddl

薰香木偶和胡桃鉗木偶很相似，只是功能不太一樣。薰香木偶大多做成抽煙模樣，木偶腰部打開後可塞入薰香燃燒，於是便形成木偶吞雲吐霧的滑稽景象。所幸木偶呼出的二手煙不但沒有危害，還能造就滿室芳香。

古龍水
Eau de Cologne

古龍水的名字即是來自科隆這座城市，Eau de Cologne-Farina這世上最古老的古龍水品牌，其專賣店就在科隆市區，使用復古香水瓶盛裝的古龍水別有一番風味。雖然一般認為古龍水好像就是男性香水，其實不然，古龍水指的是淡香水，女性一樣可以使用，就看你喜不喜歡這有點偏中性的香味了。

勃肯鞋
Birkenstock

勃肯鞋因為材質舒適合腳，造型輕便好穿，且在全世界都能輕易找到維修點，因而得到人們青睞。由於是德國品牌，勃肯鞋在德國的價格全球最低，不過專賣店並不多，通常是放在一般鞋店或雜貨店中寄賣。

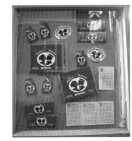

巴哈巧克力
Leipziger Bachtaler

　　大概是受到薩爾斯堡莫札特巧克力熱賣的啟發，萊比錫的Kandler糕餅餐廳也於上個世紀末推出了巴哈巧克力，並不負眾望成為萊比錫特產之一。巴哈巧克力是以巧克力外皮包裹牛軋糖、甘納許奶油，並混合奶油淇淋與萊比錫人最自豪的咖啡在內，份量厚實，但熱量也不容小覷。

:: 雙人牌刀具與廚具
Zwilling J.A Henckels

　　雙人牌是德國最著名的刀具與廚具公司，創立於1731年。200多年來，雙人牌不只一次在世界博覽會上得獎，其更發明了冷鍛法與SCT製造法，使生產出來的刀具不但堅固耐用，而且還很符合人體工學。由於價格高昂，被視為刀具界中的奢華精品。

海德堡之吻
Heidelberger Studentenkuß

　　這是一種外面包著夾心酥的巧克力，為Cafe KNOSEL的招牌甜點。原來，在20世紀初前往海德堡求學的女學生，大多有家僕跟在身旁，以防無聊男子糾纏。可是懷春的少年男女總會有一見鍾情的對象，於是在咖啡店裡，閨女們就祕密傳遞送之為「吻」的巧克力給對方，用來表示情意，既含蓄又不失禮節，也讓這種巧克力成為海德堡最浪漫的紀念品。

:: Lamy筆

　　Lamy是德國知名的書寫工具品牌，最早以鋼筆為主，今日產品線已擴及鋼珠筆、中性筆、多用筆等。秉持德國嚴謹的工藝技術，運用獨特材質打造筆尖，書寫流暢；筆身顏色眾多，平實中不失新潮。Lamy有較平價的入門款，也有高價款，機場免稅商店也找得到它的蹤影。

:: WMF廚具精品

　　WMF和雙人牌齊名，最有名的是不鏽鋼鍋具，採用高壓製造一體成型，既耐用又不易沾黏，且傳熱快而均勻。其結合古典精緻的俐落流暢與新潮時尚的創意設計，加上完善的全球售後服務，得到顧客高度肯定。

:: Rimowa
行李箱

　　經過好萊塢明星光環加持，Rimowa早已成為頂級旅行箱的代名詞。無論是鋁鎂合金的硬殼，還是PC塑料的軟殼，都展現了耐撞、耐磨的堅固特性，同時材質重量輕巧、輪子靈敏好拉，也造就出Rimowa的好口碑。只是價格不太平易近人，若是在德國購買，加上退稅，可省下不少錢。

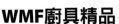

尼德艾格
杏仁糖
Niederegger Marzipan

　　杏仁泥巧克力是呂北克最著名的特產，1806年由約翰尼德艾格創立，至今已傳至第7代。其杏仁都是來自地中海地區的頂級品種，並以不摻糖的100%杏仁泥作為原料，因此又綿又細，口味也不會太甜，吃起來有濃濃的杏仁味在齒間留香。最有趣的是，這裡會將杏仁糖做成動物、景點建築、人物、水果等不同的造型，有的唯妙唯肖，有的可愛討喜，叫人捨不得一口咬下。

飛狼運動服飾
Jack Wolfskin

飛狼是德國最大的戶外用品廠牌，除了有登山鞋、風衣夾克、背包、帳篷睡袋等登山用品外，其休閒衣物與旅行用品也相當流行，不但品質與外型兼具，穿起來舒適保暖，而且生產理念也很環保。

百靈油
China Oel

百靈油的原文其實叫做「中國油」，因為其發明人是在造訪中國時學到的配方，提煉出精純的薄荷油做為家中常備用藥，由於運用範圍相當廣泛，故譯名為「百靈」倒也頗得貼切。雖然目前台灣已有進口，但因為售價偏高，所以愛用者到了德國通常會再添購，一般藥房即可買到。

維生素發泡錠
Brausetabletten

這幾年發泡錠型態的維生素相當受歡迎，不過售價並不便宜。在德國，發泡錠種類繁多，諸如維他命C、綜合維他命、鈣、鎂、鋅等，而且價格比在臺灣購買便宜許多，有些一管甚至不到1歐元。不過發泡錠算是保健食品，入關有其數量上限，每種最多12支，總數不得超過36支。

安瓶與護膚膠囊
Ampullen & Kapseln

安瓶是各種成分的護膚精華液，為了講求新鮮和穩定，於是以無菌的方式裝在小玻璃瓶裡，一次使用完畢，所以售價往往比普通精華液貴。而德國藥妝店的安瓶款式眾多、價格便宜，這些年已成為愛美女性掃貨名單。此外，同樣小包裝的護膚膠囊也成為女性必敗商品。

Aigner

以馬蹄形為商標的Aigner創立於1950年，產品在設計上強調與生活結合，大致分為商務或旅遊兩條路線。做工精緻，用料紮實，不以花俏取勝，整體端莊典雅又不失時代感，頗符合德國產品給人的固有印象。無論包包、手錶、皮夾、披肩、各式飾品等，都很實用好穿搭，頗能襯托出使用者高雅的氣質。

史泰福泰迪熊
Steiff

泰迪熊的名字源自於美國總統迪奧多羅斯福的小名，但今日眾所熟悉的泰迪熊玩偶，卻是生產自德國的瑪格麗特史泰福公司(Margarete Steiff GmbH)。在德國各大紀念品店或百貨公司，都能看到史泰福泰迪熊商品，有許多是其他地方找不到的限量版。

BREE皮件

Bree是1970年在漢諾威創立的皮件品牌，以生產包包、皮夾為主，因為非常講究材料質感，並在簡約的線條中強調獨特性與個性化，時尚與實用性兼具，創立兩年後就連續獲得設計獎項肯定，很快成為德國的皮件代表品牌。

白葡萄酒
Weißwein

德國是重要的葡萄酒產地，尤其是甜度偏高的麗絲玲(Riesling)白酒，產區、品質等皆經過嚴格控管，在全世界享有極高評價。旅遊萊茵河沿岸、莫色耳河流域、斯圖加特、符茲堡等地時，別忘了品嘗一下當地美酒，喜歡再買回和朋友共享。

花草茶或水果茶

Meßmer是德國已有百年歷史的製茶公司，除了紅茶、綠茶外，更有眾多花草茶及水果茶，例如埃及石榴、覆盆子黑加侖、櫻桃莓果、蘋香無花果等，口味獨特，喝起來濃郁香醇。此外還有OSEN、TEEKANNE等品牌可供選擇。

Transportation in Germany
德國交通攻略

文●蔣育荏・墨刻編輯部　攝影●蒙金蘭・墨刻攝影組

德國人一絲不苟與追求細膩的精神，完全表現在他們的交通運輸上，不但交通網路錯綜複雜、選擇多樣，就連同一種交通工具的票種都五花八門，因時因地兼顧所有旅客的各種情況。初來乍到，有時真的會被複雜的車票體系嚇到，不知此時此刻該買哪一種票比較好。但只要摸清原則，買對最適合的票，就能為旅程省下不少預算。

國內航空

德國擁有密集的陸上交通網絡，再加上航空票價過去始終居高不下，使得國內航空通常侷限於商務客或時間有限的短期旅人。然而，近年來因為廉價航空的盛行，大大拉近了火車票和機票的距離，讓搭飛機旅行不再高不可攀，只要提早訂票，通常都能拿到非常優惠的價格。

◎德國漢莎航空 Lufthansa

創立於1955年的德國漢莎航空，班機代碼為LH，是歐洲主要航空公司之一，為星空聯盟(Star Alliance)所屬成員。德航同時提供國際和國內線航班，服務品質及飛機等級都有一定水準，國內航點也最多。

☎(02) 2325-8861

🌐www.lufthansa.com

◎歐洲之翼 Eurowings

　　德國漢莎航空旗下的廉價航空子公司，班機代碼為EW，近年經過多次整合，並從2016年起全面接收原屬於德國之翼航空的航線，提供德國國內的短程航點。

🌐www.eurowings.com/en

機票比價網站

　　機票採用浮動票價，也就是票價高低會根據市場需求而調整，原則上越早買票越便宜，但若是熱門旅遊季節，很少出現令人心動的好價格。網路上有不少好用的比價網站，可省去到處比價的時間。

◎ Sky Scanner
🌐www.skyscanner.com.tw
◎ momondo
🌐www.momondo.tw
◎ Lastminute
🌐www.lastminute.com
◎ Whichbudget
🌐www.whichbudget.com

鐵路

　　德國是自助旅行最容易的國家之一，其中一個重要原因，就在於它的鐵路系統特別發達，不但鐵路網綿密、搭乘方式便利、班次精確準時、速度也相當快，可以說，只要搞定德鐵，就能搞定德國國內交通。德國鐵路由德鐵公司(DB)經營，雖然搭乘方式容易，但票種和車種還是有點複雜，這個章節就是幫助讀者釐清其中差異，以買到最適合預算的票，坐到最適合行程的車。

德鐵火車車種

◎城際特快車 ICE (Inter City Express)

　　德鐵代表性列車ICE，是全世界最優質的高速火車之一。與日本新幹線不同，ICE所行駛的軌道與一般列車一樣，而且與其他車種使用同一個車站，不但安全舒適、超高時速，在搭乘及轉乘上也都十分便利。ICE往來行駛於德國各大城市間，在長距離的旅行中是最常搭乘到的車種，其中的ICE Sprinter只在少數幾個大城之間行駛，而且中途靠站極少，比一般的ICE更快抵達目的地。

　　ICE的頭等車廂前還有可容納6人的小包廂，提供乘客在不受他人干擾的情況下工作或休息。頭等車廂和二等車廂之間則是可以享受一頓火車大餐的餐車，以及供應點心、咖啡的簡餐車，此外不時也會有小餐車穿梭在各車廂之間。

　　不過，ICE的彈性票價也是各車種中最昂貴的，因此在售票機購票時，會有「除了ICE以外其他車種」的選項，就是避免非必要搭乘ICE的乘客誤購。因此，若你使用的是德鐵通行證，就盡量搭乘ICE，反正不坐白不坐；但若是購買單程票，就要看距離時間和車次轉乘的方便性上，是不是值得花這個錢了。

◎城際快車 IC (Inter City)

　　如果說ICE是高鐵，那麼IC就像是自強號，IC也許沒有ICE的名號響亮，但速度與車廂設備同樣讓人有頭等的享受，其時速最高也可達到200公里。同時，IC列車上也有餐車車廂和小餐車服務，非常適合需要長程旅行卻又不打算負擔ICE高額票價的旅人們。

◎歐洲城際快車 EC (Euro City)

　　EC與IC等級相同，但能跨越兩國以上的國境，可以從德國乘EC到丹麥、奧地利、義大利、法國、波蘭等歐洲其他國家。

◎RE、IRE與RB

　　除了ICE和IC等長程列車外，還有RE (Regional

Express)、IRE (Interregio-Express)、RB (Regional Bahn)等區域性列車,行駛不超過一邦的範圍,主要是補充ICE、IC鐵路網的不足與長距離列車的轉乘。有些區域性列車設備非常新穎,外觀設計也很時髦,不但有雙層車廂,並有特別為腳踏車設計的停放空間。由於車次非常密集,因此在大城市周邊旅行,或往來於次級城市之間時,有非常多機會可以搭乘到。

◎城市快鐵 Stadtschnellbahn (S-Bahn)

S-Bahn行駛於大都市及其周邊郊區之間,有點像是我們的區間車,在德國各城市幾乎都可以看得到,不但是市區內重要的交通工具,也是通往都市郊區最便利的選擇。

◎夜行列車 Nightjet

在都市之間長途旅行,如果出發時間已是晚上的話,便有機會坐到夜行列車。德鐵的夜車已於2016年停辦,目前歐洲夜車由奧地利國鐵(OBB)的旗下品牌Nightjet所營運,主要行駛範圍在德國、瑞士、奧地利與義大利之間,所有班次都可於第二天早上抵達目的地市中心。

其車廂分為可以把腳伸直的軟座包廂、獨立私人空間的硬臥包廂、包含廁所與早餐的套房包廂3種等級。雖然夜車的票價較貴,但睡在車上可以省下投宿旅館的錢,而且也會是相當特別的體驗。不過要注意的是,若是搭乘軟座車廂,或是和陌生人同睡一間臥鋪車廂,貴重的物品還是要隨身攜帶,以免遺失。

🔗 www.nightjet.com

購買通行證的窗口

德鐵票券在台灣是由飛達旅遊代理,若有意願購買,可先上飛達網站查詢,或直接撥打專線電話聯絡。

📍 台北市中山區南京東路三段168號10樓之6
📞 (02) 8161-3456分機2
🕐 週一至週五09:00~17:30
🔗 www.gobytrain.com.tw

票券種類

◎德鐵通行證 Rail Pass

若是要在德國一次旅行許多城市,最佳方式就是擁有一張德鐵通行證。德國國鐵所發行的通行證可在規定的日期天數內不限次數搭乘DB的所有車種,包括ICE、IC、RE、RB及S-Bahn等(要注意的是,通行證並不能用於搭乘U-Bahn及公車)。由於通行證的發售對象為入境旅客,因此無法在德國國內買到,必須先在台灣向有代理德鐵票務的旅行社購買。

通行證需於開立後11個月內開始啟用,目前所有通行證已全面改用電子票券,需事先在手機下載安裝

德鐵通行證2023年票價(不含開票手續費€5):

效期	票種	成人個人票		青年個人票	
	廂等	頭等廂	二等廂	頭等廂	二等廂
連續	連續3天	€255	€191	€205	€153
	連續4天	€290	€217	€232	€174
	連續5天	€320	€240	€256	€192
	連續7天	€373	€279	€299	€223
	連續10天	€452	€329	€362	€263
	連續15天	€622	€452	€497	€362
彈性	1個月任選3天	€269	€201	€215	€162
	1個月任選4天	€305	€229	€244	€183
	1個月任選5天	€337	€253	€270	€202
	1個月任選7天	€393	€294	€315	€235
	1個月任選10天	€502	€366	€402	€293
	1個月任選15天	€691	€502	€553	€402

青年票適用於12~28歲青年。每位成人可帶2名4~12歲兒童同行,同行兒童車票免費,但仍需開票,並支付開票手續費。4歲以下不佔位幼兒無需開票。(資料來源/飛達旅遊)

德鐵通行證的額外優惠

使用德鐵通行證可以8折的價格搭乘由KD遊船公司營運之萊茵河遊船(科隆至美因茲之間)，及莫色耳河的普通船班(科布林茲到科漢之間)。此外，搭乘楚格峰纜車、羅曼蒂克大道專車與波登湖遊船，也可享有不同折扣的優惠。其他額外優惠可上飛達旅行社官網的德鐵通行證頁面查詢。

Rail Planner的APP，並於第一次上車前在APP上輸入姓名與通行證號碼以啟用生效。每次上車前都要先用APP建立行程(Trip)，並將行程與Pass連結。若搭乘的是跨日的夜車，遇到查票時請出示上車日的車票。部份車站月台設有閘門，也是使用APP上的QR Code開門過閘。另外，至少每3天要開啟APP上線一次。

通行證不包含事先訂位的手續費用，一般而言，德國火車沒有強制訂位的要求，但若是遇到商展或嘉年華會期間，最好還是先訂位比較保險。而持有通行證搭乘夜車時，也需補上差額，請特別注意。

◎一般單程車票

一般車票可在車站自動售票機或德鐵櫃台購買，也可在德鐵網站上以刷卡的方式訂購(將購票憑據列印下來，即可當作車票使用，查票時需連同付款信用卡一起查驗)。ICE和IC的單程票通常依退票彈性程度又

各邦邦票一覽

邦票	票價
布蘭登堡、柏林	日間€33，夜間€25，最多可5人共用。升等車廂多加€23
薩克森、薩克森-安哈特、圖林根	單人€27，每增加一人多€8，最多可5人共用
黑森	€38，最多可5人共用
北萊茵-威斯特法倫	€47.9，最多可5人共用；單人票價則為€31.9
萊茵-普法爾茲、薩爾	單人€26，每增加一人多€6，最多可5人共用
巴伐利亞	單人€27(夜間€25)，每增加一人多€9(夜間€6)，最多可5人共用。升等車廂每人多€12.5(夜間多€11.5)
巴登-符騰堡	單人€25，每增加一人多€7，最多可5人共用。升等車廂每人多€8
下薩克森、漢堡、不來梅	單人€25，每增加一人多€5~6，最多可5人共用
什列斯威-豪斯敦	單人€29，每增加一人多€5，最多可5人共用
梅克倫堡-前波莫瑞	單人€22(週五至週日€23)，每增加一人多€3(週五至週日€4)，最多可4人共用。升等車廂多€13

德鐵官網

德鐵的網站極為豐富實用，想要更了解德國鐵路或是安排火車旅遊計畫，出發前一定要上去看看。在官網首頁上方可選取英文介面，在首頁輸入起、訖站及時間，便可查詢所有班次及細節。若同一城市出現多個站名，例要要到呂北克火車站，在輸入Luebeck時，螢幕會出現多個站名要你選擇，這時請選擇「Lübeck Hbf」，Hbf即代表中央車站(Hauptbahnhof)的意思。有些偏僻的小鎮沒有火車到達，這個網站也會列出轉乘時連接的公車及時間。

在網站上選擇車站時，時常會需要輸入德文字母，德文中的ä、ö、ü，在輸入時可打成ae、oe、ue，而ß則可寫成ss。另外，有些城市的名字德文和英文不同，像是科隆德文為Köln，英文為Cologne；慕尼黑德文為München，英文為Munich，基本上這個網站不論輸入英文還是德文，都能找得到車站。

🌐 www.bahn.de

分為3~4個等級，無法退換的票有時比RE的票價還便宜；而彈性的票還包含了前往與離開火車站的市區大眾交通，即City Ticket。而若是要從二等車廂升等為頭等車廂，則要另外再付一筆費用。如果只去一、兩個城市，或是行程範圍不大，建議購買一般車票就可以了，但若要在好幾個城市之間做長距離的旅行，購買通行證絕對比較划算。

◎邦票 Länder-Tickets

邦票效期為平日早上09:00至隔日凌晨03:00，週末則是凌晨00:00起，可在效期內不限次數搭乘，不過搭乘範圍不能跨越邦境，且只能搭乘RE、RB等邦境之內的區域性火車，不適用於ICE、IC等全國性列車。持邦票者，搭乘的是二等車廂，不過有些邦票可以加價升等。此外，邦票也可用來搭乘各地區的市區大眾運輸系統，包括S-Bahn、U-Bahn、公車等。

柏林、漢堡、不來梅等3個城市邦，與其外圍的大邦合用邦票。每個邦的邦票價錢、適用人數及使用規則都不盡相同，在售票機上各邦邦票的選項後方會有個(i)的按鈕，按下後會有詳盡說明。由於邦票不能轉讓，買到車票後必須在上面簽名才算生效，否則查票時可能會有麻煩。

其他搭乘火車事項

◎訂位

德鐵列車基本上不需要訂位，並且在購買一等車廂與夜車的車票時，車票中已包含訂位。不過如果你是使用德鐵通行證，又遇到大型商展或嘉年華會，最好還是先訂位比較保險，例如十月啤酒節期間開往慕尼黑的各班列車，別說是頭等車廂，就連二等車廂的不訂位座位都很有限。

無論使用德鐵官網、自動售票機，或在櫃檯窗口，購買車票時都可順便訂位。若你已持有德鐵通行證，在官網上可選擇「Reserve a seat only」，即是只訂位不購票的選項；而在自動售票機的起始頁面，則是從左下角的區塊前往只訂位不購票的功能。

二等車廂的訂位手續費為每個座位€4.5，頭等車廂為€5.9，這個費用並不包含在德鐵通行證內，因此即使持有通行證，訂位時還是得額外再付這筆錢。訂位成功後，該車次座位上方或包廂門外的電子顯示板就會亮起起訖站名，其他沒有訂位或行程不同的人，就不能在這個座位上坐下。

◎確認列車及車廂

月台佈告欄上貼有該月台不同進站車種各級車廂的上車對應位置，根據自己買的車廂等級，先到相應的上車區域等待，免得火車進站之後才開始匆忙奔跑。在火車車身及連結各車廂的門上，會有1及2的標示，表示該車廂為頭等或二等車廂，若買頭等車廂的票，可自由選擇坐在各級車廂，但若是買二等車廂的票，

車票是否需要打印？

上車前是否需要打印啟用日期及時間？這件事一直困擾許多人，這裡提供一些參考依據。打印的用意在於為這張票的使用效期做出明確定義，由於德國運輸系統都沒有設置窗口閘門，任何人都能隨意進入月台，如果沒有打印制度的話，就算你一張票用了好幾天，查票人員也不會知道，所以要在使用之前打上時間，讓效期判斷有所依據。換言之，若是車票上本身就已標明日期、時間，就沒有打印的必要了。

可要注意別坐到頭等車廂的座位。

車門上除了標示車廂等級，也有一些其它標誌，表示這節車廂的屬性，例如輕聲、可使用行動電話、或附有殘障座位等，可視自己的需要選擇車廂乘坐，也請記得遵守車廂內的規定。

◎尋找座位

德國火車沒有對號入座，只要看到空位便可坐下，但在搭乘ICE時，如看到座位上方的電子顯示板上有起訖站的名稱，表示這個座位有人訂位，若是顯示的站名和你的行程沒有衝突，表示該訂位的乘客在你下車之後才會上車，那麼也可放心坐下。

◎行李

在座位上方皆有置物架可以放置隨身行李，每節車廂的前後兩端也有較大的空間可供放置大型行李。不過德國治安雖好，還是會有宵小之徒看準外國人(尤其是東方人)下手，因此最好讓自己的行李保持在視線範圍內，並不時投之以目光，這樣便不容易成為下手目標。

◎查票

德鐵月台並無設置車票閘門，任何人都可隨意進出，但在火車上一定會遇到查票員，因此絕對不要抱持僥倖心態搭霸王車，被抓到的話後果非常嚴重，除了要繳納高額罰款，還有可能被拘捕並留下不良紀錄。開放式月台是建立在對人心的信任上，給予乘客方便，絕對不要因為貪圖小便宜而去破壞這種信任。

自駕租車

雖然德國不論城市內外，大眾運輸都極為發達，開車向來不是人們旅行德國的主要交通工具，但是若要前往黑森林中較偏僻的小鎮，或是想在特定觀光路線上一站一站玩下去，開車還是比較方便。德國的公路系統也很發達，可別忘了，高架路面的高速公路概念當初就是德國人發明的，而無速限的公路也吸引不少人嚮往，尤其在德國租車很容易就能開到賓士或BMW，想起來還真是過癮啊！

租車公司

德國的機場都有租車公司櫃檯進駐，雖然在機場租車會比在市區服務據點要來得貴，但租、還車都比較方便。如果擔心語言溝通的問題，也可以事先在網路上預約，不但可以好整以暇地挑選車型，還能仔細閱讀價格計算方式及保險相關規定，租起來比較安心。尤其在德國，開手排車的人還是占多數，如果到了當地才臨櫃辦理，經常租不到自排車，因此開不慣手排的人，強烈建議先在網路上預約車型。像是Hertz、Alamo、Avis、Europcar、Sixt等國際連鎖租車公司，都可以透過網路預約，雖然價錢比當地小型租車公司貴，但要甲地租、乙地還，比較容易找到據點。

◎國際連鎖租車公司

Hertz ⓦwww.hertz.com.tw
Avis ⓦwww.avis-taiwan.com
Alamo ⓦwww.alamo.tw
Europcar ⓦwww.europcar.com
Sixt ⓦwww.sixt.com
Budget ⓦwww.budget.com
Enterprise ⓦwww.enterprise.com

◎決定租車價格的因素

國際駕照

要到德國開車，第一個步驟不是租車，而是先去監理所申請國際駕照。

申請文件：國民身分證正本、國內駕照正本、護照影本、6個月內2吋照片2張

申請費用：新台幣250元

申請時間：臨櫃辦理，約2分鐘就可取件

駕照效期：3年或國內駕照到期日

租車價格由各公司自定，根據車種、排氣量、租車天數而變動，可事先上網比價，通常在週末時租車公司會推出優惠促銷，值得好好利用。要注意的是，有些便宜方案會限制每日行駛的里程數，超出里程需加收額外費用，如果預期移動距離較遠，記得選擇不限里程的方案。

雖然在德國18歲就可以開車，但租車公司對承租的駕駛人卻有更高的年齡限制，而且每家公司不太一樣。大致說來，25歲以下的駕駛人會被收取一筆「以日計價」的差齡費，而Hertz更是只租給年滿21歲的駕駛人。若要租的是大型或豪華車種，最低年齡需求會再提高。同時，多數租車公司也希望駕駛人持有駕照1年以上，否則也可能會有額外費用，請多加注意。

是否需要其他配備？

兒童安全座椅 Child Seat
不同年齡的孩童有各自適用的座椅，租車時請向櫃檯人員詢問清楚。

衛星定位導航系統 GPS
若是行程緊湊，這點錢就不要省了，租一台GPS絕對會有幫助，畢竟都已經花這麼多錢買機票了，要是把時間都花在找路上，那可就有點得不償失。

雪鍊或雪胎 Snow Chains / Snow Tires
如果要去正在下雪的山區，一定要租雪鍊，不然在雪地中走山路，會非常危險。

此外，以下幾個因素也和租車價格有關：手排車比自排車便宜，原地還車比異地租還便宜，市區服務處比在機場或火車站租便宜、高級汽油車比柴油車便宜，駕駛的人數愈少也愈便宜。

取車

租車基本上有兩種方式：一是事先透過網站訂好車子，到了機場再憑預訂號碼取車，一是直接到櫃檯臨櫃辦理，不管你打算怎麼做，都必須要和櫃檯人員打交道。

拿到鑰匙後，記得先檢查車體有無損傷，以免還車時產生糾紛。發動引擎，檢查油箱是否加滿；調整好座椅與照後鏡，弄清楚每個按鍵的位置，並詢問該加哪一種油，然後就可以出發上路嘍！

◎**必要出示的物件**
租車的預約號碼或確認單
國際駕照
台灣駕照
網路預約時作為擔保之用的那張信用卡

保險面面觀

租車的保險都是以日計價，租得愈久，保費愈貴。到底需不需要另外投保，的確是個傷腦筋的問題，以下是你可能會被問到的險種：

・碰撞損毀免責險(Collision Damage Waiver，簡稱CDW)
這個險保的是租來的車在事故中的損壞。雖然交通意外不常發生，但在人生地不熟的地方開車，A到刮傷時有所聞，因此這個險強烈建議一定要保。

・竊盜險(Theft Protection，簡稱TP)
雖然德國治安不差，但偷車倒也非罕見案例，要是車子真的不幸被偷，與賠償金額相比起來，TP的保費就顯得微不足道了。

・個人意外險(Personal Accident Insurance，簡稱PAI)
這個險保的是意外中，己方駕駛與乘客的傷亡，根據傷殘的嚴重程度，有不同的理賠係數。

・個人財產險(Personal Effects Cover，簡稱PEC)
這個險保的是意外中，駕駛人與乘客的行李財物所受到的損失。

在大型租車公司租車，CDW與TP都是附加在方案中強制投保，就算想省也不行。至於PAI和PEC是否有需要投保，就是見仁見智的問題了，要是真的不幸發生意外，以國人的投保習慣，通常本身的保單就已經很足夠。當然，如果想要多一份保障，PAI和PEC的保費也並不算貴，投保起來負擔不會太重。臨

櫃辦理的人，可能需要一一選擇投保項目，希望獲得全面保障的話，可直接投保全險(Vollkasko)，也就是所有險種一次保齊。

還車

大多數旅人的還車地點是在機場，駛近航站大樓前，就會看到某一車道上的路標指示還車地點，順著該車道進入停車場後，會有不同租車公司的指標指引，在還車停車格停妥，就會有租車公司人員過來檢查車輛。務必在還車前先去加油站把油加滿，因為沒有滿油的話，會被收取不足的油錢，而租車公司的油價絕對比石油公司高很多。檢查完畢，租車人員就會開給你收據和信用卡簽單，簽名之後，還車手續就完成了。

德國交通概況

德國和台灣相同，也是開左駕車行駛在右車道，因此沒有左右駕習慣轉換的問題，交通規則也大同小異。而德國人向來遵守秩序，雖然道路上車流量龐大，卻鮮少出現塞車情形。另外，在德國開車也務必講求禮讓，有路權的車先走(譬如轉彎車要讓直行車先過)，那種先搶先贏、橫衝直撞的開法，可是會把德國人嚇壞的。

◎高速公路

德國的高速公路稱為「Autobahn」，以「A+公路號碼」表示，如A8。東西向為偶數，南北向為奇數。較短的區域性公路或環形公路，會以3位數表現。

高速公路上沒有設置收費站，其公路法只有針對7.5噸以上大貨車的電子收費機制，一般自小客車的公路使用費則包含在燃料稅中。

◎速限

德國無速限的高速公路向來令人嚮往，不過並不是整條高速公路都沒有速限規定，在經過交流道或施工路段時，還是會看到速限標誌，要等到看見解除速限的標誌後，才能加速前進。要記住：這些路段上雖然沒有速度限制，但不代表可以橫衝直撞、任意穿梭，德國人就算飆車也還是很守規矩的。

市區速限通常是50公里，人口密集的住宅區是30公里，郊區及鄉間是100公里，至於高速公路雖然無速限，但明文規定的安全速度則是130公里。

◎停車再開標誌 Stop Sign

在許多路口，都會豎立一根紅底白字的八角形標誌，上面寫著「STOP」。其實在台灣也有這種寫著

「停」的標誌，只是在台灣大概沒有多少人會真的停下來，但是在德國看到這個標誌時，請入境隨俗，和遵守秩序的德國人一樣停車再開(所謂「停」並不是減速而已，而是讓車輛完全靜止)。

◎怠速

德國人注重環保，對怠速的問題非常重視，如果你要暫時停車，就算只有3、5分鐘，也請記得一定要熄火。甚至在遇到一些要等待比較久的紅綠燈時，號誌燈裡還會出現文字：紅色的「AUS」是提醒你關掉引擎，綠色的「AN」則告訴你可以重新發動了。

◎環保區

為避免空氣汙染問題，已有愈來愈多德國城市設立「環保區」(Umweltzone)。車輛經過廢氣排放的定期檢驗後，會在擋風玻璃貼上綠色、黃色或紅色的貼紙，環保區邊界的標誌桿上，也有綠色、黃色或紅色的標誌牌，只有貼有相應貼紙的車輛才能進入，以此來保證市區空氣中的有害物質不會超出標準。若是沒有遵守規定進出環保區，會被處以高額罰款。不過一般租車公司用的都是新車，大多能符合綠色標準，因此不太會遇到問題。

◎加油

加油站的德文為「tankstelle」，大多採自助式，在油槍前停車熄火後，直接拿起油槍就可以加油了。不同公司的汽油名稱略有差異，你可以依據價錢高低來判斷92、95、98的等級，而柴油則一律稱為「Diesel」。

油槍跳停後，到加油站附設商店的收銀台，告知店員油槍號碼並確認金額，就可以用現金或信用卡付費。

◎道路救援

道路上如果發生拋錨、爆胎、電瓶或汽油耗盡等狀況時，車鑰匙上通常會有道路救援的免付費電話號碼，而道路救援的費用則會在還車時顯示在信用卡簽單上(拋錨停在路肩時，別忘了在車後100公尺放置三角警示牌)。若是具有責任歸屬的交通事故，除了通知租車公司外，也必須報警處理，並在警察前來勘驗前，保留事故現場。

◎雪地行車

雪地行車的要訣只有一個字：慢。如果開車開到一半下起大雪，先把大燈切換成遠光燈，再打開霧燈或警示燈，前方有車轍的話，跟著車轍走是比較穩的。在雪地上緊急煞車是大忌，這也是雪地行車速度要慢的原因，因為在抓地力不夠的情況下，緊急煞車容易失控或翻車。若遇到下坡路段，使用「點煞」的方式放慢速度，也就是連續輕踩煞車，切勿將煞車踩到底。

德國百科
Germany Encyclopedia

Brief History of Germany
德國簡史 文●墨刻編輯部

◎羅馬時期

公元前後，定居在萊茵河及多瑙河畔的日耳曼人與羅馬帝國不斷發生衝突，最後日耳曼人在賀爾曼的領導下團結起來，於條頓堡森林大敗羅馬軍，條頓民族此後成為羅馬頭痛的地方問題。

◎中世紀時期

法蘭克統治者查理曼大帝建立強權時代，並於西元800年加冕為羅馬帝國皇帝。查理曼死後，其子孫依凡爾登條約，將帝國分裂為三，其中的東法蘭克王國大約就在今天的德國與奧地利一帶。西元962年，東法蘭克王國國王鄂圖一世前往羅馬，請求教宗為其加冕，表示繼承羅馬帝國的正統性，並將東法蘭克王國更名為「神聖羅馬帝國」。1152年，紅鬍子腓特烈一世即位為皇帝，他提升了君主的權力，為中世紀日耳曼最有名的統治者。

◎漢薩同盟

漢薩同盟是中世紀日耳曼地區自由城市間的合作聯盟，呂北克和漢堡首先簽定同盟條約，後來除了日耳曼北部的城市外，從波蘭到荷蘭的沿海城市相繼加入，共推呂北克為首，商議各項共同遵守的約定，徵收各城市應繳付的捐稅，組織共同的海陸軍事組織等。1370年和丹麥的貿易爭奪戰中，漢薩同盟取得勝利，在史特拉爾松簽定條約，取得斯堪地那維亞半島的商貿壟斷權，漢薩同盟的勢力達到鼎盛，維持了3百年左右的繁榮盛景。

◎金璽詔書

神聖羅馬帝國皇帝卡爾四世於1356年頒布金璽詔書，把各地的選帝侯與選舉制度化，只有7位選帝侯握有皇帝的選舉權，分別是科隆大主教、美因茲大主教、特里爾大主教、波希米亞王、巴拉丁伯爵、薩克森公爵與布蘭登堡侯爵，當皇帝過世後，就由這7位選帝侯中選出繼位者。雖然神聖羅馬帝國的帝王並非世襲制度，但因前一任帝王的政績與家族勢力，許多前後任的帝王間還是有出現兒子繼承帝位的情形，當然也有各家族彼此鬥爭角逐權力的紛擾局面。到了1438年後，只有哈布斯堡家族成員才能成為皇帝，但選侯制並未消滅，只是7票產生了變化。

◎宗教改革與三十年戰爭

1517年，馬丁路德發表論文向天主教會挑戰，是為宗教改革的開始。1618年，哈布斯堡的斐迪南接任波希米亞王位，因為宗教問題，從而點燃三十年戰爭的戰火，不但各地區起而反抗哈布斯堡家族，連周圍各國也都加入戰局，演變成歐洲的國際大戰。戰爭直到1648年才終於落幕，哈布斯堡王朝幾乎瓦解，神聖羅馬帝國僅存一

個空殼。但三十年戰爭的結果也讓歐洲進一步尊重信仰自由，對後來歐洲文明發展有極深刻的影響。

◎普魯士王國

1701年，布蘭登堡大選侯腓特烈一世加冕為第一任普魯士國王，在他的繼任者「軍人國王」腓特烈威廉一世的擴張軍備下，普魯士成為一個軍事強國。到了腓特烈二世的時代，他加入七年戰爭的戰局，力抗歐陸群雄，取得驚人的戰果，因而被稱為「腓特烈大帝」，為日後德國的統一奠定了基礎。

◎拿破崙戰爭

法國大革命之後，拿破崙率領法軍橫掃歐洲，並在1805年的奧斯特利茨會戰中 敗神聖羅馬帝國皇帝，之後更游說巴伐利亞、符騰堡及萊茵河流域諸邦國脫離神聖羅馬帝國，成立萊茵邦聯。神聖羅馬帝國皇帝僅保住奧地利領土，只好放棄帝號，神聖羅馬帝國時代告終。到了1813年，以普魯士、奧地利為首的反法盟軍在萊比錫擊退拿破崙，萊茵邦聯紛紛倒戈，拿破崙帝國急速崩解，而普魯士王國也正式成為日耳曼地區的龍頭老大。

◎德意志帝國

19世紀，普魯士王威廉一世任命俾斯麥擔任宰相，並在德意志關稅同盟的基礎上，逐步實行日耳曼的統一大業。俾斯麥先後挑起普丹、普奧與普法三場戰爭，更在普法戰爭中俘虜了法國皇帝拿破崙三世。統一德國的威廉一世於是在法國凡爾賽宮登基，成為德意志帝國的第一任皇帝。

◎第一、二次世界大戰

1914年第一次世界大戰爆發，德皇威廉二世與奧地利同盟，與英、法、美等國作戰。1918年德國戰敗，威廉二世被迫退位，威瑪共和國成立，興登堡元帥成為第一任總統。1933年，納粹黨的希特勒贏得選舉，出任德國總理，並於興登堡逝世後兼任德國總統，開始其獨裁之路。在希特勒不斷出兵侵略鄰國的情況下，第二次世界大戰終於爆發，德國在攻打俄國失敗後，軍勢轉而衰落，終於在1945年戰敗，希特勒自殺，其餘納粹領導者皆被當作罪犯控告，在著名的「紐倫堡大審」中被判決處刑。

◎分裂與統一

二戰結束後，德國依盟軍佔領區分裂為德意志聯邦共和國(西德)及德意志民主共和國(東德)。1961年，東德突然築起柏林圍牆，禁止人民自由外出到其他國家，直到1989年柏林圍牆倒塌，東、西德才於1990年再度統一。

World Heritages of Germany
德國世界遺產

文●墨刻編輯部　攝影●墨刻攝影組

重視環保及歷史文物保護的德國，境內被列入世界遺產的名勝總計51項，數量之豐富、保存之完善，都令人折服。其中不少為大教堂或修道院，為了表達對上帝信仰的虔敬，當代最流行的建築風格都表現在教堂裡，即使完工後仍不斷整建。壯觀建築的背後，都有一段悠遠而具有代表性的故事，猶如德國的歷史，一幕幕在眼前上演。

①史特拉爾松德與威斯瑪歷史中心

Historic Centres of Stralsund and Wismar

登錄時間：2002年
遺產類型：**文化遺產**

　　仍保留14世紀建築風格的老城史特拉爾松德和威斯瑪，曾是當時的海上貿易重鎮，見證了漢薩同盟的全盛時期。這兩座城市保有完整的中世紀風格，從建築、街道、港口、廣場等，都能追溯當時所遵循的呂北克法律，也是漢薩同盟時期典型的海岸商城。雄偉的建築向世人展示海港當時可觀的財富，以及不凡的政治勢力。

②漢薩城市呂北克

Hanseatic City of Lübeck

登錄時間：1987年
遺產類型：**文化遺產**

　　數百年前的漢薩同盟時期，呂北克可是首屈一指的大城市，且是同盟權力中心。今日老城內被聯合國列入保護的珍貴文化遺產，就是建於漢薩同盟全盛時期，哥德式的磚造建築藝術，由紅磚堆砌排列的樓房，居然發展出完美的建築結構，處處是優雅迷人的氛圍。而古城內7座哥德式的教堂，更是在厚重堅實的磚造主體上矗立起高聳的尖塔，氣勢雄偉而壯觀。

③不來梅市政廳及羅蘭雕像

Town Hall and Roland on the Marketplace of Bremen

登錄時間：2004年
遺產類型：**文化遺產**

　　市政廳及羅蘭雕像都是不來梅在神聖羅馬帝國時期繁榮的標記。興建於1405到1409年間的不來梅市政廳，是歐洲唯一未遭受戰爭波及破壞的中世紀市政廳，而高5.5公尺的羅蘭雕像，建造於1404年，是世界上現存最有名的一尊羅蘭像，同時也是不來梅主權及貿易獨立的象徵。

世界遺產

赫德比邊境古景觀及土牆 ㊸
史特拉爾松德與威斯瑪 ①
㉟ 瓦登海
② 呂北克　㊱ 遠古山毛櫸森林
倉庫城、康托爾豪斯區和智利屋 ㊵
下日耳曼界牆 ㊽
③ 不來梅市政廳
柯維修道院與加洛林時期西側塔樓 ㊴
柏林現代住宅群落 ⑥　柏林博物館島 ⑤④
威廉高丘公園 ㊳
⑦ 希德斯漢　德紹
柏林與波茨坦宮殿花園
阿爾費德法古斯工廠 ⑭
⑧ 戈斯拉爾　⑪⑫ 德紹「沃利茲宮殿庭院」
埃森礦業同盟工業區 ⑱
奎德林堡 ⑨　艾斯雷本 ⑩
㊹ 瑙姆堡大教堂 ⑬
⑰ 科隆大教堂
穆斯考公園
⑲ 亞琛大教堂　⑯ 威瑪　⑮
⑳ 布呂爾　瓦特堡
萊茵河中上游谷地
㊺ 厄爾士/克魯什內山脈礦區
㉒ 特里爾　㉑ 麥塞爾 ㊾　㉗ 班堡
猶太社區遺址 ㊿　㉔ 洛許　㉕ 符茲堡
㉖ 弗爾克林根鐵工廠
㊲ 拜羅伊特侯爵歌劇院
㉘ 史派亞大教堂
雷根斯堡舊城 ㉚
達姆施塔特的瑪蒂爾德高地
勒·科比意的建築作品 ㊶㊷
㉙ 莫爾布龍修道院
㉛ 雷蒂安邊牆　多瑙河畔界牆 ㊷
施瓦本侏羅山冰河時期最古老的藝術洞穴
奧格斯堡 ㊻　㉞ 阿爾卑斯山區史前干欄式民居
歐洲溫泉療養勝地
萊歇瑙修道院之島 ㉜　㉝ 威斯教堂

N

④柏林博物館島建築群

Museumsinsel (Museum Island), Berlin

登錄時間：1999年
遺產類型：**文化遺產**

　　博物館島是柏林最重要的資產，因為這兒不但匯集了德國最重要的幾座博物館，同時每年也為柏林吸納進成千上萬的觀光人潮。博物館島之所以被稱為島，是因為這塊區域剛好被施普雷河所包圍，形成一座宛如牛角形狀的內島。從島的最尖端開始，依序是柏林博物館、佩加蒙博物館、舊國家美術館、新博物館和舊博物館，其中又以佩加蒙博物館的典藏最豐富。

⑤ 波茨坦與柏林的宮殿庭院
Palaces and Parks of Potsdam and Berlin

登錄時間：1990年
遺產類型：**文化遺產**

　在廣達290公頃的忘憂公園中，包括將近20多座大大小小的宮殿、花園和建築物，而其中建於1744年的忘憂宮，更是腓特烈大帝時代最引以為傲的建築藝術象徵。壯麗的葡萄園階梯大道、華貴的洛可式裝潢，使得後世許多作家、藝術家、學者們不斷傳頌忘憂宮的美，也讓波茨坦因此成為觀光旅遊的著名勝地。

⑥ 柏林現代住宅群落
Berlin Modernism Housing Estates

登錄時間：2008年　遺產類型：**文化遺產**

　興建於1913至1932年間的柏林現代住宅群落，正是所有現代社區建築的原始樣板！這些住宅以最有效率的格局設計，滿足所有居住上的功能需求，因而解決了當時居住空間不足的問題，正好符合了後工業時代新世界的期待，是以其所發揮的影響可以說是無遠弗屆的。

⑦ 希德斯漢的聖瑪麗大教堂和聖米歇爾教堂
St Mary's Cathedral and St Michael's Church at Hildesheim

登錄時間：1985年
遺產類型：**文化遺產**

　希德斯漢大教堂迄今已超過千年歷史，擁有悠久的歷史傳承和古羅馬式的建築風格。神奇的是，大教堂外有一株自興建伊始便已存在的千年薔薇，它攀爬數公尺後越過教堂外牆，至今依然生機盎然。希德斯漢還有一座建於1010至1030年的聖米歇爾教堂，屬於早期羅馬式風格，其著名的13世紀木製平頂式彩繪天井，也同樣列入世界文化遺產名錄。

⑧ 拉孟爾斯山礦、戈斯拉爾歷史城鎮與上哈爾茨山的水資源管理系統
Mines of Rammelsberg, Historic Town of Goslar and Upper Harz Water Management System

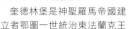

登錄時間：1992年
遺產類型：**文化遺產**

　戈斯拉爾曾是神聖羅馬帝國最重要的城市，素有「北方的羅馬」之稱。而臨近的拉孟爾斯山黃鐵礦坑，是世界上唯一一持續開採了千年之久的老礦坑，雖然1988年宣布停產，但整座礦區卻搖身一變成為科技文化古蹟，以龐大、多層次的採礦設備著稱，完整地呈現出採礦歷史的技術演變過程。而上哈爾茨山的礦業用水管理系統，最初建於800多年前，由人造池塘、一系列溝渠及隧道所組成，經過數百年來不斷發展，形成極其複雜卻又功能完善的體系，標誌著礦業技術的進步。

⑨ 奎德林堡神學院、古城和城堡
Collegiate Church, Castle, and Old Town of Quedlinburg

登錄時間：1994年
遺產類型：**文化遺產**

　奎德林堡是神聖羅馬帝國建立者鄂圖一世統治東法蘭克王國時的首都，因此在中世紀時便是一個繁榮的商業城市。保存完好的木造結構建築，飄散出一股中世紀的城鎮風情，城內的聖瑟瓦修教堂可說是羅馬式建築中的完美傑作。

⑩ 艾斯雷本和威登堡的路德紀念館建築群
Luther Memorials in Eisleben and Wittenberg

登錄時間：1996年
遺產類型：**文化遺產**

　由馬丁路德所發動的宗教改革，創立了路德教派的新教，造成歐洲天主教會分裂。由於新教徒勤勉努力的精神正好切合經濟發展的需求，且政治上也促成各地諸侯君主脫離教會掌控，而新教所設立的學校和大學等，也為現代教育奠定基礎。這些建築是為紀念馬丁路德的生活，遺址包括路德在艾斯雷本和威登堡的住處、教堂，以及他在1517年發表宗教改革95個論點的城堡教堂。

⑪ 德紹的沃利茲宮殿庭院
Garden Kingdom of Dessau-Wörlitz

登錄時間：2000年
遺產類型：**文化遺產**

這座花園王國由18世紀的安哈特德紹公爵李奧波三世所建，占地廣達150公里，可說是啟蒙運動園藝設計的典範。這些設計將美學、教育及經濟目的和諧地融合在一起，並結合英式風格的建築及庭院景觀，在河流環繞的英式公園、城堡及中國寶塔建築裡，處處可感受18世紀的美學景致。

⑫ 威瑪、德紹和貝爾瑙的包浩斯建築及遺址
Bauhaus and its Sites in Weimar, Dessau and Bernau

登錄時間：1996年
遺產類型：**文化遺產**

由葛洛普斯創建的「包浩斯」學院，教授們擺脫文藝復興時期的傳統建築，自成一系建築風格，以功能引導設計，成為20世紀建築學的先鋒。在威瑪由教授牧賀設計的白色樓房，堪稱現代建築的雛型。其後由於納粹壓迫，包浩斯校址改遷德紹，加上1930年由漢斯邁耶在貝爾瑙所設計的ADGB學校，此三處的包浩斯建築在後來皆被列為世界文化遺產。

⑬ 穆斯考公園
Muskauer Park

登錄時間：2004年
遺產類型：**文化遺產**

穆斯考公園建於19世紀初，是歐洲園林中相當重要且出色的代表之一。它並不以創造一個經典或天堂般的景致為目標，而是以當地的植物來塑造景觀，是在城市裡興建園林的先驅，也為後世的「園林建築」提供最佳範例。

⑭ 阿爾費德的法古斯工廠
Fagus Factory in Alfeld

登錄時間：2011年
遺產類型：**文化遺產**

位於阿爾費德的法古斯工廠由10棟建築物構成，是座專門製造鞋楦的工廠，廠房內有各種製造部門、倉儲及裝配設施，且直到今日仍在運作。這座工廠可說是現代建築史的里程碑，因為它是由葛洛普斯設計於1911年，是所有現代工廠的範本模型。葛洛普斯利用大量玻璃外牆，一方面使其具有現代化的外觀，一方面又為工人提供至少6小時的日照光線，充分發揮機能主義美學的理念，也為他日後創辦包浩斯學院埋下伏筆。

⑮ 古典威瑪
Classical Weimar

登錄時間：1998年
遺產類型：**文化遺產**

18、19世紀興起的文學運動，在威瑪興起一波又一波的文藝浪潮，吸引德國重要文人聚集，包括魏蘭、歌德、席勒、赫德及雪萊，很快便成了歐洲的文化樞紐。當年那股風潮所遺留下來的風情至今在威瑪仍清晰可見，別緻的古典風格建築庭園裡，讓人感受到的不只是那場文化運動所帶來的發展，還有威瑪曾經扮演的人文重鎮角色。

⑯ 瓦特堡
Wartburg Castle

登錄時間：1999年
遺產類型：**文化遺產**

1521年馬丁路德因躲避羅馬教廷的宗教迫害，隱居在瓦特堡中，接受薩克森選侯的庇護。躲藏期間，路德將古拉丁文聖經翻譯成德文，讓閱讀聖經不再是神祕人員的專利，大大降低了教會的神祕與權威性，使他成功推動宗教改革。歌德於1777年造訪瓦特堡後，目睹瓦特堡岌岌可危，於是挺身籌募維修資金，號召當地居民共同加入搶救工程，此舉不但使瓦特堡再次引起人們注意，也帶給其重生的機會。

⑰ 科隆大教堂
Cologne Cathedral

登錄時間：1996年　遺產類型：**文化遺產**

科隆大教堂起建於1248年，一直到19世紀才告完成，經過7個世紀的努力，它成為全世界最傑出、最龐大的教堂建築之一，而它純粹且完美的哥德風格，更讓人感嘆信仰力量的偉大。初見科隆教堂，那座高達157公尺、凝聚無限想像力的尖塔，幾乎主宰了科隆市區的天際線；主祭壇迴廊是大教堂最古老的部分，共有7個小聖堂，而正門入口高處的巴伐利亞彩窗，則是由巴伐利亞王所捐贈。

⑱埃森的礦業同盟工業區景觀
Zollverein Coal Mine Industrial Complex in Essen

登錄時間：2001年
遺產類型：**文化遺產**

位於埃森的關稅同盟煤礦採掘場，是由一座高聳巨大的鐵架與周圍的巨大廠房，構成一幅重工業文明的代表圖像。採掘場的設計與興建時期，已是魯爾區煤礦業開始走下坡的階段，礦場主人為了持續煤礦場的生存，於1928年開始構想出全新的改建計畫。這處煤礦工業建築群的設計更預期當煤礦場停止營運之時，巨大的建築體仍可做為「工業紀念碑」，氣度雄偉的礦場規模讓後代子孫看到完整而現代化的挖煤過程。

⑲亞琛大教堂
Aachen Cathedral

登錄時間：1978年　遺產類型：**文化遺產**

亞琛不但擁有千年以上的建城歷史，其大教堂更因承繼了羅馬帝國之後政治上正統地位的皇家教堂而名揚四海。其中最關鍵的轉折點，就是來自768年掌權的查理曼大帝，他於800年加冕為皇帝，取得繼承羅馬帝國的正統地位。查理曼大帝在位期間，亞琛成為帝國的政治中心，經濟發展也更加優越，而他於814年崩殂後，遺體就葬在這座教堂內。

⑳布呂爾的奧古斯都堡宮殿與法爾肯拉斯特古堡
Castles of Augustusburg and Falkenlust at Brühl

登錄時間：1984年
遺產類型：**文化遺產**

科隆大主教兼選帝侯奧古斯都在原本已遭破壞的城堡遺址上，重新打造出一座亮麗的宮殿建築。宮殿集結多位藝術家的心血結晶，設計出德國境內洛可可建築的代表傑作，並依選帝侯之名命名為奧古斯都堡宮殿。至於宮殿中的花園設計，則是以典型的巴洛克式風格，由法國建築師多明尼克吉拉德仿造法國庭園風格設計而成，在沒有經過後代的華麗修復下，成為今日全歐洲最真實的巴洛克庭園。

㉑萊茵河中上游河谷地
Upper Middle Rhine Valley

登錄時間：2002年　遺產類型：**文化遺產**

萊茵河中游迂迴曲折的狹長河谷地區，兩岸佈滿了中古城堡、歷史小鎮和葡萄梯田，訴說著諸多歷史過往，也成了各種文化、多元民族相互碰撞的衝擊地帶。無論就地理位置、歷史事件、政治傳承，以及建築、藝術、人文等各方面的高度成就，都讓萊茵河中游河谷地帶享有「浪漫萊茵」的美譽。

㉒特里爾的羅馬時期建築和大教堂
Roman Monuments, Cathedral of St Peter and Church of Our Lady in Trier

登錄時間：1986年
遺產類型：**文化遺產**

特里爾的黑門是阿爾卑斯山以北保存最完整的羅馬古跡，更是全世界現存最大的羅馬古城門之一。而特里爾大教堂的前身是君士坦丁大帝建立的古羅馬教堂原址，它不但是德國最古老的教堂，更是早期羅馬式建築風格的真實呈現。另外還有凱撒皇帝浴池，當年是羅馬帝國的第五大浴場；另一處古羅馬圓形競技場的遺址，雖然建築物本身已然殘破，但整體規模全都保持原狀遺留下來。

㉓麥塞爾化石遺址
Messel Pit Fossil Site

登錄時間：1995年
遺產類型：**自然遺產**

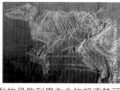

這個遺址挖掘自西元前570萬年至360萬年間的始新紀動物化石，值得一提的是，它提供了哺乳動物早期進化的資料，從動物骨骼到胃內食物都清楚可見，化石本身也保存相當完整。

㉔洛許修道院

Abbey and Altenmünster of Lorsch

登錄時間：1991年

遺產類型：**文化遺產**

　　洛許修道院曾經盛極一時，連查理曼大帝也致贈了修道院許多土地。修道院不僅財力雄厚，又因僧侶們不屬於任一宗教團體，直屬神聖羅馬帝國皇帝，還能自由選出修道院的院長，讓修道院享有極崇高的地位。在修道院附屬的圖書館中擁有600本手抄本書籍，館藏中最著名的文稿就是《洛許醫藥書》，堪稱醫學探討之始。

㉕符茲堡、宮廷花園和廣場

Würzburg Residence with the Court Gardens and Residence Square

登錄時間：1981年　遺產類型：**文化遺產**

　　符茲堡主教宮是歐洲巴洛克建築最重要的代表之一，最有名的是畫家提波羅所繪製的溼壁畫，是目前世界上最大的一幅。提波羅還為白廳及皇帝廳畫了許多壁畫，被公認為是他畢生最傑出的作品。完全融於自然花園環境中的王宮，有數不清的主題廳室，其中鏡廳和大理石教堂是符茲堡最神聖的宗教建築，呈現出18世紀最完美的巴洛克精神。

㉖弗爾克林根鐵工廠

Völklingen Ironworks

登錄時間：1994年

遺產類型：**文化遺產**

　　鐵工廠位於薩爾州的弗爾克林根市，面積達6公頃，是19、20世紀歐美地區建修的唯一一座綜合煉鐵工廠。工廠雖已停產，但至今仍保存完好。這間工廠在早期的科學技術及工業發展史上具有獨特地位，提供了早期鑄鐵過程的完整紀錄。

㉗班堡

Town of Bamberg

登錄時間：1993年

遺產類型：**文化遺產**

　　班堡自10世紀起就和斯拉夫民族有很深的關係，它的建築風格影響了整個北德和匈牙利，18世紀晚期更成為南德啟蒙主義的根據地，近代最有影響力的哲學家黑格爾便曾住在此地。而雷格尼茨河及無數的水道、橋樑，讓班堡充滿了水的流動美感。雖然巴洛克風的流行也傳染了這個中世紀小鎮，但難能可貴的是，兩種建築氛圍相互幫襯，成為觀察日耳曼原味建築最理想的地方。

㉘史派亞大教堂

Speyer Cathedral

登錄時間：1981年

遺產類型：**文化遺產**

　　史派亞大教堂享有歐洲最大羅馬式教堂的稱號，擁有4座尖塔的傲然氣勢。大教堂莊重肅穆的氣氛讓人震撼於其威嚴，大殿內8位神聖羅馬帝國皇帝塑像凜然在列，內部的壁畫更是當時最流行的拿撒勒畫派作品。教堂地下室的皇家墓室，安葬8位帝王、4位皇后與其他主教的陵寢，因擁有精緻細膩的彩繪屋頂，被稱為全世界最美的墓室，讓人讚嘆其歷史與藝術的雙重意義。

㉙莫爾布龍修道院

Maulbronn Monastery Complex

登錄時間：1993年

遺產類型：**文化遺產**

　　修建於12到14世紀的莫爾布龍修道院，四周圍繞著堅固的防護牆。修道院的風格為哥德式過渡時期建築，它對於哥德式風格在北歐和中歐的風行有著極大影響。此外，莫爾布龍修道院的水道系統非常獨特且發達，有複雜的下水道網絡、灌溉溝渠及蓄水池。

㉚雷根斯堡舊城
Old town of Regensburg with Stadtamhof

登錄時間：2006年　遺產類型：文化遺產

　　西元179年，羅馬人在雷根斯堡以石材建立了雷吉納城堡。中世紀時期，雷根斯堡的地位愈形重要，1245年左右，雷根斯堡成為自由城市，得天獨厚的地理位置，讓它因商業往來頻繁而日漸繁榮。古城裡的穀物市場、聖彼得大教堂、公爵宮殿等，至今都保留著原有的建築型態，是阿爾卑斯山以北最經典的德國都城。

㉛羅馬帝國邊界
Frontiers of the Roman Empire

登錄時間：1987年　遺產類型：文化遺產

　　上日耳曼-雷蒂安邊牆總長568公里，從萊茵河的波昂一直延伸到多瑙河的雷根斯堡，擁有60個堡壘及900座瞭望塔。羅馬帝國退出萊茵河、多瑙河流域後，周遭居民開始將邊牆搬走用作建材。後來考古學家對邊牆進行研究，並將其放置在一座博物館中，德國政府也開始出資修復。邊牆自1987年被列為世界遺產，到了2005年與英國的哈德良長城合併列為一項世界遺產。

㉜萊歇瑙修道院之島
Monastic Island of Reichenau

登錄時間：2000年　遺產類型：文化遺產

　　島上三座修建於9到11世紀的羅馬式教堂，為中世紀中歐建築風格提供了典範。這些位於偏遠萊歇瑙島上的修道院，見證了中世紀的本篤教會和其文化，教堂內部的壁畫充分印證了萊歇瑙在當時已成為歐洲的一處藝術中心。另外，教堂內還展示卡洛林及奧托王朝時期盛行的東方文化。

㉝威斯教堂
Pilgrimage Church of Wies

登錄時間：1983年
遺產類型：文化遺產

　　「被鞭打的基督」木像剛開始時被人忽略地存放在小教堂中，後因臉上會冒出小水滴，而開始有哭泣的耶穌傳聞流傳開來，威斯教堂便是修道院長為供奉它而建立的。教堂的設計一改當時教堂常有的厚重、誇張與壓迫的渲染風格，改以源自法國宮殿、沙龍與豪宅式的世俗建築設計，將教堂帶入洛可可式的風尚潮流中，並巧妙地將巴洛克風格移轉至洛可可式的裝飾設計上。

㉞阿爾卑斯山區史前干欄式民居
Prehistoric Pile Dwellings around the Alps

登錄時間：2011年　遺產類型：文化遺產

　　阿爾卑斯山區的河川、湖泊及溼地邊，共有111處史前干欄式民居遺跡，為德國、奧地利、瑞士、義大利、法國、斯洛文尼亞等6國共有的世界遺產。這些史前民居大約建於西元前5千年至5百年間，時間橫跨新石器時代與青銅器時代，部分遺跡保存完好，提供豐富的考古證據，並展示當時人類的生活方式與適應環境的社會發展，是研究這個地區早期農耕社會形成的重要史料。

㉟ 瓦登海
The Wadden Sea

登錄時間：2009年
遺產類型：**自然遺產**

瓦登海是橫越歐洲大陸西北部到北海之間的淺海和溼地，面積涵蓋荷蘭的瓦登海保護區以及德國的瓦登海國家公園，因此同屬兩國共有。這是一大片溫暖、平坦的海岸溼地環境，成形於複雜的自然與生態因素互動，當地出現大量過渡性棲息地，像是深受潮汐影響的海峽、海草地、淡菜床、河口沙洲、沼澤、沙丘等等，其中超過六成以上的範圍是多種動植物的家，包括海豹和海豚等海洋哺乳類動物，此外這裡更是1200萬隻鳥類的聚食場，它是今日少數留下來的大規模潮間帶生態系統，境內依舊不受干擾地持續進行著自然演進。

㊱ 遠古山毛櫸森林
Primeval Beech Forests of the Carpathians and the Ancient Beech Forests of Germany

登錄時間：2007年
遺產類型：**自然遺產**

喀爾巴阡山脈與德國境內的原始山毛櫸森林，是認識這種遍布北半球的植物其歷史、進化與生態學不可或缺的研究對象。這裡跨越多元溫帶林區，展現了該植物在各種生長環境下完整的生活模式，沿著一條長達數百公里的軸線，一路從烏克蘭向西延伸至斯洛伐克，再到德國中北部。其中包括了寶貴的山毛櫸基因庫以及該區多種相互依存的物種，它們同時是上次冰河時代後當地生態系統重新移植和發展的傑出範例，這項進程至今仍持續發展中。

㊲ 拜羅伊特侯爵歌劇院
Margravial Opera House Bayreuth

登錄時間：2012年
遺產類型：**文化遺產**

位於巴伐利亞城市拜羅伊特的侯爵歌劇院，建於1744至1748年間，是一座晚期巴洛克式歌劇院，也是歐洲這一時期少數倖存下來的歌劇院之一，包廂至今仍維持當初的模樣。它由義大利著名的劇院設計師比比恩納父子負責操刀，27公尺深的舞台，音響效果絕佳，也曾吸引華格納於1872年在此舉辦歌劇盛會。因為是由布蘭登堡拜羅伊特侯爵與侯爵夫人所委託設計，因此以侯爵命名。

㊳ 威廉高丘公園
Bergpark Wilhelmshöhe

登錄時間：2013年　遺產類型：**文化遺產**

威廉高丘公園始建於17世紀末，當時黑森-卡塞爾領主卡爾一世打算建造一座結合建築、景觀與水法的大花園，特別從義大利敦聘建築師，為他設計了山丘上的海克力斯像與小瀑布；卡爾一世的孫子弗烈德里希二世又把這裡改成英式花園，建了人造洞穴、古羅馬渡槽、中國村等建物；後來威廉九世又增建了威廉高丘宮與獅子堡。搭乘電車來到山下，便能看到山坡上的威廉高丘宮、小瀑布與遠方的海克力斯像連成一條直線，既有種雄渾不可一世的氣勢，又有股歷史悠悠的滄桑美感。

㊴ 柯維修道院與加洛林時期西側塔樓
Carolingian Westwork and Civitas Corvey

登錄時間：2014年　遺產類型：**文化遺產**

坐落於大片原始自然的鄉間，位於威悉河畔的柯維修道院大致建於822年到885年之間，這座本篤會修道院本身是珍貴的考古遺跡，對日後發展出的諾曼式、哥德式建築影響深遠。可惜修道院在三十年戰爭中近乎全毀，目前只有部分被挖掘出來，是德國最重要的中古世紀宗教遺跡之一。而它的西側塔樓，更是目前僅存的加洛林王朝時期建築，歷史價值難以估算。

㊵ 倉庫城、康托爾豪斯區和智利屋

Speicherstadt and Kontorhaus District with Chilehaus

登錄時間：2015年

遺產類型：**文化遺產**

位於港口城市漢堡市中心的倉庫城，最初是1885至1927年間建於易北河一些小島上的狹長形倉儲基地，展示了19世紀末、20世紀初世界貿易高速發展的成果。包括15個大型倉庫區和6個附屬倉庫群，以及一個相連的短運河系統，面積達30萬平方公尺。倉庫城部分建築於1949至1967年間重建，乃世界上最大的港口倉庫群遺址。而毗鄰的康托爾豪斯區佔地超過5公頃，是建於20世紀20到40年代的6座辦公大樓群，其中包括一座10層樓高的智利大樓。

㊶ 勒科比意的建築作品

The Architectural Work of Le Corbusier

登錄時間：2016年　遺產類型：**文化遺產**

勒科比意是20世紀最重要的建築師之一，他出生在瑞士侏羅山區，一生致力於讓居住在都市叢林中的人們有更好的生活環境，其作品被評為「對現代化推進有卓越貢獻」。他位於7個國家的17件作品被列入世界遺產，其中包括位於德國斯圖加特的白院聚落(Weißenhofsiedlung)。

㊷ 施瓦本侏羅山區洞穴與冰河時期藝術

Caves and Ice Age Art in the Swabian Jura

登錄時間：2017年

遺產類型：**文化遺產**

這是在德國南部被發現的6個洞穴群，皆坐落於孤立的山坳處，估計大約在4萬3千年至3萬3千年前的冰河時期曾有人類居住使用。山洞裡發現了一些動物造型的小型雕像，包括獅子、馬、牛、長毛象、半人半獸等，此外還有樂器、飾品，甚至還有一尊女性的雕像。

㊸ 赫德比邊境古景觀及土牆

Archaeological Border complex of Hedeby and the Danevirke

登錄時間：2018年　遺產類型：**文化遺產**

赫德比在8至11世紀的維京時代，由於地處丹麥王國與法蘭克王國間的貿易樞紐，在當時是非常大的商貿城市，今日所挖掘出的遺跡，包括道路、建築、墓地、港口，有些年代甚至可追溯到西元1、2世紀。當時丹麥人為了保護貿易路線，建了一道名為丹尼維爾克的防禦工事，由綿延30公里的土牆與壕溝所組成，將日德蘭半島與歐洲大陸隔絕開來。不過這座城鎮在11世紀就遭到了廢棄，直到20世紀才重見天日。由於見證維京時代的重要歷史，加上保存良好，因此被選定為世界遺產。

㊹ 瑙姆堡大教堂

Naumburg Cathedral

登錄時間：2018年

遺產類型：**文化遺產**

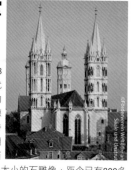

瑙姆堡大教堂始建於1028年，今日所見建築大部份年代可追溯到13世紀，其羅馬式的主體結構，兩側卻融合了哥德式建築的特徵，見證了那個時代從羅馬式晚期到哥德式初期的風格轉變過程。教堂內的西側唱詩班座席上，有12尊真人大小的石雕像，距今已有800多年歷史，他們是興建教堂的資助者，其中包括邁森侯爵埃卡德二世與其夫人。雕刻這些作品的石雕師真名已經失傳，而以「瑙姆堡大師」之名在藝術史上廣為人知。

㊺ 厄爾士山脈礦區

Erzgebirge Mining Region

登錄時間：2019年

遺產類型：**文化遺產**

位於德國與捷克邊界的厄爾士山脈(捷克稱為克魯什內山脈)蘊含豐富的礦藏，Erzgebirge在德語中即是「礦石山脈」的意思。打從12世紀開始，人們便在這裡開採礦物，15至16世紀時，這裡是歐洲最大的銀礦，並帶動起銀器加工的技術革新；同時這裡的錫礦產量也很豐富。到了19世紀末，厄爾士山脈又成了世界重要的鈾礦產地。800多年來的採礦歷史，造就出這裡獨特的礦山文化，包括水利系統、冶煉場地、礦物加工產業與城鎮等，因而名列世界遺產。

㊼奧格斯堡水利管理系統
Water Management System of Augsburg

登錄時間：2019年
遺產類型：**文化遺產**

奧格斯堡自14世紀開始，便發展出一套極有效率的水利系統，這些系統又歷經了好幾個階段的技術演變，使奧格斯堡這座城市成為水資源管理的先驅。今日被列為世界遺產的水利工程共有22處，包括彼此連串成一片的運河與渠道網路、數座建於15~17世紀的水塔、1座水冷式的屠宰場、多處文藝復興時期的雕像噴泉、以及多座歷史悠久的水力發電廠，其中有不少今日仍在運作。

㊼羅馬帝國邊界——多瑙河畔界牆(西段)
Frontiers of the Roman Empire–The Danube Limes (Western Segment)

登錄時間：2021年　遺產類型：**文化遺產**

這處世界遺產範圍長達近600公里，為德國、奧地利與斯洛伐克所共有。羅馬帝國以多瑙河作為其北方邊界，雖然並沒有設置一道完整的邊牆，但建有無數道路、軍團堡壘、小營寨、臨時軍營、與在堡壘周邊發展出的城鎮，用以確保環境安全。而這些邊界工事都因應地形而搭建，反映出當時的防禦體系。

㊼羅馬帝國邊界——下日耳曼界牆
Frontiers of the Roman Empire–The Lower German Limes

登錄時間：2021年
遺產類型：**文化遺產**

這處世界遺產從德國萊茵河下游左岸，一直延伸到荷蘭的北海沿岸，長度將近400公里。其沿線的世遺點多達102個，包括軍事與民用的基礎設施遺跡，如軍團堡壘、前哨碉堡、臨時營地、艦隊基地、港口、道路、運河、水渠、居民城鎮、墓地、甚至圓形劇場、宮殿等，共同建構出羅馬帝國下日耳曼邊境地區的輪廓。由於這些遺跡長年深埋地下，因此保存得相當完整。

㊾達姆施塔特的瑪蒂爾德高地
Mathildenhöhe Darmstadt

登錄時間：2021年
遺產類型：**文化遺產**

這是由黑森大公恩斯特路德維於1897年所資助創建的藝術家村，他是一名藝術愛好者，為了發展黑森的藝術風氣，邀請來一批新藝術風格的藝術家定居在黑森首都達姆施塔特，並為他們在瑪蒂爾德高地規劃了一片土地，讓他們自由發揮創作。這群藝術家包括彼得貝倫斯、約瑟夫瑪利亞奧布利希等人，他們在此建造了大量早期現代主義的建築，風格上受到美術工藝運動與維也納分離派的影響，今日留下的建築有著名的婚禮塔、抹大拿的瑪麗亞俄羅斯小教堂、百合池、天鵝殿涼亭、藝術家們的個人住家與工作室、以及大公本人的居所等。

㊿施派爾、沃爾姆斯和美因茲的猶太社區遺址
ShUM Sites of Speyer, Worms and Mainz

登錄時間：2021年
遺產類型：**文化遺產**

希伯來語中指稱猶太社區的「ShUM」，即是萊茵河谷地上游的3個城市：施派爾、沃爾姆斯和美因茲的縮寫。這些地區的猶太社區形成得很早，並在11至14世紀發展出自成一格的體系。今日留下的遺跡包含猶太會堂、學校、地下浸禮池、公墓等，反映出早期德系猶太人傳統的形成過程與猶太社區的發展模式，這些都成為日後歐洲猶太社區與宗教建築的原型。

⑤歐洲溫泉療養勝地
The Great Spa Towns of Europe

登錄時間：2021年
遺產類型：**文化遺產**

古羅馬人非常重視溫泉洗浴，隨著帝國擴張，每當發現富含礦物質的水泉，便會建立浴場。這股對溫泉療養的熱潮到了18世紀初又開始在歐洲流行起來，並一直延續到20世紀30年代，各地紛紛建起大型國際化的溫泉度假村，除了富麗堂皇的水療浴場、飲泉廳、溫泉大廳、泵房外，還圍繞著溫泉設施打造賭場、劇院、旅館、花園等一系列娛樂場所，構成典型的溫泉城鎮格局，吸引各國權貴前來度假交際。2021年時，聯合國教科文組織將歐洲7個國家共11處溫泉療養勝地列為世界遺產，其中德國就佔了巴登巴登、巴特埃姆斯、巴特基辛根等3處。

Theme Routes in Germany
德國觀光大道

文●蔣育荏　攝影●墨刻攝影組

觀光大道的觀念最早就是起源於德國，從1950年代的阿爾卑斯山大道和羅曼蒂克大道起始，發展到今日，德國境內已有超過150條觀光大道，每一條都有不同主題，將德國多元的文化面向一一呈現在世人面前。在諸多大道中，以羅曼蒂克大道、古堡大道和童話大道最負盛名，同時也最受到觀光客喜愛。

古堡大道 Burgen Straβe

古堡大道協會
電話：(0)7131-973-5010
網址：www.burgenstrasse.de

古堡大道是一條由西向東延伸的旅遊路線，以曼罕為起點，沿著涅卡河沿岸的古城與古堡，蜿蜒到羅曼蒂克大道上的羅騰堡後，繼續往東前進，經安斯巴赫、紐倫堡、班堡、科堡、拜羅伊特，最後越過國境，抵達捷克首都布拉格。細細數來，古堡大道上的城堡竟然多達77座，且大多是中世紀原封不動保留下來的古老風貌，或是原物原地重建的優美城堡。

大致而言，古堡大道以中古時代的城堡做為旅遊重點與精華，兼而欣賞蜿蜒其中的涅卡河、考黑河、陶伯河河畔舒適寧靜的田園風情。尤其是在古堡大道西端，從曼罕到羅騰堡之間，道路沿著涅卡河岸而行，河流兩岸的森林與原野大地間，一座座英挺俊俏的城堡座落其中，尤以內卡爾斯泰納赫、內卡格門德、古騰貝格城堡一帶最為密集，不但是古堡大道的精華路段，更被譽為涅卡河谷的浪漫街道，足以與萊茵河、莫色耳河相互媲美爭輝。此外，像是角山城堡等古堡，也被整修成古意盎然的旅館與餐廳，在這條路線上頗有名氣，而且價錢也不算貴，吸引很多旅客入住。

古堡大道東段的精華區域，是在紐倫堡與班堡之間的弗蘭肯瑞士(Fränkische Schweiz)一帶，以黑鴉石古堡酒店為中心(Burg Rabenstein)，大約100公里的路程，沿途也

有不少古堡可以參觀。

由於古堡群大多位於城市之外，因此遊玩這條大道最理想的方式，就是去租一台車，沿著路線依序拜訪。在古堡大道協會的網站上，有詳細的景點及路程資訊，而大道沿途城鎮的遊客中心裡，也可拿到免費的紙本地圖。如果時間實在有限，那就建議在海德堡或紐倫堡參加當地旅行團，遊玩其精華路段即可。

曼罕 Mannheim
內卡爾斯泰納赫 Neckarsteinach
埃伯巴赫 Eberbach
海德堡 Heidelberg
內卡格門德 Neckargemünd
莫斯巴赫 Mosbach
古騰貝格城堡 Burg Guttenberg
角山城堡 Hotel Restaurant Burg Hornberg
巴德威芬 Bad Wimpfen
蘭根堡 Langenburg
許威比斯郝爾 Schwäbisch Hall
羅騰堡 Rothenburg o. d. Tauber
安斯巴赫 Ansbach
科堡 Coburg
班堡 Bamberg
紐倫堡 Nürnberg
庫姆巴赫 Kulmbach
拜羅伊特 Bayreuth
波騰斯坦城堡 Pottenstein

古堡大道

羅曼蒂克大道
Romantische Straße

羅曼蒂克大道旅遊聯營公司
網址：www.romantischestrasse.de

羅曼蒂克大道專車
電話：(0)9581-551-387
網址：www.romanticroadcoach.de

符茲堡
Würzburg

巴特根特姆
Bad Mergentheim

克雷林根
Creglingen

羅騰堡
Rothenburg o.d. Tauber

魏克斯海姆
Weikersheim

福伊希特萬根
Feuchtwangen

汀特斯比爾
Dinkelsbühl

諾得林根
Nördlingen

奧格斯堡
Augsburg

蘭斯貝爾格
Landsberg am Lech

慕尼黑
München

威斯教堂
Wieskirche

修瓦高
Schwangau

富森
Füssen

新天鵝堡
SchloßNeuschwanstein

楚格峰
Zugspitze

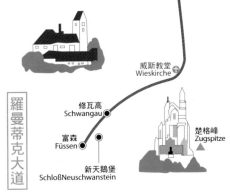

羅曼蒂克大道堪稱德國最經典的旅遊路線，1950年代，政府為了促進德國南部觀光發展，特別結合26個城鎮，自美因河畔的符茲堡，經中古風情的克雷林根、羅騰堡、汀特斯比爾、諾得林根、奧格斯堡後，延伸到阿爾卑斯山北麓的修瓦高與富森，連成一條長達350公里的觀光大道。

一路行來，沿途無數座富麗奢華的宮殿、壯觀宏偉的城堡、精緻唯美的教堂，與莊嚴肅穆的修道院，若能細細探尋其中故事，一幕幕中古貴族歌臺舞榭的華麗奢豪，便彷彿栩栩如生地在眼前展開。典雅寧靜的老城區，悠閒淳樸的田園景色，使得這段路線格外引人入勝，而名列世界遺產的符茲堡主教宮，與最夢幻浪漫的新、舊天鵝堡，也正是座落在這條大道上。沿途的綺麗風光綿延成令人魂牽夢縈的繽紛圖畫，讓羅曼蒂克大道的美名增添更多浪漫與傳奇色彩！

儘管德國鐵路網以綿密著稱，卻無法串連起這條路線，若是沒有開車的話，最方便的方式就是搭乘4到10月間營運的羅曼蒂克大道專車。這輛長途巴士有點像是Hop-On Hop-Off觀光巴士，只是路線距離非常長，每天南行北向各有一班，分別從法蘭克福與慕尼黑發車。當行程日期確定後，建議就在官網上購票及訂位，首先選定出發的起站，再看最遠打算玩到哪裡，兩個車站之間可以任意下車，停留幾天之後再重新上路，反正車票有1年效期，只要路線沒有折返重覆，司機都會讓你繼續完成行程，不過重新上車的前一日最好先打電話請巴士公司預留座位，免得巴士客滿沒有位子。假使時間夠多的話，用這個方式一站一站玩下去，真的可以把羅曼蒂克大道完全玩遍。

童話大道 Märchen Straße

童話大道協會
電話：(0)561 9204-7910
網址：www.deutsche-maerchenstrasse.com

©Tourismus Marketing Niedersachsen GmbH

不來梅
Bremen

哈默爾
Hameln

薩巴堡
Sababurg

哥廷根
Göttingen

卡塞爾
Kassel

沃爾夫哈根
Wolfhagen

漢明登
Hann. Münden

阿斯菲爾德
Alsfeld

馬堡
Marburg

許坦瑙
Steinau

哈瑙
Hanau

在每個人童年的記憶角落中，總有一部分悄悄珍藏著公主與王子的浪漫篇章，白雪公主、睡美人、灰姑娘等耳熟能詳的故事，不知陪伴過多少孩子成長，而其出處便是著名的格林童話。

二次大戰後，德國政府為發展觀光，將格林兄弟的一生行腳串連成一條童話大道。這條大道始於格林兄弟的出生地哈瑙，一路由南向北，沿路經過格林兄弟渡過童年的許坦瑙、啟蒙他們對民間文學興趣的馬堡、求學與工作所在的卡塞爾與哥廷根等。而格林兄弟所蒐集的民間故事，有不少便是發源於日耳曼中、北部地區，也有些故事遠從義大利或西亞輾轉而來，在格林兄弟改寫的過程中，將場景設定在日耳曼境內，於是出現在這些故事中的城鎮也都成了童話大道的當然成員，像是「小紅帽」的故鄉阿斯菲爾德（據說小紅帽的造型是由當地傳統服飾得來的靈感）、「大野狼和七隻小羊」的故事發源地沃爾夫哈根、「睡美人」的場景薩巴堡、「牧鵝姑娘」的哥廷根、「吹笛捕鼠人」的哈默爾、「不來梅樂隊」的不來梅等。而漢明登也在這條路線上，鎮中最有名的故事是「鐵鬍子醫生」，雖然沒有被收錄在《格林童話》裡，卻也值得遊客一探究竟。

大道上的城市，尤其是小鎮，經常會舉辦與格林童話相關的活動，例如哈瑙每年5至7月會在菲利普斯魯厄城堡（Schloss Philippsruhe）展開格林兄弟童話節，到了10月2日，格林兄弟文化週又會在城裡登場；許坦瑙的瑪隆內特劇場（Marionettentheater）每週六下午3點定時上演木偶童話劇，每年8月的童話星期日也會有熱鬧的主題遊行；哈默爾的婚禮樓（Hochzeitshaus）旁，夏季每週日中午12點都有免費的吹笛人故事舞台劇可以觀看。而睡美人的薩巴堡裡甚至還有一間17間房的古堡酒店，不過遊客大可放心，現在入住這裡，保證不會一覺不起。

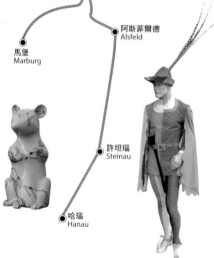

分區導覽
Area Guide

德國東部

Eastern Germany

德國東部

德國東部包括布蘭登堡邦、薩克森邦、圖林根邦、薩克森-安哈爾特邦、梅克倫堡-前波美恩邦以及東柏林的範圍在內，二次大戰結束後成為蘇聯的佔領地，並在其控制下成立了德意志民主共和國，也就是所謂的「東德」。

由於德東在鐵幕中40多年的隔閡，使得這塊區域與西德諸邦的情調大不相同，一切現代開放的建設才剛起步未久，資本主義的氣味在這裡也還不是那麼濃厚。較諸德國西部的其他城鎮，東部似乎多了點保守內斂的古典美，尤其數個世紀以來，這裡便是文學與藝術的重鎮，你可以在威瑪追尋歌德與席勒的足跡，徜徉在文學狂飆突進運動的海洋裡，也可以在萊比錫聆聽巴哈的協奏曲，感受巴洛克時代複調音樂

的華麗。而號稱德國最美麗城市的德勒斯登，更是遊客絕不能錯過的焦點之一。

東西兩地的分隔，相信德國沒有其他城市能比柏林感受更深刻。隨著1989年柏林圍牆倒塌與德國統一，柏林又重新回到了德國唯一首都的地位，許多重要的建設都在如火如荼地進行中：新國會大廈、新中央車站、新國際機場、博物館島與柏林宮的重建⋯⋯東德的熱情與西德的進步在柏林合而為一，讓這座充滿故事的城市永遠都有新的奇蹟。

德國東部之最Top Highlights of Eastern Germany

布蘭登堡門 Brandenburger Tor
建於1789年的布蘭登堡門，是柏林最知名的地標，原是為了慶祝七年戰爭的勝利，200年後又因為柏林圍牆的倒塌，而成為德國統一的象徵。（P.69）

博物館島Museumsinsel
博物館島匯集了全柏林最重要的幾個博物館，5座美麗的藝術殿堂連成一氣，每年為柏林吸納進成千上萬的觀光人潮，更是柏林經濟發展的一大功臣。（P.72）

忘憂宮Schloss Sanssouci
腓特烈大帝為自己興建的「普魯士的凡爾賽宮」，最著名的就是宮殿前方的6層階梯式平台，每層牆面上都爬滿了葡萄藤蔓，一片綠意盎然。（P.100）

格拉西博物館 Museen im Grassi
由樂器博物館、民族人類學博物館、工藝美術博物館等三大博物館合體而成的格拉西博物館，豐富而精彩的館藏，在德國可說是數一數二。（P.110）

茲溫葛宮 Zwinger
穿過富麗堂皇的王冠門，來到經典巴洛克式的宮殿與花園，茲溫葛宮無疑讓德勒斯登這座城市的美，又往上提升了一個等級。（P.122）

柏林

Berlin

文●蔣育荏・墨刻編輯部　攝影●周治平

提起柏林，莫不讓人聯想到分隔東西德的柏林圍牆，一座長達160多公里、高約4公尺的水泥牆，每隔一段距離就設一座瞭望台，士兵、軍犬、探照燈更是24小時戰備巡守，許多自家的親戚、朋友，甚至父母、子女，更是在來不及準備的情況下被迫分隔兩地。如今，柏林圍牆已經倒塌超過30年，統一後的德國也已將首都遷回柏林，這座在二戰結束後被分成四塊佔領區的大都會，就像隻浴火中重生的鳳凰，迫不及待要向世人宣告它的復興。

集結現代經典與傳統智慧於一身，是今日遊客初訪柏林的第一印象。所謂的現代，指的是柏林隨處可見的現代建築、柏林人的生活方式，以及其影響世界潮流、帶動科技發展的層面；而所謂的傳統，當然不外乎名聞遐邇的博物館、大教堂、宮殿皇城等深具歷史意義的宏偉建築。2008年，柏林在廿世紀初興建的現代建築群落，被聯合國教科文組織列入世界遺產名錄，再一次驗證了柏林引領風氣之先的精神。

合併後的柏林，不只是復原與重生而已：透明圓穹的新國會大廈、宛如富士山天幕的新力中心、聚滿全新摩天大樓的波茨坦廣場，還有洋溢人情趣味的哈克雪庭院，歐洲從沒有一座城市能像柏林這樣，總有令人出乎意料的驚喜與啟發，彷彿每一處角落都有故事，為遊人帶來震撼與感動，讓你還沒離開，就開始計畫下一次的造訪。

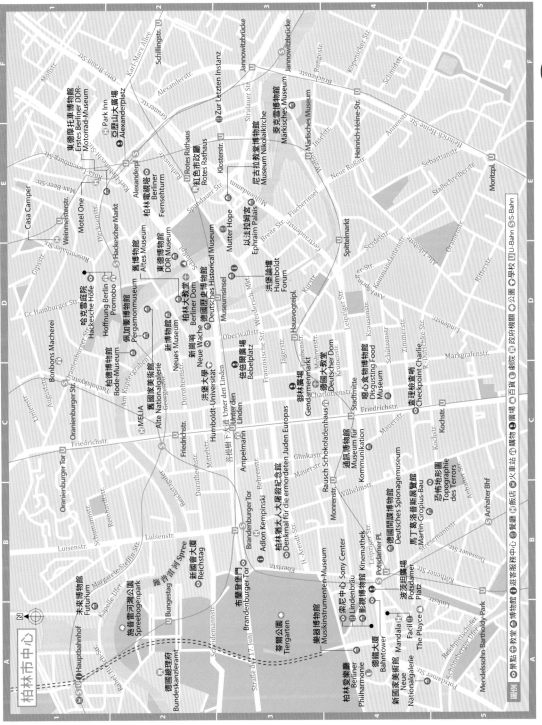

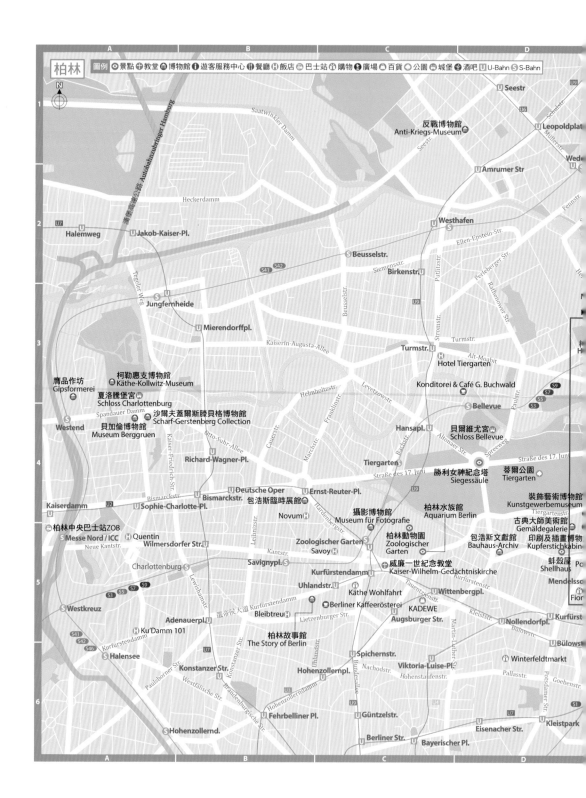

柏林 圖例 ◎景點 ✚教堂 ⑩博物館 ⓘ遊客服務中心 ⑪餐廳 ⑭飯店 巴士站 ⑪購物 ⊙廣場 ⑪百貨 ⌂公園 ⌂城堡 ❀酒吧 Ⓤ U-Bahn Ⓢ S-Bahn

反戰博物館
Anti-Kriegs-Museum

Ⓤ Seestr
Ⓤ Leopoldplat
Wede
Ⓤ Amrumer Str

Heckerdamm

Ⓤ Halemweg
Ⓤ Jakob-Kaiser-Pl.

Ⓢ Westhafen
Ⓢ Beusselstr.
Siemensstr.
Birkenstr.

Ⓤ Jungfernheide

Ⓤ Mierendorffpl.

Kaiserin-Augusta-Allee

Turmstr.
Hotel Tiergarten

柯勒惠支博物館
Käthe-Kollwitz-Museum

膺品作坊
Gipsformerei

夏洛騰堡宮
Schloss Charlottenburg

Konditorei & Café G. Buchwald

Ⓢ Bellevue

沙爾夫蓋爾斯滕貝格博物館
Scharf-Gerstenberg Collection

Ⓢ Westend

貝加倫博物館
Museum Berggruen

Hansapl.
貝爾維尤宮
Schloss Bellevue

Richard-Wagner-Pl.

Tiergarten
Straße des 17. Juni
勝利女神紀念塔
Siegessäule
蒂爾公園
Tiergarten

Kaiserdamm
Ⓤ Deutsche Oper
Ⓤ Bismarckstr.
Ⓤ Ernst-Reuter-Pl.

裝飾藝術博物館
Kunstgewerbemuseum

Ⓤ Sophie-Charlotte-Pl.
包浩斯臨時展館
Novum

攝影博物館
Museum für Fotografie

柏林水族館
Aquarium Berlin

古典大師美術館
Gemäldegalerie

柏林中央巴士站ZOB
Ⓢ Messe Nord / ICC
Quentin
Ⓤ Wilmersdorfer Str.
Neue Kantstr.

柏林動物園
Zoologischer Garten
Zoologischer
Garten

包浩斯文獻館
Bauhaus-Archiv

印刷及插畫博物館
Kupferstichkabin

Savoy
Charlottenburg Ⓢ
Savignypl.

威廉一世紀念教堂
Kaiser-Wilhelm-Gedächtniskirche

蚌殼屋
Shellhaus

Mendelsso

Ⓤ Uhlandstr.
Käthe Wohlfahrt
Kurfürstendamm
Ⓤ Wittenbergpl.

Ⓤ Kurfürst

Ⓢ Westkreuz
Adenauerpl.
Berliner Kaffeerösterei
KADEWE
Ⓤ Nollendorfpl.

Bleibtreu
Augsburger Str.
Ⓤ Bülows

Ku'Damm 101
柏林故事館
The Story of Berlin

Viktoria-Luise-Pl.
Ⓤ Winterfeldtmarkt

Ⓢ Halensee
Ⓤ Spichernstr.
Ⓤ Kleistpark

Konstanzer Str.
Hohenzollernpl.

Ⓤ Fehrbelliner Pl.
Ⓤ Güntzelstr.
Eisenacher Str.

Ⓢ Hohenzollernd.
Berliner Str.
Bayerischer Pl.

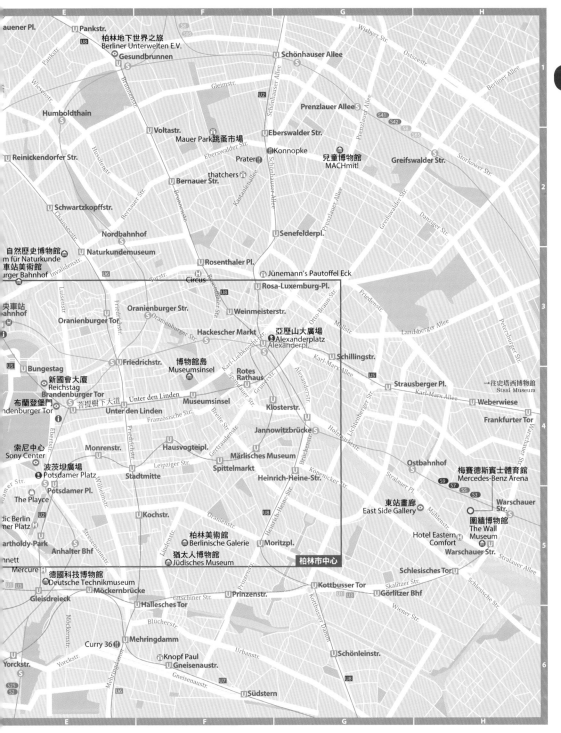

auer Pl.

Pankstr.
U8 柏林地下世界之旅
Berliner Unterwelten E.V.
Gesundbrunnen

Schönhauser Allee

Wisbyer Str.

Ostseestr.

Berliner Allee

Humboldthain

Voltastr.

Mauer Park跳蚤市場
Prater

Prenzlauer Allee

U2

Eberswalder Str.

S41
S42
S8
S85

Reinickendorfer Str.

thatchers
Bernauer Str.

Konnpke

兒童博物館
MACHmit!

Greifswalder Str.

Storkower Str.

Schwartzkopffstr.

Nordbahnhof

Senefelderpl.

Danziger Str.

自然歷史博物館
m für Naturkunde
車站美術館
urger Bahnhof

Naturkundemuseum

U6

Rosenthaler Pl.

Circus

Jünemann's Pautoffel Eck

Rosa-Luxemburg-Pl.

U8

Friedrichstr.

Landsberger Allee

Petersburger Str.

央車站
ahnhof

Oranienburger Str.

Oranienburger Tor

Weinmeisterstr.

Hackescher Markt

亞歷山大廣場
Alexanderplatz
Alexanderpl.

Schillingstr.

U5

Strausberger Pl.

一往史塔西博物館
Stasi Museum

U5 Bungestag

新國會大廈
Reichstag
Brandenburger Tor
布蘭登堡門
ndenburger Tor

Friedrichstr.

博物館島
Museuminsel

Rotes
Rathaus

Klosterstr.

Karl-Marx-Allee

Weberwiese

菩提樹下大道 Unter den Linden

Unter den Linden

Museuminsel

Frankfurter Tor

Französische Str.

Jannowitzbrücke

索尼中心
Sony Center

Monrenstr.

Hausvogteipl.

Märlisches Museum

Ostbahnhof

梅賽德斯賓士體育館
Mercedes-Benz Arena

波茨坦廣場
Potsdamer Platz

Stadtmitte

Spittelmarkt

Heinrich-Heine-Str.

S9
S7
S5
S3

Potsdamer Pl.

The Playce

Kochstr.

Moritzpl.

U2

dic Berlin
mer Platz

柏林美術館
Berlinische Galerie
猶太人博物館
Jüdisches Museum

柏林市中心

東站畫廊
East Side Gallery

Hotel Eastern
Comfort

圍牆博物館
The Wall
Museum

Warschauer
Str.

artholdy-Park

Anhalter Bhf

Schlesisches Tor

Warschauer Str.

Mercure

德國科技博物館
Deutsche Technikmuseum
Möckernbrücke

Kottbusser Tor

U3

Görlitzer Bhf

Gleisdreieck

Hallesches Tor

Prinzenstr.

Wiener Str.

Schlesische Str.

Curry 36

Mehringdamm

Schönleinstr.

Knopf Paul
Gneisenaustr.

U8

U6

Südstern

Yorckstr.

S25

INFO

如何前往

◎航空

柏林布蘭登堡威利布蘭特機場(BER)位於市區南方18公里處,目前已有1、2兩座相連的航廈投入運作,不過從台灣還是沒有直飛柏林的航班,必須在法蘭克福、慕尼黑或其他國際城市轉機。

柏林布蘭登堡威利布蘭特機場(BER)

🌐 ber.berlin-airport.de

讓柏林人等了快10年的新機場

二戰結束後,德國經歷長期分裂,原本的首都柏林也被一堵圍牆分割了近30年之久,當時東、西柏林都各自建了一座機場,作為對外航空的門戶。1990年兩德統一,柏林重回全國首都地位,但西柏林的泰戈爾機場(Tegal Airport)與東柏林的舍奈費爾德機場(Schönefeld Airport)仍各自為政,不但跑道規模太小,也分散了整體的載運量,使得國際旅客大多是從法蘭克福或慕尼黑進出,柏林這座德國第一大城,竟無法成為國家門面。

於是從本世紀初開始,柏林當局便積極規劃興建一座統一的機場,其計畫是對舍奈費爾德機場進行擴建,建成之後改名為「柏林布蘭登堡威利布蘭特機場」,取名自曾在1971年獲得諾貝爾和平獎的前西德總理威利布蘭特,並在啟用當天同時關閉泰戈爾機場。原本揭幕典禮訂在2011年10月30日,可是沒想到因為航廈結構設計錯誤,消防安檢也無法通過,加上其他種種管理問題,導致啟用日期一延再延,這對以嚴謹著稱的德國人來說簡直是奇恥大辱,當時的柏林市長甚至還為此下台。

過了將近十年等待,柏林布蘭登堡機場終於在2020年10月31日啟用,當天即降落了德航及易捷的兩架班機,宣告遲來的柏林機場正式統一。

©BER

布蘭登堡-柏林邦票
Brandenburg-Berlin-Ticket

柏林雖是獨立城市邦,但和布蘭登堡邦合用邦票。購買布蘭登堡-柏林邦票可乘坐邦境內各種區域性火車(也就是ICE和IC以外)的二等車廂,以及邦內各城市的所有大眾運輸系統,使用效期為平日09:00~隔日03:00、週末00:00~隔日03:00,購票時可指定使用日期,因此可以提早購買。1張邦票為€33,最多可5人共用。另外也有夜間邦票,效期為平日18:00~隔日06:00、週末18:00~隔日07:00,票價為€25。不論日間或夜間,若想升等坐一等車廂,則需多加€23。邦票最好在自動售票機購買,因為若是在櫃檯向德鐵員工購買,需多收€2手續費。因為邦票不能轉讓,買到票後必須在上面簽名,以備查驗。

◎火車

柏林向來是德東地區的鐵路樞紐,2006年5月新的中央車站啟用後,更成為歐洲最大的轉運車站。中央車站月台分為上下兩層,若你在班次表上看到Berlin Hbf (tief),指的即是下層的地下月台(1~8號)。

從法蘭克福中央車站,每小時都有ICE直達柏林中央車站,一般的ICE車程約4.5小時,若是停靠站點更少的ICE Sprinter,則只需不到4小時。從慕尼黑中央車站每小時一班ICE直達柏林中央車站,一般的ICE車程也是大約4.5小時,而ICE-S同樣需時不到4小時。

柏林中央車站 Berlin Hbf 🅟 P.59A1

機場至市區交通

◎ 火車

火車站位於1航廈的U2樓層,可在5/6月台搭乘S-Bahn的S45或S9前往市中心,車程約50分鐘;也可搭乘RB、FEX(機場快線)等區域性火車前往柏林中央車站,車程35分鐘。

🚊成人單程€4,6~14歲單程€2.9

🎫可使用德鐵通行證,但會用掉1天日期,且要記得先蓋戳印生效啟用

◎ 快速巴士

在1航廈入境層(E0)外的公車站牌A6-7,可搭乘X7、X71線快速巴士前往U-Bahn U7線的Rudow站,X7每5~10分鐘一班,X71每20分鐘一班,車程約16分鐘。

◎ 計程車

在1航廈入境層(E0)外可找到排班的計程車,前往市區車資約€50左右。

◎ 租車

在1航廈入境層內，有Hertz、Avis / Budget、Sixt、Europcar、Enterprise等5家租車公司櫃檯。

市區交通

◎大眾運輸工具

柏林的大眾運輸系統包括由BVG營運的市區地鐵(U-Bahn)、路面輕軌(Tram)、公車，與由德鐵經營的通勤火車(S-Bahn)等，這些交通工具的車票皆可通用，轉乘非常方便。其票價區段分為A、B、C三區，S-Bahn環狀線之內的範圍皆屬A區，而C區則涵蓋波茨坦地區與柏林布蘭登堡機場，因此若不去波茨坦，買AB區的車票便已夠用。

車票可在車站的自動售票機購買，持有柏林歡迎卡(Berlin WelcomeCard)則可在效期內任意搭乘市內大眾運輸工具，而持有德鐵通行證(Rail Pass)也可搭乘同屬德鐵系統的S-Bahn。即使已經購買車票，在使用前還是要記得先去戳印機打上日期，不然被查票員查到，一樣要繳納罰款。

柏林運輸公司 BVG

🚇 www.bvg.de

短程票 Kurzstrecke

短程票可用於搭乘3站S-Bahn與U-Bahn (可轉乘)，或6站Tram或公車(不可轉乘)。

💲成人€2.2，6~14歲€1.7

🐛若一次預購4張，價錢會比較便宜

單程票 Einzelfahrschein

單程票適用於一趟完整的旅程，也就是到達目的地之前，中途可以轉乘，唯不得折返或重覆搭乘。車票效期為自打印起2小時。

💲AB區：成人€3.2，兒童€2。BC區：成人€3.8，兒童€2.5。ABC區：成人€4，兒童€2.9

🐛若一次預購4張，價錢會比較便宜

24小時票 24-Stunden-Karte

持票可在自打印起24小時內不限次數搭乘市內大眾運輸工具，而每位持票成人最多可帶3名6~14歲兒童免費搭乘。

💲AB區€9.5，BC區€9.9，ABC區€10.7

團體24小時票 24-Stunden-Karte Kleingruppe

這種票最多可5人共用，效期一樣為自打印起24小時。

💲AB區€29，BC區€30，ABC區€31

7日票 7-Tage-Karte

效期至自打印起第7天的午夜00:00。

💲AB區€39，BC區€40，ABC區€46

◎計程車

柏林計程車起錶價為€3.9，每公里跳錶€1.65~2.3，等待時間每分鐘€0.55。若搭乘距離小於2公里，則一律為€6。放在後車廂的行李，每件加收€1的附加費。

觀光行程

◎隨上隨下觀光巴士 Hop-On Hop-Off
Berlin City Tour

這是在車票效期內可自由上下車遊覽的雙層露天觀光巴士，沿途行經布蘭登堡門、菩提樹下大道、波茨坦廣場、查理檢查哨、KADAWE百貨等24個站點。車票可在遊客中心或上車向司機購買，詳細路線及時刻表請上官網查詢。

📞(0)30 7017-1250

🕐每日09:30~18:30，每25分鐘一班

💲24小時€30，48小時€34，6~15歲兒童半價

🚇www.berlin-city-tour.de

🐛車上有中文語音導覽耳機

64

City Circle Tour

City Circle Tour與Berlin City Tour的路線大同小異，全程共有22個站點，而在週五至週日時還有開往夏洛騰堡宮的接駁車(每40分鐘一班)。

📞(0)30 880-4190

🕐09:30~18:00 (週五、六至19:00)，每15~20分鐘一班

💲24小時€30，48小時€34，72小時€38，7~14歲兒童半價

🌐city-circle.de

🎧車上有中文語音導覽耳機

◎觀光遊船

BWSG施普雷河遊船

BWSG的遊船共有兩條路線，一條是全程1小時的城市–施普雷河之旅，一條是全程2.5小時的東岸之旅。船票可在碼頭處購買。

📍從博物館島東側對岸的Alte Börse碼頭發船

📞(0)30 651-3415

🕐每年4~10月間營運，城市–施普雷河之旅每日11:15~18:45發船，約30~60分鐘一班；東岸之旅每日只有一班，為14:45發船

💲城市–施普雷河之旅：成人€20，7~14歲€10，4~6歲€6。東岸之旅：成人€30，7~14歲€15，4~6歲€9

🌐www.bwsg-berlin.de/en

Reederei Bruno Winkler

Reederei Bruno Winkler的The Grand City Tour全程3.5~4小時，沿著施普雷河與蘭維爾運河(Landwehrkanal)的水道繞行市中心一圈。遊船於5~10月間的週三至週日行駛，從宮殿橋(Schloßbrücke，在夏洛騰堡宮東側)下的碼頭為11:00出發，從Friedrichstraße北端碼頭(Reichstagufer 18)為11:55出發，週五、六的12:15另加開從亞諾維茨橋(Jannowitzbrücke)碼頭出發的班次。

📞(0)30 349-9595

💲成人€29.5，6~14歲€14.75

🌐www.reedereiwinkler.de

優惠票券

◎柏林歡迎卡 Berlin WelcomeCard

持有柏林歡迎卡可在效期內不限次數免費搭乘市區大眾交通工具，並在200多處觀光景點、博物館、城市導覽享有最多5折折扣，而在特定餐廳、商店消費也有不同優惠。柏林歡迎卡可在遊客中心、各大眾運輸車站售票處及多家旅館購買，購買時並附贈一本地圖及導覽手冊。若在官網上購買，需自行列印下來方可使用，再憑卡至各服務中心領取導覽手冊。你也可以在車站售票機購買柏林歡迎卡，使用前需先至戳印機打上時間，才算生效，效期自打票起開始計算。

	AB區	ABC區
48小時	€25	€30
72小時	€35	€40
72小時+博物館島	€53	€56
4日	€43	€47
5日	€48	€52
6日	€53	€56

🎫每位持卡成人，最多可帶3名6~14歲兒童免費同行

🌐www.visitberlin.de/en/berlin-welcome-card

◎柏林歡迎卡全享卡
Berlin WelcomeCard all inclusive

全享卡與柏林歡迎卡的差異之處，在於其中30多處最熱門的景點門票完全包含在內，外加Hop-On Hop-Off觀光巴士的1日車票。若是本身已有交通票卡的話，也能選購不含交通的卡種。

	包含交通	不包含交通	3~14歲兒童
48小時	€89	€79	€59
72小時	€109	€95	€65
4日	€129	€105	€75
5日	€149	€119	€79
6日	€169	€139	€85

🌐www.visitberlin.de/en/berlin-welcome-card-all-inclusive

◎柏林城市旅遊卡 Berlin CityTourCard

柏林城市旅遊卡與柏林歡迎卡類似，可在效期內免費搭乘市區大眾交通工具，參觀景點時享有最多6折優惠。城市旅遊卡可在各S-Bahn與U-Bahn車站的售票機購買，雖然比柏林歡迎卡便宜一些，但能使用的範圍較小。

	AB區	ABC區
2日	€20	€25
3日	€30	€35
4日	€40	€45
5日	€43	€48
6日	€45	€49

🌀亦有販售不含交通的1日卡，每張€3.9，參觀景點時最多享7折優惠

🌐www.citytourcard.com

◎柏林博物館通行證 Museum Pass Berlin

柏林博物館通行證可在遊客中心及各博物館售票處購買，效期為連續3天，可免費參觀柏林地區30家博物館。通行證不得轉讓，使用前需在通行證上簽名並寫上日期，才算生效。

💶每張€29

🌐www.visitberlin.de/en/museum-pass-berlin

旅遊諮詢
◎柏林旅遊局
☎(0)30 250-025
🌐www.visitberlin.de
◎中央車站遊客中心
📍P.59A1 🚇Europa Platz 1 (中央車站地面層)
🕐每日08:00~21:00
◎布蘭登堡門遊客中心
📍P.59B3 🚇Pariser Platz
🕐每日10:00~18:00
◎洪堡論壇遊客中心
📍P.59D3
🚇Schloßplatz
🕐每日10:00~18:00
◎柏林布蘭登堡機場遊客中心
🏠機場Terminal 1, Level E0
🕐每日09:00~21:00

城市概略 City Guideline

探索柏林可以把布蘭登堡門當成起點，在冷戰時代，布蘭登堡門曾是柏林圍牆的一部分，東邊是共產黨統治的東德，西邊是西方世界的西德，因此直到今天，東西兩邊的情調仍然略有差異。

市中心的景點大多集中在東柏林，這裡自普魯士王國的時代就一直是柏林的權力核心。從布蘭登堡門往東沿著氣派的菩提樹下大道前行，便是從前普魯士王王國與德意志帝國的王宮(重建後現為洪堡論壇博物館)，大名鼎鼎的博物館島也在這裡。博物館島再往東則是亞歷山大廣場，這一帶保留許多從前共產時代的氣味，不過這些東德遺產早已失去了政治上的嚴肅，反而作為一種潮流而大受歡迎，並有一個專有名詞，稱為「Ostalgie」，也就是東邊的懷舊之情。

布蘭登堡門以西是廣大的蒂爾公園，公園東南邊是現代高樓林立的波茨坦廣場，西邊是柏林人的購物天堂選帝侯大道。再往西北邊的方向，則會來到富麗堂皇的夏洛騰堡宮，那裡也是柏林的重要景點之一。

柏林行程建議
Itineraries in Berlin

如果你有3天

柏林散步路線

① 哈克雪庭院 Hackesche Höfe
⑨ 新國會大廈 Reichstag
⑥ 博物館島 Museumsinsel
② 電視塔 Fernsehturm
⑧ 布蘭登堡門 Brandenburger Tor
⑤ 柏林大教堂 Berliner Dom
⑦ 菩提樹下大道 Unter der Linden
③ 紅色市政廳 Berliner Rathaus
⑩ 柏林猶太人大屠殺紀念館 Denkmal für die ermordeten Juden Europas
④ 尼古拉教堂 Nikolaikirche
⑪ 波茨坦廣場 Potsdamer Platz

第一天先去布蘭登堡門與新國會大廈，再沿著菩提樹下大道往東走，穿過博物館島來到亞歷山大廣場。這一條路線是柏林中央區的精華，有許多景點、博物館和店家可以逛。

如果喜歡藝術，一定要保留一整天給博物館島。博物館島是柏林的曠世驚奇，島上的5座博物館，每座都值得個別花一天觀賞。如果時間實在不夠，那就先去佩加蒙博物館，必看的經典包括佩加蒙祭壇、伊希達爾與慕夏塔宮殿外牆等；而新博物館中的娜芙蒂蒂胸像也是絕世之寶。

第三天早上先前往西邊的夏洛騰堡宮，而宮殿對面的貝加倫博物館也很值得一看。下午沿著著名的購物大道——選帝侯大道往東走，大道上的柏林故事館是了解柏林歷史的好地方。最後來到蒂爾公園，可登上勝利女神紀念塔眺望市景。

如果你有5~7天

前三天的行程匆匆忙忙，一定還有很多遺珠之憾，對東德議題有興趣的，可以去查理檢查哨、東德博物館、史塔西博物館等地參觀，當然也別忘了到東站畫廊感受一下柏林圍牆的殘餘部分。其他像是未來博物館、德國間諜博物館、噁心食物博物館則是近年新興的觀光熱點，而博物館島上的洪堡論壇更是柏林人引頸企盼了近80年的世紀項目。

若還有時間，距離柏林僅40分鐘S-Bahn車程的波茨坦同樣精彩，那裡的忘憂宮是世上最美麗的宮殿之一，種滿著葡萄藤蔓的前階別具巧思；而在忘憂公園中還有新宮、橘園等其他建築，都很值得一看。

柏林散步路線
Walking Route in Berlin

從布蘭登堡門以東到亞歷山大廣場附近，是從前普魯士王國的都城所在，因此柏林許多美麗而重要的歷史建築都集中在這一帶。你可以從①哈克雪庭院開始散步行程，這座建於20世紀初的現代主義建築，近年來進駐不少個性品牌商店，是柏林當下最時髦的地方。接著繞到亞歷山大廣場，368公尺高的②電視塔曾經是東柏林的地標，有時間的話不妨上去鳥瞰柏林市區風景。再往西走，會經過③紅色市政廳與④尼古拉教堂，這一帶是柏林老城的發祥地。過了施普雷河，首先會看到宏偉的⑤柏林大教堂，而大教堂的所在，正是名列世界遺產的⑥博物館島。博物館島西邊是閃耀著歷史榮光的⑦菩提樹下大道，林蔭大道兩側盡是美輪美奐的建築、廣場與博物館。菩提樹下大道盡頭便是柏林的地標——⑧布蘭登堡門，而擁有玻璃圓頂的⑨新國會大廈就在不遠的前方。

從布蘭登堡門往南走會先來到⑩柏林猶太人大屠殺紀念館，壯觀如石碑波浪般的廣場上，處處是對歷史的省思與對未來的期望。最後行程將在⑪波茨坦廣場嶄新而特異的高樓建築群中落幕，而這裡的購物商場與娛樂機能也是出名的多采多姿。

距離：約5.8公里
所需時間：約75分鐘

中央區 Mitte

MAP ▶ P.59B3

布蘭登堡門
Brandenburger Tor

MOOK Choice

德國重要歷史事件的共同背景

🚇搭乘S1、S2或U5至Brandenburger Tor站即達　🏛Pariser Platz 1

　　建於1789年的布蘭登堡門是柏林最重要的地標，近30年來因為柏林圍牆的興建，使布蘭登堡門成為資本主義與共產主義兩種不同政體的有形界線。這座4層樓高的希臘新古典主義式建築，正反面各有6根多立克柱支撐，兩側還有較矮的石柱長廊延伸出去，在城門之上矗立著由四匹戰馬所馳騁的勝利戰車和女神，氣勢宏偉壯觀。

　　原先設計該城門的本意是要慶祝七年戰爭的勝

利，並紀念帶領普魯士崛起的腓特烈大帝。然而，在200多年來的政權更迭中，拿破崙的鐵蹄曾在這裡無情地踏過；普魯士的將士們曾在這兒慶祝德意志帝國的統一；納粹的軍隊也曾經在此遊行校閱；而在被蘇聯統治時期，城門上插著的是鐮刀與鎚頭的紅旗。隨著柏林圍牆的興築，這座命運多舛的城門也跟著封鎖，代表著分裂與敵對，直到1989年東德政權瓦解之後，城門才又再度開放，成為德國和平統一的象徵。

　　若想多了解關於柏林這座城市的歷史變遷，一旁U-Bahn U5線的布蘭登堡門地鐵站內，站臺兩側有豐富的圖文資料展示，設計得猶如小型博物館一般。

中央區 Mitte

MAP ▶ P.59B2

新國會大廈

MOOK Choice

Reichstag

德國民主政治里程碑

🚇 搭乘S1、S2或U5至Brandenburger Tor站,步行約7分鐘 🏠 Platz der Republik 1 ☎(0)30 227-300-27 ⏰ 每日08:00~24:00 (22:00最後入場) 💲 免費 🌐 www.bundestag.de 🎫 參觀議會進行(需預約):時間為週三13:00~16:00,週四09:00~22:00,週五09:00~14:00,全程約1小時;議會休會期間也可預約參加導覽團,時間為每日09:00~13:30、15:30~20.00,每1.5小時一梯,全程90分鐘 ❗ 進入國會大廈要通過嚴格安檢,因此隨身物品輕便就好

　　新國會大廈與原本古典主義的國會大廈是同一棟建築,保留原來的仿古典主義外牆與圓形拱頂,但實體建材卻是現代的玻璃輕鋼架,不得不讓人讚嘆建築師佛斯特(Lord Norman Foster)的傑出巧思。

　　透明的國會新圓頂,外表看來是一頂透明圓穹,內部則有像是龍捲風似的大樑,參觀者可以一圈圈地繞上去,從每一個角度自由欣賞;而圓穹底部正是德國國會議事堂,參觀者可從透明圓穹中將開會情況一覽無遺。

　　至於國會主體則是古典造型的石磚建築,正門門楣上題著「獻給德意志人民」的字樣。當然,德國民主政治的發展並不是一帆風順,因此建於議事堂之上的新圓穹,在某種程度上象徵了新時代的來臨。而細部設計的採光、通風、太陽能發電等各種環保措施,則代表著新世紀的價值觀——生態平衡。

中央區 Mitte

MAP ▶ P.59B3

柏林猶太人大屠殺紀念館

MOOK Choice

Denkmal für die ermordeten Juden Europas

憑弔納粹迫害下的亡魂

🚇 搭乘S1、S2或U5至Brandenburger Tor站,步行約5分鐘 🏠 Cora-Berliner-Str. 1 ☎(0)30 2639-4336 ⏰ 24小時開放 💲 免費 🌐 www.stiftung-denkmal.de

◎ 資訊中心

⏰ 10:00~18:00 (歇館前45分鐘停止入場) 🚫 週一 🎧 可租用英文語音導覽,每台€4

　　美國建築師艾森曼(Peter Eisenman)在柏林市中心廣達1.9萬平方公尺的土地上,豎起多達2,711塊高大的水泥石碑,一如起伏如波的露天叢林,更像是灰色的血淚印記,深深鐫刻在德國這塊土地上,靜靜伴隨德國的每一天。

　　紀念館於2005年5月正式開放,來自世界各地的參觀者穿梭在那高高低低、宛若墓碑的石碑間,漫步、感受、沉思,體會無情殺戮的沉重。石碑紀念廣場下方的資訊中心,採文物展覽方式,向民眾闡述猶太人的苦難命運,不僅藉著不同背景的家族故事,反映大屠殺前該民族各階段的生活境遇,也將納粹霸權在歐洲進行的迫害活動,一一以歷史紀錄影片和照片呈現,警惕世人切勿重蹈覆轍。

中央區 Mitte

MAP ▶ P.59B3-D2

菩提樹下大道

Unter den Linden

沿途看盡柏林史

🚇搭乘U5、U6至Unter den Linden站即達

菩提樹下大道上的樹木其實都是椴樹,但其中文譯名早已積非成是,因而沿用至今。在17到19世紀的200多年間,這裡是柏林最繁華的一條大街,由街道兩側眾多的古蹟建築即可證明。這條優雅的林蔭大道從布蘭登堡門延伸到施普雷河岸,是過去柏林的重心。大道旁華美壯闊的倍倍爾廣場(Bebelplatz)曾經是希特勒焚書的地方,因此這裡每年都會舉辦書會活動以示紀念。廣場正對面就是柏林最高學府的洪堡大學(Humboldt-Universität),由世界文化史上著名的洪堡兄弟所創辦。

洪堡大學旁原是皇家衛兵的新崗哨(Neue Wache),二次大戰後成為軍國主義受害者的紀念堂。在紀念堂空蕩蕩的大廳裡,只有悲傷的母親哀撫著死難子女的銅像,寂靜卻又動人心弦,遠勝過千言萬語的說教文字。銅像作者是德國最具影響力的藝術家凱綏柯勒惠支(Käthe Kollwitz),她的兒子與孫子相繼在一次大戰和二次大戰中陣亡,因此她作品的主題常是悲切的母親形象。

大道盡頭則是著名的腓特烈大帝騎馬像,象徵著這一條大道的輝煌歷史。

中央區 Mitte

MAP ▶ P.59D2

德國歷史博物館

Deutsches Historisches Museum

包羅萬象的德國古今

🚇搭乘U5至Museumsinsel站,步行約2分鐘 🏠Unter den Linden 2 ☎(0)30 203-040 🕐10:00~18:00 (週四至20:00) 💰成人€10,18歲以下免費 🌐www.dhm.de ❗舊館目前整修中,預計2025年重新開放

德國歷史博物館所在的館址氣派恢宏,這棟建築原本是建於1695到1706年間的軍械庫(Zeughaus),兩德統一之後才改闢為博物館,用來展出德國從古到今的歷史、文化、宗教與藝術,收藏文物超過90萬件,其中約有7千件作為永久性的陳列。當中除了有數量豐富的15~20世紀版畫、歷史上各個時期的武器鎧甲與錢幣,以及不同社會階層使用的家居用品、衣物服飾、兒童玩具、流行商品外,更保留了許多自20世紀以來的珍貴相片,館內甚至還收藏了數百部德國電影呢!由於館藏愈來愈多,於是2003年時在舊館後方又增建了新館,而打造這棟有著玻璃正立面與螺旋樓梯塔建築的,正是大名鼎鼎的華裔建築大師貝聿銘。

MAP ▶ P.59D2

博物館島

MOOK Choice

Museumsinsel

人類文化史的極致瑰寶

🚇搭乘U5至Museumsinsel站即達　☎(0)30 266-424-242
💲博物館島1日票為€19，柏林博物館3日通行證€29　🔗www.
smb.museum

　　1999年成為世界文化遺產的博物館島，無疑是柏林最重要的資產，因為這兒不但匯集了全市最重要的幾個博物館，同時博物館島每年為柏林吸納進成千上萬的觀光人潮，更是柏林經濟發展的一大功臣。

　　博物館島之所以被稱為島，是因為這塊區域周圍剛好被施普雷河所包圍，形成一個形狀宛如牛角般的市區內島，從島的最尖端開始，羅列著柏德博物館、佩加蒙博物館、舊國家美術館、新博物館和舊博物館，5座美麗的藝術殿堂連成一氣，其中又以佩加蒙博物館最負盛名！

柏德博物館 Bode-Museum

🏠Am Kupfergraben 1　🕙10:00~18:00
🈺週一　💲成人€10，18歲以下免費　❗建議事先預約時段票

　　3面環河的柏德博物館建於1897到1904年間，與博物館島上其他建築最大的不同之處，在於它是屬於巴洛克式風格，有著富麗堂皇的裝潢。柏德博物館是戰後最先開始重修的博物館，於2006年終於重新開放，目前用於展示拜占庭藝術、古今錢幣與勳章，以及歐洲從中世紀、哥德時期、文藝復興時期到巴洛克時期的雕塑作品。而這3種類型的展覽品無論在質與量上，柏德都是當代博物館中的佼佼者。必看經典包括12世紀初來自君士坦丁堡的馬賽克基督聖像、15世紀末由蒂爾曼里門施奈德(Tilman Riemenschneider)雕刻的聖徒路加像、1615年由彼得羅貝尼尼(Pietro Bernini)雕刻的〈薩堤爾與豹〉等。

佩加蒙博物館 Pergamonmuseum

🏠 Bodestraße 🕐 10:00~18:00（週四至20:00）休 週一 💰 成人 €12，18歲以下免費 ❗建議事先預約時段票

佩加蒙博物館建於1930年，是博物館島上最年輕的一座，卻也是最令人難以忘懷的一座。一走進博物館的大門，你會不由得開始懷疑自己身在何處，眼前這座宏偉萬千的希臘建築，彷彿將你帶到了2千多年前的希臘化時代，完全忘了自己是在一座室內的博物館中。這便是著名的佩加蒙祭壇(Der Große Altar von Pergamon)，1878年在土耳其境被德國考古學家發掘後，便被拆成小塊運回柏林，然後在博物館島上重新組裝搭建。祭壇底部的雕刻，描述的是諸神與巨人之間的戰爭，不同於古希臘藝術平衡與和諧的原則，這些雕刻被表現得誇張和激烈，極具戲劇張力，這就是希臘化時代最經典的藝術特徵，也因此佩加蒙祭壇的圖像總是出現在藝術史的教科書上。

在佩加蒙博物館中，以實體搭建的古代建築不只這一處，穿過佩加蒙祭壇後便是另一座輝煌的古羅馬建築——米利都市場大門(Markttor von Milet)，而博物館的另一處重頭大戲伊希達門與遊行大道(Ischtar-Tor und Prozessionsstraße)就在不遠的地方。伊希達門為西元前6世紀雄霸兩河流域的新巴比倫王尼布甲尼撒二世(Nebuchadnezzar II)所建，壯麗非凡的巴比倫式城牆，在海藍色的磚牆身上，浮雕出金黃色的動物形象，華貴中煥發出一代帝王的威嚴。而從城門左右延伸出的遊行大道，兩旁華麗的彩色紋飾和兇猛強壯的獅子浮雕，都讓人聯想起當年新巴比倫大軍橫掃西亞的威儀。

2樓展示的是8到19世紀的伊斯蘭藝術，這裡也有一座實體重建的慕夏塔宮殿正面外牆(Fassade des Kalifenpalast Mschatta)，那是於8世紀時由阿拉伯帝國哈里發瓦里二世(Walid II)所建，原址在今天的約旦。此外，這個樓層中的阿勒坡迎賓廳(Aleppo-Zimmer)與蒙兀兒王朝的宮廷袖珍畫，也都是世上難得的珍寶。

舊博物館 Altes Museum

⌂Am Lustgarten ⏰10:00~18:00 ㊡週一 ⑤成人€10，18歲以下免費 ❗建議事先預約時段票

　　舊博物館完工於1830年，是柏林的第一座博物館，它可以說是偉大的建築設計師申克爾(Karl Friedrich Schinkel)的嘔心瀝血之作。申克爾用了18根高87公尺的愛奧尼亞式廊柱作為門面，入口前是一片大廣場，光是外觀的氣勢就讓人為之震撼，而其簡單卻宏偉的架構，自然成為後世許多博物館的建築典範，像新博物館和國家美術館等，都有仿造舊博物館的影子。

　　今日的舊博物館裡頭，展出許多歐洲古典時代的藝術收藏品，包括西元前5世紀的伊特拉斯坎棺蓋雕飾、古希臘時代的彩繪陶器與青銅雕塑、古羅馬時代的仿希臘式石雕像、羅馬帝國時代的肖像畫藝術等，都是藝術史教科書上的常客。

新博物館 Neues Museum

⌂Bodestraße ⏰10:00~18:00 (週四至20:00) ㊡週一 ⑤成人€12，18歲以下免費 ❗建議事先預約時段票

　　新博物館落成於1843到1855年，然而在二次大戰中將近全毀，原本新博物館幾乎難逃拆除命運，所幸統一後的新政府決定對它進行重建，目前已重新開放。現在的新博物館專門用來展示古埃及的文化與藝術，最受全球矚目的爭議性展品就是「娜芙蒂蒂胸像」(Nefertiti)。娜芙蒂蒂是埃及史上最神祕的法老王阿肯那頓(Akhenaten)的王后，也是上古史中著名的傳奇美女，這尊娜芙蒂蒂胸像是公認世上最完整、最富藝術價值的古埃及藝術品，1913年時被德國考古學家以帶有爭議的手段運到柏林，因此近年來埃及政府正積極要求索回，不過雙方各說各話，看來埃及想要回胸像應是遙遙無期。除了娜芙蒂蒂胸像之外，另一項值得一看的為這裡豐富的莎草紙抄本典藏，而像是木乃伊棺槨、神殿象形文字等，也是鎮館之寶。

舊國家美術館
Alte Nationalgalerie

Bodestraße ⏰10:00~18:00 週一 💲成人€10，18歲以下免費 ❗建議事先預約時段票。

舊國家美術館建於1867年，裡面的收藏以19世紀的畫作和雕刻為主。其中有很大一部分是德國本地畫家的作品，包括門采爾(Adolph Menzel)、李卜曼(Max Liebermann)與科林特(Louis Corinth)等人在內，風格涵蓋德國浪漫主義、表現主義及印象主義。當然，美術館中也不乏國人所熟悉的法國印象派大師傑作，諸如馬內、莫內、雷諾爾、竇加、塞尚、羅丹等人的作品，這裡都有豐富的收藏。

中央區 Mitte

MAP ▶ P.59D2

東德博物館

MOOK Choice

DDR Museum

拜訪東德人家的日常生活

🚇搭乘U5至Museumsinsel站，步行約4分鐘 🏠Karl-Liebknecht-Str. 1 📞(0)30 847-123-730 ⏰每日09:00~21:00 💲成人€12.5，6歲以上兒童€7 🌐www.ddr-museum.de

二次大戰結束後，德國東部包括東柏林在內被紅軍占領，在蘇聯的控制下，德意志民主共和國(即東德)宣告成立，從此東德與西德的人民開始走向南轅北轍的生活。

這間博物館雖然以東德為主題，但其實少有嚴肅的議題，大多是展示東德人民食衣住行育樂的生活面相。這裡有相當大的部分佈置成東德典型家庭的樣貌，而且每一件物品都可以拿起來把玩審視。遊客大可以肆無忌憚地在這戶東德人家內翻箱倒櫃，拉開衣櫥看看東德人民都穿些什麼，打開廚櫃和冰箱看看他們又吃些什麼；坐在東德人的沙發上觀看東德的電視節目，隨手再翻閱一本東德出版的書籍。

最有趣的是在入口附近的東德汽車，遊客可以坐進去發動引擎，隨著前方的螢幕穿梭在東柏林的街道上。在這間博物館裡，你可以在不必擔心竊聽監視與物質短缺的情形下，徹底體驗東德在鐵幕中的生活。

中央區 Mitte

MAP ▶ P.59D3

洪堡論壇

MOOK Choice

Humboldt Forum

世界一流博物館誕生中

🚇搭乘U5至Museumsinsel站即達 🏠Schlossplatz ☎(0)30 992-118-989 ⏰10:30~18:30 ㊡週二 💰博物館免費,頂樓天台€3 🌐www.humboldtforum.org ❕可在櫃檯租借中文語音導覽機,每台€3 ❗特展需另外購票

過去數百年間,在柏林的博物館島上座落著一棟富麗堂皇的巴洛克式宮殿,柏林宮(Berliner Schloss)曾是普魯士王國與德意志帝國的皇宮,一次世界大戰結束後成為柏林最大的博物館,可惜在二次大戰中遭到空襲損毀,戰後更被東德政府夷為平地。德國統一之後,原本由東德在原址上所建的共和國宮因為石棉汙染而被拆除,於是將柏林宮重新蓋回來的呼聲愈來愈高,只是苦於經費,一直未能實行。

經過多年努力籌資,柏林宮終於在2013年破土重建,由義大利建築師斯特拉(Franco Stella)操刀規劃,偌大的建築主體,高度還原過往柏林宮的巴洛克式外觀,尤其西側立面的巨大青銅圓頂與正門外的柯林斯式圓柱,讓整棟建築顯得雄偉氣派。而東側立面則另類地呈現當代極簡風格,與鄰近的柏林大教堂形成強烈對比。

柏林宮落成之後以洪堡論壇的身份重新問世,並於2020年9月正式開幕,內部包含民族人類學博物館(Ethnologisches Museum)、亞洲藝術博物館(Museum für Asiatische Kunst)、雕塑大廳(Skulpturensaal)、全景影像廳(Videopanorama)、宮殿地基遺址(Schlosskeller)等多個展示空間,展出來自世界五大洲的2萬多件考古學與人類學藝術品,其中多數館藏來自柏林市立博物館與洪堡大學,並以成為「德國版的大英博物館」而不斷擴充當中。

參觀的同時也別忘了登上頂樓天台,從那裡能欣賞整個博物館島與鄰近街區的風景,而天台上的餐廳Baret也因為坐擁這片景色,生意總是好得不得了。

中央區 Mitte

MAP ▶ P.59D2

柏林大教堂

Berliner Dom

霍亨佐倫王朝家族祭廟

🚇搭乘U5至Museuminsel站，步行約3分鐘 🏠Am Lustgarten 📞(0)30 2026-9136 🕐平日10:00~18:00，週六10:00~17:00，週日12:00~17:00 💲成人€10，優待票€7.5 🌐www.berlinerdom.de ❶門票只能在官網上購買。進入教堂需通過安檢，隨身物品輕便就好

　　這是一座建於1894到1905年間的新教教堂，由德皇威廉二世下令興建，原本是附屬於柏林宮的王室教堂，具有文藝復興時期的建築風格，可容納約1,500個座位。教堂在第二次世界大戰時曾遭受到嚴重破壞，整修的工程顯得曠日費時。

　　在其英挺壯觀的外觀之下，有著更多精神層面的意義，因為這座綠色穹頂的柏林大教堂，可以說是統治普魯士地區有500多年歷史的霍亨佐倫王朝家族的紀念殿堂，在教堂的南邊有腓特烈一世和其妻子的石棺供人參觀，另外還有家族其他成員近90座的石棺埋葬於此。

中央區 Mitte

MAP ▶ P.59D1

哈克雪庭院

MOOK Choice

Hackesche Höfe

老房子裡的時髦新品味

🚇搭乘S3、S5、S7、S9至Hackescher Markt站，步行約3分鐘 🏠Rosenthaler Str. 40/41 📞(0)30 2809-8010 🕐每家店營業時間各不相同 🌐www.hackesche-hoefe.de

　　平均高度5層、由8個內院組成的哈克雪庭院，建於19世紀，包含商業大樓、集會場所、工廠與住宅等多種功能的房屋，是德國境內最大的庭院建築群。哈克雪庭院中最引人注目的代表性庭院，就是1號內院，其馬賽克正面外牆是由德國青年建築師恩德爾(August Endell)於1904年所裝飾的，他在白色的牆面上點綴著藍點與黃點般的磁磚，色彩變化豐富，成為觀光客最愛拍照留念的景點。

　　自1991年開始改建之後，許多原本棄置的空間在不變更建築外觀及窗戶形式的前提下，內部都先後搖身一變，成為氣氛獨具的餐廳、服飾店、藝品店等，當然房租也隨之水漲船高。而在2010年左右，另一波精品商店潮進駐這裡，包括時下最熱門的號誌人專賣店與其他創意商品，現在的哈克雪庭院，已成為柏林東區時髦的代名詞。

MAP ▶ P.59E2

柏林電視塔

MOOK
Choice

Berliner Fernsehturm

鳥瞰柏林城區

🚇搭乘S3、S5、S7、S9或U2、U5、U8至Alexanderplatz站即達 🏠Panoramastr. 1a ⏰3~10月09:00~23:00，11~2月10:00~22:00 💲展望台：成人€25.5，4~14歲€15.5。展望台＋VR：成人€29.5，兒童€19.5 🌐tv-turm.de ❗由於塔內容納人數有限，建議事先上官網預購時段門票

　　亞歷山大廣場(Alexanderplatz)過去是東柏林繁華熱鬧的中心，也是柏林勞動階級醞釀社會運動的所在地，到現在仍是百貨公司、辦公大樓林立的大型商圈。

　　位於亞歷山大廣場車站前的電視塔，總高368公尺，是昔日東柏林的地標。走進塔中的電梯，只要40秒便能到達位於203公尺高的球體型展望台，新國會大廈、新中央車站、紅色市政廳、勝利女神紀念塔等地標，在這裡都能看得一清二楚，甚至方圓80公里內的景物，皆歷歷在目。另外還可加購Berlin's Odyssey虛擬實境體驗，戴上VR設備，便能在15分鐘內穿越9個世紀以來的柏林歷史。

　　從展望台再往上走，有一家名為Sphere的旋轉餐廳，平均每小時轉一圈，可邊享用美食，邊欣賞居高臨下的醉人景色。

MAP ▶ P.59E2

紅色市政廳

Rotes Rathaus

格外醒目的政府機關

🚇搭乘U5至Rotes Rathaus站即達 🏠Rathausstr. 15 ⏰09:00~18:00 ❌週末

　　紅色市政廳建於1861~1869年間，德國建築師魏斯曼(Hermann Friedrich Waesemann)參考了波蘭托倫的市政廳，設計出這棟新文藝復興風格的雄偉建築，中央的塔樓高達94公尺，自德皇時代以來就是柏林市民自信的象徵。不過這座市政廳最出名的，還是其以紅色熟料磚所建造的外觀，在周遭一片灰白色系的建築群中顯得格外醒目，辨識度極高。

　　目前紅色市政廳依然作為柏林市長的辦公室，同時也是柏林參議院所在，在市政廳前的廣場上，每逢週二和週五的黃昏會有跳蚤市場，賣一些當地人自己做的手工藝品或二手貨。

中央區 Mitte

MAP ▶ P.59E3

尼古拉教堂博物館

Museum Nikolaikirche

柏林城市發源地

🚇搭乘U5至Rotes Rathaus站，步行約4分鐘 🏠 Nikolaikirchplatz 📞(0)30 2400-2162 ⏰10:00~18:00 💲成人€5，18歲以下免費 🌐www.stadtmuseum.de

尼古拉教堂大約建於1379年，是柏林現存最古老的教堂，教堂有著尖尖的高塔，是柏林少見的哥德式建築。這座教堂現在作為柏林市立博物館使用，以形形色色的古老文物及宗教藝術，生動地展現出柏林的歷史軌跡。

©VisitBerlin, Wolfgang Scholvien

而市政廳與尼古拉教堂之間的地區則是無數窄街小巷，這個區域是柏林城的發源地，有著750年的開發歷史，在二次大戰前是柏林人文薈萃的地區，然而卻被戰爭毀了一切。80年代時，舊東德政府曾有一個要將此地區恢復成「老柏林」樣貌的大計劃，只是後來未竟全功。

柏林熊 Berlin Bear

熊是柏林的市徽，在柏林市區的許多角落，你會看到各式裝扮的柏林熊在向你打招呼。這些可愛的柏林熊不但美化了市容，也成為觀光客拍照的熱門景點。柏林熊的起源已不可考，但據信柏林以熊作為市徽至少已有百年歷史，甚至柏林這個地名，都有一種說法是從德文中的小熊(Bärlein)衍生而來。

中央區 Mitte

MAP ▶ P.59E1

東德摩托車博物館

Erstes Berliner DDR-Motorrad-Museum

東德時代摩托車大觀

🚇搭乘S3、S5、S7、S9至Hackescher Markt站，步行約3分鐘 🏠Rochstraße 14c 📞(0)30 2404-5725 ⏰每日09:00~21:00 💲成人€8，6歲以上兒童€6 🌐motorrad.ddr-museum.de ❗目前博物館暫時關閉中，重新開放日期請關注官網公告

這是間專門展示東德時代摩托車的博物館。摩托車是東德主要的交通工具，因為當時人們若想購買汽車，除了得先存上一筆錢，還要經過漫長等待，通常從申請到交車，中間得等上好幾年。在這間兩層樓的博物館裡，展示了超過140台摩托車，幾乎囊括東德統治40年內所有的摩托車款，除了有一般人作為代步工具的陽春型摩托車和機踏車外，也有警察和軍人騎乘的重型機車，以及參加越野賽事的競賽車種等。而創立於1906年的德國摩托車大廠MZ，由於總部位於德國東部的喬保(Zschopau)，因此在冷戰時期成為東德摩托車的主要製造商，在這裡也能看到不少由MZ生產的車種。

中央區 Mitte

MAP ▶ P.59A1

未來博物館

(MOOK Choice)

Futurium

看見未來生活的模樣

🚇搭乘S3、S5、S7、S9或U5至Hauptbahnhof站，步行約4分鐘 🏠Alexanderufer 2 ☎(0)30 408-189-777 🕐10:00~18:00 (週四至20:00) 🚫週二 💲免費 🌐futurium.de

關於未來的人類生活，你有什麼樣的想法呢？是機器人協助了勞動生產？是汽車在城市上空飛翔？還是人類移居外星建立殖民地？這間揭幕於2019年9月的博物館，就是為了探討這些想法而誕生的。

這間博物館擁有廣達5千平方公尺的展示空間，與其說是展示，不如說是討論，因為這裡並沒有強行灌輸參觀者既定的觀念，而是邀請大家發揮自己的想像力，再一起思考這些創意是否可能實現。這些對話圍繞著人類、自然、技術這三個面向進行，從技術面來看，科技似乎代表了進步，代表人類能力的擴展，也代表了可能性的延伸；但技術總是要回歸到人類的層面，究竟人類對未來的實際願景為何？人類希望在未來如何工作與生活？而種種需求又如何能在不傷害自然的前提下獲得滿足？儘管這一切目前都還沒有標準答案，但假使人人都能認真思考，那麼未來就一定能朝著正確的方向發展，這便是這間博物館成立的目的。

除了展覽外，博物館也邀請每個人都來參與未來實驗室(Futurium Lab)，你可以利用3D打印機發揮創意，或是與科學團隊切磋想法，而各種新奇的活動說不定也能為你打開一扇門，看見充滿於未來的無限可能。

中央區 Mitte

MAP ▶ P.61E3

漢堡車站美術館

Hamburger Bahnhof

後現代的奇幻之旅

🚈搭乘S3、S5、S7、S9或U5至Hauptbahnhof站，步行約6分鐘 🏠Invalidenstr. 50-51 ☎(0)30 266-424-242 ⏰10:00~18:00（週四至20:00）🚫週一 💲成人€14，18歲以下免費 🌐www.smb.museum

與巴黎奧賽美術館一樣，漢堡美術館也是以車站建築改裝而成，其展出水準之驚人，絕不亞於巴黎一些聞名世界的美術館。這個美術館的策展方向以當代藝術為主，中央大廳、東西兩翼及月台長廊，定期輪換展出作品，內容有可能是繪畫、雕塑、攝影、平面藝術、影片或其他多媒體素材，有很多利用空間與燈光效果的結合，企圖表達我們生存在後現代中的人際分我與情感現實，或許光是用眼睛觀看只覺得艱澀難懂，但若了解藝術家想傳遞的訊息，每件作品其實都深具哲思。大展廳的東側，則是美術館永久館藏，展出安迪沃荷、塞湯伯利、基佛(Anselm Kiefer)等人的作品，而由普普藝術大師安迪沃荷所繪的巨幅毛澤東版畫，正是收藏在這裡。不管柏林這個城市曾經遭遇多少政治力的蠻橫干涉，這間博物館讓你更能體會，藝術絕對能超越主義、國籍、民族、語言等人為隔閡。

中央區 Mitte

MAP ▶ P.59C4

噁心食物博物館

Disgusting Food Museum

挑戰你的味覺極限

© Disgusting Food Museum

🚈搭乘U6至Kochstraße站，步行約4分鐘 🏠Schützenstraße 70 ☎(0)30 2388-7745 ⏰12:00~18:00 🚫週三、四 💲成人€16，6~18歲€8 🌐disgustingfoodmuseum.berlin

每個人都有自己喜歡與不喜歡的食物，但是當厭惡的情緒能夠凝聚成共識，那可能就代表這種食物真的很噁心了。來自瑞典馬默爾的噁心食物博物館，羅列了90多種令人感到反胃的食物，有的是因為氣味如同排泄物，譬如臭名昭彰的瑞典鹽醃鯡魚罐頭、冰島的發酵鯊魚和英國臭乳酪，有的則根本就是排泄物，譬如印度人相信可以治百病的牛尿(Gomutra)和中國東陽的童子蛋。有的光看外觀就令人不敢恭維，像是蒙古的茄汁醃羊眼球、柬埔寨的炸蜘蛛與關島的蝙蝠湯，有的讓你不敢肯定吃下去會不會有生命危險，例如薩丁尼亞的活蛆乳酪(Casu martzu)與廣州的幼鼠酒。有的儘管味道沒問題，但知道食材來源仍能讓你食不下嚥，譬如祕魯烤天竺鼠、法國烤圃鵐、日本活生魚片、東南亞燉狗肉等。當然，你也可以為自己喜歡的臭豆腐、皮蛋、納豆甚至榴槤辯護，但也別忘了，有時你的喜好對他人來說就是噁心，這其實是文化差異的問題罷了。

中央區 Mitte

MAP ▶ P.59B4

德國間諜博物館

MOOK Choice

Deutsches Spionagemuseum

看看你有沒有當情報員的本事

🚇搭乘S1、S2或U2至Potsdamer Platz站即達 🏠Leipziger Pl. 9 ☎(0)30 398-200-451 🕙每日10:00~20:00 💲票價依日期與時間浮動，成人€8~17，6~18歲兒童€6~12 🌐www. deutsches-spionagemuseum.de ❗須事先上官網預約時段門票

曾幾何時，原本人人喊打的奸細間諜，變成了很酷很帥的情報特務，這大概是受到詹姆士龐德君的影響吧？不過電影終歸是電影，別忘了柏林這座城市直到30年前都還是一分為二，暗潮洶湧、爾虞我詐的諜報活動，時刻真實上演。而冷戰期間著名的換俘大橋格利尼克橋（Glienicker Brücke），就是位於柏林與波茨坦的交界處，2015年時還被拍成獲奧斯卡獎提名的電影《間諜橋》。事實上，正是受到這座橋的直接啟發，德國間諜博物館於2016年在柏林正式成立了。

博物館內有200多項互動式的多媒體設施，遊客可以試圖穿過雷射迷宮，看看自己身手夠不夠矯健俐落，或是嘗試破譯密碼，並駭進其他人的網站；小朋友們則可以在多個場景中動手尋找各種蛛絲馬跡，或是到實驗室去學習鑑識技巧。諜報電影裡經常出現爬進通風管的橋段，如果想知道是什麼感受，這裡也能讓你體驗看看。

當然館內也有豐富的陳列，展示五花八門的隱密式武器與蒐證工具，並教導遊客如何傳遞摩斯密碼，以及施展美人計或羅密歐手法的訣竅，包你參觀之後還會疑神疑鬼一段時間。

十字山 Kreuzberg

MAP ▶ P.61F5

猶太人博物館

MOOK Choice

Jüdisches Museum

德國猶太民族的命運線

🚇搭乘U6至Kochstr.站，步行約10分鐘 🏠Lindenstr. 9-14 ☎(0)30 2599-3300 ⏰每日10:00~19:00 (18:00後停止入場) 💰成人€8，18歲以下免費 🌐www.jmberlin.de 🎫每月第1個週日免費(須上官網預約時段票)

這棟建築最令人印象深刻的，就是以金屬皮包裹的銀灰色外觀，長而曲折的形體有如一道閃電，而那許多細長且不規則的開口，既是博物館的窗戶，也像是被劃破的傷口。

參觀路線打破一般水平行進的傳統。依照建築師李伯斯金(Daniel Libeskind)的設定，向前直行就是現實命運線，也就是一座狹長陡直的主樓梯，經過一段漫長的爬升後，終點是一面隱喻省思的白牆，左邊的開口則能進入博物館的展覽空間。

爬上樓梯前，右邊有一座露天花園，代表流放猶太人的命運線。建築師用49根混凝土柱填滿花園，由於柱子刻意傾斜，因此走在這裡時會有暈眩的感覺，而這正是李伯斯金想傳達的流放意念。

和現實命運線交叉的粗線，是代表被屠殺猶太人的命運線，通往獨立於博物館主體外的大屠殺塔。推開厚重的門進入這座高達24公尺的黑色塔體內，沒有任何照明及暖氣設備，只有一面小三角窗，如果走向透進來的微弱光線，會感到兩側牆面不斷壓迫，最後到達死角，這是模擬猶太人被囚禁時的情境。

動線最後通往一個密閉的長廊，在地上鋪置許多鐵臉面具，有哭臉也有笑臉，當你行走其上，便發出叮叮噹噹的聲響，從長廊頂點透進來的微光，予人嘆息又無奈的悲涼感受。

十字山 Kreuzberg

MAP ▶ P.59B5

恐怖地形圖

Topographie des Terrors

蓋世太保總部遺址

🚇搭乘U6至Kochstr.站，步行約8分鐘 🏠Niederkirchnerstraße 8 ☎(0)30 2545-0950 ⏰每日10:00~20:00 💰免費 🌐www.topographie.de 🎫週末15:30有免費英語導覽，行程1小時

恐怖地形圖的地理形勢，說起來並不恐怖，不過市區中心的一片平坦空地，然而它在人們心目中的恐怖意義，卻遠超過自然界的窮山惡水。這裡的恐怖發生在1933到1945年間，當時這裡是希特勒第三帝國統治下，最令人聞風喪膽的蓋世太保(Gestapo)與黨衛軍(SS)的辦公室，在這裡策劃的抄家滅族多不可數，從這裡發佈的逮捕密令終日不絕，被抓進地下室內拷打審訊的人數以萬計，在那個時代，集天下之恐怖也不能與之比擬。正由於天下之惡皆歸焉，這裡在1945年被炸成一片瓦礫堆，戰後又因為地處美蘇佔領區邊界，瓦礫堆的狀態便一直持續到現在。2010年，柏林當局在空地上方建成一座文獻館，陳列當時的照片、影片、錄音檔案等，並附有一間圖書館，供人們查閱資料，希望讓世人從此警惕。空地上又挖掘出從前囚禁人民的祕密地下室，也開放供後人參觀。而橫亙空地北側的，則是未被拆除的柏林圍牆，這也是今日殘存圍牆中較長的一段。

十字山 Kreuzberg

MAP ▶ P.59C4

查理檢查哨
Checkpoint Charlie

MOOK Choice

逃亡為發明之母

🚇搭乘U6至Kochstr.站，步行約1分鐘 🏠Friedrichstr. 43-45 ☎(0)30 253-7250 🕐每日10:00~20:00 💲成人€17.5，7~18歲€9.5 🌐www.mauermuseum.de 🎧可租借中文語音導覽，每台€5 ❗拍照需購買許可，費用為€5

　　檢查哨是為了圍牆而存在的，因此圍牆倒塌後也就不需要檢查哨了，不過現在和檢查哨並存的，正好是一座柏林圍牆博物館。館內一句箴言說的好：「逃亡為發明之母」，為了從東德逃往西德，人們想出各種令人匪夷所思的逃亡方式。

從挖地道、坐熱氣球，到藏在皮箱裡、藏在喇叭裡，有人順利奔向自由，有人則不幸葬身鐵幕，而這一切都見證著關於圍牆的淚水與辛酸。

　　查理檢查哨前的路口，高懸著一名美國大兵的照片，背面則是一位蘇聯大兵的照片，看板上以德、英、法、俄四種語言書寫著：「你正在越過美國佔領區邊界」。目前的展示板是複製品，兩德統一前使用的真品則收藏在博物館裡。有趣的是，現在的檢查哨早就不像昔日戒備森嚴，一來一往的單行道，盡是載滿觀光客的大型遊覽車，常把哨前塞得水洩不通；檢查哨的哨兵是遊客們最好的合照對象；路旁小販則賣著共產時代的軍裝大衣、覆耳絨帽和鐮刀臂章，上一個世紀的歷史，已成為這一個世紀的娛樂。

蒂爾公園 Tiergarten

MAP ▶ P.60C4-P.61E4

蒂爾公園

MOOK Choice

Tiergarten

柏林的綠色心臟

🚇 搭乘S1、S2或U5至Brandenburger Tor站，穿過布蘭登堡門即達公園東側；搭乘S3、S5、S7、S9至Tiergarten站，即達公園西側 ⚐ Straße des 17. Juni

◎ **勝利女神紀念塔 Siegessäule**

🕐 09:30~18:30 (週末至19:00) 💰 成人€3.5 ❗ 只收現金。開放時間隨季節與天氣調整

　　蒂爾公園從前是布蘭登堡選帝侯的狩獵花園，19世紀時被設計成今日的公園模樣。公園中翠蔭濃綠，湖光幽靜，號稱是柏林的綠色心臟。

　　而在蒂爾公園的綠蔭之中，最醒目的便是聳立於大道輻輳中心的勝利女神紀念塔，手持鐵十字長矛的勝利女神，是為了榮耀德國統一之前一連串對外戰爭的勝利，雖然窮兵黷武的立國精神不值得人們歌頌，但勝利女神的藝術價值依然永恆。在高67公尺的塔頂處，設有展望極好的瞭望台，窮目美景，就算要爬上285級樓梯，遊客們也在所不辭。

蒂爾公園 Tiergarten

MAP ▶ P.59B4

波茨坦廣場

Potsdamer Platz

摩登的大都會中心

🚇 搭乘S1、S2或U2至Potsdamer Platz站即達 potsdamerplatz.de

　　這兒的商店、咖啡館與餐廳總共超過120家，此外還有20廳的電影院。先不論裡面的設施與商場，光是嶄新先進的建築物，就值得花個一上午好好巡禮一番。

　　波茨坦廣場的範圍其實很大，但通常大家最矚目的焦點都集中在索尼中心(Sony Center)上，這個由日本人投資開發的商場，中庭設計成漸漸高昇並有燈光變化的熱氣球，從外面看起來就好像富士山一樣，而介紹德國電影與電視發展史的影視博物館(Kinemathek)，就是位於這裡。

　　緊鄰索尼中心旁有棟造型突出的銳角型高樓，那是從法蘭克福遷來的德國國鐵新總部。而可經由地下道相連的The Playce商場，則是波茨坦廣場另一個大受歡迎的購物區，裡頭有流行取向的服飾與化妝品，也有時尚感十足的咖啡館與餐廳。至於戴姆勒大樓(Daimler)的藍圖則是由設計出巴黎龐畢度中心的建築大師倫佐皮亞諾(Renzo Piano)操刀，也是廣場上的著名建築。

蒂爾公園 Tiergarten

MAP ▶ P.60D5

包浩斯文獻館

Bauhaus-Archiv

領導當代工藝建築潮流的學院

🚇搭乘U1-4至Nollendorfplatz站，步行約15分鐘　🏠
Klingelhöferstr. 14　☎(0)30 254-0020　🕙10:00~18:00
🚫週日　💲臨時展館免費參觀　🌐www.bauhaus.de　❗目前
本館整修中，展覽暫時移至Knesebeckstraße 1-2展出

　影響德國現代建築、甚至世界設計潮流的包
浩斯(Bauhaus)，其實是一所學校的名字。1919
年，建築師葛洛普斯(Walter Gropius)在威瑪成
立了這所建築學院，他僱用一批卓越的教師，策
劃新的課程，注重建築和手工藝整合，還在包浩
斯的創校宣言中指出：「所有塑形活動之終極目
的乃在於建築」。

　葛洛普斯的理念是「對材料忠實」，並且「形
式跟著功能走」，也就是說製作一件物品的材料
必須要切合它的目的，而物品的形式應當注重功
能性。由於包浩斯採取開放的教學態度，力求打

破學院傳統及丟開歷史包袱，使它所領導的工坊
開創出各種面向的創作，不管是在建築方面，甚
至連工藝、音樂、表演等創意活動，也都受到包
浩斯的激發。

　包浩斯不是一間傳統教學的學校，而是類似集
體創作的工坊，老師和學生在這裡試圖用木材、
金屬、玻璃等不同材料，一起開創各種造型語言
的可能，於是相繼產生許多日後成為設計史上典
範的作品，而其中幾件重要的代表性作品，目前
就展示在包浩斯文獻館中。

蒂爾公園 Tiergarten

MAP ▶ P.60D5

蚌殼屋

Shellhaus

波浪曲線的白色大樓

🚇搭乘U2至Mendelssohn-Bartholdy-Park 站，步行約12分
鐘　🏠Reichpietschufer 60

　這棟建於30年代的蚌殼屋，其實只是普通的
商業大樓，卻因為它狀似蚌殼起伏的外觀而成
為柏林建築地標之一，標準的現代主義風格，
頗有向大師高第的米拉之屋致敬的味道。從
Stauffenbergstrasse路上觀察蚌殼屋，平板的
立面和一般大樓並無不同，但是當你一轉到它的
正面，立面線條頓時便活絡了起來，白色波浪的
曲線在天空中延伸，令人印象深刻。

夏洛騰堡 Charlottenburg

MAP ▶ P.60C5

威廉一世紀念教堂

Kaiser-Wilhelm-Gedächtniskirche

毀滅與新生同時並存

🚇搭乘U1、U9至Kurfürstendamm 站，步行約4分鐘 🏠 Breitscheidplatz ⏰教堂：每日10:00~18:00。紀念廳：09:30~18:00 (週日12:00起) 💲免費 🌐gedaechtniskirche-berlin.de

　　這座廢墟般的教堂過去是西柏林的精神地標，用以警示世人戰爭的無情與殘酷，至於緊鄰的現代高樓則是戰後才新建的教堂建築。始建於19世紀末的威廉一世紀念教堂，年代其實並不那麼久遠，只是落成還不到50年就在1943年的大轟炸中毀壞。戰後打算籌建新教堂時，本來要將舊教堂完全拆除，但由於柏林市民強力抗爭，最後才得以以被轟炸過的殘破樣貌矗立在原地，而新教堂的興建計畫也以融入舊教堂為考量，因此成就了這處歷史遺跡與現代大樓並陳的特殊景觀。

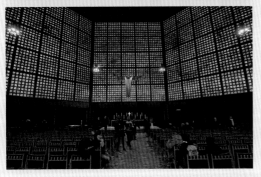

夏洛騰堡 Charlottenburg

MAP ▶ P.60B5

柏林故事館

MOOK Choice

The Story of Berlin

探索柏林的前世今生

🚇搭乘U1至Uhlandstr.站，步行約3分鐘 🏠Kurfürstendamm 207-208 ☎(0)30 8872-0100 🌐www.story-of-berlin.de
❗目前暫時關閉整修中，預計2023年秋天重新開放

　　柏林故事館是一處複合式的展覽館，共分為23個展廳，從1237年柏林形成貿易都市，到1989年柏林圍牆倒塌，遊客可以在各種巧妙佈置的場景、模型、照片展示及多媒體影像中，細細品味柏林800多年來的物換星移。這其中有繁榮，有歡樂，也有戰爭和破滅，就像走進一座又一座時光隧道，帶領遊客探索柏林的前世今生。

　　在故事館所屬大樓的地下，還有一座貨真價實的防核地下掩體(the Bunker)，這座建於1974年的防核掩體可收容3,600名市民，當中有床位、廁所、廚房、空氣供給設備、醫務室和小型的娛樂空間。森冷的燈光彷彿就是科幻災難片中的場景，也反映出冷戰中的人們對於核子威脅感到的恐懼。而這些設備至今都還持續運作著，只是沒有人希望它們會有派上用場的一天。

MAP ▶ P.60A3

夏洛騰堡宮

MOOK Choice

Schloss Charlottenburg

普魯士王后的夏日寢宮

🚆搭乘S41、S42、S46至Westend站,步行約10分鐘 🏠Spandauer Damm 10–22 ☎(0)331 969-40 🕙10:00~17:30 (11~3月至16:30),歇館前30分鐘停止入場 🚫週一 💰舊宮與新翼各為€12,聯票為€19。7歲以下免費 🌐www.spsg.de

◎ 宮殿花園

🕙每日08:00~天黑 💰免費

位在柏林市區西邊的夏洛騰堡宮建於1695年,這是第一任普魯士國王腓特烈一世為其妻子索菲夏洛特(Sophie Charlotte)所興建的行宮。剛開始時,這裡只是一座小行宮,後來在幾位王室繼承人的陸續加蓋下,才擴大成現今的規模。其中,宮殿的圓頂加建於1710年,傳到腓特烈大帝時又新建了東翼的新宮,後來腓特烈威廉三世又將這裡當作露易絲王后的寢宮。

從正門進去,會先看到一座英姿煥發的腓特烈一世騎馬銅像,兩側除了行館之外,還有一座美麗的英式花園。目前開放參觀的有三個主館,包括王室的寢宮、浪漫主義美術館,以及史前歷史博物館等。夏洛騰堡宮至今仍保存許多普魯士王朝時代的珍奇藝品,舊宮西側的瓷廳,以超過2,700件中國青花瓷器鑲滿整個空間,看得人目眩神馳;而由胡格諾教徒織就的大片掛毯壁畫,也同樣令人印象深刻。如果時間許可的話,這裡大可以停留個至少半天。

MAP ▶ P.60A4

貝加倫博物館

Museum Berggruen

畢卡索與他同時代的大師們

🚆搭乘S41、S42、S46至Westend站,步行約10分鐘 🏠Schloßstr. 1 ☎(0)30 266-424-242 🌐www.smb.museum ❗目前博物館整修中,館藏全數外出巡迴展覽,預計2025年重新開放

貝加倫博物館的創立者為德國著名畫商兼收藏家海因茲貝加倫(Heinz Berggruen),由於他是畢卡索長期的合作夥伴,因此這裡的收藏便以這位「立體派」大師的作品為主,數量超過85幅。

談起畢卡索,可以說是無人不曉,但了解他畫作的人就不是那麼多了,因為他的畫所呈現的並不只是物體的表象,而是包含了事物的所有意函。譬如他最喜愛的主題之一——小提琴,觀者看到的並不只是一把小提琴在單向度中所呈現的模樣,而是由小提琴各個部分最明顯的特徵所組構成的形象,甚至連樂音都能透過這樣的畫面表現出來,因此這把意象片斷的小提琴,竟比任何一幅臨摹逼真的作品都要來得真實。又譬如說人的形象,並不只有眼睛裡所看到的外貌而已,而在畢卡索的畫中,你可以看到人沒有表現在外的內心世界。

在博物館的其他部分則展示著與畢卡索同時代藝術家的作品,包括保羅克里、馬諦斯與賈克梅第等當代一流大師的偉大傑作。

弗烈德里希斯海因 Friedrichshain

MOOK Choice

MAP ▶ P.61G4-H5

柏林圍牆與東站畫廊

Berliner Mauer & East Side Gallery

世界最長的畫布

🚇搭乘S3、S5、S7、S9至Ostbahnhof 站，步行約2分鐘 　Mühlenstraße 🌐www.eastsidegallery-berlin.com

最初柏林只是被劃為東西兩區，並沒有築起圍牆，但隨著美蘇冷戰關係的日益緊張，蘇聯為了宣示東西德的絕對分離，並阻止東柏林居民逃往西柏林，於是在1961年8月13日連夜從布蘭登堡門前築起一道長達160多公里、高約4公尺的圍牆。圍牆建起後，只有西柏林人可以透過申請的方式進入東柏林探視親人，但即便申請成功，

也要等上一段相當長的時間。直到1989年11月9日，東德局勢丕變，上千名東柏林人在午夜時分衝破防守線，推倒了柏林圍牆，這歷史的一刻終於將分隔28年的柏林再度合而為一。

大家印象中塗鴉滿滿的柏林圍牆，曾在西德號稱世界最長的畫布，不過時至今日已被敲下來當成紀念品賣得差不多了。現存的殘餘牆體大都只能看見表面被敲落的痕跡，若要瞻仰完整的牆面，可到Ostbahnhof車站外的東站畫廊，但那是在界線突破之後才由來自世界各地的藝術家畫上去的。這些壁畫最初繪於1990年，內容多為對自由的嚮往、對和平的期待與對文化的包容，藝術性十分強烈；到了2009年柏林圍牆倒塌20週年時，當局又邀請同一批藝術家們重遊故地，對原有的壁畫進行修補或重新詮釋，意義更加豐富。

格森布魯能 Gesundbrunnen

MAP ▶ P.61E1

柏林地下世界之旅

Berliner Unterwelten E.V.

地底迷宮中的陰暗歷史

🚇搭乘S1、S2、S41、S42或U8至Gesundbrunnen站即達 🏠Brunnenstr. 105 ☎(0)30 4991-0517 ⏰售票時間為每日 10:30~16:00。Tour 1~3為90分鐘，Tour M為2小時，各行程 出發時間請上官網查詢 💰Tour 1~3為€16，Tour M為€19 🌐www.berliner-unterwelten.de ❗參加Tour 2需年滿18 歲，其他行程需年滿7歲。內部溫度相當低，需自備防寒衣 物，且不得穿著涼鞋

　　柏林這座朝氣蓬勃、熙來攘往的大都會，其 實也有著不為人知的一面，你是否有興趣一探 究竟呢？走進通往黑暗的入口，你將會發現在 這光鮮亮麗的城市底下，竟然存在著錯綜複雜 的地下世界，幽暗、寂靜、冷酷，似乎一靜下 心來就能聽見來自地面上的砲聲隆隆。

　　柏林地下世界提供3種常規的導覽行程：Tour 1帶領遊客一探二次大戰時的防空洞，了解在那 場將柏林毀滅80%的空襲中，人們是如何在地底 下存活下來；Tour 2的主題是「從高炮塔到瓦 礫堆」，你可以在一座防空堡壘的廢墟中挖掘出 一塊塊被土石埋藏的第三帝國歷史；Tour 3則 是「冷戰核爆防空洞」，見識西柏林如何為面對 核子戰爭做準備。後來又增加了Tour M「在柏 林圍牆底下」，讓人看看東德人民為了奔向自 由，如何努力在柏林圍牆底下挖出密密麻麻的地 道。這些旅途都將帶給你不一樣的柏林體驗，既 恍如夢境，卻又無比真實。

©Berlin Underworld's Association

李契騰山 Lichtenberg

MAP ▶ P.61H4

史塔西博物館

Stasi Museum

東德祕密警察的邪惡巢穴

🚇搭乘U5至Magdalenenstr.站，步行約7分鐘 🏠Normannenstraße 20, Haus 1 ☎(0)30 553-6854 ⏰10:00~18:00 (週末11:00起) 💰成人€10，12歲以上兒童€5，11歲以下免費 🌐www.stasimuseum.de ⏰週一、三、五、六15:00有英語導覽行程，每人€4。也可租借英文語音導 覽機，每台€2

　　如果看過2007年奧斯卡最佳外語片《竊聽風 暴》的話，應該對前東德特務史塔西(Stasi)的 祕密手段感到不寒而慄，雖然電影的情節是虛 構的，但故事中所描述的種種特務工作，過去 卻經常在東德社會真實上演。

　　位於柏林東郊的史塔西博物館以往是人人避之 唯恐不及的地方，如今卻每天湧進大批好奇的遊 客前來一探究竟，就像圍觀一隻曾經興風作浪的 怪獸屍體般，因為那裡便是從前史塔西的大本 營。各種過去躲藏在陰暗角落的情報器材，現在 都攤在日光燈下向人展示，例如偽裝成鈕扣藏在 大衣裡的袖珍照相機、連接著一台錄音機的原子 筆，甚至連路旁一棵不起眼的樹木都可能隱藏著 竊像設備。而在《竊聽風暴》中曾出現過的那台 偵防車，就展示在1樓大廳裡。

　　最讓人感興趣的，是位於3樓的指揮總部， 包括特務頭子Erich Mielke和他手下們的辦公 室，以及惡名昭彰的決策會議室。而在4樓走廊 的盡頭，還有一間令人毛骨悚然的囚房。

🍴 Where to Eat in Berlin
吃在柏林

中央區 Mitte

MAP ▶ P.59E3 **Mutter Hope**

🚇搭乘U5至Rotes Rathaus站，步行約3分鐘 🏠
Rathausstr. 21 ☎(0)30 2472-0603 ⏰每日
11:30起 🌐www.mutterhoppe.de ☀每週五、六、
19:30~22:30有現場樂隊表演

內行人都知道，在柏林若是想吃道地的德式鹽醃
冰腿(Eisbein)，就一定要到Mutter Hope。這裡的鹽
醃水煮豬腳滋味鮮美，口味不會太鹹，尤其肉質之嫩，放進
口中，用舌頭都可以攪爛。更難得的是，大大的一盤居然不
到€15，比在台灣吃還要便宜！而Mutter Hope的裝潢走的是
復古居家風格，來這裡用餐，就好像到20世紀初的德國人家
裡作客一樣，氣氛十足。

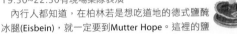

中央區 Mitte

MAP ▶ P.59F3 **Zur Letzten Instanz**

🚇搭乘U2至Klosterstr.
站，步行約2分鐘
Waisenstr. 14-16 ☎(0)30
242-5528 ⏰12:00~15:00、
17:30~23:00 ☀週三、日
zurletzteninstanz.com

Zur Letzten Instanz是柏林最古老的酒吧，開業於1621年，
至今已橫跨了4個世紀。原本是由一位退休武士開的釀酒廠，
後來逐漸發展成小酒館和餐廳，雖然建築物曾在戰後整修
過，但內部的傢俱和擺飾有很多仍是百年以上的古董，一踏
進酒館，就彷彿回到百年前的風華時代般。由於餐廳口碑極
佳，這裡每天都門庭若市，如果沒有事先訂位的話，可能要
等上個把鐘頭，因此強烈建議光顧之前先以電話預約。

中央區 Mitte

MAP ▶ P.59A4 **Facil**

🚇搭乘S1、S2或U2至Potsdamer Platz站，步行約3分鐘 🏠
Potsdamer Str. 3 ☎(0)30 590-051-234 ⏰12:00~14:00、
19:00~22:00 ☀週末 🌐facil.de

身擁米其林2星的Facil餐廳，絕對稱得上是柏林頂級美味
的高級餐廳。在前菜上來之前，Facil為客人準備的麵包及佐
醬菜就已經相當精彩，以小麥雜糧製作的各種小麵包，配上肉
醬、羅勒醬及奶油等，讓人食慾大開。Facil提供的精緻料理
是以法式為基礎，再加入主廚的現代觀點；像是以核乾及高
麗菜絲搭配的鱸魚，竟然是以薰衣草香作為調味奶泡。不論
是在視覺上或是味覺上，Facil的料理都讓人充滿驚喜，實在
不得不佩服主廚的創意確實不凡。

中央區 Mitte

MAP ▶ P.59A4 **Lindenbräu**

🚇搭乘S1、S2或U2至Potsdamer Platz站，步行約5分鐘 ⊙Bellevuestraße 3-5 (在索尼中心內) ☎(0)30 2575-1280 ⊙每日11:30~01:00 ⊕www.bier-genuss.berlin

　　面對著索尼中心(Sony Center)中庭的Lindenbräu，是典型的德國巴伐利亞式啤酒屋，3層樓的建築裡兩座大大的啤酒發酵桶非常吸睛，整棟樓室內有450個座位、戶外有350個座位，平常日的晚餐竟然座無虛席，受歡迎的程度可見一斑。頂樓雖然名為「戶外」，但因為有索尼中心的頂篷，完全不怕風吹雨打，又可俯瞰廣闊中庭裡的人來人往和各項表演，視野極佳。

　　Lindenbräu食物選擇眾多，無論是脆皮烤豬腳、鹽醃水煮豬腳、牛排、漢堡、香腸、烤餅等，滋味都相當美味。加上服務人員活潑親切，洋溢一片巴伐利亞的豪邁氣氛。

蒂爾公園 Tiergarten

MAP ▶ P.60D3 **Konditorei & Café G. Buchwald**

🚇搭乘S3、S5、S7、S9至Bellevue站，步行約2分鐘 ⊙Bartningallee 29 ☎(0)30 391-5931 ⊙每日11:00~18:00 ⊕www.konditorei-buchwald.de

　　這家創立於1852年的老店以其「年輪蛋糕」(Baumkuchen)聞名於世，19世紀末搬至柏林後，得到普魯士王室的喜愛，因而名聲遠播。二次大戰結束後，許多因躲避戰火而移居國外的人，對於Buchwald的年輪蛋糕始終念念不忘，因此來自海外的訂單不斷湧入這家小店，使其發展成一家顧客遍佈世界各地的公司，好吃的程度，甚至連日本皇室都經常越洋訂購！來到柏林，怎能不進來嘗嘗？

十字山 Kreuzberg

MAP ▶ P.61E6 **Curry 36**

🚇搭乘U6、U7至Mehringdamm站，步行約2分鐘 ⊙Mehringdamm 36 ☎(0)30 258-008-8336 ⊙每日09:00~05:00 ⊕curry36.de

　　柏林的咖哩香腸店滿山遍野，不過真正佔據香腸版圖的，僅止3、4家而已，Curry 36便是其中之一。這間開自1980年的小店，門外總是排著一長串人龍，還好店員供餐極快，吃的人也不久留，用不著排上多久便能嘗到在柏林威震八方的咖哩香腸。這裡的醬汁也是商業機密，口味比起Konnopke略甜，香腸煎得夠脆，咖哩粉也很夠味，配上薯條或麵包剛剛好。除了經典款香腸，也有販賣傳統的古早味，也就是沒有腸皮的香腸。其他香腸種類也很多，反正價錢不貴，好奇的話可以多點幾種。

夏洛騰堡 Charlottenburg

MAP ▶ P.60C5　**Berliner Kaffeerösterei**

🚇搭乘U1至Uhlandstr.站，步行約2分鐘　🏠Uhlandstr. 173/174　☎(0)30 8867-7920　🕐週一至週六09:00~20:00，週日10:00~19:00　🌐www.berliner-kaffeeroesterei.de

　這家店最大的特色，就在於那令人瞠目結舌的菜單，厚厚的一本，居然還得用目錄才能快速找到分類。這裡供應超過150種咖啡和將近130種茶類，另外還有50種複合式飲料。既然自詡為「咖啡烘焙專家」，從原料的選擇到烘焙，都秉持最高品質的原則，造就了其咖啡無可取代的獨特香氣。而店家也會不定期舉辦咖啡品嘗鑑賞會，從器材到烹煮技法的知識，都能提供詳細諮詢和解答。

普倫茨勞山 Prenzlauer Berg

MAP ▶ P.61F2　**Konnopke Imbi β**

🚇搭乘U2至Eberswalder Str.站，步行約1分鐘　🏠Schönhauser Allee 44B　☎(0)30 442-7765　🕐週二至週五11:00~18:00，週六12:00~19:00　🌐週日、一　🌐www.konnopke-imbiss.de

　德國香腸的種類不勝枚舉，但柏林人的最愛還是將香腸煎過後，淋上蕃茄醬料和咖哩粉的咖哩香腸。Konnopke Imbi β是柏林咖哩香腸的老字號，創業於1930年，其美味的祕訣就在於特製調味醬，至今這醬汁仍是家族的祕密配方。除了咖哩香腸外也有販賣其他香腸的餐點，搭配麵包和薯條的話，就可以當作一餐解決。不論你在任何時間光顧，都可以看到排隊等候的人龍，其中有不少是本地人士，Konnopke Imbi β在柏林小吃界中的地位可想而知。

普倫茨勞山 Prenzlauer Berg

MAP ▶ P.61F2　**Prater**

🚇搭乘U2至Eberswalder Str.站，步行約3分鐘　🏠Kastanienallee 7-9　☎(0)30 448-5688　🕐啤酒園：4~9月每日12:00~00:00（視天氣許可）。餐廳：週二至週六18:00~00:00　🌐www.prater-biergarten.de　❗啤酒園只收現金

　在柏林一提起啤酒園(biergarten)，當地人第一個想到的就是Prater。Prater開業於1837年，在當時結合了小酒館、咖啡館、民間劇院、舞廳於一身，成為德國特色酒館的代表。雖然戰後劇院被迫結束，但仍時常舉辦各種藝文活動及畫展，成為藝術家、畫家和群眾交流的場所。而在1996年戶外啤酒園開張後，Prater更是人們舉行慶祝歡宴的直接聯想。

開　車　不　喝　酒　，　喝　酒　不　開　車

中央區 Mitte

MAP ▶ P.59C3 Ampelmann Shops

🚇搭乘U5、U6至Unter den Linden站即達　🏠Unter den Linden 35　📞(0)30 2062-5269　🕐週一至週六10:00~21:00,週日13:00~18:00　🌐www.ampelmann.de

在東柏林的街頭等著過馬路時,你會發現行人號誌燈中的小人感覺有點不太一樣,這是從前東德使用的交通號誌人,戴著一頂寬邊禮帽的模樣,就是特別有型。1990年之後,這些號誌人並沒有隨著政府一起統一,反而作為一種流行元素而保留下來,甚至衍生出遍布德東的商品文化。在這家號誌人專賣店裡,你可以找到五花八門的號誌人造型產品,書架、花瓶、T恤、馬克杯、雨傘、海綿、文具用品、皮包⋯⋯甚至連號誌人形狀的義大利麵都有,每一件都是又酷又可愛。目前Ampelmann Shops在柏林已開有6家分店,除了這家旗艦店之外,另外5家位於哈克雪庭院、選帝侯大道、御林廣場、中央車站與柏林大教堂對岸。

中央區 Mitte

MAP ▶ P.59D1 Hoffnung Berlin

🚇搭乘S3、S5、S7、S9至Hackescher Markt站,步行約3分鐘　🏠Rosenthaler Str. 40/41 (哈克雪庭院4號內院)　📞(0)30 2886-6808　🕐11:00~19:00　休週日　🌐www.hoffnung-berlin.de

這間創立於1985年的皮帶工坊於2010年正式在哈克雪庭院開設實體店面,來這裡購買皮帶是一項有趣的經驗,你可以挑選自己喜愛的皮帶頭,再配上適合自己的皮帶,由師傅現場為你打造出一條專屬於自己、獨一無二的個性皮帶。這裡皮帶頭的款式非常豐富多樣,有各種形狀和花紋,甚至還有龍、馬等霸氣造型;皮帶的材質也有許多選擇,質料皆屬上乘。不過這樣一條皮帶並不便宜,基本款也要80歐元起跳。

中央區 Mitte

MAP ▶ P.59D1 Promobo

🚇搭乘S3、S5、S7、S9至Hackescher Markt站,步行約3分鐘　🏠Rosenthaler Str. 40/41 (哈克雪庭院3/5號內院)　📞(0)30 3034-7671　🕐10:00~21:00　休週日　🌐www.promobo.de

這是哈克雪庭院裡一間頗具人氣的商店,店面面積不小,前後門橫跨了3號院和5號院。裡頭販賣的是來自世界各地的創意小品,也有本地藝術家的手工藝品寄售。這些創意商品包括文具、生活日用品、包包、衣帽、首飾項鍊、居家擺飾等,全都各具巧妙,有點像是德國版的台隆手創館。或許有些創意你早已見識過,但也有些是你前所未聞,不管你鍾愛的是可愛風、酷炫風、惡搞風還是品味風,在這裡都能激起你的購買慾。

中央區 Mitte

MAP ▶ P.59C4 **Rausch Schokoladenhaus**

🚇搭乘U2、U6至Stadtmitte站，步行約2分鐘 🏠
Charlottenstr. 60 ☎(0)30 757-880 ⏰10:00~20:00 (週日
12:00起) 🌐www.rausch.de/schokoladenhaus

　　Rausch和Fassbender原本是兩家創立於19世紀的巧克力工坊，其中的Fassbender還曾被德意志皇室欽點為御用巧克力廠商。到了1999年，這兩家公認為柏林最好的巧克力家族終於合組成一間公司，成為柏林巧克力的金字招牌。Rausch以松露巧克力最為有名，在1樓的店面中除了有種類豐富的巧克力產品，還展示許多以巧克力製成的巨大模型，像是布蘭登堡門、新國會大廈、鐵達尼號等，精雕細琢的巧手工藝，簡直就是間以巧克力為材料的雕塑博物館。而2樓的巧克力餐廳供應巧克力蛋糕與可可等餐點，在當地也十分有名。

中央區 Mitte

MAP ▶ P.59C1 **Bonbons Macherei**

🚇搭乘S1、S2至Oranienburger Str.站即達 🏠
Oranienburger Str. 32 (在Heckmann Höfe中)
☎(0)30 4405-5243 ⏰12:00~19:00 🏠週日
至週二 🌐www.bonbonmacherei.de

　　不同於工廠由機器量產的糖果，Bonbons Macherei的糖果完全是以手工製造的，老闆為了以傳統的方法生產糖果，努力蒐集許多珍貴的古老配方，並仿造古時的模具訂作機器。這裡的糖果多達40餘種，每一種都各有不同的風味，雖然外表花花綠綠、五彩繽紛，但都是原料天然的顏色，絕對不含人工色素。更有趣的是，這裡的糖果工坊是開放式的，就在店鋪裡面，你可以一面選購糖果，一面觀看這些糖果的製作過程。

普倫茨勞山 Prenzlauer Berg

MAP ▶ P.61F2 **thatchers**

🚇搭乘U2至Eberswalder Str.站，步行約5分鐘 🏠
kastanienallee 21 ☎(0)30 448-1215 ⏰11:00~19:00
🏠週日 🌐www.thatchers.de

　　由兩位柏林男孩在1995年創立的thatchers，已經是個成功進入巴黎服裝市場的成熟品牌。thatchers的客源鎖定在20到45歲的專業女性，設計她們需要及想要的服飾。其最大特色是特殊布料的運用，像是一塊上半為毛料，下半卻是絲質的布料，就被用來做成一條裙子。因此thatchers的衣服即使是設計簡單的樣式，也因為布料的特殊性，穿在身上會呈現出一種意想不到的修飾效果，這也是為什麼他們會特別受到專業女性的青睞，就是那種想穿得有點不同但又不要過於前衛的訴求。

普倫茨勞山 Prenzlauer Berg

MAP ▶ P.61F2 **Mauer Park跳蚤市場**

🚇搭乘U8至Bernauer Str.站，步行約7分鐘 🏠Mauer Park
西南角 ⏰每週日10:00~18:00

　　在柏林中央區與普倫茨勞山區的交界地帶，每到週日就會聚集大批的跳蚤市場攤販，而其中規模最龐大的便是在前柏林圍牆旁的Mauer Park空地上，大到簡直會讓人在無盡的攤位中迷失方向。跳蚤市場裡賣的不盡然都是舊貨，也有為數眾多的批發商人在這裡擺攤，其中亦不乏本地藝術工作者，販賣著自己精心製作的作品。喜愛蒐奇的人，這裡也有不少收藏家的子孫，在先祖過世後將其畢生收藏拿來廉價拍賣，是個在城市中尋寶的好地方。

普倫茨勞山 Prenzlauer Berg

MAP ▶ P.61F3 **Jünemann's Pautoffel Eck**

🚇搭乘U2至Rosa-Luxemburg-Platz站，步行約3分鐘 🏠 Torstr. 39 📞(0)30 442-5337 🕐09:00~18:00 🚫週末 🌐 www.pantoffeleck.de

這家開業於1908年的手工拖鞋老店，如今已傳承到家族的第四代。Jünemann使用對足部最舒適的材質來製作拖鞋，現任老闆不但延續父祖們的手工製鞋方式，還苦心研究關於足背伸展等人體工學方面的改良，使得這裡的拖鞋不但舒適合腳，而且久穿不壞，基本款一雙€12的價格也十分實惠。顧客除了可以在店裡直接選購，也可以將自己的尺碼與想要的樣式、質料與鞋底種類告訴老闆，請老闆來做搭配，甚至還可以特別訂做一雙屬於自己、獨一無二的拖鞋。

十字山 Kreuzberg

MAP ▶ P.61F6 **Knopf Paul**

🚇搭乘U7至Gneisenaustraße 站，步行約3分鐘 🏠 Zossener Str. 10 📞(0)30 692-1212 🕐週二、五 14:00~18:00 🌐paulknopf.de

Knopf Paul是一家老字號鈕扣店，經營已將近30年，儘管門面乍看之下沒什麼特別之處，但若仔細欣賞排列在牆上、桌上、盒子裡的鈕扣，你會有一種如獲至寶的感覺。各種鈕扣分門別類，各自佔據店內角落。這些鈕扣有大有小，有不同材質和顏色，最特別的是還有各種獨特造型，像是小熊、大象、鱷魚等動物，可以一次買個幾顆，在大衣上開間動物園；或是賓士、BMW、福特，在衣服上辦個車展；甚至買幾個字母，在外套上排出自己的名字，省得在衣帽間被人拿錯。因此，雖然這裡賣的只是衣服上的小配件，卻讓人們在裝扮時擁有無限樂趣。

蒂爾公園 Tiergarten

MAP ▶ P.60D5 **Fiona Bennett**

🚇搭乘U1、U3至Kurfürstenstraße站，步行約4分鐘 🏠 Potsdamer Str. 81-83 📞(0)30 2809-6330 🕐12:00~18:00 🚫週日、一 🌐fionabennett.de ❗造訪前需先致電預約

你想過把高跟鞋戴在頭上是什麼模樣嗎？在Fiona Bennett，各種令人意想不到的手工帽子宛如一場華麗的宴會般，一一娉婷呈現眼前。這些帽子的設計師Fiona Bennett來頭可不小，她曾為布萊德彼特、凱蒂荷姆斯等大牌明星設計過帽子，在時尚界享有崇高的聲望。對她來説，臉是人們靈魂的表現，因此帽子便是人身上最重要的配件。這裡的帽子以女帽居多，造型則偏向宴會用的誇張式樣，同時也提供專門訂做的服務，只是價格並不便宜。

蒂爾公園 Tiergarten

MAP ▶ P.59A4 **The Playce購物中心**

🚇搭乘S1、S2或U2至Potsdamer Platz站，步行約3分鐘 🏠Alte Potsdamer Straße 7 📞(0)30 255-9270 🕐10:00~21:00 🚫週日 🌐www.potsdamerplatz.de

波茨坦廣場的The Playce商場與索尼中心之間隔著Potsdamer Straße這條大道，由明星設計師Renzo Piano設計，是一棟3層樓高、有著玻璃天井的購物中心，共有大約140家商鋪，包含服裝、鞋帽、配件、設計工藝品等，以大眾化的品牌為主，也有一些柏林在地的品牌，以及餐廳、咖啡廳、超級市場、藥妝店等商家，逛起來輕鬆自在。

夏洛騰堡 Charlottenburg

MAP ▶ P.60A5-C5 **選帝侯大道 Kurfürstendamm**

🚇 搭乘U1、U9至Kurfürstendamm站即達

這條林蔭大道是西柏林最主要的購物大街，大道兩側有許多五星級飯店、精品店、百貨公司、餐廳與咖啡館，更有電影院、劇院等娛樂場所，可説是柏林西區購物與休閒的重心。這條大道的起點——歐洲中心購物廣場(Europa Center)，雖然現在看來稍嫌老舊，但此處可是柏林圍牆築起那年，西方世界為了避免西柏林漸趨沒落，而在幾年內火速興建出來的嶄新大樓。基本上統一後的柏林，觀光焦點已轉移至東柏林地區，但選帝侯大道依舊有著獨特風采，深受旅人們的喜愛。

夏洛騰堡 Charlottenburg

MAP ▶ P.60C5 **Käthe Wohlfahrt**

🚇 搭乘U1、U9至Kurfürstendamm站即達　🏠 Kurfürstendamm 225/226　📞 0800-409-0150　🕐 週一至週六10:00~18:00，週日13:00~17:00　🔗 www.kaethe-wohlfahrt.com

聖誕市集是德國的重要節慶，每年11月底開始，德國各地就已張燈結綵，狂歡慶祝，而且為期將近1個月，比歐洲其他各地都要來得久。不過德國人還是不滿足，於是Käthe Wohlfahrt成了他們最愛逛的店，因為在這裡一年四季都是聖誕節。Käthe Wohlfahrt販賣一切和聖誕節有關的物品，包括聖誕樹上的裝飾、聖誕塔(Pyramiden，一種利用蠟燭熱力驅動頂部槳片的塔形裝飾)、雪花水晶球、聖誕桌飾，以及聖誕大餐時的烘焙用品等。其他德國著名紀念品，像是胡桃鉗木偶、薰香木偶、咕咕鐘、泰迪熊、傳統啤酒杯等，也都一應俱全，難怪德國人一提起Käthe Wohlfahrt，就把它形容成一處夢幻中的樂園。

舍嫩貝格 Schöneberg

MAP ▶ P.60C5 **西方百貨公司 KADEWE**

🚇 搭乘U1-3至Wittenbergplatz站即達　🏠 Tauentzienstr. 21-24　📞 (0)30 212-10　🕐 10:00~20:00 (週五至21:00)　🚫 週日　🔗 www.kadewe.de

KADEWE (西方百貨公司)是全歐洲第二大的百貨公司，僅次於倫敦的Harrod's。這裡每層樓的面積都有7千平方公尺，琳瑯滿目的高貴商品、富麗堂皇的裝潢設計，簡直就像展示資本主義商品文化的博物館。其中最有名的是位於6樓的美食家樓層，超過34,000種來自全世界的料理食材，從山珍海味到香草蔬果，讓人連買個菜都驚奇連連、大開眼界。不過KADEWE裡賣的盡是高檔貨，對於想要撿便宜的人來説，可能只能滿足視覺上的慾望。

舍嫩貝格 Schöneberg

MAP ▶ P.60D6 **Winterfeldtmarkt**

🚇 搭乘U1-4至Nollendorfplatz站，步行約4分鐘　🏠 Winterfeldtplatz　🕐 週三08:00~14:00，週六08:00~16:00

Winterfeldtmarkt是柏林最美麗的露天市集之一，每到週三和週六早晨，這裡總會聚滿熱情吆喝的攤販，兜售當季的新鮮蔬果與肉類製品。而從販賣熟食的攤位中飄散出來的濃郁香氣，莫不令人頓時感到飢腸轆轆。如果你必須要在柏林待上一段時間，不想餐餐花錢吃外食，住處又有簡易廚房設備的話，在這裡可以找到你一週菜單的答案，因為用在外面吃一頓大餐的錢，可能就可以在這邊買足一個星期所需的食材了。

文●蔣育荏　攝影●周治平

波茨坦
Potsdam

從柏林到波茨坦只有半小時車程，因此許多觀光客都把波茨坦當作旅行柏林時的附屬景點之一，但事實上，波茨坦不但不是柏林城市邦的一部分，而且還是布蘭登堡邦的首府呢！

波茨坦最初只是一個小城市，在三十年戰爭時甚至幾乎要從地圖上消失，直到17世紀普魯士公爵把原來的城堡改建為行宮，這個地區才漸漸發展起來。而名列世界遺產的忘憂宮，是今日遊人來到波茨坦的最大原因，植滿葡萄藤蔓的壯闊階梯花園，曾經是一代大帝腓特烈二世忘憂抒懷的寄託，如今成為平凡百姓拍照留念的寶地。以忘憂宮為中心的忘憂公園，範圍還包括新宮、橋園和中國樓等名勝，面積幾乎占了市中心的四分之一。

市區東北處還有座塞琪琳霍夫宮(Schloss Cecilienhof)，那是一棟具有英式鄉村特色的建築，德國在第二次世界大戰中戰敗後，美國總統杜魯門、英國首相邱吉爾、蘇聯總書記史達林，就是在這座宮殿裡舉行決定日後德國與歐洲命運的波茨坦會議。而在會議上，美、英、蘇三巨頭加上中國國民政府主席蔣中正，共同發表了促令日本投降的公告，也就是終結了二次大戰的《波茨坦宣言》。

波茨坦市區圖

圖例 ◎景點 ✚教堂 🏛博物館 ℹ遊客服務中心 🏛政府機關 🏰城堡 🏨飯店 🚉火車站 ⑤S-Bahn

地圖標示：
Amundsenstr. / Eichenallee / Ribbeckstr. / Bornstedter Str. / Voltaireweg / Gregor-Mendel-Str. / Schloss Cecilienhof 往寨琪琳霍夫宮 / Heiliger See / Behlertstr. / Eisenhardtstr. / Kurfürstenstr. / Maulbeerallee / 橘園 Orangerie / 歷史磨坊 Historische Mühle / Villa Monte Vino / 忘憂宮 Schloss Sanssouci / Weinbergstr. / 市政廳 Rathaus / 瑙恩門 Nauener Tor / NH Voltaire / Dutch Quarter / Hauptallee / 忘憂公園 Park Sanssouci / 新宮 Neues Palais / Ökonomieweg / 中國樓 Chinesisches Haus / Luisenplatz / Am Luisenplatz / 布蘭登堡門 Brandenburger Tor / Brandenburger Str. / Charlottenstr. / 巴貝里尼博物館 Museum Barberini / Berliner Str. / Heilig-Geist-Str. / Am Neuen Palais / Lindenavenue / Lennéstr. / Zimmerstr. / Feuerbachstr. / Sellostr. / 自然歷史博物館 Naturkundemuseum / 電影博物館 Filmmuseum / 尼古拉教堂 Nikolaikirche / 夏洛滕霍夫宮 Schloss Charlottenhof / Geschwister-Scholl-Str. / Potsdam Charlottenhof / Breite Str. / Dortustr. / Lange Brücke / 忘憂公園火車站 Park Sanssouci / 波茨坦中央車站 Potsdam Hbf

---

INFO

如何前往

◎ 火車

從柏林中央車站，可搭乘S-Bahn的S7直達波茨坦中央車站，車程35分鐘；或是搭乘RE，每小時約有4班，車程26分鐘。票價適用於BVG的ABC區段範圍，即成人單程票€4，6~14歲€2.9。

波茨坦中央車站 Potsdam Hbf ▲P.99D2

火車站往返市區交通

從波茨坦中央車站，可搭乘Tram 92、96至市中心的瑙恩門與市政廳；若要去忘憂公園，可搭乘Tram 91到布蘭登堡門，再步行約10分鐘到忘憂宮的葡萄藤階梯下方，或是從中央車站搭乘695或X15號公車，直達忘憂宮旁。

市區交通

波茨坦的大眾運輸系統由VBB營運，主要有路面電車(Tram)、公車等公共交通工具。若是只在市區移動的話，購買AB區段的車票即可。

柏林-布蘭登堡交通集團 VBB

💶短程票：成人€1.7，6~14歲€1.3。單程票：成人€2.5(4張€8.2)，兒童€1.7 (4張€6)。24小時票：成人€5.2，兒童€3.8。團體一日票(最多5人共用)：€12.7
🌐www.vbb.de

優惠票券

◎ 柏林歡迎卡-波茨坦版
Berlin WelcomeCard - Potsdam Edition

在波茨坦也可以使用柏林歡迎卡，不過必須是適用於ABC區票價範圍的卡種。持有歡迎卡可在效期內不限次數免費搭乘市區大眾交通工具，並在200多處觀光景點、博物館、城市導覽享有最多5折折扣，而在特定餐廳、商店消費也有不同優惠。柏林歡迎卡可在遊客中心、各大眾運輸車站售票處及多家旅館購買，購買時附贈一本地圖及導覽手冊。若在官網上購買，需自行列印下來方可使用，再憑卡至各服務中心領取導覽手冊。你也可以在車站售票機購買柏林歡迎卡，使用前需先至戳印機打上時間，才算生效，效期自打票起開始計算。

💶48小時€30，72小時€40，72小時+博物館島€56，4日€47，5日€52，6日€56
👪每位持卡成人最多可帶3名6~14歲兒童免費同行

旅遊諮詢

◎ 波茨坦旅遊局

📞(0)331 2755-8899 🌐www.potsdam-tourism.com

中央車站遊客中心

▲P.99D2 📍Friedrich-Engels-Str. 99 🕐平日09:00~18:00，週六09:00~17:00，週日09:30~15:00

舊市場遊客中心

📍Humboldtstraße 2 🕐平日09:00~18:00，週六09:00~17:00，週日09:30~15:00

MAP ▶ P.99B1

忘憂宮
Schloss Sanssouci
一代大帝的抒懷寄託

🚌 從波茨坦中央車站搭乘X15、695號公車至Schloss Sanssouci站即達 🏠Maulbeerallee ☎(0)331 969-4200 🕙4~10月09:00~17:30，1~3月10:00~16:30，歇館前30分鐘停止入場 🚫週一 💲成人€14，波茨坦宮殿花園一日通行券€22。7歲以下免費 🌐www.spsg.de ❗當日的時段門票可在忘憂公園遊客中心(An der Orangerie 1，在磨坊風車旁)購買，每日宮殿開門前30分鐘開始售票，但因數額有限，還是建議事先上官網預購

人稱「腓特烈大帝」的腓特烈二世(Friedrich II)，是歐洲一代軍事奇才，曾在七年戰爭中以一國之力對抗歐陸群雄，並為普魯士贏得最終勝利，就連拿破崙都受他兵法影響很深。腓特烈大帝渴慕法國文化，並與法國大思想家伏爾泰有密切的信件來往，素有「哲學家國王」之稱。1744年，腓特烈大帝為自己興建了一座「普魯士的凡爾賽宮」，宮名Sans Souci是法文「忘卻憂煩」的意思，而在200多年後成為旅遊波茨坦的重頭大戲，也是波茨坦最引以為傲的建築藝術象徵。

黃牆、灰瓦、綠色圓頂的王宮，外觀結合巴洛克與古典主義風格，內部的豪華裝飾則是典型的洛可可代表作。宮殿內有小畫廊、圖書館、書房、寢宮等12個房間，喜愛吹笛子的腓特烈大帝最愛的是音樂廳。而鋪著大理石地板和大型法式窗的大理石廳，則是大帝與文人雅士討論哲學的地方，在伏爾泰當年作客的客房內還有一尊伏爾泰的雕像。

忘憂宮最著名的是宮殿前方遼闊的6層階梯式平台，每層平台的牆面上皆爬滿綠意盎然的葡萄藤，迤邐延伸到山丘底部的大型噴泉。而宮殿背後的半圓形雙迴廊柱，靈感則明顯來自於梵諦岡的聖彼得大教堂。雖然大帝與他的王國俱往矣，忘憂宮的美卻依然在藝術家及學者之間傳頌著，終於在1990年被聯合國教科文組織登錄為世界文化遺產。

MAP ▶ P.99A1

新宮

Neues Palais

腓特烈大帝的國力展示

🚌 從忘憂宮下方的噴泉步行至新宮，約1.5公里。也可從忘憂宮旁搭乘695號公車至Abzweig nach Eiche站，再步行6分鐘。若從中央車站，可搭乘X5、697號公車至Neues Palais站，再步行約4分鐘 🏛 Am Neuen Palais ☎(0)331 969-4200 ⏰ 4~10月10:00~17:30，1~3月10:00~16:30（歇館前30分鐘停止入場）休週二 💰 宮殿€12，國王寢宮€8，宮廷劇場€8，宮殿＋國王寢宮€14。波茨坦宮殿花園一日通行券€22。7歲以下免費 🌐 www.spsg.de ❗ 進入宮殿需參加導覽團，國王寢宮僅在夏季開放，宮廷劇場遇有演出時不開放。當日行程可在新宮遊客中心(Am Neuen Palais 3，在忘憂公園火車站旁)購買

在1759到1763年的七年戰爭中，普魯士在歐陸戰場受到法國、奧地利與俄國的三強夾擊，幾次瀕臨亡國邊緣，但在腓特烈大帝近乎瘋狂的超人戰略下，普魯士非但沒有滅亡，反而成為歐洲最強大的國家之一。然而，腓特烈之所以為大帝，並不是因為他在軍事上的成就，而是他讓普魯士在戰爭的毀滅中迅速重建起來，經濟實力甚至更勝以往，而新宮就是腓特烈大帝向歐洲列強展示國力強大的證明。

1763年開始興建的新宮不但是忘憂公園內最大的建築物，同時也是18世紀歐洲最大的宮殿，而且前後只花了七年時間就完成這一座巴洛克式的大型建築物。宮殿內共計400多個房間，有國王寢宮、工作室、書房、珍藏室、大理石藝廊和劇院等，德國洛可可式的裝飾極盡奢華之能事，藝術價值甚至超過忘憂宮。然而腓特烈大帝本人還是偏愛忘憂宮，只在有賓客來訪或舉行慶祝宴會時才會住在這裡，倒是1百多年後，德意志帝國末代皇帝威廉二世對新宮情有獨鍾，把這裡當作他的主要居住地。

橘園

Orangerie

地中海風情的植物溫室

📍從忘憂宮步行到橘園約700公尺，也可搭乘695號公車至Orangerie站即達 🏠An der Orangerie 3-5 🌐www.spsg.de ❗目前橘園因重新整修，暫停開放

　　雖然忘憂公園的建物大都出自腓特烈大帝之手，但這座具有地中海風情的橘園則是建於100年後的腓特烈威廉四世時代。橘園的興建最初是為了要在寒冷的冬季存放公園內的熱帶植物，而素有「浪漫國王」之稱的腓特烈威廉四世又特別鍾情於義大利的文化與建築，因此當他繼位後，硬是在一派巴洛克風的忘憂公園內蓋了一座義大利文藝復興式的宮殿。

　　橘園中央建有兩座由廊柱相連的方形塔樓，仿照的是羅馬的梅第奇別墅，而主殿的兩翼與角廳則是模仿佛羅倫斯烏菲茲宮的設計。當中較特別的是有一間專門陳列拉斐爾作品的大廳，不過現今展示的收藏多半是複製品。

中國樓

Chinesisches Haus

西方人眼中的東方想像

📍從忘憂宮下方的噴泉步行約500公尺 🏠Am Grünen Gitter 🕙5~10月10:00~17:30 ❌週一 💲成人€4，7歲以下免費 🌐www.spsg.de

　　中國樓是一棟圓形的可愛小屋，建於1754至1757年間，據說整棟建築的樣式是由腓特烈大帝親自設計，再由御用建築師布林(Johann Gottfried Buering)著手完成。自從馬可波羅自元廷歸來，加上後來大航海時代與遠東的貿易興盛，使得中國的瓷器與藝術風格在17、18世紀的歐洲貴族間造成極大流行。然而，當時歐洲人對於中國的認識大多是透過轉述與想像而來，因此我們在歐洲的宮廷中看到這些所謂的東方趣味時，總會有種似曾相識，既些許熟悉，又有點陌生的奇妙感覺。

萊比錫●

萊比錫

Leipzig

文●蔣育荏‧墨刻編輯部　攝影●周治平

位於薩克森邦，臨易北河支流白鵲河(Weisse Elster)河畔的萊比錫，自古即為商旅往來中心，這裡從15世紀開始便每年固定舉辦兩場國際大規模的商品博覽會。19世紀初德國第一條鐵路正式通車，連接的地點便是萊比錫與德勒斯登，可見當時萊比錫的經貿地位何其重要。

在自由貿易帶動下，萊比錫幾個世紀以來快速開發，成為歐洲最具影響力的城市之一。社會的富庶帶來生活品味的追求，萊比錫的統治階層逐漸將喜好投注在文學、音樂與藝術上，他們提供大量經濟資助給當時知名的文人及藝術家，於是像巴哈、孟德爾頌、華格納、舒曼等人先後來到萊比錫，並在這裡發揮生命的光芒。尤其是巴哈，他曾在此居住了27年，讓這座商業城市更增添濃濃的藝術氣質。然而第二次世界大戰之後，萊比錫成為東德領地，繁華的商業活動突然沉寂，作為萊比錫市容特色的購物拱廊數目銳減，而針對經濟蕭條與自由限制的不滿終於在1989年爆發開來，萊比錫首先發難，並將抗爭之火燒到柏林，東德隨之垮台。德國統一之後，萊比錫迅速恢復生氣，現已成為德國東部最重要的商業與文化大城。

INFO

如何前往

◎ 航空

萊比錫-哈雷國際機場(Leipzig/Halle Airport，LEJ)位於市區西北方約16公里處，目前台灣並沒有直飛萊比錫的航班，必須在法蘭克福或慕尼黑等其他城市轉機。

🌐www.mdf-ag.com

機場往返市區交通

機場內即有一座德鐵火車站(Leipzig/Halle Flughafen站)，可搭乘S-Bahn的S5和S5X前往萊比錫中央車站，班次非常密集，車程只要12~16分鐘。

💲單程票：成人€5.4，6~14歲€3.2

◎ 火車

從柏林中央車站，每小時皆有一班ICE直達萊比錫中央車站，車程約1小時15分鐘。從法蘭克福中央車站，平均每小時也是一班ICE直達，或是在艾福特(Erfurt)轉車，車程都是3小時出頭。

萊比錫中央車站 Leipzig Hbf

📍P.104B1

市區交通

萊比錫雖然是座大城市，但觀光景點集中的老城區範圍卻很小，直徑大約只有1公里，加上電車路線全在老城外圍，因此步行會比搭乘大眾交通工具方便。

若要到老城外較遠的地方，可利用MVB經營的路面電車(Tram)和公車，車票可在月台售票機或上車購買。

德國中部運輸協會 MDV

💲短程票：成人€2，6~14歲€0.9。單程票：成人€3，兒童€1.3。24小時票：單人€8.4，多一人加€4.2，最多5人(€25.2)

🌐www.mdv.de

觀光行程

◎ 萊比錫動力小艇之旅 Öffentliche Motorbootrundfahrten in Leipzig

萊比錫市區內其實也有許多縱橫交錯的水道，可搭乘23人座的動力小艇，穿梭在白鵲河、卡爾海涅運河(Karl-Heine-Kanals)與林德瑙港(Lindenauer Hafen)上，沿途探訪萊比錫的市區建築、周邊森林生態，最遠的行程甚至還前往奧瓦德(Auwald)南部的野生動物園。

🏠從Schreberstraße 20出發

📞(0)341 5940-2619

⏰各行程約70分鐘至3小時不等，詳細時間請上官網查詢

💲各行程在€16與€30之間

🌐www.stadthafen-leipzig.com

優惠票券

◎ 萊比錫卡 Leipzig Card

萊比錫卡可在遊客中心、車站自動售票機或在官網上購買。持有萊比錫卡可免費搭乘市內大眾交通工具，參觀景點、博物館、市區導覽行程、音樂會、巴哈音樂節的表演時，也可享有最多5折折扣，在特定餐廳、商店消費也有折扣優惠。要特別注意的是，必須在卡片背面簽名，並寫上第一次使用的日期，卡片才算生效。一日卡效期為啟用當日09:00至隔日04:00，三日卡效期為啟用當日09:00至第三日午夜24:00。

💲單人一日卡€12.9，單人三日卡€25.9，團體三日卡(可供2位成人和3名15歲以下兒童共用)為€47.9

旅遊諮詢

◎ 萊比錫遊客中心

🏠Katharinenstraße 8

📞(0)341 710-4260

⏰10:00~18:00 (週末至15:00)

🌐www.leipzig.travel

萊比錫市區圖

德國東部⋯**萊** 比錫 Leipzig

MAP ▶ P.104A2

巴哈博物館

MOOK Choice

Bach-Museum

音樂之父的樂音饗宴

🚋搭乘Tram 9至Thomaskirche站即達 ⌂Thomaskirchhof 15/16 (在聖托瑪斯教堂對面) ☎(0)341 913-7202 ⏰10:00~18:00 ⊘週一 💲成人€10，16歲以下免費 🌐www.bachmuseumleipzig.de 🎫每月第1個週二免費

　比起其他音樂家，巴哈的生平事蹟平淡無奇，不過也正因為過著安穩的生活，使得他得以盡情創作。巴哈是個相當多產的作曲家，雖然他的作品在其生前因為個性拘謹而很少付梓，所以大部分已經亡佚，但儘管只是少部分流傳下來的曲目，仍多達500多部，是眾音樂家們所望塵莫及的。巴哈在萊比錫總共待了27年，著名的「馬太受難曲」、「約翰受難曲」、「B小調彌撒曲」，以及300多首清唱劇都是這個時期完成的作品，現今萊比錫每年都會舉辦巴哈音樂節以茲紀念。

　這座巴哈博物館其實並非巴哈一家人當年住的地方，而是他的好友兼鄰居博斯(Georg Heinrich Bose)的公館。博物館裡最有趣的是一間交響樂室，當背景音樂響起，你可以按下不同樂器前的按鈕，藉由相對大聲的樂音，分辨出該樂器在樂團中的角色。其他展廳則包括當時的管風琴、巴哈的樂譜、家世譜系等，雖然博物館並不算大，但若要細細聆聽試聽室中的所有曲目(包括巴哈諸子佂創作的樂曲)，也是可以花上半天時間。

MAP ▶ P.104A2

聖托瑪斯教堂

Thomaskirche

巴哈奉獻半生的地方

🚋搭乘Tram 9至Thomaskirche站即達 ⌂Thomaskirchhof 18 ⏰每日10:00~18:00 💲免費 🌐www.thomaskirche.org

　始建於1212年的聖托瑪斯教堂曾經改建過許多次，今日的主體建築大約建於15世紀末，然而當時的巴洛克風格在1880至1889年的重建中被改為現今的新哥德式模樣。這裡最有名的是至今已有500多年歷史的兒童唱詩班，因為音樂之父巴哈曾在1723到1750年共27個年頭裡，在這間教堂內擔任唱詩班的指揮和風琴師。不過很可惜的是，巴哈一家人當年居住的聖托瑪斯音樂學校，在教堂重建時倒塌，使得今人無法在大師生前的起居

空間內憑弔。教堂的彩繪玻璃也是其一大特色，由左至右分別描繪德皇威廉一世、孟德爾頌、馬丁路德、巴哈、古斯塔夫與在一次大戰中陣亡的將士。至於祭壇前的墳墓則是巴哈長眠之處，不過這座墓其實是在1950年時才移葬至此的。而教堂南邊出口外也有一尊已經150多年歷史的巴哈雕像，那是萊比錫最古老的一尊巴哈像，雕像對面就是巴哈博物館。

舊市政廳(歷史博物館)

Alte Rathaus (Stadtgeschichtliches Museum)

風起雲湧的城市歷史

🚊搭乘Tram 9至Thomaskirche站，步行約5分鐘 🏠Markt 1 ☎(0)341 965-1340 🕙10:00~18:00 💤週一 💲成人€6，18歲以下免費 🌐www.stadtgeschichtliches-museum-leipzig.de 🎫每月第1個週三免費

　　這棟市集廣場上最美麗的建築物，自1556年落成起，就是萊比錫的權力中心，其富麗的外觀，充份展現這座歐洲商貿重鎮的市民自信心。直到1905年新市政廳啟用後，風光了350年的舊市政廳才正式退居幕後，但並未走入歷史，而是成了存置歷史的博物館。這裡的展示內容分為兩大區塊，一是從萊比錫建城伊始到拿破崙戰役，一是從工業革命到現代，千年來的風雨悲喜，在此一次呈現。陳列中，有個打造於1821年的城市模型，鉅細靡遺地以1:380的比例向遊客展示當年的市容，值得一看。此外，這裡也收藏了一幅繪於1746年的巴哈肖像，這是現存所有巴哈肖像畫中，對於巴哈真實相貌最為可靠的一幅。

萊比錫美術館

Museum der bildenden Künste Leipzig

超越時代的藝術品

🚊搭乘Tram 1、3、4、7、9、12、14、15至Goerdelerring站，步行約4分鐘 🏠Katharinenstraße 10 ☎(0)341 216-990 🕙10:00~18:00（週三12:00~20:00） 💤週一 💲成人1日票€10，18歲以下免費。閉館前1小時為€5 🌐www.mdbk.de 🎫每月第1個週三免費

　　早在19世紀中葉，萊比錫藝術協會便已擁有許多藝術收藏。這棟啟用於2004年的新館，裡頭的藝術品範圍非常廣泛，從15世紀的文藝復興時期畫作到後現代的藝術嘗試，從克拉那訶的宗教理念到超現實的攝影及造像，可謂包羅萬象。其中收藏量最豐富的，是出身自萊比錫本地的象徵主義雕塑大師馬克思克林格(Max Klinger)的作品，那尊1902年時曾在維也納大放異彩的「王座上的貝多芬」雕像，也在美術館的收藏之列。此外，在展廳外的開放空間裡，也有許多令人印象深刻的裝置藝術，像是從挑高屋頂懸掛而下的成群紅

色哨子、以彩色燈管在牆壁上排列成的閃爍燈泡，甚至是全以玻璃外牆搭建成的美術館本身，都可看作一件巨大的藝術品。

MAP ▶ P.104A2

當代歷史博物館

Zeitgeschichtliches Forum

回顧冷戰時期東德歷史

🚋搭乘Tram 9至Thomaskirche站，步行約5分鐘　🏠Grimmaische Straße 6　☎(0)341 222-0400　🕐09:00~18:00（週末10:00起）　❌週一　💲免費　🌐www.hdg.de

　　當代歷史博物館是獻給曾在鐵幕中掙扎反抗的東德人民，也為了讓他們的西德同胞了解他們曾經受過的苦難。博物館的內容大致是從二戰結束到德國統一這段時期，以實體、文件、照片及多媒體，展示東德體制下的政治、經濟、文化與人民生活，讓人深刻了解到任何一種思想主義即使在理想上多麼至善完美，只要被權力人士利用，曲解原始的理論依據，使之成為鞏固集團利益的統治工具，就會是人民的苦難來源。只是這裡大多數的展品皆以德文敘述，必須熟知德國社會歷史才能有所體會。

　　博物館門口的雕塑為馬特霍伊爾(Wolfgang Mattheuer)的作品，這尊雕像右手作納粹軍禮手勢，代表法西斯主義，左手曲肘握拳，代表蘇維埃政權，象徵東德半個世紀以來，先後經歷的兩種專制極權統治，也隱含對於走出過去陰霾的期許。

MAP ▶ P.104A1

圓角落博物館

Museum in der "Runden Ecke"

東德祕密警察總部

🚋搭乘Tram 1、14至Gottschedstr.站，步行約3分鐘　🏠Dittrichring 24　☎(0)341 961-2443　🕐每日10:00~18:00　💲免費　🌐www.runde-ecke-leipzig.de

　　這棟建築是從前惡名昭彰的東德祕密警察「史塔西」(Staatssicherheit，簡稱Stasi)的總部。史塔西在東德時代，專門執行箝制人民思想、窺探人民隱私的任務，如果有看過電影《竊聽風暴》的話，一定會對其無所不用其極感到印象深刻。正因為如此，在1989年的群眾運動中，史塔西和圓角落首當其衝面對人民的怒火，終於在12月4日這天被群眾佔領，也象徵極權政府的崩潰。今日的圓角落成為史塔西博物館，遊客可以看到各式各樣的間諜裝備，包括著名的鈕扣照相機，和各種變裝易容的道具等。同時也能見識到東德嚴格的審查制度，像是專門拆信後再補彌封的器械，而所有不利於政府的文件物品，則會被丟進一台處理機裡絞碎，再和水泥拿去鋪馬路，讓證據永遠消失。參觀完之後應該深感慶幸，我們生活在一個民主自由的國家。

MAP ▶ P.104B3

蓋凡豪斯

Gewandhaus

國際知名管絃樂團的音樂廳

🚋搭乘Tram 4、7、8、10、11、12、14、15、16至Augustusplatz站即達 🏠Augustusplatz 8 ☎(0)341 127-0280 🕐售票窗口：平日10:00~18:00，週六10:00~14:00 🌐www.gewandhaus.de 🎭每日演出請上官網查詢

蓋凡豪斯是「布商大廈」的意思，因為1781年時萊比錫管絃樂團在布商大廈中成立，於是便以蓋凡豪斯為名。樂團中最負盛名且貢獻也最大的是孟德爾頌，他於1835至1847年間擔任樂團首席指揮，並且在萊比錫創立了德國最早的音樂學校(現為萊比錫孟德爾頌音樂戲劇學院)，對歐洲音樂文化貢獻卓越。時至今日，蓋凡豪斯仍是當今世上首屈一指的管絃樂團，擁有175名全職樂手，人數為目前所有樂團之冠。

MAP ▶ P.104A2

奧巴哈地窖餐廳

Auerbach's Keller

浮士德中的真實場景

🚋搭乘Tram 9至Thomaskirche站，步行約4分鐘 🏠Grimmaische St. 2-4 ☎(0)341 216-100 🕐12:00~22:00(週二、三17:00起，週五、六23:00) 🌐www.auerbachs-keller-leipzig.de

這間位於邁德勒通道(Mädler Passage)內的餐廳，其高知名度主要來自於歌德。1765年時，16歲的歌德來到萊比錫求學，當時他在這間餐廳裡首次聽聞關於浮士德博士的傳說，並對其印象深刻，於是在他日後最偉大的鉅作——《浮士德》中，奧巴哈地窖餐廳便成了第一部中的一幕場景。

今日，奧巴哈依然是全萊比錫最好的餐廳，古色古香的裝潢仍維持中世紀晚期風格。餐廳門口放了兩組銅像，一組是正在引誘浮士德的惡魔使者梅菲斯特，另一組是受到蠱惑的學生，成為遊客最愛拍照的景點。

MAP ▶ P.104A1

阿拉伯咖啡樹咖啡館

Zum Arabischen Coffee Baum

歐洲最古老的咖啡館

🚋搭乘Tram 9至Thomaskirche站，步行約4分鐘 🏠Kleine Fleichergasse 4 ❶目前建築整修中，預計2024年重新開張

萊比錫向來自詡為「咖啡之都」，是德國少數把咖啡看得比啤酒還重要的城市，而這家人氣鼎沸的咖啡館，創始於1695年，是目前歐洲還在經營的咖啡館中最古老的一間。這裡供應13種咖啡，配上自製的烘焙糕點，自古以來就是許多文人雅士喜歡聚會小憩的地方，像是萊辛、華格納、舒曼、孟德爾頌等人，都是這裡的常客，其中舒曼就是在此地談論音樂理論時，認識了他的妻子克拉拉，今日咖啡館內還特別保留了一處「舒曼角落」，用來紀念這段佳話。咖啡館的樓上是咖啡博物館，展出和咖啡有關的種種歷史，像是各地的咖啡豆、各個時代的咖啡機、以及咖啡文化的成形等，而從研磨器具與沖煮方式的演變，也可看出咖啡數百年來從中東傳入歐洲的過程。

MAP ▶ P.104B2

尼古拉教堂

Nikolaikirche

和平統一德國的起點

🚊搭乘Tram 4、7、8、10、11、12、14、15、16至Augustusplatz站，步行約4分鐘　🏠Nikolaikirchhof 3　⏰平日11:00~18:00，週六11:00~16:00，週日10:00~14:30　🌐www.nikolaikirche.de

　　尼古拉教堂始建於1180年，是萊比錫最古老的教堂與城市中心，最初建為羅馬式樣，16世紀重建時被改為晚期哥德風格，八角形的塔樓便是在此時安置上去的，而塔樓上的巴洛克尖頂，則加蓋於1730年。隨著外觀逐漸新潮，萊比錫市長對教堂內部的過時漸感不耐，終於在1785年下令改以新古典主義裝飾。最顯著的改變就是由道錫(Johann Carl Friedrich Dauthe)設計的列柱，他讓教堂內的列柱頂端蔓生出棕櫚葉，將拱頂分割成美麗的菱形格狀，且大量運用白色、蘋果綠、玫瑰紅與金黃的配色，以符合當時人們對天堂氛圍的想像。

　　時間跳到1989年10月9日，萊比錫市民那天一如往常地聚集在尼古拉教堂抗議，然而這次不同的是，當他們出發走上街頭之後，陸續加入的市民竟多達10萬人，抗議活動旋即席捲東德，終於迫使何內克下台、柏林圍牆倒塌。今日尼古拉教堂廣場上的棕櫚葉立柱，便是紀念教堂在這次事件中的歷史意義。

MAP ▶ P.104B3

孟德爾頌故居

MOOK Choice

Mendelssohn-Haus

音樂名家的生活片斷

🚊搭乘Tram 4、7、12、15至Johannisplatz站，步行約5分鐘　🏠Goldschmidtstraße 12　☎(0)341 962-8820　⏰每日10:00~18:00　💶成人€10，18歲以下免費　🌐www.mendelssohn-stiftung.de　⏰週日11:00有音樂會，成人€18，門票需預約

　　孟德爾頌是德國浪漫主義時期最偉大的音樂家，他不但擅於演奏鋼琴和譜曲，在指揮上的才能也很卓越。孟德爾頌與家人於1845年搬進這棟公寓，3年後他便在這裡去世，而這裡也成了至今唯一保存完好的孟德爾頌故居，許多房間內都保留原始的傢俱，包括他工作的作曲室在內。由這些裝潢擺設，可以找尋音樂家當年的生活片斷，想像他輕撫琴鍵思索旋律、振筆記譜的情景。而牆上的水彩風景畫作，筆觸精確而灑脫，這些都是孟德爾頌旅行時的寫生，讓人不由得驚訝於他竟然多才多藝到這種程度。故居中央為音樂廳，過去孟德爾頌每個週日都會舉辦音樂沙龍，這個傳統即使在孟德爾頌去世後依然延續至今，現在每個禮拜天來此參觀，都能聽見美妙的音符在音樂家的屋子裡徘徊。

格拉西博物館

MOOK Choice

Museen im Grassi

三大博物館合體

🚋 搭乘Tram 4、7、12、15至Johannisplatz站即達 🏠 Johannisplatz 5-11 🕐 10:00~18:00 休週一 💲3間博物館的聯票為€15 🌐 www.grassimuseum.de 每月第1個週三免費

◎ **工藝美術博物館**
📞 (0)341 222-9100 💲成人€8，17:00後€4，18歲以下免費

◎ **民族人類學博物館**
📞 (0)341 973-1900 💲成人€6，17歲以下免費

◎ **樂器博物館**
📞 (0)341 973-0750 💲成人€6，16歲以下免費

別說在萊比錫，就算是全德國，比格拉西精彩的博物館恐怕也不出10個。格拉西博物館其實是3大博物館的合體：樂器博物館(Museum für Musikinstrumente)、民族人類學博物館(Museum für Völkerkunde)與工藝美術博物館(Museum für Angewandte Kunst)。

在樂器博物館，可看到自文藝復興時代以來的各種樂器，許多樂器因為演奏方式式微而被時代淘汰，或是演變成新的形制，因此在現代人的眼裡看來顯得相當新奇。而這間博物館最棒的地方就在於，假使你好奇這些樂器的聲音，大可以點選一旁的多媒體介面，以該樂器為主奏的樂曲便會從立體聲環繞音響中播放出來。而樂器博物館在2樓的展示，則可讓遊客親手撥彈敲擊，從中了解不同樂器的發聲原理，其中有一台機械風琴，每一根音栓都可利用氣流啟動裝置，製造出特殊音效，十分有趣。

民族人類學博物館位於2樓與3樓，展示世界各民族的生活習俗、日常用品、宗教信仰、傳統藝術等，希望透過對異文化的了解，學會捐棄民族本位主義，進而尊重和包容其他民族的價值觀。這裡介紹的民族遍及五洲七海，內容包羅萬象，可以看到緬甸皮影戲、印尼浮屠造像、西藏唐卡、印度舞蹈面具、中國文字書法、蒙古包、日本茶道、非洲樂器等，而台灣原住民文化也在其展示之列。

至於工藝美術博物館則是各時代工匠智慧的結晶，舉凡青花瓷器、鎏金器皿、鑄銅工藝、造像雕塑、蕾絲絹巾、刀劍鎧甲、壁毯裝飾等，都在陳列範圍內，可藉由每個時期的藝術表現與器具形式，

MAP ▶ P.104C2

舒曼故居
Schumann-Haus
關於舒曼夫婦的回憶

🚊搭乘Tram 4、7、12、15至Johannisplatz站，步行約7分鐘 🏠Inselstraße 18 ☎(0)341 3939-2191 ⏰14:00~18:00（週末10:00起） 💲成人€7，16歲以下免費 🌐www.schumannhaus.de

　　舒曼是19世紀著名的鋼琴家與作曲家，也是德國浪漫樂派的代表人物，他於1840年與同為鋼琴家的克拉拉（Clara Wieck）結婚後，便搬到這棟公寓居住。雖然舒曼在這裡只住了短短4年，卻在這段期間創作出許多經典作品，最著名的便是「春之頌」，這首曲子曾在孟德爾頌的指揮下在蓋凡豪斯進行首演。目前舒曼故居只有3個房間開放，中間是音樂廳，舒曼夫婦曾在這裡彈奏鋼琴，接待孟德爾頌、李斯特等賓客；另外兩間則分別展示舒曼夫婦在萊比錫的音樂成就與他們的家庭生活。可惜的是，屋內的原始傢俱並沒有保留下來，有許多都已移往舒曼故鄉茨維考（Zwickau）的博物館內。

MAP ▶ P.104C3

民族勝利紀念碑
Völkerschlachtdenkmal
終結拿破崙時代

🚊搭乘Tram 15至Völkerschlachtdenkmal站即達 🏠Str. des 18. Oktober 100 ☎(0)341 241-6870 ⏰每日10:00~18:00（11~3月至16:00） 💲成人€10，6歲以下免費 🌐www.stadtgeschichtliches-museum-leipzig.de ℹ️階梯狹窄，上下樓各有不同階梯，請遵照指示。至碑頂的階梯則只有1個，請注意燈號上下樓

　　拿破崙在1812年長征俄國鎩羽而歸後，歐洲以普魯士、瑞典和俄國為首，迅速組織第六次反法聯盟。雖然拿破崙在初期戰役中連戰皆捷，卻始終無法壓制聯軍的膨脹，愈來愈多領主和國王加入反法陣線，終於在1813年10月的萊比錫會戰中擊敗拿破崙。這次戰役直接宣告拿破崙時代的終結，拿破崙在日耳曼地區最倚賴的戰友萊茵邦聯紛紛背叛，而聯軍也於次年攻陷巴黎，迫使拿破崙退位。

　　為了紀念萊比錫會戰100週年，德意志帝國在1913年建成了這座紀念碑，這也是目前歐洲最高大的紀念碑，總高91公尺。進入紀念碑內部，遊客可以爬上500層迴旋階梯到達碑頂，或是搭乘電梯來到紀念碑腰部，再循階梯拾級而上。從碑頂平台可鳥瞰周圍城市景致，視野寬廣遼闊，值得花點腳力爬上來。而憑紀念碑門票還可參觀一旁的1813年博物館，館內展示拿破崙戰爭時代的武器、軍裝、戰術地圖與戰場模型等，不過大多都是德文解說。

威瑪

威瑪
Weimar

文●蔣育荏·墨刻編輯部　攝影●周治平

威瑪是個擁有1100多年歷史的小鎮,它在18世紀的時候甚至成為當時歐洲文學、藝術與音樂的中心,不少歷史名人曾在威瑪留下史跡,包括文學家歌德與席勒、哲學家赫德、音樂家巴哈與李斯特等人,都曾選擇威瑪做為揮灑才氣與創意的地方。

同時,德國在結束帝制之後的第一部憲法也是在威瑪通過頒布,即著名的《威瑪憲法》,於是德國在兩次世界大戰之間的和平時期,也被歷史學家們稱為「威瑪共和」。

德國統一以後,威瑪開始受到觀光客的寵愛,這個小鎮已經被聯合國教科文組織列入世界文化遺產。威瑪的文學、藝術榮耀不僅止於過去,現在威瑪的包浩斯大學在世界上仍是頂尖翹楚,許多年輕學子紛紛前來威瑪求學,各國的藝術團體也經常組團到威瑪取經,威瑪在藝術文學上的根基深不可撼。

INFO

如何前往
◎火車
無論是從柏林中央車站還是從法蘭克福中央車站,到威瑪都沒有直達列車,必須先搭乘ICE或ICE-S至艾福特(Erfurt),再轉乘RE或RB。從柏林車程約2小時出頭,從法蘭克福車程約2.5小時。

威瑪火車站位於市區北邊,沿著火車站正對面的大路(Carl-August-Allee與Karl-Liebknecht Str.)一直往南走,大約1公里後即達老城中心的歌德廣場(Goetheplatz)。不想走路的人,在火車站前搭乘任一班往南行的公車,也可抵達歌德廣場。

市區交通

威瑪老城範圍很小,東西南北各不到1公里,適合以步行方式遊覽。若是要到較遠的地方,或從老城往返火車站,威瑪也有9條公車路線,每一條都會經過老城區的歌德廣場。公車票可在歌德廣場售票亭、市集廣場遊客中心、中央車站售票亭、或上車向司機購買。

圖林根中部交通協會 VMT

Ⓢ 單程票:成人€2.5,兒童€1.7。一日票:單人€6.2,團體€12.2
Ⓦ www.vmt-thueringen.de

觀光行程

◎ Belvedere Express觀光巴士

搭乘1920年代復古造型的觀光巴士,穿梭在老城市區的大街小巷間,沿途行經威瑪宮、歌德故居、包浩斯博物館、歌德廣場、劇院廣場等景點。
⌂ 在市集廣場遊客中心報名,並從對面的大象旅館出發
☏ 0178-887-7080
◷ 11:00~17:00 (11~3月至14:00),每1.5小時一梯,行程70分鐘
Ⓢ 成人€18,18歲以下€16
Ⓦ stadtrundfahrten-weimar.de

◎ 觀光馬車 Goethe Gartenhaus Tour

坐上馬車,沿著伊爾姆河(Ilm)河畔穿越公園,沿途經過歌德花園、羅馬之家、包浩斯作品的號角屋(Haus am Horn)、李斯特故居等景點。

© Weimar GmbH, Maik Schuck

⌂ 在市集廣場遊客中心報名
◷ 行程75分鐘
Ⓢ 每車€135,最多可5人共乘
❗ 需於1日前登記報名

優惠票券

◎ 威瑪卡 Weimar Card

持有威瑪卡可免費搭乘市內公車,並可免費參觀市區景點、博物館、導覽行程各一次,觀看劇場表演及參加節慶活動還可享有折扣優惠。威瑪卡效期為48小時,可在遊客中心購買,首次使用前須先在卡片背面寫上姓名及啟用日期,才算生效。另外要提醒的是,有些景點非常熱門,即使已經擁有威瑪卡的免費優惠,最好還是先上官網預約時段門票。
Ⓢ 每張€32.5

旅遊諮詢

◎ 市集廣場遊客中心

▲ P.113B2
⌂ Markt 10
☏ (0)3643 7450
◷ 1~3月09:30~17:00 (週末至14:00),4~12月09:30~18:00 (週日至14:00)
Ⓦ www.weimar.de

©Weimar GmbH, Guido Werner

MAP ▶P.113A2

劇院廣場

Theater-Platz

威瑪共和誕生地

🚇 從歌德廣場步行約3分鐘

　　劇院廣場始終是旅遊威瑪小鎮的起訖點，因為廣場上豎立著一尊威瑪最具代表性的雕像——「歌德與席勒」。手持桂冠的是歌德，手拿詩集的是席勒，這兩位文壇巨人是威瑪永遠的精神領袖，造就了威瑪在歷史上的地位。

　　雕像正後方是德意志國家劇院(Deutsches Nationaltheater)，這座由歌德構思的劇院創立於1791年，當初只是作為威瑪公爵的宮廷劇院，於1919年時才改為德意志國家劇院。該劇院不僅是戲劇表演的場所，它也含有重要的歷史意義在內，因為在1919年時，德國由民主議會所成立的第一個民主共和國「威瑪共和國」，及其所頒布的《威瑪憲法》，都是在德意志國家劇院裡完成的，可以說是德國近代史上的重要地點。

MAP ▶P.113A2

席勒故居與
席勒博物館

MOOK Choice

Schillers Wohnhaus und Schiller-Museum

文人的平淡生活

🚇 從歌德廣場步行約6分鐘　🏠 Schillerstr. 12　🕐 09:30~18:00 (11~3月至16:00)　🚫 週一　💰 成人€8，16~20歲€3，16歲以下免費　🌐 www.klassik-stiftung.de　🎫 每月第3個週日，關門前4小時免費

　　席勒是德國文學史上地位僅次於歌德的偉大小說家與劇作家，重要作品包括《陰謀與愛情》、《威廉泰爾》等。他在1799年時搬到威瑪，並於1802年買下這間小屋，直到去世之前都住在這裡。

　　席勒和歌德是非常要好的朋友，也合作了不少詩歌，但他家世既不如歌德富有，也沒有像歌德那樣擔任官職，甚至他的政治理念也不被當權者所喜，因此所受到的禮遇與歌德相比起來，自然也就天差地遠。像是歌德沒有花到半毛錢，就從大公那裡得到了豪華的宅院，而席勒努力半生，也不過掙得這棟簡單的房子。

　　今日參觀席勒故居，可感受到詩人當年生活的拮据，除了沒有太多豪華的裝潢外，連走廊過道都要用作女兒的睡房。由於席勒有3個小孩，為了能專心寫作，他的臥室與書房都位於3樓，在那裡可看到他創作出無數經典的寫字檯，桌上還放著從前書寫用的筆墨，而那把剪刀則是修改文章時剪紙貼覆用的。至於桌上的時鐘則停留在他嚥氣的那一刻，1805年5月9日，席勒就是在書桌後面的那張床上，離開他活了46年的人間。

MAP ▶ P.113A2

威圖姆斯宮

Wittumspalais

醞釀出德國浪漫主義

🚶 從歌德廣場步行約3分鐘　🏠Am Palais 3　🕙10:00~18:00 (11~3月至16:00)　🚫週一　💰成人€7，16~20歲€3，16歲以下免費　🌐www.klassik-stiftung.de　❗每月第3個週日，關門前4小時免費

這棟建於1767年的豪宅原本為薩克森-威瑪-艾森納赫公國的一位大臣所有，1774年威瑪宮殿發生大火之後，公爵夫人安娜阿瑪莉亞(Anna Amalia)便將這裡買下，以作為她的寢宮。由於安娜的丈夫過世時，長子卡爾奧古斯都(Karl August)尚在襁褓之中，於是治理國政的重責大任便落在了她的身上。安娜非常注重兩個小孩的

教育，替他們聘請的家庭教師也是經過慎選，其中卡爾的老師是當時普魯士的名人涅貝爾(Karl Ludwig von Knebel)，他認為卡爾與他的得意門生歌德一定很投緣，於是介紹他們認識。1775年，26歲的歌德首次來到威瑪，這一年卡爾剛滿18歲，也正式從公爵夫人手裡接掌了國政，而還政後的安娜阿瑪莉亞也如願以償地沉浸在文學與藝術的世界中。

威圖姆斯宮內維持當年擺設，可看到公爵夫人一家人的起居空間，像是各人的寢室、宴會廳、書房、客廳等，當年安娜就是在這裡與歌德、席勒、赫德、魏蘭等人討論如何發揚古典文學，而他們四人的肖像畫至今仍被懸掛在一間名為「詩人室」的小客廳裡。

MAP ▶ P.113A2

威瑪屋

Weimar Haus

活起來的歷史場景

🚶 從歌德廣場步行約4分鐘　🏠Schillerstr. 16　📞(0)3643 901-890　🕙週一至週六10:00~18:00，週日11:00~16:00　💰成人€9.5，65歲以上€8，17歲以下€5.5　🌐www.weimarhaus.de

威瑪屋是個介紹威瑪歷史的小巧博物館，也是德東地區第一個結合多媒體科技的現代化博物館。在這裡可以看到威瑪小鎮千年來的開發故事，以及許多歷史名人如歌德、席勒、赫德、安

娜阿瑪莉亞等人的生平。在7個房間共500平方公尺的空間中，透過佈景、蠟像、影片、聲光特效等多媒體設施，將塑造威瑪歷史定位的幾個重要時刻，以故事性的方式呈現在遊人眼前，讓外來遊客能更輕易而快速地認識這座浪漫主義的發源地。

MAP ▶ P.113B2

歌德故居與歌德博物館

Goethes Wohnhaus mit Goethe-Nationalmuseum

窺見歌德的日常生活

🚶 從歌德廣場步行約8分鐘 📍 Frauenplan 1 🕐 09:30~18:00 (11~3月至16:00) 🚫 週一 💰 成人€13，16~20歲€4，16歲以下免費 🌐 www.klassik-stiftung.de 🎫 每月第3個週日，關門前4小時免費

　雖然歌德出生於法蘭克福，但他人生最精華的部分是在威瑪度過的，因此位於威瑪的歌德故居可說是來此一遊時最不可錯過的重點。

　歌德生於1749年，26歲之前便以《少年維特的煩惱》這本小說大顯才氣。1775年，他應安娜阿瑪莉亞和卡爾奧古斯都之邀來到威瑪擔任官職，自此之後，他不但成為卡爾最得力的左右手，更造就威瑪成為德國古典主義文學運動的發軔地。歌德在威瑪待了50多年，一直到他83歲去世，雖然這中間他曾數度出遊，甚至旅居義大利一年，不過最後還是選擇回到威瑪。也就是在威瑪，歌德完成了他此生最偉大的鉅作——《浮士德》，若說「有昔日的歌德，才有今日的威瑪」，恐怕一點也不為過！

　歌德故居在1885年時被列為「歌德國家博物館」，許多傢俱和擺飾，包括歌德與其秘書辦公的書房、他的臥室，以及他辭世時所坐的那張扶手椅，直到現在仍保持原來的樣貌。故居中還收藏了上萬件藝術和雕刻作品，這些都是歌德從世界各地旅行時帶回來的戰利品；而圖書室裡也還存放著6千多本書籍，可以想見歌德的博學多聞。至於後院一間倉房裡存放的馬車，則是歌德當年出入的交通工具。

MAP ▶ P.113B2

歌德花園小屋

Goethes Gartenhaus

歌德追隨者的朝聖地

🚶 從歌德廣場步行約16分鐘 📍 Park an der Ilm 🕐 10:00~18:00 (11~3月至16:00) 🚫 週一 💰 成人€7，16~20歲€3，16歲以下免費 🌐 www.klassik-stiftung.de 🎫 每月第3個週日，關門前4小時免費

©Weimar GmbH, Maik Schuck

　這棟可愛的小屋可能建於16世紀，當1776年歌德初訪威瑪時，卡爾奧古斯都將這棟花園別墅贈送給他，並留他在威瑪擔任政府中的首輔要職。歌德住在這裡時，親自整理了花園中的環境，有許多規劃形塑出公園今日的格局。1782年，歌德搬到城中的豪宅後，花園小屋仍是歌德經常流連的地方，這裡成了他在結束繁忙公務後尋找心靈寧靜的避風港，也是他進行個人創作的場所。歌德逝世後，來自世界各地的仰慕者紛紛來此朝聖，德國政府也於1886年將這裡開放給大眾參觀。

　花園小屋的面積不大，但若加上伊爾姆河畔公園(Park an der Ilm) 48公頃的範圍，那就很有得逛了。公園沿著伊爾姆河畔的步道長達1公里，周邊被規劃成英式花園風格，羅馬廢墟、遺跡雕塑、噴泉池塘無一不缺，是個絕佳的散步場所。

© Weimar GmbH, Guido Werner

MAP ▶ P.113A1

包浩斯博物館

Bauhaus-Museum

現代工藝美術的號角手

🚶從歌德廣場步行約5分鐘　🏠Stéphane-Hessel-Platz 1　🕐09:30~18:00　❌週二　💲成人€10，16~20歲€4，16歲以下免費　🌐www.klassik-stiftung.de　🎫每月第3個週日，關門前4小時免費

　　包浩斯是一種現代的藝術設計理念，由名建築師葛洛普斯(Walter Gropius)率領一群理念相同的學者，在威瑪創立藝術學院極力推廣。他認為藝術可以兼有「純粹美學」與「應用美術」兩種成分，應該打破「純粹」與「實用」之間的藩籬，捨棄一再模仿傳統繪畫與古典裝飾的做法，要確實地運用材料的結構和特性，創造出新的風格，並提昇視覺藝術在社會上的地位與價值。這種理念自1919年藝術學校在威瑪成立之後就備受矚目，對日後全世界的建築理念產生廣大影響。

　　為了迎接包浩斯藝術學校創立100週年，新的包浩斯博物館於2019年盛大開幕，館中展出13,000多件與包浩斯有關的工藝與設計作品，以及創校初期學生們的創作成果。

MAP ▶ P.113B2

市集廣場

Markt

百年風華滄桑事

🚶從歌德廣場步行約6分鐘

　　市集廣場約莫在西元1300年時便已存在，周圍有幾棟值得一探的歷史建築。其中，插著國旗的哥德式樓房是市政廳，原本建於1396年，後來經過幾次大火損毀，現在所看見的是於1841年所重建，至今也有180多年歷史。路口一棟醒目的白底綠紋建築物是從前的市議會，現在則作為遊客中心使用，裡頭有許多資料和地圖可供免費索取，想要預約市區導覽行程也是在此辦理。遊客中心隔壁那棟門面裝飾色彩鮮豔、左右兩半窗框樑柱分為橙綠兩色的樓房，是克拉那訶渡過晚年的居所。位於廣場南側的大象旅館是威瑪最好的飯店，從1696年開業到現在，經歷了威瑪歷史上最重要的幾個時期。飯店共有102個房間，從裝潢佈置、繪畫雕刻、家具選擇無不考究，許多重量級人物在旅居威瑪時都曾住過這裡；旅館入口處上方有一個小陽台，據說希特勒就曾站在陽台上激烈地發表演說。

威瑪宮博物館

MOOK Choice

Schlossmuseum im Stadtschloss

從宮殿到美術館

🚶從歌德廣場步行約10分鐘 📍Burgplatz 4 🌐www.klassik-stiftung.de ❗目前整修中,暫停開放

　　威瑪宮始建於10世紀左右,是當時統治者家族居住的城堡,但在17世紀上半葉,城堡先後慘遭祝融及兵燹,原始部份僅剩南門前的塔樓底部倖存。到了1789年,卡爾奧古斯都指派歌德進行城堡重建計劃,一座新的宮殿於焉誕生。

　　今日宮殿內部成為威瑪地區最重要的博物館,展示的館藏以繪畫類為主,年代從中世紀直到20世紀初期。最讓藝術愛好者趨之若鶩的,是位於1樓的克拉那訶畫廊,克拉那訶是北方文藝復興時期的大師之一,他是馬丁路德的摯友,不少馬丁路德的肖像畫皆出自他的手筆,同時他也是宗教改革藝術的代表人物。克拉那訶晚年成為一位宮廷畫家,並於1553年在威瑪過世,其畢生許多重要作品都收藏在威瑪宮中。除了宗教藝術,博物館2樓展示的是德國古典浪漫主義畫派,也就是與歌德同時期的畫家作品;3樓則是威瑪藝術學院創作的風景畫,與法德兩國印象主義的畫作。其他如由亨茨(Heinrich Gentz)設計的華麗樓梯間,也經常是人們取景的地點。

聖彼得保羅大教堂 (赫德教堂)

Stadtkirche St. Peter & Paul (Herderkirche)

路德、克拉那訶與赫德

🚶從歌德廣場步行約4分鐘 📍Herderplatz 🕐週一至週六10:00~18:00 (11~3月11:00~16:00),週日11:00~12:00、14:00~16:00 🌐weimar-evangelisch.de

　　早在13世紀時,此地已建有一座教堂,不過現存的建築只能追溯到16世紀初,當時人們將教堂蓋成晚期哥德式樣,後來到了18世紀時又被改建加入了巴洛克的元素。不過,這座教堂的重要性與它的實體無關,而在於曾經在此留下腳印的人物。宗教改革時期,馬丁路德曾在這裡傳播新教,他的好友克拉那訶於1555年為他創作了三聯畫與祭壇,成為今日教堂最重要的寶物。祭壇聖畫中,十字架上基督的血所噴向的,正是克拉那訶本人與他身旁的路德;而基督以看不見的利矛(即信仰)刺穿魔鬼,這種表現方式在其他人的畫作中也相當少見。

　　不過,豎立在教堂外的雕像既非克拉那訶也不是路德,而是18世紀末的哲學家赫德,他曾擔任威瑪的宮廷牧師與教育總管,而他辦公的地方就在這間教堂裡。今日遊人在教堂內可以看到兩座墓,一座便是赫德的,而另一座的主人則是安娜阿瑪莉亞。

© Weimar GmbH

© Weimar GmbH

MOOK Choice

MAP ▶ P.113A1

布亨瓦德納粹集中營

Gedenkstätte Buchenwald

慘痛的種族主義歷史教訓

🚌 從歌德廣場或威瑪火車站搭乘6號公車至Buchenwald站即達 ☎ (0)3643 430-200 ⏱ 歷史遺址：10:00~17:30 (平日11:00~14:30休息)。展覽：09:00~18:00 (11~3月至16:00)，歇館前30分鐘停止入場 🚫 週一 💰 免費 🌐 www.buchenwald.de
❗ 不建議12歲以下兒童參觀地下禁閉室及焚化場等設施

除了人文資產，威瑪在世人心中的政治色彩也相當濃厚，最為人熟知的便是德國第一個民主政體：威瑪共和。而在另一方面，在納粹興起的最初階段，威瑪也是少數國社黨首先贏得選舉的地方。在納粹全面掌權後，距離威瑪約8公里處的布亨瓦德，還出現了德國史上最黑暗的納粹集中營。

參觀集中營絕不是什麼讓人愉快的事，德國人自己也有不少懷疑聲浪，始終有些右派份子會認為德國何必自己一直提起屠殺猶太人的罪行，然而一個民族要能進步，就必須要了解與直視自己國家歷史的黑暗面。目前德國中學教育中就有安排參觀納粹集中營的課程，相關單位也派有專人解說，布亨瓦德也不例外。從東德時代這裡就已是一處紀念地，當年集中營時期的設施仍保存得相當完整：禁閉室、毒氣室、槍決室等，參觀時讓人心情甚為沉重。而為了追念喪生於此的人們，在集中營外一處清風明月的小丘上建有一座高塔，走出集中營後，不妨步行來此整理心情。

MAP ▶ P.113B2

貝爾維德宮

MOOK Choice

Schloss Belvedere

公爵的祕密花園

🚌 從歌德廣場或威瑪火車站搭乘1號公車至Belvedere站即達 ⏱ 4~10月10:00~18:00 🚫 週一 💰 成人€7，16~20歲€3，16歲以下免費 🌐 www.klassik-stiftung.de 🌳 橘園免費參觀

大約在1724至1748年間，公爵恩斯特奧古斯都一世(Ernest Augustus I)在威瑪城南的山丘上建了一座巴洛克風格的獵宮，這便是後來的貝爾維德宮。宮殿在他過世之後曾一度荒廢，直到安娜阿瑪莉亞掌權期間，才因為作為夏宮而重新整理起來。後來卡爾奧古斯都又在宮殿旁建了一座橘園(Orangerie)，用來種植國內外的奇花異草，卡爾本人也經常和歌德在此研究植物學，據說最盛時曾栽培了將近7,900種植物。而位於宮殿西側的俄羅斯花園，則是由卡爾的兒子卡爾腓特烈(Karl Friedrich)所建，因為他娶了沙皇之女

© Weimar GmbH; Maik Schuck

帕芙洛娃女大公(Maria Pavlovna)，為了一解妻子思鄉之情，因而將花園整建成俄羅斯的風格。

整個貝爾維德公園的範圍共有43公頃，除了宮殿和橘園外，還有許多大大小小的建築物。宮殿現在則是一間博物館，用來陳列展示17世紀末到19世紀初的瓷器、彩陶、玻璃器皿、精緻傢俱等巴洛克式趣味。

德勒斯登
Dresden

文●墨刻編輯部　攝影●墨刻攝影組

靠近德國與捷克邊界的德勒斯登，被認為是歐洲最美麗的城市之一，嫵媚蜿蜒的易北河，穿越了德勒斯登兩岸風格迥異的新舊城區。18世紀初，身兼波蘭國王與立陶宛大公的薩克森選帝侯、人稱「強人」的奧古斯特(August der Starke)，因為渴慕太陽王路易十四的君權專制與華麗氣派，一手把這座城市打造成金碧輝煌的「巴洛克之城」，同時也大力提倡文化與藝術，締造出屬於薩克森的宮廷氣魄，遂使德勒斯登「易北河畔佛羅倫斯」的美名留傳於世。

除了發展文藝，奧古斯特也掌握了中國製作瓷器的技術，他在德勒斯登附近的邁森(Meißen)開設窯場，填補了當時歐洲宮廷迷戀中國瓷器的市場需求，邁森瓷器從此揚名國際，大大提升了薩克森的商業實力。於是德勒斯登也成了巧匠雲集的工藝之城，而這注重技術的風氣更延續到今日，現在的德勒斯登北部是德國電子科技產業的重鎮，以「薩克森矽谷」聞名於世。

INFO

如何前往
◎ 航空
德勒斯登機場(DRS)位於城北10公里處，主飛歐洲航線，目前台灣並沒有直飛德勒斯登的航班，必須在法蘭克福或慕尼黑等其他城市轉機。

🌐www.mdf-ag.com

機場往返市區交通

　　在機場下方有S-Bahn車站，可搭乘S2到市中心，列車每30分鐘一班，到易北河北岸的新城(Neustadt)車程14分鐘，到德勒斯登中央車站約需21分鐘。

💲單程票：成人€3，6~15歲€2

◎ 火車

　　從柏林中央車站，每2小時一班EC或IC直達德勒斯登中央車站，車程約2小時左右；搭乘ICE的話需在萊比錫轉車，車程約3小時出頭。

　　從法蘭克福中央車站，每2小時一班ICE直達德勒斯登，車程約4小時20分鐘；若是在萊比錫轉車，車程約4小時40分鐘。

　　德勒斯登中央車站位於老城區南邊，從火車站前可搭乘路面電車(Tram)的8號線及9號線至Theaterplatz站，即達老城中心最熱鬧的區域。

市區交通

　　德勒斯登的大眾運輸由DVB營運，共有12條路面電車(Tram)路線與28條公車路線，而以路面電車最常被遊客使用到。這些交通工具使用共同的票價機制，整座德勒斯登都屬於同一個票價區段。車票可在車站月台或上車購買，單程票可在1小時內轉乘，短程票使用範圍為4站以內，一日票的效期至隔日凌晨04:00，團體一日票最多可5人共用。

德勒斯登運輸公司 DVB

💲單程票：成人€3，6~14歲€2。一次購買4趟單程票：成人€10.6，兒童€7.2。一次購買4趟短程票：每人€7。單人一日票：成人€8，兒童€6.7。團體一日票：€20.2

🌐www.dvb.de

觀光行程

◎ 隨上隨下觀光巴士

　　這輛雙克層觀光巴士沿途停靠22個站點，不但車上備有中文語音導覽耳機，車資還包含茲溫葛宮、王侯馬列圖與聖母教堂的導覽行程，以及夜間散步行程。

🚏從Zwinger / Postplatz發車　☎(0)351 899-5670
🕐4~10月10:00~17:00，每15~30分鐘發車；11~3月10:00~16:00，每30~60分鐘發車　💲成人€20，15~17歲€18，14歲以下免費　🌐www.stadtrundfahrt.com

優惠票券

◎ 德勒斯登城市卡 Dresden City Card

　　持有德勒斯登城市卡，可在效期內免費搭乘大眾運輸工具，在參觀景點、博物館、觀光行程，或是在特定餐廳、娛樂場所消費，皆可享有折扣優惠。目前城市卡只能在官網上購買，並自行在家列印出來，單人

卡僅供個人使用，家庭卡可供2名成人與4名14歲以下兒童共用。

💲一日卡：單人€15，家庭€18。二日卡：單人€21，家庭€30，三日卡：單人€29，家庭€39

◎ 德勒斯登博物館卡 Dresden Museums Card

　　持有德勒斯登博物館卡，可在2日效期內免費參觀城內最精華的16間博物館，在其他景點、觀光行程，或在指定餐廳用餐，也可享有折扣或優惠。目前博物館卡只能在官網上購買，並自行在家列印出來。

💲成人€25，16歲以下免費

旅遊諮詢

◎ 德勒斯登旅遊局

☎(0)351 501-501　🌐www.dresden.de

QF Passage遊客中心

📍P.121A3　🏠Neumarkt 2 (靠近聖母教堂)　🕐3~12月10:00~19:00 (週六至18:00，週日至15:00)，1~2月10:00~18:00 (週日至15:00)

中央車站遊客中心

🏠Wiener Platz 4　🕐平日09:00~19:00，週六10:00~18:00，週日10:00~16:00

MAP ▶ P.121A2

茲溫葛宮
Zwinger
強人打造的巴洛克風情

MOOK Choice

🚊 搭乘Tram 4、8、9至Theaterplatz站即達 ⌂ Sophienstraße
🕐 06:00~22:30 💲免費 🌐 www.der-dresdner-zwinger.de
◎ 博物館
☎ (0)351 4914-2000 🕐 10:00~18:00 ✖週一 💲4間博物館套票：成人€14，17歲以下免費 🌐 gemaeldegalerie.skd.museum ✿可單獨購買瓷器陳列館與數學物理沙龍的門票，票價各為€6

　　茲溫葛宮雋永的巴洛克風情，是1710年時「強人」奧古斯特委命建築師珀佩爾曼(Matthäus Daniel Pöppelmann)和雕塑家佩慕澤爾(Balthasar Permoser)協力完成。穿過劇院廣場，通過挑高門拱，走進茲溫葛宮綠草如茵的內庭花園；獨特設計的花園噴水池，被四周雕飾繁華的廊道與樓亭圍繞著。面對王宮的琴鐘樓上，40支邁森名瓷製作的白色鈴鐺，每逢整點奏出清脆悅耳的樂聲，讓漫步在宮殿裡的人們心情也跟著愉悅起來！

　　若問什麼最能象徵茲溫葛宮的富麗堂皇？那一定是護城河旁的王冠門了，塔頂精雕細琢的鑲金冠亭，在亮黑圓頂的襯托下，格外突出耀眼！四座波蘭雄鷹雕塑，沉靜威嚴地捍衛著堡壘。畫家們特別喜歡到此取景，描繪她的非凡尊貴。

　　戰後重建的茲溫葛宮美麗如昔，現在茲溫葛宮四個角落的大廳堂被規劃成博物館，分別為：古典大師美術館(Gemäldegalerie Alte Meister)、瓷器陳列館(Porzellansammlung)、雕塑收藏館(Skulpturensammlung)和數學物理沙龍(Mathematisch-Physikalischer Salon)，精采的展覽，值得花點時間慢慢欣賞。

MAP ▶P.121A2

杉普歌劇院

Semperoper

浴火重生的歌劇聖殿

🚋搭乘Tram 4、8、9至Theaterplatz站即達 🏠Theaterplatz 2 📞(0)351 491-1705 🌐www.semperoper.de

◎ 英文導覽行程

🏠在歌劇院正門集合 📞(0)351 501-501 🕐行程45分鐘，每日出發時間因歌劇院節目而有所變動，請上官網查詢 💲成人€13，6~17歲€9 🌐www.dresden.de

坐落在劇院廣場旁的杉普歌劇院，以建築師杉普(Gottfried Semper)為名，山型建築的外觀均衡穩重，有著義大利新文藝復興式的華麗美感，這正是德勒斯登最引以為傲的歌劇場地。

第一代歌劇院於1841年動工，落成後廣受矚目，許多精彩歌劇在此上演。孰料1869年的一場大火，竟燒毀了這座美麗的歌劇院，隨後重建呼聲四起。杉普當時因參與1849年的民主政爭失利，遠離了德勒斯登這座城市，但基於對建築的熱忱，仍決定投入重建工程，為歌劇院繪製設計藍圖，並起用自己的兒子來執行。於是1878年時，父子聯手成就了這座完美的音樂聖殿。

自杉普歌劇院揭幕以來，德國名作曲家理查華格納的諸多作品皆在此上演，隨後德國浪漫主義作曲家李察史特勞斯也來到此處，創作多首管弦樂曲和交響詩，並選擇杉普歌劇院作為其9部經典歌劇的首演場地。如今劇院裡還陳列著史特勞斯的半身塑像，以表紀念。

MAP ▶P.121A3

王宮

MOOK Choice

Residenzschloss

琳瑯滿目的珠玉珍寶

🚋搭乘Tram 4、8、9至Theaterplatz站即達 🏠Taschenberg 2 📞(0)351 4914-2000 🕐10:00~18:00 🚫週二 💲成人€14，17歲以下免費 🌐www.skd.museum 🎟門票含奧古斯特寢宮、各展示館、大廳與文藝復興式的側翼 ❗郝斯曼斯塔冬季不開放

德勒斯登王宮採四翼殿堂包圍的格局，打從13世紀便開始興建。原本的王宮為羅曼式樣，後來又增建了許多文藝復興風格的部分，不過在1701年的一場大火之後，奧古斯特順勢把王宮改建成巴洛克式風格。不過今日所見的王宮在19世紀末到20世紀初又經歷了多次改建，形成現在的新文藝復興式樣貌。

整座王宮中，最醒目的就是高達100公尺的郝斯曼斯塔(Hausmannsturm)，從塔的腰際眺望四周，可以清楚看到劇院廣場、杉普歌劇院和聖母教堂。當初薩克森王室想必也曾站在其圓弧露台上，迎風傲視這片屬於他們的王國！

來到王宮可別只看建築，當中的綠穹珍寶館(Grünes Gewölbe)、軍械展示館(Rüstkammer)、錢幣陳列館(Münzkabinett)與銅版畫收藏館(Kupferstich-Kabinett)都很值得一看。其中以綠穹珍寶館尤負盛名，話說1723年起，強人奧古斯特為了展現泱泱大國的權勢，同時基於對巴洛克藝術的熱情，收藏了為數可觀的奢華藝品，大多是象牙琥珀、寶鑽珠鍊與琺瑯彩鑲飾等，這些精雕細琢的金枝玉葉、栩栩如生的迷你人偶，著實反映出當時工藝的超群技巧！

王侯馬列圖

Fürstenzug

MOOK
Choice

細膩生動的麥森瓷磚壁畫

🚊 搭乘Tram 4、8、9至Theaterplatz站，步行約3分鐘

這條幽靜長廊外的高牆上，是幅長達102公尺的宏偉壁畫，描繪著35位德勒斯登的歷代統治者，其帝王駿馬的雄健之姿，頗有威震八方的氣魄。這幅壁畫不但規模宏大，而且描繪細膩生動，是1871年由畫家威賀姆華特(Wilhelm Walther)以當時創新的斯格拉斐托灰泥刮畫法繪製，歷時6年始告完成。

1904年，為了不讓華特的作品遭風雨侵蝕而消逝，當局決定更換壁畫材質，交由御用的邁森瓷廠依照原圖燒製，再將2萬4千片磁磚拼貼成原圖。華特的原畫已是經典，而邁森承接下的工程亦卓然超群！淡黃底色的磁磚上，繪著灰黑線條，一片片拼出每位君主的英姿，至於名號及年代皆在其肖像下方。這群顯赫王者的起點是12世紀的康拉德(Conrad I)，他是邁森的邊疆總督，最末位則是當時在位的喬治王(Georg)。有趣的是，橫幅巨畫的最末描繪的是德國藝術家、科學家、礦工、萊比錫大學的年輕學生等，似乎代表著「步民」的階段。

聖母教堂

Frauenkirche

將舊精神融入新生

🚊 搭乘Tram 1、2、4至Altmarkt站，步行約3分鐘 ⓖ Georg-Tren-Platz 3 ⏰ 平日10:00~11:30、13:00~17:30，週末可能因宗教活動而關閉 💲 免費 🌐 www.frauenkirche-dresden.de ✏️ 可租用英文語音導覽機，每台€2.5

聖母教堂落成於1738年，完美的巴洛克外觀，讓許多藝術家為它提起畫筆，而由建築師貝賀(George Baehr)設計的圓頂塔樓，也成就易北河畔典雅的天際線。

但在1945年的空襲中，整座城市陷入無情火海，美麗的聖母教堂也應聲倒下，留下的僅剩兩面殘垣斷壁，直到1992年，市府才終於批准了聖母教堂的重建計畫。2006年起，聖母教堂再度成為德勒斯登的新地標，瞭望台也正式對外開放。眼前這座宏偉的聖母教堂，有一點點不協調的地方，教堂外觀是由灰黑和米白兩種石塊搭建而成。其中色澤較深的，是背負著歷史歲月的原始建材；而淺色的，則為薩克森新採的砂岩石材。結合傳統與新穎的建材，讓聖母教堂的新建築中，仍蘊含著她過往的質樸本色。

重建期間最重要的大事，莫過於千禧年時，英國捐贈了新的金色十字徽，而從殘骸中找出來的十字徽則珍藏於教堂內部，並對外展出。除了難以言喻的不捨之情外，亦有警示世人勿輕啟戰端之意。

MAP ▶ P.121A2-B1

藝術工匠廊街
Kunsthandwerkerpassagen
別有洞天的藝術天地

🚋 搭乘Tram 3、6、7、8、11至Albertplatz站即達

　　德勒斯登新城區滿覆綠葉林蔭的中央大道(Hauptstr.)，堪稱德勒斯登最美的街道之一，同時還隱藏了無限的時尚與美食魅力。每逢春夏季節，寬敞的徒步區裡百花盛開、爭奇鬥豔，陽光穿透葉縫之間，灑落在美麗的露天咖啡座上！灰白雕像矗立的圓形廣場上，總見人們愉悅地在此休憩歇腳。

　　歐洲人喜歡創造徒步廊街，這裡也不例外，走進中央大道旁的樓廈拱門裡，便是別有洞天的藝術工匠廊街，裡面滿是一家接著一家的獨特商店，有些是做彩繪玻璃、金飾設計的，或者展售德勒斯登特產的奢華高級瓷器，有些則專門經營二手骨董拍賣，甚至還有地窖酒館。

　　如果再往三皇教堂(Dreikönigskirche)後頭的Königstr. 8號拜訪，朝日本宮的方向走著逛著，還會發現另一座優雅的「國王廊街」。國王廊街於1996至97年間規劃而成，與相鄰的Rähnitzgasse環圍，共築起頗富私密感的購物殿堂；摩登的櫥窗設計，融合在饒富歷史的地帶裡，各國名牌服飾在此期待著顧客上門。

MAP ▶ P.121B3

福斯汽車玻璃工廠
VW Die Gläserne Manufaktur
透明化的製造流程

🚋 搭乘Tram 1、2、4、10、12、13至Straßburger Platz 站即達 🏠Lennéstr. 1 ☎(0)351 420-4411 🕐09:00~18:30 🚫週日 💰成人€9，65歲以上€6，7歲以下免費 🌐www.glaesernemanufaktur.de 🎫門票含45分鐘導覽，英文行程為13:15出發 ❗導覽建議事先預約

　　坐落於古城東南方的福斯汽車玻璃工廠宛如一顆晶鑽，在寧靜的夜裡閃耀發光。福斯玻璃工廠的誕生，不僅彰顯了德勒斯登在德國汽車工業裡的顯赫地位，更顛覆了幾個世紀以來，人們對製造業與工廠的刻板印象。

　　佔地8萬餘平方公尺的龐大結構體，採用了大量玻璃建材，隔著如鏡般的玻璃，工廠內的組裝作業流程一覽無遺，十足透明化。雖然是汽車工廠，挑高的銀色圓錐形接待大廳卻嗅不到任何與工業有關的汙染或噪音，取而代之的是乾淨俐落的建築風格。大廳內多為圓弧流線造型，加上各樓層的動線規畫，流露出福斯汽車的設計精神。

　　名為Kugelhaus的白色巨型球體為大廳內最搶眼的設計，走入球體，彷彿置身於超時空領域，8座投影式的互動電腦媒體，供人查詢旅遊、藝術文化、汽車等諸多資訊。而L型工廠部門自開幕以來，吸引相當多民眾慕名前來參觀，這裡處理的是Phaeton房車最終的組裝作業，其運用電腦科技的全自動製造流程，是人們極其好奇的部分。

德國西部

Western Germany

德國西部

文●蔣育荏　攝影●周治平

萊茵河，一個多麼具有詩意的中文譯名，把一條雄偉壯闊的河流，頓時妝點成女性浪漫柔美的形象，賦予人們無限寬廣的想像空間，描繪其中如詩如畫般的意境，帶給萊茵河優雅浪漫的遐想。

的確，萊茵河美如其名，不僅沿途景致獨步於世，浪漫的神話傳說更是不勝枚舉，河畔的古城風貌、古堡景緻、葡萄酒莊、峭壁山岩等，塑造出萊茵河千姿百態的萬種風情，深深地引人陶醉！

自古以來，上自皇宮貴族，下至販夫走卒，莫不沉醉在萊茵河畔天然的美景中，成就歷代多少詩人、音樂家的雋永傑作，如歌德、海涅、拜倫等文人筆下所歌頌的萊茵景色；華格納樂風中憂鬱感傷的氣息，也常是以萊茵河為背景。

萊茵河的支流美因河畔，則屹立著德國當今最重要的門戶——法蘭克福。送往迎來的國際機場、一年到頭精彩不斷的會展中心、掌握歐洲心臟的金融重鎮，讓這個城市總是充滿活力。然而，走近美因河畔，穿過恬靜的博物館河岸，聞著空氣中的蘋果酒香，你會發現這個城市和其他萊茵河流域的城市一樣，有著醉人的浪漫風情。

德國西部之最Top Highlights of Western Germany

博物館河岸Museumsufer
法蘭克福的美因河南岸，短短1公里的距離內就有12家博物館，展覽主題五花八門，從建築到電影，從藝術到通訊，滿足所有興趣的愛好者。（P.140）

科隆大教堂
Kölner Dom
傳說它已經蓋了將近800年還沒完工；傳說它是人間最靠近上帝的所在；傳說它是地球上最完美的哥德式建築。不管你是不是教徒，來到德國都一定要到科隆親眼一睹。（P.168）

博帕爾德纜車
Sesselbahn Boppard
登上海拔302公尺的制高點，可以眺望萊茵河河道將近360度的圓形大轉彎，是很難得一見的畫面，被稱為萊茵河的「馬蹄鐵彎處」。（P.162）

埃倫布賴特施坦因要塞
Festung Ehrenbreitstein
從要塞居高鳥瞰，萊茵河畔的柯布林茲市容便能盡入眼中，連穿梭在河道之間的船隻及著名的德意志角也都全部入鏡，瞭望視野絕佳。（P.163）

威廉高丘公園
Bergpark Wilhelmshöhe
由黑森-卡塞爾伯爵花了數個世代所打造的宮殿與花園，以海克力斯巨像、小瀑布與威廉高丘宮共同構成雄偉的中軸線，宮殿中還收藏了許多文藝復興時代的大師名作。（P.179）

法蘭克福

法蘭克福
Frankfurt

文●蔣育荏・墨刻編輯部　攝影●周治平

法蘭克福全名為「美因河畔法蘭克福」(Frankfurt am Main)，是德國的空中玄關與鐵路樞紐，機場的載客量與貨運量全球數一數二，商務往來的旅客總是絡繹不絕，因此當地交通極為便利，甚至跨國去其他歐洲城市也很方便。同時這裡也是從台灣搭機飛往德國的第一站，繁忙便捷的交通網絡，很難不令人留下深刻印象。

作為全歐洲的交通樞紐，法蘭克福自然而然發展成世界金融中心，它是德國摩天高樓最為密集的城市，事實上，全德國前20高的建築中，有18棟都位於法蘭克福；同時，其書展與車展的規模也都是世界第一。雖然人們對於法

蘭克福總離不開繁忙的商業印象，商人來到法蘭克福可能也是整天待在會展中心裡，不過身為遊客，沒必要讓自己的步調也跟著被匆忙的生意與數字所纏繞，只消走出櫛比鱗次的高樓不到兩個街區，你會驚訝地發現法蘭克福原來還藏著另一種截然不同的面貌。

羅馬人之丘廣場的周圍盡是古色古香的歷史建築物，美因河悠閒的流水帶著輕划小舟的人們緩緩而過，博物館河岸收藏著數百年來的藝術瑰寶，在老薩克森豪森的街邊坐下，點一杯當地著名的蘋果酒，真教人忘了自己身處在繁忙的國際大都會中。

INFO

如何前往

◎航空

法蘭克福機場(FRA)位於市區西南方12公里處,是德國最主要的大門,也是德國漢莎航空的基地之一。機場有1、2兩個航廈,分為A、B、C、D、E五個登機區,航廈之間有免費的機場輕鐵(SkyLine)接駁,非常方便。

目前從台灣有中華航空的班機直飛,CI61每日從桃園機場第一航廈飛抵法蘭克福機場第二航廈,飛行時間約14小時40分鐘。

若是搭乘長榮班機,可在慕尼黑或巴黎轉搭德國漢莎航空,或在維也納轉搭奧地利航空的班機飛往法蘭克福。其他航空公司,可搭乘泰國航空在曼谷中轉,或搭乘新加坡航空在新加坡中轉,或搭乘阿聯酋航空在杜拜中轉,或搭乘土耳其航空在伊斯坦堡中轉,或搭乘國泰航空在香港中轉。

🌐www.frankfurt-airport.com

◎火車

法蘭克福地理位置居中,德國的鐵路網路交會於此,在德國統一之前,德國國鐵的總公司就是設立在這裡,因此法蘭克福的中央車站可說是德國鐵路網中最重要的一座火車站。

必須注意的是:法蘭克福中央車站在德鐵系統中為Frankfurt (Main) Hbf,法蘭克福機場車站為Frankfurt(M)Flughafen。另外在薩克森豪森還有一座南車站Frankfurt(Main)Süd,在奧斯騰的則是東車站Frankfurt(Main)Ost,而西車站Frankfurt(Main)West則是在博根海姆,在查詢班次時可千萬不要搞混了。

從慕尼黑,每小時皆有一班ICE直達法蘭克福中央車站,車程約3小時15分鐘;其他班次則需在紐倫堡或斯圖加特轉車,車程約3.5~4小時。從柏林直達法蘭克福的ICE,每2小時有兩班,車程4~4.5小時,其他班次則是在艾福特(Erfurt)轉車,需時約4.5小時。

法蘭克福中央車站 Frankfurt (Main) Hbf

🔺P.130A2

◎羅曼蒂克大道專車 Romantische Straße Bus

羅曼蒂克大道是德國最著名的觀光大道,而每年5~9月間營運的羅曼蒂克大道專車,其北端的起點就在法蘭克福。

☎(0)89 593-889

🕐每日08:30從慕尼黑卡爾廣場發車,當晚19:30抵達法蘭克福中央車站;而從法蘭克福則是09:00發車,當晚19:00抵達慕尼黑

💶慕尼黑到法蘭克福,單程€133,來回€178

🌐www.romanticroadcoach.de

機場至市區交通

◎火車

在1航廈的地下層(B、C區附近)有兩個火車站，一個是長途火車站(Fernbahnhof)，一個是區域火車站(Regionalbahnhof)。在長途火車站可搭乘ICE、IC、EC等高速火車通往德國及歐洲各主要城市；而區域火車站則有S-Bahn的S8和S9，以及RE的RE2、RE3、RE59前往法蘭克福中央車站，車程約13分鐘。若是持德鐵通行證，記得出了機場後要先到DB櫃台蓋章生效，才能搭乘火車。

◎計程車

在兩個航廈的入境大廳外面都有計程車候車站，乘坐到市區約需20至30分鐘，費用約為€50。

◎租車

在1航廈Level 0的A區，和2航廈Level 2的D區，可以找到Hertz、Alamo、Avis、Enterprise、Sixt等12家租車公司的櫃檯。

市區交通

◎大眾運輸工具

法蘭克福的大眾運輸系統是由RMV與VGF系統所構成，包括9條通勤鐵路(S-Bahn)、9條市區地鐵(U-Bahn)、10條路面輕軌(Tram)與42條公車路線。市中心的Hauptwache、Willy-Brandt-Platz和Konstablerwache都是S-Bahn和U-Bahn的轉乘大站，使用到的機率相當高。

這幾種交通工具使用共同的車票機制，單程票可在車站的自動售票機購買，持有法蘭克福卡(Frankfurt Card)可在效期內任意搭乘，而持有德鐵通行證(Rail Pass)也可以搭乘同屬德鐵系統的S-Bahn。即使已經購買車票，在使用前還是要記得先去蓋印機打上日期，不然被查票員查到，一樣要繳納罰款。

法蘭克福運輸公司 VGF

🚇 www.vgf-ffm.de

萊茵-美因運輸協會 RMV

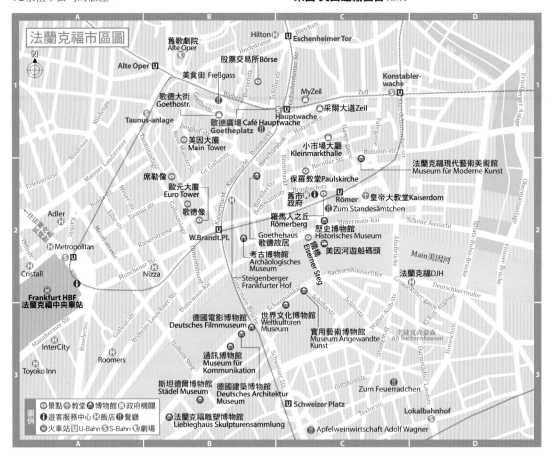

法蘭克福市區圖

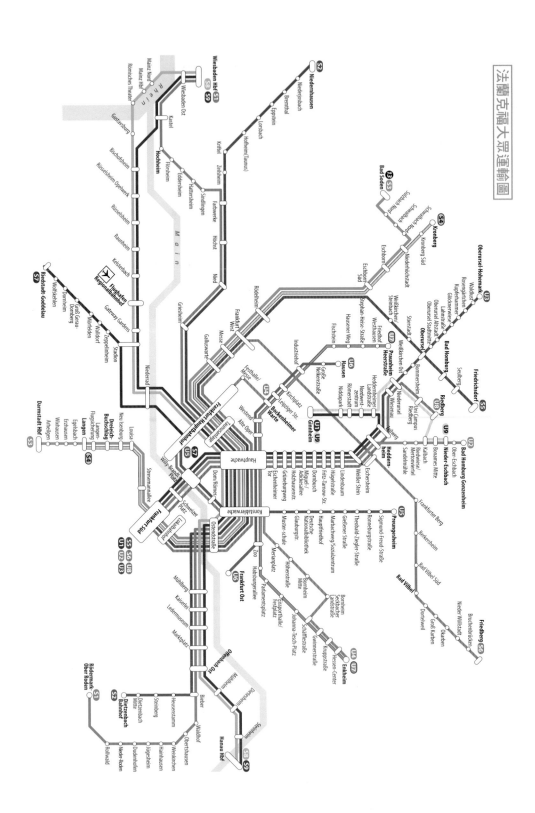

優惠票券

◎法蘭克福卡 Frankfurt Card

持有法蘭克福卡可在效期內不限次數搭乘市區大眾交通工具，包括來回機場的交通在內，參觀博物館、景點、各類型行程時，享有最多5折優惠，在指定餐廳或商店消費，亦有不同的優惠方案。

法蘭克福卡分為個人與團體兩種，團體卡可最多5人共用，可選擇1日或2日的效期。若本身已擁有交通票券，也可購買不含交通的卡種，效期則有2日與3日兩種選擇。

法蘭克福卡可在遊客中心、機場或旅遊局官網上購買，在官網購買者，把收到的票卡列印下來即可使用。不含交通的法蘭克福卡只能在官網上購買，可儲存在手機中直接使用。

價錢：

效期	人數	法蘭克福卡	不含交通
1日	個人	€11.5	
	團體	€24	
2日	個人	€17	€6
	團體	€34	€13
3日	個人		€9
	團體		€19

◎萊茵美因卡 RheinMainCard

持有萊茵美因卡，可在2日效期內不限次數搭乘RMV系統範圍內各城鎮的大眾交通工具，以及不包含ICE、IC等長途火車在內的區域性火車。在參觀60多處文化及娛樂場所時，皆可享有折扣優惠。

萊茵美因卡可在遊客中心及旅遊局官網上購買，官網購買者，把收到的票卡列印下來即可使用；現場購買者，需先給售票員工填寫啟用日期後方可使用。

💲個人卡€32，團體卡€52

旅遊諮詢

◎法蘭克福旅遊局

📞(0)69 2474-55-400
🌐www.frankfurt-tourismus.de

中央車站遊客中心

🔺P.130A2
📍在中央車站大廳內
🕐平日08:00~21:00，週末09:00~18:00

羅馬人之丘遊客中心

🔺P.130C2
📍Römerberg 27
🕐09:30~17:30 (週末至16:00)

城市概略City Guideline

法蘭克福是許多人進入德國的第一站，市中心的區域說大不大，美因河流貫其間，又將市區分為南北兩半。美因河北岸即為老城區所在，城區東、北、西三面被一連串公園綠地所包圍，稱為「Anlage」，這其實就是從前城牆的位置。

二次大戰時，法蘭克福在盟軍空襲下受創嚴重，戰後重建主要集中在緊鄰美因河的羅馬人之丘一帶，因此城區裡就以這裡的歷史氣息最為濃厚，像是皇帝大教堂、保羅教堂、歌德故居等，都是著名的觀光景點。愈往外圍重建工程愈少，大多直接蓋起新的高樓大廈，以歐元大廈、美因大廈、陶努斯大廈等高樓，建構起法蘭克福的現代天際線。

美因河南岸為薩克森豪森，這裡以蘋果酒聞名於世，主要景點是博物館河岸，包括斯坦德爾博物館、實用藝術博物館、德國電影博物館等特色博物館，沿著河岸一字排開，展現出這座城市的文化涵養。

法蘭克福行程建議
Itineraries in Frankfurt

如果你有3天

第一天可以先去羅馬人之丘和皇帝大教堂一帶逛逛，歌德出生的故居也在老城區內，是城裡的重要景點。

美因河南岸的博物館河岸，在短短1公里內聚集了9家博物館，中間順道繞去老薩克森豪森吃午餐，品嘗當地著名的蘋果酒。如果對博物館沒興趣，也可以到采爾大道或歌德大街來個大採購；不然，到美因大廈頂樓或美因河畔看看風景也不錯。

從法蘭克福，每半小時一班S-Bahn前往美因茲(車程38分鐘)。美因茲是古騰堡當年發明印刷術的地方，因此收藏不少珍貴善本的古騰堡博物館是一定要

看的重點；另外，聖史蒂芬教堂也絕對不能錯過，因為裡頭的彩繪玻璃窗是夏卡爾生前最後一幅作品。

如果你有5~7天

在4~10月的航行季節內，從美因茲可搭乘KD的遊船順萊茵河而下。在此你可以有2種選擇：一是中途不下船，僅只看看萊茵河的沿岸風光，這樣當天下午就可抵達柯布林茲，甚至晚上直達科隆；二是選定幾個中途站，如呂德斯海姆、聖高爾、博帕爾德、柯布林茲等城鎮，下船探訪當地景點與古堡，晚上就在城裡下榻，再搭乘次日的船班繼續行程，最後抵達科隆。

科隆大教堂堪稱一生一定要去一次的景點，光是高聳壯麗的哥德式外觀，就值得讓人不遠千里而來。而城裡的幾座博物館也相當有意思，當然也別忘了舊城區的酒館裡點杯科隆啤酒，那可是只有在這裡才喝得到。

從科隆到杜塞道夫或波昂的火車，班次非常密集，且車程都在半小時之內。杜塞道夫的國王大道是萊茵河流域最繁華的街道之一，而波昂則是前西德首都，最有名的景點是貝多芬的出生地。

法蘭克福散步路線
Walking Route in Frankfurt

這條環型的散步路線可說是把法蘭克福的精華景點一次走遍，各種不同面相的城市精神都可以在這條路

舊歌劇院 Alte Oper ⑦
股票交易所 Börse
豪普特瓦赫 Hauptwache ⑤
美因大廈 Main Tower ⑧
歌德故居 Goethe-Haus ④
保羅教堂 Paulskirche ③
皇帝大教堂 Kaiserdom ①
歐元大廈 Euro Tower ⑨
羅馬人之丘 Römerberg ②
鐵橋 Eiserner Steg ⑪
博物館河岸 Museumsufer ⑩
N
法蘭克福散步地圖

線裡一一發掘。路線以①**皇帝大教堂**為起點，這裡是從前神聖羅馬帝國從選帝侯中選出皇帝的地方，在歷史上意義重大，若是天氣許可，還能登上大教堂的塔樓，鳥瞰老城區的早晨。往西走沒有多遠，便來到②**羅馬人之丘**，若有預約導覽，即可進入市政廳參觀令人嘆為觀止的帝王廳。從市政廳往北走一個街口，便是著名的③**保羅教堂**，這裡是德國史上第一部憲法的起草地。保羅教堂西邊不遠處是④**歌德故居**，那裡是一代文豪歌德出生與成長的地方。再往北去，則是法蘭克福的交通樞紐⑤**豪普特瓦赫**，過去這裡是一座軍營，現在則成了頗受歡迎的咖啡廳。⑥**股票交易所**就在豪普特瓦赫附近，別忘了去摸一下牛角，說不定可以帶來財運。穿過美食街或歌德大街往西行，沿路盡是浪漫的露天餐座或名牌精品。接著來到美麗的⑦**舊歌劇院**，這附近也有許多氣氛不錯的餐廳。從舊歌劇院折而向南就是摩天大樓群，你可以登上⑧**美因大廈**200公尺高的觀景台，從另一個角度欣賞法蘭克福的現代美，也可以在⑨**歐元大廈**前與大歐元來張合照。過了美因河後，即來到了⑩**博物館河岸**，從這裡往東行，沿途會經過12間博物館，如果有時間的話，不妨挑幾家感興趣的進去參觀。最後經過⑪**美因河上的鐵橋**，從河面上欣賞法蘭克福的城市天際線，再回到皇帝大教堂結束行程。

距離：約5.5公里
所需時間：約70分鐘

Where to Explore in Frankfurt
賞遊法蘭克福

MAP ▶ P.130C2

羅馬人之丘

Römerberg

MOOK Choice

別具歷史意義的古老廣場

🚇搭乘U4、U5至Dom/Römer站即達 ◎**帝王廳 Kaisersaal Im Römer** 🏠市政廳內 ☎(0)69 2123-4920 ⏰每日10:00~17:00 ❗活動進行時不開放

羅馬人之丘廣場是法蘭克福老城的中心，廣場中央是正義女神雕像，周圍環繞著德國中部最具特色的歷史建築。其中最宏偉的三連棟山牆式建築便是法蘭克福的市政廳，因為中間那棟過去曾是羅馬商人的宅第，因而名為「Römer」。15世紀時，政府將Römer連同左右整排樓房買下而成為市政廳，當選帝侯們在皇帝大教堂選出皇帝後，便一起來到市政廳中的帝王廳慶祝。這段期間內，從廣場噴泉中流出的並不是水，而是葡萄酒，也成為平民們的狂歡慶典。

廣場南邊有一座建於1290年的老尼古拉教堂(Alte Nikolaikirche)，是過去市議員及其家屬們專用的教堂，其梯型的屋頂是當時法蘭克福流行的建築風格。

今日來到市政廳參觀，一定會被帝王廳中掛滿四壁的帝王全身畫像深深吸引，從查理曼大帝到弗朗茨二世，一共52位神聖羅馬帝國皇帝環立於此。這些畫作大約繪於1838至1852年，歷經二次大戰的砲火而竟毫髮未損，堪稱奇蹟。

MAP ▶ P.130C2

皇帝大教堂

Kaiserdom (St. Bartholomäus)

神聖羅馬帝國皇帝的加冕教堂

🚇搭乘U4、U5至Dom/Römer站即達 ◎Domplatz 1 ⏰每日09:00~20:00 💲免費 🌐www.dom-frankfurt.de ◎**大教堂博物館** ⏰10:00~17:00(週日11:00起) 🈲週一、二 💲成人€2，優待票€1 🌐dommuseum-frankfurt.de 🌝每月最後1個週六免費 ◎**登塔頂** ⏰10:00~18:00(週末11:00起，10~3月每日至17:00) 🈲全年週一與10~3月的週二 💲成人€3，優待票€2

大教堂原名聖巴洛繆教堂，是13世紀時人們為了紀念耶穌12使徒之一的聖巴洛繆而建。雖然這座教堂從未有過紅衣主教駐留，但卻在德意志歷史上占有重要地位。1356年，在神聖羅馬帝國皇帝卡爾四世頒布的「金璽詔書」中，明定帝國的皇帝必須從7位選帝侯中選出，而選舉皇帝的場所，就在這間教堂的密室裡。1562年起，大教堂更成為帝國皇帝舉行加冕儀式的地方，因此皇帝大教堂便逐漸成為人們對它的稱謂。

數百年來，大教堂經過數次重修與改建，德國優秀的藝術家們不斷將他們的才華運用在教堂裝飾上，聖壇、浮雕、油畫、回廊，在在顯耀了皇帝的威名。

德國西部……**法** 蘭克福 Frankfurt

135

歌德故居

MOOK Choice

Goethe-Haus

一代文豪的誕生地

🚇搭乘U1-3、U6-8、S1-6、S8-9至Hauptwache站，步行約4分鐘 🏠Großer Hirschgraben 21 ☎(0)69 138-800 🕙10:00~18:00(週四至21:00) 💰成人€10，優待票€3，6歲以下免費 🌐frankfurter-goethe-haus.de

極受德國人崇敬的浪漫主義大文豪歌德，1749年8月28日就誕生在這棟建築物裡，他在這裡生活了26年，並完成包括《少年維特的煩惱》在內的早期作品。雖然這裡在二次大戰時曾化為瓦礫，但戰後德國人憑著驚人的毅力與無上敬意，重建之後的歌德故居，據說與原本的擺設一模一樣，就連房舍的建築技術也是完全仿古，毫不馬虎。不僅如此，歌德故居所在的小巷子也依舊保持著文雅的氣氛，讓遊客更能進入歌德文學中的古典世界。

歌德誕生於一個相當富裕的家庭，他的成長軌跡在歌德故居裡都可以一一尋訪：他誕生的房間、2樓的音樂室、撰寫《少年維特的煩惱》的房間等，都保持著原本風貌。就算沒有讀過歌德的書，這座原貌重現的老屋，也可以讓人一窺18世紀富裕階級的生活樣貌。

歐元大廈

Eurotower

歐洲中央銀行總部

🚇搭乘U1-5、U8至Willy-Brandt-Platz站即達 🏠Kaiserstraße 29

在歐洲旅遊，一路上精打細算的旅人一定覺得「€」這個符號特別醒目，事實上，走過歐元大廈想要不注意到「€」都很困難，因為你大概一輩子也沒見過這麼大的「€」了。之所以有個如此巨大的「€」在這裡，其邏輯性非常明顯，因為在它背後的大樓就是歐洲中央銀行總部，流通大半個歐洲的貨幣——歐元，就是在這棟大樓裡發行及控管的。因此，許多遊客來到法蘭克福都會在這裡與「€」合照，雖然對於增加荷包中的歐元並沒有實值上的幫助，不過，過過乾癮也好。

MAP ▶ P.130C2

保羅教堂

Paulskirche

德國民主的實驗場

🚇搭乘U4、U5至Dom/Römer站，步行約3分鐘　🏠Paulsplatz 11　🕐每日10:00~17:00　💲免費

保羅教堂建於1789至1833年間，作為一棟古典主義式的教堂，它並不顯得特別雄偉華麗，但在德國政治史上的意義卻使它在人民心目中的地位歷久不衰。受到1848年革命的影響，來自日耳曼各地區的議員們齊集於法蘭克福，並在保羅教堂召開了第一次國民議會，這是德意志民族對民主政治的第一次嘗試，使得德國有可能在當時成為統一的民主國家。但是由於各派系意見分歧，加

上普魯士國王腓特烈威廉四世不願接受由民主選出的皇位，最後在軍隊的介入下被迫解散，而德國也走向武力統一的民族帝國之路。

無論如何，這個議會仍舊在1849年制定出德意志的第一部憲法，雖然這部憲法從未生效過，但在帝國瓦解後，有相當多的條文被直接移入著名的威瑪憲法裡，並於現在的憲法中仍能尋著其蹤影。因此有人形容保羅教堂是德國民主的搖籃，而目前這裡已不再作為教堂使用，而是德國民族紀念館。

MAP ▶ P.130C1

法蘭克福現代藝術美術館

Museum MMK für Moderne Kunst

品嘗後現代的蛋糕切片

🚇搭乘U4、U5至Dom/Römer站，步行約2分鐘　🏠Domstraße 10　☎(0)69 2123-0447　🕐11:00~18:00 (週三至19:00)　🚫週一　💲成人€12，18歲以下免費。與陶努斯大廈展館的聯票為€16　🌐www.mmk.art

法蘭克福現代藝術美術館開館至今已超過40年，由於建築主體的三角形造型，而被當地人暱稱為「蛋糕切片」。其最初的館藏來自一位企業家的捐贈，這批收藏品大多是60年代美國與歐洲的後現代藝術，包括安迪沃荷的普普藝術，與卡爾安卓(Carl Andre)的極簡抽象派藝術等。到了後期，館藏不斷擴充，原有的空間已不敷使用，於是在2007年時又買下博物館斜對面的舊海關辦公室(Zollamt)，作為展示新銳藝術家作品的場地。而到了2014年，博物館又在陶努斯大廈(Taunusturm)開設了一間新館，讓本館得以擁有足夠空間陳列永久性的館藏。

德國西部……**法**蘭克福 Frankfurt

MAP ▶ P.130B1

美因大廈觀景台

MOOK Choice

Main Tower Aussichtsplattform

法蘭克福的瞭望高塔

🚇搭乘S1-6、S8-9至Taunusanlage站，步行約3分鐘　Neue Mainzer Straße 52-58　☎(0)69 3650-4740　🕙10:00~21:00（週五、六至23:00）　💲成人€9，7~16歲€6　www.maintower.de　❗冬季提早2小時關門，關門前30分鐘停止登樓

　　如果想在法蘭克福登高望遠，沒有其他比美因大廈更理想的地方，因為這裡擁有全法蘭克福唯一的高樓觀景平台。美因大廈落成於1999年，由Schweger und Partner建築事務所設計，黑色玻璃帷幕的長方形大樓與藍色玻璃帷幕的圓形大樓如同連體嬰般嵌合在一起，其中圓形大樓樓高200公尺，是全德國的第4高樓，而其觀景平台就位於54樓的高度。從露天的觀景台上眺望，整個法蘭克福的地標景點全都一覽無遺，只除了一個例外，那就是美因大廈本身。

　　在觀景台下方的53樓，是一家供應高級料理的餐廳，由於景色無敵，儘管價位高昂，仍舊座無虛席。而在樓下大廳中，則展示了一些當代藝術家的作品，包括比爾維奧拉(Bill Viola)的影像藝術「表象世界」，與史蒂芬胡貝爾(Stephan Huber)的雕塑「法蘭克福階梯」等，讓大眾自由參觀。

MAP ▶ P.130B1

豪普特瓦赫

Café Hauptwache

歷史建築笑看古往今來

🚇搭乘U1-3、U6-8、S1-6、S8-9至Hauptwache站即達　An der Hauptwache 15　☎(0)69 170-777-014　🕙週一至週六10:00~23:00，週日11:00~22:00　www.cafe-hauptwache.de

　　豪普特瓦赫不但是法蘭克福的交通轉運大站，同時也是一棟標的性的歷史建築。它建於1730年，在法蘭克福還是獨立城市邦的時代，這裡是軍營所在，並在1833年短暫的革命中被攻陷。1866年，普魯士大軍佔領法蘭克福，豪普特瓦赫成了當地的警察局和監獄，直到1904年單位裁撤，這裡才變成一間咖啡館至今。這棟建築連著廣場都是巴洛克式的風格，咖啡館在夏天時也會將桌椅擺在露天的廣場庭院內，而坐在四面八方熙來攘往的通衢大道正中央，倚著華麗而又滄桑的歷史建築喝下午茶，獨有一番情調。

MAP ▶ P.130B1

舊歌劇院

Alte Oper

輝煌世代的貴族魅力

🚇搭乘U6、U7至Alte Oper站即達　🅞Opernplatz　🕸www.alteoper.de　🎫節目詳情可在官網查詢，或至遊客中心索取

　　舊歌劇院位在法蘭克福新舊建築的交界地帶，與鄰近的摩天大樓對比之下，這棟古典主義的建築更有種帝國時代的尊貴。舊歌劇院動工於1872年，當時為了興建這棟建築，總共花費了超過500

萬金衡馬克，終於在1880年的10月20日，由德意志皇帝威廉一世為它舉行開幕典禮。

　　希臘式的山形門楣、列柱、拱廊，前廳頂上的四駕豹車與最頂端的飛馬，都使舊歌劇院散發出一種輝煌世代的貴族魅力，即使第二次世界大戰將這裡擊成斷垣殘壁後，仍有很長一段時間被人們視為「德國最美麗的遺跡」。1976年，德國政府開始進行舊歌劇院的重建計劃，到了1981年終於重新開幕。目前這裡除了用作歌劇、音樂會、舞台劇等藝術表演外，也常作為國際會議的場地之用。

MAP ▶ P.130B1

股票交易所

Börse

牛與熊的鬥爭

🚇搭乘U1-3、U6-8、S1-6、S8-9至Hauptwache站，步行約2分鐘　🅞Börsenplatz 4　🕙平日11:00~12:00、13:00~14:00、15:00~16:00開放3個梯次讓大眾參觀　🈺週末　💲免費　🕸www.boerse-frankfurt.de　❶欲入內參觀，需事先在官網上登記。行李箱、嬰兒車、運動提包不得入內

　　股票交易所是一棟19世紀晚期興建的典雅建築，現在已成為全世界最重要的股市交易所之一，若事先上網登記，便可入內一窺交易大廳裡交易員操盤的情形。交易所外最引人注目的莫過於兩隻動物的塑像，一隻是牛，一隻是熊，分別

代表了股市行情上升與下跌的兩種走勢(即牛市與熊市)。不知是不是遊人把參觀紐約華爾街銅牛的習慣帶到了這裡，認為觸摸牛角可以帶來財運，只見銅牛的兩隻牛角早已被摸到發亮。

博物館河岸

MOOK Choice

Museumsufer

德國博物館最密集的區域

🚇搭乘U1-3、U8至Schweizer Platz站，步行約4分鐘 💲博物館聯票：成人€21，優待票€12 ⏰博物館聯票效期為2日，可使用於法蘭克福地區37間博物館

從羅馬人之丘過了鐵橋之後，便是著名的博物館河岸，在短短1公里的距離內就有12家博物館，幾乎每走幾步路就有一家，堪稱德國博物館最密集的區域。這裡的博物館不但主題五花八門，等級也相當具有水準，是法蘭克福最重要的旅遊景點之一。

德國建築博物館
Deutsches Architekturmuseum (DAM)

🅰P.130B3 🏠Schaumainkai 43 ☎(0)69 2123-8844 🕐平日12:00~18:00（週三至19:00），週末11:00~18:00 ⏸週一 💲成人€6，18歲以下免費 🌐www.dam-online.de

「讓建築學成為一個公眾議題吧！」1979年德國建築博物館的籌劃者們如是說，而在5年後的1984年，他們真的做到了。近40年來，德國建築博物館已被公認為世界上同類型的博物館中最傑出的一個。博物館的一樓展示著世界新都會的建築模型與發展概況，二樓是意味深長的裝置藝術展覽，三樓則有數十座精緻的立體建築模型，從舊石器時代人類最初的建築雛型，一直到21世紀的摩天大廈，讓人看得大呼過癮。不過在欣賞世界各地的建築藝術之餘，可也別忘了，這座由唯理主義建築師Oswald Mathias Ungers所設計的博物館，本身就是一件藝術品。

德國電影博物館 Deutsches Filmmuseum (DFF)

🅰P.130B3 🏠Schaumainkai 41 ☎(0)69 961-220-220 🕐11:00~18:00 ⏸週一 💲常設展：成人€6，6歲以下免費 🌐www.dff.film

德國電影博物館的主題並不是針對個別電影的回顧，而是一個可以讓遊客進入電影世界的地方。參觀者藉由實際操作諸如轉動畫片與透視鏡像等過程，來理解電影的製作原理，並達到互動的趣味效果。遊客可以走進佈景中，並看見自己出現在電影場景裡，或是腳踏飛天魔毯，看著自己在螢幕中飛越城市上空……或許在科技發達的現代，有些拍攝手法早已成為過去，但技術的演進並非一蹴而成的，看著五花八門的道具與器材，不得不佩服製片家們在那個時代想出的種種方法，一次又一次為電影帶來革命性的變化。

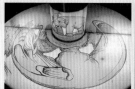

實用藝術博物館
Museum Angewandte Kunst

🅰P.130C2 🏠Schaumainkai 17 ☎(0)69 2123-4037 🕐10:00~18:00（週三至20:00）⏸週一、四 💲成人€12，18歲以下免費 🌐www.museumangewandtekunst.de 🎉每月最後1個週六免費

所謂實用藝術指的就是可以使用於日常生活中的藝術品，而不僅止於觀賞的對象而已，因此博物館中所陳列的大都是古往今來的傢俱用品或器皿工具，從古代遠東地區的陶瓷器皿、中世紀的書籍設計，到西方巴洛克時代的傢俱擺設，收集非常齊全。其中最令人感到新奇的，便是21世紀的新潮傢俱，例如設計成棒球手套模樣的沙發、像是樹枝般的書架、可以旋轉的流理台等，展現了設計者豐沛的創意，就像是在逛一間未來的IKEA一樣。

世界文化博物館 Weltkulturen Museum

🅐 P.130C3 🏠 Schaumainkai 29-37 ☎ (0)69 2123-1510 ⬇
11:00~18:00 (週三至20:00) 🛇 週一、二 💲 成人€7，18歲以下
免費 🌐 www.weltkulturenmuseum.de 🎫 每月最後1個週六
免費

世界文化博物館的前身即為民族學博物館，向遊客展示世界上超過180種不同的文化型態，闡述各文化之間彼此南轅北轍的世界觀、價值觀與宗教觀，解釋不同民族如何在不同環境下，演變出不同的習俗傳統與生活模式。最難能可貴的地方在於，它規劃設計的考量便是希望將世界各地的人們聚集在這裡，透過對異文化的了解與欣賞，打破文化本位主義的藩籬，進而促進各民族間的文化包容。而博物館隔壁的37號藝廊，是展出各民族藝術作品的美術館，其中以非洲、美洲及太平洋島嶼土著的藝術品為大宗。

通訊博物館 Museum für Kommunikation

🅐 P.130B3 🏠 Schaumainkai 53 ☎ (0)69 606-0321 ⬇ 平
10:00~18:00 (週三至20:00) 🛇 週一 💲 成人€6，6~17歲€1.5
🌐 www.mfk-frankfurt.de

在整條博物館河岸中，通訊博物館必定是最受孩子們歡迎的一間，因為裡頭有專門為孩子設計的實用作坊，讓孩子在操作與遊戲中理解通訊的原理。博物館的地下室為常設展區，展示各式各樣的電話、電視、收錄音機、留聲機、電報機、郵車、手機、電腦等，年代從發明伊始的老古董到新穎的3C科技產品都有，儼然構成一張通訊設備的家族譜系。有些設施還可以實際操作，例如透過撥打電話來觀察交換機的運作情形，很能寓教於樂。而二樓則是特展區，會經常性地更換展出主題，讓遊客每次參觀都有新鮮感。

斯坦德爾博物館 Städel Museum

🅐 P.130B3 🏠 Schaumainkai 63 ☎ (0)69 605-098-200 ⬇
10:00~18:00 (週四至21:00) 🛇 週一 💲 成人€16，12歲以下免
費 🌐 www.staedelmuseum.de

1815年，銀行家斯坦德爾捐出500多幅珍藏的畫作、書籍和一筆資金，成立了斯坦德爾藝術基金會。時至今日，斯坦德爾博物館已成為法蘭克福最重要、收藏量最豐富的藝術博物館。如果你是繪畫藝術的愛好者，一定會在這裡樂不思蜀，因為這裡的收藏包括了文藝復興時期的包提切利、杜勒、范艾克、北方文藝復興的林布蘭、魯本斯、維梅爾、法國印象派的莫內、馬內、雷諾爾、竇加、梵谷、塞尚、立體派的畢卡索、野獸派的馬諦斯、藍騎士的克里等人的著名畫作。而歌德最有名的一張肖像畫，由他的好友蒂施拜恩(Johann Heinrich Wilhelm Tischbein)所繪的《歌德在羅馬平原》，正是收藏在這間博物館中。

法蘭克福雕塑博物館 Liebieghaus Skulpturensammlung

🅐 P.130B3 🏠 Schaumainkai 71 ☎ (0)69 605-098-200 ⬇
週二、三12:00~18:00，週四10:00~21:00，週五至週日
10:00~18:00 🛇 週一 💲 成人€12，12歲以下免費 🌐 www.
liebieghaus.de

博物館原為紡織工廠主里彼各男爵的私宅，1909年開始成為專門收藏雕塑品的展覽館。如今館內珍藏品的年代已涵蓋了5千年，從古埃及石棺、古希臘諸神雕像、羅馬皇帝半身像、中世紀教堂雕飾，一直到文藝復興、巴洛克、洛可可、古典主義時代的作品，這裡都有豐富的展品陳列。當然，其中也不乏名家如蒂爾曼里門施奈德(Tilman Riemenschneider)、格哈爾特(Nikolaus Gerhaert)、波隆那(Giambologna)、德拉羅比亞(Della Robbia)等人的傑作。

美因河

Main

為繁忙城市注入悠閒

MOOK Choice

法蘭克福的全名為「美因河畔的法蘭克福」，因為在原本的東德境內也有一個名為法蘭克福的地方，因此在統一之後加上城市附近的河流以示區分。

美因河為這個以金融、展覽、運輸而聞名的大都會增添了一份柔和與靜謐，河的兩岸可以散步、運動，臨河也有露天咖啡座，而河上的橋則是眺望法蘭克福天際線的絕佳觀景點。其中最有名的是鐵橋(Eiserner Steg)，這是座建於1869年的新哥德式步行橋，橋上不時有街頭藝人為你的行程伴奏，而過橋之後便是博物館河岸與老薩克森豪森街區了。

歷史蒸汽火車
Frankfurt Historische Eisenbahn

漫步在美因河道旁，你可能會突然聽見火車汽笛聲，接著看到一列彷彿在電影中才會看到的古董蒸汽火車，吐著濃濃白煙從你身邊緩緩駛過。請不要以為自己累昏了，那是由法蘭克福歷史鐵道協會所經營的歷史蒸汽火車。如果覺得有趣，何不立刻買票上車，體驗前人坐著老火車穿越城市的感覺。和美因河的遊船一樣，火車依班次不同，也有Griesheim(西行)和Mainkur(東行)兩種方向。最後一節車廂是餐車，可一邊吃著東西，一邊享受窗外風景。

🚉上車處在美因河北岸的鐵橋旁 ☎(0)69 436-093 🕐蒸汽火車一年之中只有幾天行駛，詳細車次及日期請參見官網 🌐www.historische-eisenbahn-frankfurt.de

美因河遊船 Rundfahrt in Frankfurt

🚇P.130C2 🚃搭乘U4、U5至Römer站，步行約4分鐘 🎫售票處
及碼頭：Mainkai 36 (美因河北岸鐵橋旁) ☎(0)69 133-8370
🕐每日詳細出發時間請上官網查詢 💰100分鐘€17，50分鐘
€13.5，6~14歲€8 🌐www.primus-linie.de ❗每日最後一班只
售50分鐘的船票

　　美因河是法蘭克福人的驕傲，遊人來到美因河一定會在河畔
欣賞河水的明媚風光，然而從河面上望向城市又是如何的光景
呢？你可以來到鐵橋搭乘美因河上的遊船，在船上觀賞法蘭克
福著名的城市天際線，享受悠閒的河上時光。遊船航行範圍在
Gerbermüble與Griesheim之間 (約西港口大廈與美因廣場之間)，
從鐵橋順游至Griesheim與逆游至Gerbermüble各為50分鐘，順
游與逆游班次交錯，因此也可以一次買100分鐘的船票。

蘋果酒專車 Ebbelwei-Express

　　週末午後一路上叮叮噹噹的蘋果酒專車，是法
蘭克福最受歡迎的有軌觀光列車，它是由懷舊的
輕軌電車改裝而成。五顏六色的車身相當容易辨
認，車上放著傳統節慶歌曲，並附有一瓶當地著
名的蘋果酒和鹹餅乾來和窗外景色相佐。列車行
經動物園、現代藝術美術館、大教堂、市政廳、
保羅教堂、中央車站、會展大樓、博物館河岸、
老薩克森豪森等軸心景點，你可以在中途的任何
一站上下車，如果一直不下車的話，大約70分鐘
後會回到原來上車的地方。

🚇發車站為Zoo，沿途經過Römer、
Hauptbahnhof、Südbahnhof等23站，詳細路線
及各站時刻請參見官網 ☎(0)69 2132-2425 🕐
週末及假日13:30~19:45從動物園發車，每35分
鐘一班 💰成人€8，14歲以下與65歲以上€3.5，
車票可上車購買 🌐www.ebbelwei-express.com
🎁車票含1瓶蘋果酒或蘋果汁，以及1包鹹餅乾

MAP ▶ P.130C3-D3

老薩克森豪森

MOOK Choice

Alt Sachsenhausen

誘人傳統蘋果酒

🚃搭乘S3-6至Lokalbahnhof站，或搭乘U1-3、U8至
Schweizer Platz站即達

　　老薩克森豪森是位於美因河對岸的老街區，保
留著法蘭克福往昔的風味。街區內有超過120家
酒吧，提供當地最具代表性的飲料——蘋果酒，
是一處適合放慢腳步、品嘗美食的地區。

　　蘋果酒(Apfelwein)是一種將蘋果榨汁後發酵
而成的水果酒，酒精濃度約在5.5%到7%左右。與
葡萄酒不同的是，蘋果酒通常會被裝在一種名為
「賓貝爾」(bembel)的灰底藍花陶壺裡，喝時

再倒入「修貝杯」(一種表面刻有花紋的玻璃杯)
中。蘋果酒的下酒菜則是醋漬洋蔥和乳酪。基本
上，這種酒在市區的高級餐廳或大飯店都喝不
到，而是要在帶有鄉土氣息的小館子才有，其特
殊的地方色彩，讓每位來到法蘭克福的遊客，都
會點上一杯助興。

MAP ▶ P.130C3 **Apfelweinwirtschaft Adolf Wagner**

🚇搭乘U1-3、U8至Schweizer Platz站，步行約2分鐘 🏠Schweizer Str. 71 ☎(0)69 612-565 ⏰每日11:00~24:00 🌐www.apfelwein-wagner.com

這家餐廳開業於1931年，其所釀造的蘋果酒口感最為正宗，是一家在法蘭克福相當有名氣的蘋果酒館。而他們的料理也是味道鮮美，不似其他餐館口味偏鹹，在清淡的調味下讓肉類本身的滋味滲透出來，佐以淋上獨特醬汁的馬鈴薯，再配一杯酸而不澀的蘋果酒，大胃王的份量，即使吃到撐腸拄腹也還是捨不得留下一滴湯汁。酒館不但有露天座位，也有室內的蘋果酒園，即使在寒冷的冬天也可以有在庭院中和大夥用餐的感覺。此外，這裡也有販賣蘋果酒專用的bembel酒瓶，讓想要留個紀念的遊客帶回家。

MAP ▶ P.130C2 **Zum Standesämtchen**

🚇搭乘U4、U5至Dom/Römer站即達 🏠Am Römerberg 16 ☎(0)69 282-999 ⏰每日10:00~24:00 🌐www.zum-standesaemtchen.de

餐廳開設在羅馬人之丘廣場東側一棟歷史悠久的古老建築內，其建築本身就是當地一處重要景點。除了精緻的傳統餐點外，這裡最大的享受就是可以一面用餐，一面欣賞法蘭克福老城區裡最優美的角落。尤其是夏天的時候，餐館會在廣場上擺起露天桌椅，在羅馬人市政廳、東側老屋、老尼古拉教堂、正義女神噴泉的圍繞下享用美食，還有什麼可以挑剔的？

MAP ▶ P.130B1 **美食街Freßgass**

🚇搭乘U1-3、U6-8、S1-6、S8-9至Hauptwache站，或搭乘U6、U7至Alte Oper站即達

在豪普特瓦赫和舊歌劇院之間的Bockenheimer Straße和Kalbächer Gasse合稱為Freßgass，字面上的意思就是美食街。早在第一次世界大戰結束後，就有許多餐館、咖啡店、啤酒館、熟食店、點心鋪、食材行聚集在這裡，使得這一條大道成為法蘭克福的飲食文化重鎮。1970年代起，這條街道被規劃為行人徒步區，從此每到夏天，就會看見街道上擺滿了露天餐座，人們在豔陽下一同把酒言歡，成為名副其實的街道美食宴會。

MAP ▶ P.130C3 **Zum Feuerradchen**

🚇搭乘S3-6至Lokalbahnhof站，步行約3分鐘 🏠Textorstr. 24 ☎(0)69 3660-8361 ⏰12:00~23:00（週二、三16:00起）🚫週一 🌐www.zum-feuerraedchen.de

這是當地人去的蘋果酒小酒館，因此無論是價錢還是份量上，都比觀光區內的酒館來得經濟實惠。這裡釀的蘋果酒比起Wagner的略為甘甜，對於不喜歡酸味的酒客來說，也比較容易入口。而這裡的馬鈴薯香腸佐德式酸菜(Vogelsberger Katoffelwurst mit Sauerkraut)、水煮豬肋排(Kochrippchen)與法蘭克福青醬(Frankfurter Grüne Soße)都是招牌菜，令人吃過之後回味無窮。

MAP ▶ P.130B1 **歌德大街Goethostraße**

🚇搭乘U1-3、U6-8、S1-6、S8-9至Hauptwache站,或搭乘U6、U7至Alte Oper站即達

　　歌德大街位於歌德廣場與舊歌劇院之間,與美食街平行。這裡號稱是「法蘭克福的第五大道」,LV、Gucci、Hermès、Chanel、Versace、Tiffany、Prada、Mont Blanc、Rolex……只要你想得到的名貴精品名牌,這裡大概都能找得到。每當夜幕低垂,櫥窗裡的燈光亮起,映照在一件件樣式出眾的精品上,再襯著店內時尚優雅的裝潢擺飾,每家店都把自己的風格品味透過門面設計表達出來,使得這條金光閃閃的大街,就像一道通往天堂的階梯。

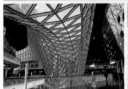 

MAP ▶ P.130C1 **采爾大道 Zeil**

🚇搭乘S1-6、S8-9、U4-7至Konstablewatch站,或U1-3、U6-8、S1-6、S8-9至Hauptwache站即達 ◎ **Konstablerwache露天市集** 🕐週四10:00~20:00、週六08:00~17:00 ◎ **MyZeil** 🏠Zeil 106 🕐10:00~20:00 (週四~週六至21:00) 🚫週日 🌐www.myzeil.de

　　采爾大道不但是全法蘭克福、也是全德國最迷人的購物商業區。從豪普特瓦赫開始,一路上盡是百貨公司與名牌商店,一直延伸到Konstablerwache為止。而每逢週四與週六,Konstablerwache地鐵站的上方都會有露天市集,販賣各式各樣的小吃熟食和衣帽服飾等。

　　MyZeil購物中心無疑是大道上最搶眼的建築,不但國際及當地品牌齊全,外觀造型更是前衛,彷彿在大樓中心活生生打了個洞似的;內部設計也很新潮,大量使用玻璃增加天然採光,並運用不規則線條營造出獨特動線,可搭乘特殊設計的手扶梯先直上頂樓,再一層層慢慢逛下來。頂樓地板上有幅法蘭克福的地圖,外側則有開放式的用餐空間,可將法蘭克福櫛比鱗次的天際線一覽無遺。

MAP ▶ P.130C1 **小市場大廳 Kleinmarkthalle**

🚇搭乘S1-6、S8-9、U4-7至Konstablewatch站,步行約4分鐘 🏠Hasengasse 5-7 🕐08:00~18:00 (週六至16:00) 🚫週日 🌐kleinmarkthalle.de

　　小市場大廳是一處室內的市集,無疑是最能貼近德國人民日常生活的地方。這裡不像超級市場有著冷酷一成不變的購物動線,也不像露天市集充滿了嘈雜與混亂。一家家小型攤販在這裡井然有序地並列著,花販、肉鋪、麵包店、香料店、魚販、雜貨店、熟食店、咖啡館、酒商、蔬果攤,琳瑯滿目的商品與食物、乾淨明亮的寬敞空間,雖然不是什麼昂貴的名牌商店,卻洋溢著一種溫馨幸福的感覺。

美因茲

Mainz

文●蔣育荏　攝影●周治平

美因茲是美因河與萊茵河的交會處，西元747年，掌管美因茲的主教聖波尼法斯(St. Boniface)成功地讓此地居民改信天主教，因而被賦予大主教的地位。隨著繼任主教們的不斷耕耘，美因茲終於成了當時除了羅馬之外，地位第二崇高的大主教主座地。在11至12世紀間，就有7位皇帝在美因茲大教堂內接受加冕典禮。由於美因茲的大主教身兼神聖羅馬帝國選帝侯，同時握有政治上管轄領土的權力，權傾一時，直到1802年大主教區的頭銜被拿破崙撤走，美因茲才失去了宗教上的崇高位階。

而歐洲文化史上最重要的一件大事就發生在美因茲，1450年左右，本地出身的古騰堡(Johannes Gutenberg)發明了西方最早的活字印刷術，並把他的印刷廠開設在美因茲，這讓知識流傳更為快速，從而大大改變了全世界的歷史發展。

今日旅遊美因茲，重點區域就是環繞大教堂周圍的舊城區，不妨花個一天的時間參觀教堂與博物館，再悠閒地漫步舊城區，享受在老城中輕鬆閒晃的樂趣。

INFO

如何到達

◎火車
從法蘭克福可搭乘S-Bahn的S8前往美因茲中央車站，每30分鐘就有一班，車程39分鐘。也可從法蘭克福中央車站搭乘RE、IC或ICE前往，約30~40分鐘即可抵達。

市區交通
美因茲老城區不大，用步行的方式即可遊覽各個景點，從中央車站走到美因茲主教座堂與遊客中心，也不過1.2公里的距離。如果想少走點路，可以利用市區內的大眾交通工具。美因茲的大眾運輸由MVG經營，主要有路面電車與公車兩種，不過電車路線只經過老城西緣，對遊客來說幫助不大就是了。

美因茲運輸公司 MVG
🚊短程票：成人€2.05，6~14歲€1.2。單程票：成人€3.3，兒童€1.9。一日票：成人€6.6，兒童€3.7。團體一日票€12.6
🌐www.mainzer-mobilitaet.de

觀光行程

◎黃金美因茲散步行程 Das goldene Mainz und seine Sehenswürdigkeiten
這座城市自中世紀以來就有「黃金美因茲」的名聲，這個行程便是帶領遊客走訪美因茲的各個歷史景點，包括美因茲主教座堂、聖史蒂芬教堂及從前的貴族宮殿等，見證美因茲過往的輝煌榮光。
🔼在遊客中心報名集合
🔽週一、六、日15:00出發，行程1.5小時(週日行程為1小時)
🚊成人€12，優待票€10

優惠票券

◎美因茲卡 mainzcardplus
美因茲卡可在遊客中心、中央車站的MVG櫃檯、各大旅館及旅遊局官網上購買。持有美因茲卡，可在2日效期內免費搭乘美因茲及威斯巴登(Wiesbaden)的所有大眾交通工具，此外還可免費參觀美因茲7家博物館及參加「黃金美因茲」市區導覽行程，在部分餐廳、商店、活動及休閒設施也有不同折扣優惠。
🚊單人卡為€18，團體卡(最多可5人共用)為€55

旅遊諮詢

◎教堂廣場遊客中心
📍P.147B1
🏠Markt 17
☎(0)6131 242-888
🔽10:00~18:00
🚷週日
🌐www.mainz-tourismus.com

MAP ▶ P.147B2

舊城區
Altstadt
往日的美好時光

在奧古斯丁街(Augustinerstr.)與櫻桃園(kirschgarten)的交叉路口，這一帶是美因茲最古老的街區。奧古斯丁街是一條步行街，在17世紀以前，也就是美因茲在歷史上最輝煌的年代裡，這裡是主教城中主要的商業大道，現在的街道兩旁則開滿了服飾店、酒坊、藝廊、精品店和咖啡館，每到假日便會湧入大批觀光客，彷彿是要重現往日歲月的風華。

而在櫻桃園附近，則可以看到許多桁架式的可愛房屋，一棟棟都像是從童話故事中拆下重建的一樣。這裡也有一些有趣的小店和酒館，假日向晚坐在露天的廣場桌位上用餐，特別具有情調。

MAP ▶ P.147B1

美因茲主教座堂 　MOOK Choice
Mainzer Dom
叱吒一時的教權中心

🏠Markt 10 🕐09:00~18:30 (週日13:00起) ◎**大教堂和教區博物館 Dom- und Diözesanmuseum** 🏠Domstrasse 3 ☎(0)6131 253-344 🕐平日10:00~17:00，週末11:00~18:00 休週一 💲成人€5，9~17歲及60歲以上€3 🌐www.dommuseum-mainz.de

美因茲最獨特的地標，就是擁有6座高塔的羅馬式大教堂，即使今日躋身於美因茲擁擠的舊城區房舍中，依然不減其風采。大教堂全名為「美因茲聖馬丁主教座堂」，教堂內供奉的是都爾的聖馬丁。教堂是10世紀時，在美因茲大主教威利吉斯(Willigis)統治下開始興建，當時大教堂位於舊城正中央，由規模可看出其重要地位。鄰近教堂周圍的建築，都是當時的權貴之家，形成一個掌管美因茲大主教城的權力中心。

大教堂除了高高深入天際的尖塔外，由赭紅色砂岩所建成的赤色身影，以及內部2座橫向側翼的設計，都是最顯著的特色。大教堂內的主跨是12世紀的羅馬式風格建築，與中央的大塔都是1239年完工，後又於1490年加建一座鐘樓。教堂內處處是11到20世紀的墓碑與雕像，而大教堂旁的噴水池則是1526年完成的文藝復興時期產物。雖然大教堂興建得很早，卻直到1669到1774年間完成巴洛克式的屋頂後，整棟建築才成為今天的樣貌。

古騰堡博物館

MOOK Choice

Gutenberg Museum

加速歐洲文明的催化劑

🏠Liebfrauenplatz 5 ☎(0)6131 122-640 ⏰09:00~17:00（週日11:00起）🚫週一 💰成人€5，8~18歲€2 🌐www.gutenberg-museum.de

古騰堡印刷術的發明對歐洲文明影響深遠，而鄰近大教堂市集廣場旁的古騰堡博物館，即展示一些古老的印刷設備，其中最重要的展品就是古騰堡當時印製的第一版《42行聖經》，以每頁共有42行文字來命名，是世上僅存的47份善本之一，極為珍貴。

出身美因茲名門後代的古騰堡在富商富斯特(Johann Fust)的財源贊助下，於1450年成功發展出活字版印刷術。雖然後來兩人因故鬧上法庭，而古騰堡也從沒有因為這項發明而榮華富貴，但他的發明直接加速了歐洲的文化進程，改變了之後數百年的世界歷史，也使得這位幾乎沒有史蹟記載的發明家成為名傳千古的偉人。

博物館中除了展示古代的印刷善本和機器設備外，也展示了世界各地印刷術的發展歷史，其中包括比古騰堡還要早上800年的中國雕板印刷術，只是當時中國的印刷術還沒有流傳到歐洲，在西方史上的影響不如古騰堡印刷術來得重要。

嘉年華博物館

Mainzer Fastnachtsmuseumt

感受嘉年華的歡樂

🏠Neue Universitätsstr. 2 ☎(0)6131 144-4071 ⏰11:00~17:00 🚫週一 💰成人€2.5，14歲以下€1.5 🌐www.mainzer-fastnachtsmuseum.de

美因茲號稱是萊茵河流域的嘉年華中心，每年1月或2月都會舉行盛大的嘉年華會，其歷史可以追溯至1837年。在Schillerplatz上有一尊以嘉年華為主題的雕像，200多個精緻的人物及動物共同構成了令人眼花撩亂的複雜主體，把嘉年華狂歡多元的精神傳神地表達了出來。

而嘉年華博物館就位於這座雕像附近，展示170年來美因茲嘉年華使用過的各種物件、照片與影片，包括小丑的尖帽、衛兵的制服、樂隊的樂譜、花車的造像及各種大型玩偶等。可惜照片和影片都是以德文解說及發音，不諳德文的遊客只能從五花八門的展示實體中感受嘉年華的歡樂氣氛。

德國西部⋯⋯**美** 因茲 Mainz

MAP ▶ P.147A2

聖史蒂芬教堂

MOOK Choice

St. Stephan Mainz

夏卡爾的最後遺作

🏠Kleine Weißgasse 12 🕙10:00~18:00 (11~2月至16:30，全年週六12:00起) 💲免費 🌐st-stephan-mainz.bistummainz.de

雖然聖史蒂芬教堂無論在規模還是歷史上，都不如美因茲大教堂來得顯耀，但對觀光客而言卻有著更大的吸引力，其祕密就在於教堂的彩繪玻璃上。

聖史蒂芬教堂始建於990年，但在近代接連發生的戰爭中，教堂幾乎完全毀於戰火。戰爭結束後，教堂立刻展開重建計劃，並於1962年美因茲建城兩千周年時將教堂的穹頂重新蓋上。但教堂最重要的裝飾卻遲至1973年才有了眉目，美因茲當局費盡千辛萬苦，終於成功遊說當代超現實主義大師馬克夏卡爾(Marc Chagall)為教堂繪製彩繪玻璃。夏卡爾善於運用豐富的色彩與像詩意般流動的意象，現在來到聖史蒂芬教堂，很難不被透過光線在空蕩教堂中飛舞的聖經人物們所感動，彩繪是如此輕盈而又不失莊嚴，像夢境一樣直視人的內心深處。夏卡爾因此而被美因茲授予榮譽市民，但他卻從未到訪過這座城市；事實上，在他完成最後一片玻璃不久後，便以97歲的高齡在法國與世長辭。

MAP ▶ P.147B1

選帝侯宮(羅馬–日耳曼人博物館)

Kurfürstliches Schloss (Römisch-Germanisches Zentralmuseum)

收藏珍貴古代文物

🏠Ernst Ludwig Platz 2 ☎(0)6131 912-40 🌐www.leiza.de
❗博物館目前整修當中，預計2024年中重新開放

這棟氣勢非凡的文藝復興式宮殿建築興建於西元17世紀，原本是美因茲大主教兼神聖羅馬帝國選帝侯的宮殿，現在則是作為羅馬–日耳曼人博物館使用。博物館共有3層大型的展示廳，分別陳列史前時代、羅馬時代與中世紀時代的各種器物、盔甲、武器等珍貴文物。

其中最珍貴的收藏包括西元5世紀時，法蘭克國王希爾德里克一世失落的部分殉葬品、打造於9世紀的「聖彼得寶座」複製品，以及西元2世紀時製作的天象儀，這也是目前已知最早的球體天象儀。

萊茵河中游

萊茵河中游
The Midstream of Rhein

文●蒙金蘭・蔣育荏・墨刻編輯部　攝影●周治平

浪漫主義興盛的18世紀晚期，世人抱持著懷舊的浪漫情懷，突然對許多頹棄的城堡感到興趣。至19世紀初期，萊茵河谷搖身一變成了著名的觀光勝地，從1825年起，萊茵河畔開始重修與維護各城堡，連帶各地的城牆、塔樓、老教堂等，一併成為旅遊的新焦點。

雖然這些為數眾多的古堡不斷易主改建，演變至今，少數尚稱完整的古堡都已開放，收歸政府所有的古堡也被重新整修過，開闢為博物館供人參觀。有些城堡改裝為古堡飯店與餐廳，讓人置身於城堡之中，遐想昔日的衣錦繁華，品味逝去的流金歲月；還有兩三處古堡成了青年旅舍，讓人可以花少少的錢，就能享受到住在城堡裡的樂趣。如今的萊茵河之旅，已成為德國浪漫經典的旅遊勝地，若你來過德國，卻沒有造訪萊茵河，那就未免太可惜了。

INFO

交通方式

◎萊茵河遊船

萊茵河遊船之旅有幾家遊船公司可供選擇：

科隆－杜塞道夫德國萊茵遊輪公司 Köln-Düsseldorfer

擁有百年歷史的KD萊茵河遊輪，4月底~10月初航行於美因茲與科隆之間的河段上。其固定船班包括美因茲往返聖高爾斯郝森、呂德斯海姆往返柯布林茲、林茲往返科隆等。KD靠岸的城鎮多達30個，包括埃爾特、巴哈拉、考布、歐博威瑟、聖高爾、布洛巴赫、博帕爾德等觀光重點，都有停靠。

而在4月初~4月底，以及10月初~10月底也有船班，但是航次較少，航程也較短。由於每年船班會有所變動，因此請上官網下載最新時刻表。

🚢 在沿線各城鎮碼頭處或上官網購票
☎ (0)221 208-8318 (總公司)
🌐 www.k-d.com
💰 票價依距離遠近計算，單程€3~72，來回€5~79。4~13歲兒童一律€8，4歲以下免費，60歲以上長者最多可打8折。出示德鐵通行證票券也可享有8折優惠。

勒斯勒爾遊船 Rössler Linie

勒斯勒爾遊船提供多款行程，最受歡迎的是城堡巡遊之旅(Burgenrundfahrt)，沿途停靠阿斯曼斯郝森、萊茵石城堡、呂德斯海姆與賓根等城鎮。此外也有羅蕾萊之岩往返聖高爾或聖高爾斯郝森的航程等。每年班表會有所變動，詳細時刻表請上官網查詢。

🚢 登船碼頭分別為：阿斯曼斯郝森2號碼頭、萊茵石城堡碼頭、呂德斯海姆12號碼頭、賓根8號碼頭、聖高爾2號碼頭、聖高爾斯郝森1號碼頭
☎ (0)6722 2353 (總公司)
🕐 4~10月每日皆有航班

行程建議

由於每天定時、定點、定期航行的船隻非常多，船票價格也依船隻大小與設備豪華程度成正比，建議遊客可依個人預算來考量，輔以旅行時間與計畫來做調整。倘若時間允許，在航行途中選定幾個地點下船，上岸參觀博物館、遊玩小鎮，甚至住宿一夜後，隔天再上船繼續航行，是比較精緻而深入的玩法。

💰 城堡巡遊之旅：每人€15；呂德斯海姆經萊茵石城堡往返阿斯曼斯郝森：單程€10，來回€15。5~16歲半價，65歲以上7折
🌐 www.roesslerlinie.de

羅蕾萊航線遊輪 Loreley-Linie Weinand

羅蕾萊航線遊輪也有多條航線運行，最主要的是羅蕾萊景觀之旅(Panoramafahrt zur Loreley)，從博帕爾德出發，經考布、凱斯特爾特(Kestert)，抵達聖高爾/聖高爾斯郝森，最後再直接返回博帕爾德。

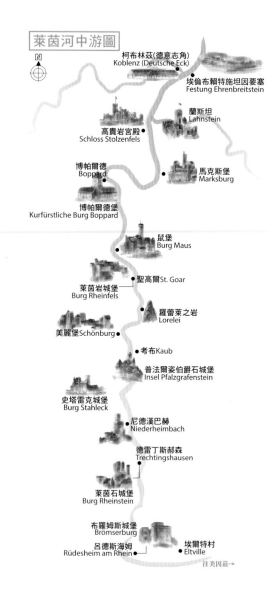

萊茵河中游圖

N

柯布林茲(德意志角)
Koblenz (Deutsche Eck)

埃倫布賴特施坦因要塞
Festung Ehrenbreitstein

蘭斯坦
Lahnstein

高貴岩宮殿
Schloss Stolzenfels

馬克斯堡
Marksburg

博帕爾德
Boppard

博帕爾德堡
Kurfürstliche Burg Boppard

鼠堡
Burg Maus

聖高爾 St. Goar

萊茵岩城堡
Burg Rheinfels

羅蕾萊之岩
Lorelei

美麗堡 Schönburg

考布 Kaub

普法爾麥伯爵石城堡
Insel Pfalzgrafenstein

史塔雷克城堡
Burg Stahleck

尼德漢巴赫
Niederheimbach

德雷丁斯郝森
Trechtingshausen

萊茵石城堡
Burg Rheinstein

布羅姆斯城堡
Brömserburg

埃爾特村
Eltville

呂德斯海姆
Rüdesheim am Rhein

往美因茲→

⚓登船碼頭分別為：博帕爾德1、2號碼頭、聖高爾6號碼頭、聖高爾斯郝森2號碼頭

📞(0)6773 341

🕐4~10月，每日09:00~16:15，分6個船班從博帕爾德出發

💲單程€14，來回€18。4~12歲半價

🌐www.loreley-linie.de

賓根-呂德斯海姆渡船Bingen-Rüdesheim Fahrgastschiffahrt

這家公司主要提供從賓根往返呂德斯海姆的渡船，另外也有包括城堡巡遊、羅蕾萊航線在內等多種主題遊船行程。

⚓呂德斯海姆8號碼頭、賓根4號碼頭

📞賓根(0)6721 308-080、呂德斯海姆(0)6721 308-0824

🕐4~10月，每日09:45~18:45，約8~14個班次

💲單程€2.9，來回€4.9。6~14歲半價

🌐www.bingen-ruedesheimer.de

優惠票券

◎萊茵美因卡 RheinMainCard

持有萊茵美因卡，可在2日效期內不限次數搭乘RMV系統範圍內各城鎮的大眾交通工具，以及不包含ICE、IC等長途火車在內的區域性火車。在參觀60多處文化及娛樂場所時，皆可享有折扣優惠。

萊茵美因卡可在遊客中心及旅遊局官網上購買，官網購買者，把收到的票卡列印下來即可使用；現場購買者，需先給售票員填寫啟用日期後方可使用。

💲個人卡€32，團體卡€52

旅遊諮詢

◎呂德斯海姆遊客中心

📍Rheinstraße 29a, Rüdesheim am Rhein

📞(0)6722 906-150

🕐每日10:00~16:00

🌐www.ruedesheim.de

◎聖高爾遊客中心

📍Heerstraße 81, St. Goar

📞(0)6741 383

🕐10:00~13:00 (週四14:00~18:00)

🈺週日

🌐www.st-goar.de

◎柯布林茲遊客中心

📍Zentralplatz 1, Koblenz

📞(0)261 129-1610

🕐每日10:00~18:00

🌐www.visit-koblenz.de

埃爾特 Eltville
MAP ▶ P.152

埃爾特村

Eltville

大主教的城堡行館

🚗 從法蘭克福，每小時1~2班RB直達埃爾特，車程約40~55分鐘。或是從美因茲搭乘KD遊輪至Eltville碼頭，船程45分鐘 ⓤ www.eltville.de

鄰近美因茲的埃爾特村是羅馬統治時期一些貴族們度假的別墅區，後來也被遴選為美因茲大主教的別館所在，時間長達150年之久，村內還保有許多當年地主仕紳們的府宅。今日，埃爾特村雖然只是一座僻靜的村莊，但仍留存著昔日美因茲大主教選帝侯的城堡，當年美因茲人民群起反抗大主教的高壓統治時，大主教就是在這座城堡寓所中避難，不妨前往參觀。

德雷丁斯郝森 Trechtingshausen
MAP ▶ P.152

萊茵石城堡

Burg Rheinstein

古堡中的歷史博物館

🚗 從美因茲，每小時1~2班RB直達德雷丁斯郝森，再從火車站步行約30分鐘。或是從呂德斯海姆搭乘勒斯勒爾遊船或賓根-呂德斯海姆渡船的城堡巡航，直接到萊茵石城堡下的碼頭，船程約35~45分鐘 🏰 Burg Rheinstein, Trechtingshausen ☎(0)6721 6348 🕐3~10月每日10:00~18:00，11月週末11:00~16:30，聖誕市集期間12:00~19:00 ❌12月底~3月中 💲成人€8，5~14歲€4 ⓤwww.burg-rheinstein.de

萊茵石城堡在10世紀初葉原本是神聖羅馬帝國皇帝的別館，後來皇帝奧圖二世把此地送給了美因茲大主教，而變成大主教駐兵鎮守的軍事碉堡。17世紀時，萊茵石城堡被重新整建，後又於1825年被普魯士的威廉腓特烈王子(Friedrich Wilhelm)買下，改建為新哥德樣式，而它也就成為萊茵河沿岸最早被重建的城堡之一。

現在城堡內部作為博物館開放參觀，展示從前的武器、甲冑、古董、建築裝飾等與古堡有關的歷史物件。在古堡露台還有一間視野極佳的餐廳與咖啡館，可以眺望萊茵河兩岸的景色。

呂德斯海姆 Rüdesheim

MAP ▶ P.152

呂德斯海姆

MOOK Choice

Rüdesheim am Rhein

坐上纜車飛越葡萄園

🚃 從法蘭克福中央車站，每小時1~2班RB直達呂德斯海姆火車站，車程約1小時10分鐘；若從美因茲出發，則要在威斯巴登轉車，車程約50分鐘。或是搭乘KD遊輪從美因茲出發，船程1小時45分鐘🌐www.ruedesheim.de

　　在聯合國教科文組織於2002年將萊茵河中游谷地列為世界文化遺產時，便是以呂德斯海姆作為起點，為了保護景觀，從這裡開始直到柯布林茲的河段上，都禁止架設橋樑，因此無論人車想要跨越萊茵河，都必須仰賴渡輪搭載。

　　呂德斯海姆因為土壤、地形和氣候非常適合栽種葡萄，至少在中世紀的法蘭克人時代就以釀造葡萄酒而聞名。今日的呂德斯海姆早已享有「酒城」的美名，尤其是優質的麗絲玲(Riesling)白葡萄酒更是遠近馳名。若想欣賞酒城之稱的由來，只消走到小鎮後方的山坡上，放眼眺望滿山遍谷的葡萄園，自然便知道這裡名不虛傳了。

德國西部⋯**萊** 茵河中游 the Midstream of Rhein

斑鳩小巷 Drosselgasse

🔺P.156B2　🚃從呂德斯海姆火車站或碼頭步行約10分鐘

　　呂德斯海姆城區範圍不大，卻有條大名鼎鼎的斑鳩小巷，雖然巷弄寬不到3公尺，從南到北也不過才150公尺，但信步而行，兩旁盡是特色小店和美食餐廳，處處都充滿了誘惑。而在眾多紀念品中，當然少不了當地出產的葡萄酒，有興趣的話，店家通常會提供試酒，好讓你選出心儀的酒款；在新酒上市的季節，甚至還能嘗到1杯只要1歐元的在地釀製白葡萄酒，正中白酒愛好者之懷。

布羅姆斯堡暨葡萄酒博物館 Rheingauer Weinmuseum Brömserburg

P.156B2　從呂德斯海姆火車站或碼頭步行約4分鐘　Rheinstraße 2, Rüdesheim am Rhein　(0)6722 750-4307　www.rheingauer-weinmuseum.de　目前博物館暫時關閉中

呂德斯海姆有座萊茵河沿岸最古老的城堡，那便是建於西元9世紀的布羅姆斯堡。它就位在萊茵河畔的大道旁，從碼頭或火車站前往斑鳩小巷和纜車站的必經之途中。歷史悠久的建築旁就是一大片葡萄園，而背景更是全然被葡萄園佔據的陡峭山坡，空中隱約點綴著纜車線和纜車車廂，整體宛如畫家筆下的畫作，儼然萊茵河流域最經典的畫面之一。

如今城堡被開闢為葡萄酒博物館，館內一應俱全地展示各種釀造葡萄酒的工具，包括各式榨汁機，以及各種各樣的酒杯等，提供愛酒人士了解此地葡萄酒的輝煌歷史。

地圖：
呂德斯海姆

圖例：景點　城堡　餐廳　車站　遊客服務中心

尼德森林紀念碑 Niederwalddenkmal

斑鳩小巷 Drosselgasse

纜車站 Seilbahn Rüdesheim

布魯爾的呂德斯海姆城堡 Breuer's Rüdesheimer Schloss

布羅姆斯堡暨葡萄酒博物館 Rheingauer Weinmuseum Brömserburg

呂德斯海姆車站

旅遊服務中心

萊茵河Rhein

Rheinstraße

布魯爾的呂德斯海姆城堡
Breuer's Rüdesheimer Schloss

P.156B2　從呂德斯海姆火車站或碼頭步行約8分鐘　Steingasse 10, Rüdesheim am Rhein　(0)6722 90-500　餐廳：每日12:00~22:00　ruedesheimer-schloss.com

小鎮內酒館林立，而位於斑鳩小巷裡的布魯爾的呂德斯海姆城堡不只是間酒館、餐廳，也是可以住宿的旅館，提供遊客造訪呂德斯海姆時各方面的需求。

這棟始建於14世紀末的建築，和當地的貴族布羅姆斯家族頗有淵源，1729年歷經重建，曾經被大主教作為辦事處，也曾經是公爵的稅務局。幾經易主之後，於1952年開始由布魯爾家族經營，逐漸從餐廳拓展成為複合式的旅店，至今已由第三代正式接手。

Breuer's Rüdesheimer Schloss被評定為4星級的精品旅館，備有26間精緻客房；其餐廳邀請名廚坐鎮，不但餐點品質風評頗佳，而且擁有自家的釀酒廠，在當地獲獎無數。悠閒地坐在庭園式的餐廳裡聆聽音樂、品嘗美食、啜飲美酒，一把擁抱萊茵河的浪漫情懷。

呂德斯海姆纜車 Seilbahn Rüdesheim

🔺P.156B2 🚶從呂德斯海姆火車站或碼頭步行約12分鐘可達纜車站 🏠Oberstraße 37, Rüdesheim am Rhein ☎(0)6722 2402 🕐3~4月及10月09:30~17:00 (週末至18:00)，5月每日09:30~18:00，6月及9月09:30~18:00 (週末至19:00)，7~8月每日09:30~19:00。聖誕市集期間每日11:00~18:00 ❌11~2月 💶成人單程€6.5，來回€10，5~15歲單程€3.5，來回€5 🌐www.seilbahn-ruedesheim.de ✿乘坐纜車上山後，可以徒步下山回到呂德斯海姆，也可以走到山坡另一邊，搭乘纜椅前往阿斯曼斯郝森(Assmannshausen)，這樣的套票價格為成人€12，兒童€6。

呂德斯海姆纜車為2人座的包廂式小纜車，纜道全長約1,400公尺，海拔落差為203公尺，單程約10分鐘左右，每小時可搭載600人。雖然纜車興建之初，有些當地人士害怕纜車會危害葡萄園收成，但因纜車安靜、乾淨、無噪音的特性，不但與當地居民相安無事，還成為一項成功的旅遊產品。

當你搭著纜車，一排又一排的葡萄叢就在腳下掠過，萊茵河彷彿唾手可得，河面上還有大小船隻來來往往，是項很獨特的體驗。

尼德森林紀念碑 Niederwalddenkmal

🔺P.156A1 🚶搭乘呂德斯海姆纜車前往。若是從鎮上步行上山，約需40分鐘

尼德森林紀念碑位於海拔225公尺高的山丘上，這座紀念碑揭幕於1883年，雕像高達10.5公尺，底座高度也有37.6公尺，整體規模極為雄偉壯觀。紀念碑上最著名的雕像，就是英姿煥發、手執長劍及皇冠的女武神(Walküre)，也被稱為代表日耳曼民族的「日耳曼尼」勝利女神像。

普法戰爭剛開始時，萊茵河畔許多城市被劃入法國版圖內，等到戰爭結束後，普魯士大獲全勝，這些地方又重回德意志的懷抱，德皇威廉一世為了宣示強盛帝國的抱負，在此豎立了睥睨萊茵河畔的勝利女神雕像，而其底座則刻有威廉一世、宰相俾斯麥及帝國軍官將士們的群像。

在此居高臨下，俯瞰萊茵河如銀裳的衣帶般蜿蜒在翠綠山谷間，間以紅瓦古樸的小鎮妝點色彩，在不同時節造訪，隨著山谷景緻的更迭，滿山枝葉由綠飄紅，這份大自然的美感更是動人。

巴哈拉 Bacharach

MAP ▶ P.152

史塔雷克城堡

MOOK Choice

Burg Stahleck

昔日軍事要塞，今日青年旅館

🚄 從美因茲，每小時1~2班RB直達巴哈拉，車程約30~50分鐘；從法蘭克福中央車站，每2小時1班RE直達，車程約1小時出頭，也可以在美因茲轉車。從巴哈拉火車站步行上山，約10分鐘路程。若是搭乘KD遊船前往，從美因茲船程2小時45分鐘，從呂德斯海姆船程1小時 🏰Burg Stahleck, Bacharach ☎(0)6743 1266 🌐www.diejugendherbergen.de/jugendherbergen/bacharach

史塔雷克城堡位於巴哈拉小鎮上方，約於12世紀初才開始有正式的領主文獻資料。1142年，黑爾史塔雷克(Hermann von Stahleck)成為當地普法爾姿(Pfalz)小邦國的伯爵，接下來數十年間，他與他的繼承者們成功界定了邦國領土的邊界，以葛登岩城堡(Burg Gutenfels)、普法爾姿伯爵石城堡、史塔雷克城堡等堡壘，串連成一道堅強的領土防衛線，由此也可看出史塔雷克城堡在地理位置上所具有的重要戰略意義。

城堡於17世紀的三十年戰爭之後重建，卻又毀於1689年對抗法軍的戰爭中，最後在1925年由萊茵河地區協會(Rheinischer Verein)在城堡遺址上重新修建，並在其14世紀的城牆上加強牢固，以及在12世紀遺留下的城堡中庭圓塔上重新修補，終於在1931年完成今日的城堡樣貌。

城堡以精緻優雅的外觀聞名，遊客可由巴哈拉小鎮循著前往城堡的步道上山，或是開車繞到城堡後山再進入堡內。遊客需經由城牆外的石橋通過城堡外門，再經過把關的守衛城樓進入城堡內門後，才能來到城堡中庭眺望萊茵河的美景，層層關卡，足以顯示出昔日捍衛領土的險要地位。

今日城堡的部分改建為青年旅館，遊客可以前往一遊或投宿在城堡內，親自感受萊茵風光與傳奇色彩。

考布 Kaub

MAP ▶ P.152

普法爾姿伯爵石城堡

MOOK Choice

Burg Pfalzgrafenstein

帶有浪漫傳奇色彩的石船

🚉 從法蘭克福中央車站，每小時1班RB直達考布，車程1.5小時；從呂德斯海姆也是每小時1班RB，車程只要16分鐘。從考布火車站步行約5分鐘到渡船碼頭，再搭乘渡船前往。若是搭乘KD遊船，從美因茲船程2小時55分鐘，從呂德斯海姆船程1小時10分鐘 🏠 Burg Pfalzgrafenstein, Kaub am Rhein ☎ (0)261 6675-4870 🕐 2月~3月中及11月的週末10:00~12:45、14:00~15:45，3月中~10月的週三至週日10:00~12:45、14:00~16:45 (關門前45分鐘停止進入) 🚫 12~1月 💲 成人€7，兒童€4，8歲以下免費 (門票含渡船船票) 🌐 tor-zum-welterbe.de/de/burg-pfalzgrafenstein ❗ 當萊茵河水位過高或過低時，城堡將會關閉

　　位於萊茵河中央的普法爾姿伯爵石城堡，因為是由普法爾姿伯爵所建，所以取名如此，但因

名字過於冗長，於是常被簡稱為「普法爾姿」(Pfalz)。奇特的造型加上特殊的地理位置，使得此座建於14世紀的美麗城堡，名聲極為響亮。法國大文豪雨果到此一遊時，也曾寫下詩句：「一艘石造的船，永遠停泊在萊茵河上⋯⋯」，此後「石船」就常被視為浪漫萊茵河的象徵之一。

　　這座城堡建於1325年，最初興建的目的是為了向過往船隻徵收通行稅，1326年來自巴伐利亞的路德維希王還曾住過此地。當普法爾姿伯爵建造石船時，剛開始只是一座五角形的高大塔樓，後來在外圍加蓋了堅固的城堡圍牆後，才形成今日石船般的外觀。

　　原本一直作為萊茵河瞭望關卡與收稅關口之用的石船，因著1813年的除夕夜時，普魯士軍隊在此島上藉著浮橋之助，快速渡過萊茵河，追擊撤退中的拿破崙軍隊，成就普魯士王國打敗法國的重要戰役，使得此地一夕成名。

歐博威瑟 Oberwesel

MAP ▶ P.152

美麗堡

Schönburg

投宿兵家必爭之地

🚃 從美因茲，每小時1~2班RB直達歐博威瑟，車程約35~55分鐘；從法蘭克福中央車站，每2小時1班RE直達，車程約1小時出頭，也可以在美因茲轉車。從歐博威瑟火車站步行上山，約15分鐘路程。若是搭乘KD遊船前往，從美因茲船程3小時5分鐘，從呂德斯海姆船程1小時20分鐘 🏠 Auf Schönburg, Oberwesel 📞(0)6744 93-930 🌐www.hotel-schoenburg.com ◎塔樓博物館 ⏰週二至週日10:00~16:00 (11~12月只開放週末) 🚫1月中~3月中 💲成人€3，兒童€1.5

　　位於考布對岸的萊茵河小山谷中，有著另一處美麗的小鎮——歐博威瑟，雄峙在歐博威瑟山坡上的城堡，就是美麗堡。在德文中，Schön就是美的、好的之意，此外也有人把這座城堡翻譯為仙堡。雖然城堡的名稱極美，但是外觀還是與其他城堡一樣，是由暗褐色岩石所建造出的灰暗色調。

　　美麗堡建造的時間可以追溯到西元10世紀，當時美麗堡就扮演著歐博威瑟小鎮守衛者的角色。因為收取過路關稅之故，此地也成為萊茵河一帶極為富有、極有權力的城鎮之一，經過數百年來的繁衍，當地5大家族皆從美麗堡中傳承出來。14世紀時，美麗堡從捍衛城鎮的碉堡角色擴建成為家族居住的大型城堡，可惜同樣在與法國之間的戰鬥中，被法王路易十四的軍隊所毀，直到1885年，城堡主人才把城堡重新加以整修。如今美麗堡的一部分改建為城堡旅館及餐廳，相當受旅人們的喜愛。

聖高爾斯郝森 St. Goarshausen

MAP ▶ P.152

羅蕾萊之岩

MOOK Choice

Lorelei

美麗女妖的魅惑歌聲

🚃 從法蘭克福中央車站，每小時1班RB直達聖高爾斯郝森，車程1小時40分鐘；從呂德斯海姆也是每小時1班RB，車程只要25分鐘。從聖高爾斯郝森火車站步行前往羅蕾萊之岩約40分鐘，或搭乘535號公車至Loreley Besucherzentrum站，再步行20分鐘。另外，搭乘萊茵河遊船往聖高爾段的航程中亦可看到

　　就在萊茵河右岸的聖高爾斯郝森近郊，有一塊高聳的岩石垂直矗立於河水中，名為蘿蕾萊之岩。因為此處水勢較急，河底又藏有暗礁，時常造成萊茵行船者的困擾，因而衍生出女妖干擾航行的傳說。

　　德國著名詩人海涅(Heinrich Heine)便曾為這則羅蕾萊的故事譜上詩作，因而讓女妖傳說永垂不朽。傳說美麗的金髮女妖居住在岩石上，每當有船隻經過便引吭高歌，吸引船上水手的注意。她的歌聲有股令人無法抗拒的魔力，讓人不由自主地想要靠近，因而造成許多船隻觸礁，船毀人亡。又或是水手們禁不住女妖歌聲的魅惑，頻頻回頭偷看她美麗的臉龐，結果偷窺者變成了石頭，船隻也會觸礁毀壞。其實蘿蕾萊之岩一帶因為水勢、暗礁與山岩的緣故，本來就是萊茵河上的險惡航段，若干自然因素被文人創作成女妖傳奇，更增添萊茵河的神祕美感。

聖高爾 St. Goar

MAP ▶ P.152

萊茵岩城堡
Burg Rheinfels

萊茵河第一堅城

🚗從美茵茲，每小時1班RB直達聖高爾，車程約1小時。若搭乘KD遊船，從博帕爾德船程1小時20分鐘，從柯布林茲船程3小時20分鐘。從聖高爾火車站與碼頭，步行至城堡約15分鐘。5~10月也有從聖高爾市集廣場至城堡停車場的接駁車，10:00~17:00，每30分鐘一班 🏠Schlossberg, St. Goar ☎(0)6741 383 🕐城堡：09:00~18:00 (17:00後停止進入)。博物館：3月中~11月初10:00~17:30 💰成人€6，6~14歲€3 🌐www.romantischer-rhein.de/a-burg-rheinfels 🎡每年9月的第3個週六，在聖高爾會舉行光彩奪目的萊茵火祭(Rhein in Flammen)，屆時不但整座城與城堡都會燈火通明，更有繽紛燦爛的煙火表演，連萊茵河一帶的纜車都會延長營業到午夜

鄰近聖高爾的萊茵岩城堡，於1245年由卡岑埃爾恩博根家族(Katzenelnbogen)所建。10年後因關稅問題而引發的衝突，萊茵城鎮聯盟組成約9千人的軍隊圍攻萊茵岩城堡，然而此城堡成功地抵擋住40多次攻勢，始終屹立不搖。在卡岑埃爾恩博根伯爵家族統治下，萊茵岩城堡成為經濟與政治的權力中心，直到該家族於1479年滅亡後，萊茵岩城堡才易主更幟。

當新領主接收城堡後，不但增強外牆結構，還把城堡整修成文藝復興風格的樣貌。其後最有名的戰役發生在1692年，城堡以4千人守軍，擊退擁有2萬8千之眾的法王路易十四，成為萊茵河沿岸唯一未被法軍拿下的城堡。

在面對法軍無數次的挑戰後，城堡也日漸損壞，最後城堡的某些巨型石材還被用來興建柯布林茲的埃倫布賴特施坦因要塞，直到19世紀中葉，普魯士的王子得到這座城堡後，才重新加以保護與整建。

布洛巴赫 Braubach

MAP ▶ P.152

馬克斯堡
Marksburg

MOOK Choice

德國最大的城堡博物館

🚗從法蘭克福中央車站，每小時1班RB直達布洛巴赫，車程約2小時；從呂德斯海姆也是每小時1班RB，車程47分鐘。若搭乘KD遊船，從聖高爾船程1.5小時，從柯布林茲船程1小時5分鐘。從布洛巴赫火車站與碼頭，步行至城堡約20分鐘 🏠Marksburg, Braubach ☎(0)2627 206 🕐3月中~10月10:00~17:00，11月~3月中11:00~16:00 💰成人€11，6歲以下免費 🌐www.marksburg.de 🎡可向導覽員索取中文解說單 ❗參觀城堡需參加導覽行程，每梯50分鐘；英語導覽團為夏季13:00、16:00出發

馬克斯堡從13世紀開始興建，由於擁有絕佳的攻防位置，幾乎每個世紀都有增強與修補的建築結構。最大規模的擴建是在17世紀時，當時進城的吊橋被增長為25公尺長的把關隧道，雖然城堡外牆仍是14世紀的規模，卻增設了7門大砲，內牆也加強攻守的通道與瞭望塔樓等。

因為地理位置優越與城堡布局巧妙，此城堡可說是萊茵河沿岸少數未曾陷落與摧毀的城堡，稱得上是萊茵河畔最壯觀、保存最完好的古堡之一，也是唯一完整保存中世紀建築格局的城堡。又因為德國城堡協會的用心，城堡內部設立德國最大的城堡博物館。館內保有原封古貌的騎士廳、中古世紀武士使用的各式武器，以及城堡內各樓層、各廳堂、各轉角、各通道間的原始布置，讓人一覽中古時期城堡生活的真實面貌。

參觀完城堡後，登高憑欄，眺望遠方的萊茵河以及周圍的萊茵谷地，你就會了解何以選擇在此處建造馬克斯堡，又為何馬克斯堡屹立8百多年來依然能固守陣地。

MAP ▶ P.152

博帕爾德纜車

MOOK Choice

Sesselbahn Boppard

蜿蜒萊茵的四湖美景

🚗 從美因茲，每小時都有班車直達博帕爾德，搭乘RB約需1小時10分鐘，RE約50分鐘，IC約40分鐘。若搭乘KD遊船，從聖高爾船程1小時，從柯布林茲船程2小時，從呂德斯海姆船程2小時35分鐘。從博帕爾德火車站與碼頭，步行至纜車站約15分鐘 🚡 Mühltal 12, Boppard ☎(0)6742 2510 ⏰4月上半與10月下半10:00~17:00，4月中~9月10:00~18:00，10月上半10:00~17:30 🚫11~3月 💲成人單程€7，來回€10；14歲以下單程€4，來回€6 🌐sesselbahn-boppard.de

位於萊茵河中游的博帕爾德，早在4世紀時羅馬人就在此地建立了多達28座高塔的石頭碉堡，如今羅馬遺址已被闢為羅馬公園。14世紀時，博帕爾德在特里爾選帝侯巴爾杜因(Balduin)主導下，成為較早形成的帝國自由貿易城市。隨著經貿發展，城鎮規模逐漸擴大，城內各處林立的古老教堂，就可見證昔日城鎮繁榮的盛況。緊鄰萊茵河畔的聖澤韋林教堂(St. Severin)有著高大的白色塔樓，也成為博帕爾德的重要地標。

今日遊客前來博帕爾德，最重要的因素都是為了搭乘纜車。登上海拔302公尺的制高點，可以眺望萊茵河被稱為「四湖景」(Vierseenblick)的特殊美景，因為萊茵河在此地有一處大轉折，從山上這個地方望向曲折蜿蜒的萊茵河，有如四處分隔的湖泊，因此有了四湖景的名稱。

纜車盡頭走一小段，即可來到格登斯角(Gedeonseck)展望台，在此可看到萊茵河河道將近360度的圓形大轉彎，是很難得一見的畫面，被稱為萊茵河的「馬蹄鐵彎處」。目前這裡開了間格登斯角餐廳(Restaurant Gedeonseck)，不妨坐下來一邊用餐、一邊賞景，更可以看到「馬蹄鐵彎處」隨著天候、雲霧變幻，而呈現出不同韻味的景致。

柯布林茲 Koblenz

MAP ▶ P.152

埃倫布賴特施坦因要塞

MOOK Choice

Festung Ehrenbreitstein

柯布林茲的制高絕景

🚗 從法蘭克福中央車站，每小時都有班車直達柯布林茲中央車站，搭乘IC或ICE車程1.5小時，RE車程1小時40分鐘，RB車程2小時15分鐘。從柯布林茲中央車站轉乘1、11號公車至德意志角/柯布林茲纜車站，再搭乘纜車直達要塞。若搭乘KD遊船，從呂德斯海姆船程約3小時45分鐘，從聖高爾船程約2小時10分鐘，KD碼頭即在德意志角纜車站附近。若不想搭乘纜車，也可從柯布林茲中央車站搭乘8、9/19、33、460號公車至Koblenz–Ehrenbreitstein站，再步行15分鐘上山 🏰Festung Ehrenbreitstein, Koblenz ☎(0)261 6675–4000 🕙10:00~18:00（11~3月至17:00）💲成人€8，7~17歲€4。與柯布林茲纜車的聯票，成人€19，兒童€8.6 🌐tor-zum-welterbe.de/de/kulturzentrum-festung-ehrenbreitstein

不論你是從火車站、遊輪碼頭，還是從高速公路下交流道來到柯布林茲，抬頭一望，都能看到一座位於萊茵河右岸高聳山壁間的森嚴堡壘，那就是昔日捍衛柯布林茲的埃倫布賴特施坦因要塞。

10世紀後期，此地建起了第一座城堡，而在16世紀時，為了不斷發生的農民反抗與宗教上的紛爭，特里爾大主教不斷改建強化此地，把城堡變成一座堅實的大要塞，並歷經數度攻防均固若金湯。直到18世紀時，法軍採取籠城斷糧策略，並用上千磅的大砲轟擊，這座要塞才陷落毀壞。

今日，埃倫布賴特施坦因要塞的城廓模樣，乃是普魯士王室以古典樣式重建的風貌。遊客若想要飽覽柯布林茲的城區景色，最好的辦法就是來到埃倫布賴特施坦因要塞內居高臨下，萊茵河畔的柯布林茲市容便能盡入眼中，連穿梭在河道之間的船隻及著名的德意志角也都全部入鏡，瞭望視野絕佳。

柯布林茲 Koblenz

MAP ▶ P.152

德意志角

MOOK
Choice

Deutsche Eck

威廉一世的紀念銅像

🚌 從柯布林茲中央車站轉乘1、11號公車至德意志角即達。若搭乘KD遊船，碼頭即在德意志角附近

　　在萊茵河與莫色耳河(Mosel)交匯處的三角形地帶，就是萊茵河中游著名的德意志角。而雄峙在突出岬角上那尊威風凜凜傲視兩川的騎馬銅像，便是德意志帝國的第一任皇帝——威廉一世(Wilhelm Ⅰ)。威廉一世於1888年駕崩後，他的孫子威廉二世便開始為他尋找一處豎立紀念碑的地點，以緬懷他統一德國的千古功業，直到3年後的1891年才終於選定德意志角作為紀念碑的豎立之處。銅像在二次大戰中被砲火擊毀，今日看到的紀念碑則是重建於1953年。德意志角附近即是柯布林茲的舊城區，從那裡還可前往莫色耳河邊的葡萄酒村參觀品酒。

柯布林茲 Koblenz

MAP ▶ P.152

高貴岩宮殿

Schloss Stolzenfels

萊茵河浪漫主義傑作

🚌 從柯布林茲中央車站搭乘670號公車，至Schloss Stolzenfels站下車，再步行上山。車程約10分鐘 🏠Schloss Stolzenfels, Koblenz ☎(0)261 6675-4850 🕐2月~3月中及11月的週末10:00~17:00，3月中~10月週二至週日10:00~17:00 (16:00後停止進入) 🚫12~1月 💰成人€5，兒童€3 🌐tor-zum-welterbe.de/en/stolzenfels

　　高貴岩宮殿的位置正好俯視著蘭河(Lahn)流入萊茵河，13世紀由特里爾大主教阿爾諾德(Arnold von Isenburg)所建，於14世紀時享有收取關稅的義務與權力，到了17世紀法軍來襲時曾一度燒毀。1823年，高貴岩宮殿落入普魯士王室的威廉腓特烈大王子手中，仍以中世紀的建築風格對宮殿重新整修擴建，雖然城堡上方平坦的屋頂建築形式比較類似英國的城堡，但整體而言，高貴岩宮殿仍是萊茵河浪漫主義時期的重要代表性建築。

　　由於威廉腓特烈大王子與其王妃曾在此宮殿居住過，至今宮殿的幾個主要房間內仍舊擺飾古早時期極有價值的骨董家具，譬如屬於18世紀特里爾大主教的書桌，以及當時王室貴族們的尊貴擺飾、古典家具及各種生活用品等。此外，宮殿內於各世紀所增建的建築，如守衛塔樓、瞭望台、城牆、中庭、門廊等，都具有各時期不同的風格。宮殿內的陳列室有詳細說明，歡迎遊客前往了解高貴岩宮殿的滄桑歷史與昔日的絕代風華。

●科隆

科隆及其周邊
Köln and Around

文●蒙金蘭・墨刻編輯部　　攝影●周治平・墨刻攝影組

科隆是萊茵河沿岸最大的城市，工商業相當發達。著名的科隆大教堂是一座完美的哥德式建築，人們傳說它是世間最靠近天堂的教堂，也是科隆最出名的景致。而照原建築重建的舊城區，每棟建築都是粉彩色的，別具一番恬靜風情。科隆到了夜裡更是熱鬧，遊客們聚在酒吧把酒言歡，品嘗只在這裡喝得到的「女性啤酒」──科隆啤酒；同時這裡也是古龍水的發源地，來到科隆千萬別錯過這種原始的香味。

而距離科隆不遠的地方，就是前西德的首都波昂，與德西工商業大城杜塞道夫。波昂雖已褪去昔日首都的光環，但其精緻典雅的優雅姿態依舊未減；而杜塞道夫不但紡織服飾極為著名，每年舉辦無數的服裝發表展示會，更有許多德國新秀的服裝設計師選擇在此自創品牌，成為引導流行趨勢的最新窗口。

亞琛是德國最西邊的城市，在查理曼大帝在位期間，成為當時帝國的政治中心，並打算把它建設為第二個羅馬。從亞琛大教堂的富麗堂皇和豐富收藏，不難窺見當時的榮景。

INFO

如何前往
◎航空
◎科隆-波昂機場 Flughafen Köln/Bonn (CGN)

科隆–波昂機場位於科隆東南方15公里、波昂東北方15公里處，是德國第6大機場，主飛歐洲航線。目前台灣並沒有直飛科隆的航班，必須在慕尼黑轉機。

從機場可搭乘S-Bahn的S19前往科隆中央車站，車程16分鐘。若是要前往波昂中央車站，則是要搭乘SB60號公車，車程約32分鐘。而在機場第2航廈的D區入境層，則能找到Hertz、Avis等8家租車公司櫃檯。

🌐www.koeln-bonn-airport.de

◎杜塞道夫國際機場 Flughafen Düsseldorf (DUS)

杜塞道夫國際機場在杜塞道夫城外8公里處，是德國第3大機場，主飛歐洲航線。目前台灣並沒有直飛杜塞道夫的航班，必須在法蘭克福或慕尼黑轉機。

從機場可搭乘S-Bahn的S11前往杜塞道夫中央車站，車程12分鐘。而在機場中也有Hertz、Sixt、Europcar等租車公司的櫃檯提供服務。

🌐www.dus.com

◎火車
◎前往科隆

從法蘭克福中央車站，每小時都有一班ICE的高速列車直達科隆中央車站，車程只需1小時出頭；若是搭乘一般的ICE或IC，車程則是約2.5小時。

科隆中央車站 Köln Hbf ◐P.166A1
◎前往波昂

從科隆中央車站到波昂中央車站的班次非常密集，速度最快的IC或ICE車程不到20分鐘，RE車在30分鐘以內，RB車程也只要30分鐘出頭。

若是從法蘭克福中央車站出發，每小時1班ICE或IC直達，車程約2小時。

◎前往杜塞道夫

從科隆中央車站直達杜塞道夫中央車站的車也很多，IC和ICE約需21~25分鐘，RE也只需30分鐘。

若是從法蘭克福中央車站出發，搭乘ICE的高速列車只要1.5小時，一般的ICE或IC則要2小時50分鐘。

◎前往亞琛

從科隆中央車站，每小時2班RE直達亞琛中央車站，車程52分鐘。若搭乘ICE則只要32分鐘。

市區交通
◎大眾運輸工具

無論是科隆、杜塞道夫還是波昂，市區內都有

S-Bahn、U-Bahn、Tram和公車可供搭乘，交通非常便利。車票可在車站的自動售票機購買，持有城市歡迎卡則可在效期內任意搭乘，而持有德鐵通行證(Rail Pass)也可搭乘同屬德鐵系統的S-Bahn。

科隆運輸公司 KVB
🌐www.kvb.koeln
◎票種選擇
短程票 KurzstreckenTickets

可使用於公車、Tram、U-Bahn和S-Bahn，最多只能搭乘4站。

💲成人€2.1，6~14歲兒童€1
市區單程票 EinzelTicket (tariff level 1b)

適用於一趟完整的旅程，中途可轉乘，但路線不可重複。

💲成人€3.2，兒童€1.7
市區一日票 TagesTicket (tariff level 1b)

一日票有單人和團體(最多5人共用)兩種，效期為自啟用起24小時。

💲單人€7.7，團體€15.2

觀光行程
◎隨上隨下觀光巴士 Hop-on Hop-off
◎CityTour觀光巴士

這輛雙層露天觀光巴士每日從科隆大教堂發車，沿途停靠舊城區、新市場、巧克力博物館、動物園等14

個站點，每一站皆可隨意上下車。車票可在遊客中心或向司機購買，效期為24小時。

📞(0)2247 6687 🕐每日10:00~17:00，每30分鐘發車一班 💲成人€18，4~13歲€5 🌐www.citytour.de 🚃車上有中文語音導覽耳機

◎叮噹小火車 Bimmelbahnen

這是仿迷你火車造型的觀光列車，共有兩條路線，一條往巧克力博物館，一條往動物園，都是從科隆遊客中心出發。

📞(0)221 709-997-0 🕐巧克力路線09:45~17:45 (週五、六至18:15)，動物園路線09:30~18:00，都是每30分鐘發車一班 💲成人單程€6，來回(隨上隨下)€10；2~12歲半價 🌐bimmelbahnen.com

◎萊茵河觀光遊船
◎科隆全景之旅 Panorama round-trip Cologne

這搭乘KD的觀光遊船，從萊茵河的水面上欣賞科隆的城市之美。

🚢從科隆觀光遊船碼頭上船 🕐4~10月每日10:30、12:00、13:30、15:00、16:30、18:00發船，行程1小時 💲成人€15，4~13歲€8，65歲以上€12 🌐www.k-d.com

優惠票券
◎科隆卡 KölnCard

科隆卡可在遊客中心、KVB及德鐵的自動售票機、

各大旅館櫃檯購買。持有科隆卡可免費搭乘使用範圍內的大眾交通工具，並可享有景點、博物館及導覽行程最高5折優惠。

💲24小時卡：單人€9，團體(最多可5人共用)€19。48小時卡：單人€18，團體€38。

◎科隆博物館卡 MuseumCard

持有科隆博物館卡，可免費參觀路德維美術館、沃利夫理查茲美術館等8間博物館，效期為連續2個開放日(意即適用於週日至週二)，並且在啟用當天可免費搭乘市區大眾交通工具。

💲單人卡€18，家庭卡(2名大人和2名兒童)€30 🌐www.museenkoeln.de

◎波昂歡迎卡 Bonn Regio WelcomeCard

波昂歡迎卡與科隆卡非常相似，同樣包含市區交通與景點觀光，但優惠更為豐富，許多博物館都可憑卡免費參觀。波昂卡效期為自啟用起24小時，範圍適用於波昂市區，若要旅遊到周邊城鎮，就要購買Plus的卡種。

💲單人卡€10，家庭卡(2名成人和3名兒童)€19；Plus的單人卡€14，家庭卡€26 🌐www.bonn-region.de

◎杜塞道夫卡 DüsseldorfCard

杜塞道夫卡可在遊客中心、博物館與旅館櫃檯購買，可免費搭乘市區運輸系統，參觀景點和博物館時也可享最多免費優惠。杜塞道夫卡同樣分為單人卡與團體卡兩種，團體卡最多可供3名成人共用，或是2名成人與2名兒童共用。

💲24小時卡：單人€11.9，團體€19.9。48小時卡：單人€17.9，團體€29.9。72小時卡：單人€23.9，團體€39.9。96小時卡：單人€29.9，團體€49.9

旅遊諮詢
◎科隆遊客中心

🔺166A1 📍Kardinal-Höffner-Platz 1, Köln 📞(0)221 346-430 🕐週一至週六09:00~19:00，週日10:00~17:00 🌐www.koelntourismus.de

◎波昂遊客中心

📍Windeckstr. 1, Bonn 📞(0)228 775-000 🕐10:00~18:00 (週六至16:00，週日至14:00) 🌐www.bonn.de

◎杜塞道夫遊客中心

📍Rheinstraße 3, Düsseldorf 📞(0)211 1720-2867 🕐每日10:00~18:00 🌐www.duesseldorf-tourismus.de

◎亞琛遊客中心

📍Friedrich-Wilhelm-Platz, Aachen 📞(0)241 180-2950 🕐週一至週六10:00~18:00 (1~3月週六至14:00)，週日10:00~15:00 🚫1~3月的週日 🌐www.aachen-tourismus.de

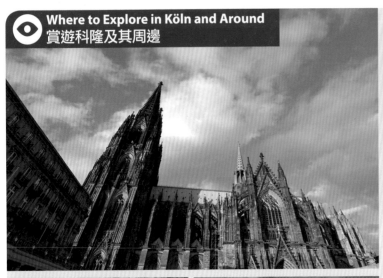

科隆Köln

MAP ▶ P.166A1

科隆大教堂

MOOK Choice

Kölner Dom

地球上最完美的哥德大教堂

🚇搭乘U5、U16、U18至Dom /Hbf站，或S6、S11、S12、S19至Köln Hbf站即達 🏠Domkloster 4 🕐週一至週六10:00~17:00，週日13:00~16:00 💲免費 🌐www.koelner-dom.de ◎登上南塔 🕐09:00~17:00 (5~9月至18:00，11~2月至16:00) 💲成人€6，與寶物室聯票€9 ❶塔樓入口在教堂外，主入口右手邊 ◎寶物室 🕐每日10:00~18:00 💲成人€6，與塔樓聯票€9 ◎英文導覽行程 ☎(0)221 9258-4730 🕐每日14:00出發，行程1小時 💲成人€10，兒童€8

這是一座傳說中的大教堂——傳說它已經蓋了將近800年還沒完工；傳說它是人世間最靠近上帝的所在；傳說它是地球上最完美的哥德式建築。不管你是不是教徒，這座教堂你都一定聽過，來到德國，也一定要到科隆親眼一睹。

哥德式風格的科隆大教堂從1248年開始興建，1265年完成了主祭壇與聖詠台，但一直到1322年這座祭壇才開始正式使用。接下來的建設進度更是緩慢，時蓋時停，1560年之後，教堂甚至完全停工，直到1842年普魯士王國興起才為今日的規模重新打下基礎。1880年，威廉一世將最後一塊基石放置於南鐘塔，算是象徵性的完工，但事實上，小規模的修繕工程卻從未停歇。二次大戰時，科隆市區受到嚴重破壞，幸運的是大教堂因為非常醒目，在聯軍的刻意保存下而倖存。

主祭壇之迴廊是科隆大教堂最古老的部分，共有7個小聖堂，建造時期在1248至1265年之間。而正門入口高處的巴伐利亞彩繪玻璃花窗，則是在1842年由巴伐利亞國王所捐贈。教堂鐘塔高達157公尺，使科隆大教堂成為世界第三高的教堂，今日遊客可以登上其中的南塔，俯瞰整個科隆的城區景致。其他像是三聖人金聖龕、米蘭聖母像等，也都是來到科隆大教堂不能不看的珍寶。

羅馬日耳曼博物館

MOOK Choice

Römisch-Germanisches Museum

重現古羅馬時代生活

🚶 就在科隆大教堂南側對面　🏠Roncalliplatz 4　☎(0)221 2212-4438　🕙每日10:00~18:00　💶成人€6，18歲以下免費　🌐 www.roemisch-germanisches-museum.de　ℹ️目前本館整修中，館藏暫時移至Cäcilienstraße 46的分館陳列

　　博物館就從一塊酒神戴奧尼索斯的馬賽克鑲嵌地板畫上開始修建，遊客從門外透過落地玻璃即可看見這塊鑲嵌地板畫，令人驚訝的是，這面描繪著狂喜神祇的地板從西元3世紀初即保存到現在，至今仍完好無缺。

　　館中展示著羅馬時期的歷史及生活方式，除了其中一個樓層展示西元3世紀時的羅馬地板，重現當時羅馬人居住的房間外，最著名的展示便是一塊羅馬軍人的墓碑，墓碑主人名叫波普里修斯(Poblicius)，年代約在西元40年左右。而舊時羅馬人的日常生活用品，如珠寶、香水、鏡子、刮刀、小朋友的寫字板等，甚至到去世時的火化及石棺埋葬都有詳細介紹，館藏非常豐富，彷彿將遊人帶回2千年前的古羅馬時代，也讓人了解羅馬與日耳曼文化如何交會並展現出來。

路德維美術館

Museum Ludwig

集合各個現代藝術流派

🚶 就在科隆大教堂的東南側對面　🏠Heinrich-Böll-Platz　☎(0)221 2212-6165　🕙10:00~18:00（每月第1個週四至22:00）　❌週一　💶成人€12，18歲以下免費　🌐www.museum-ludwig.de　🎫每月第1個週四17:00後門票€7

　　這是科隆第一家現代藝術美術館，館內收藏了由路德維夫婦所捐贈的350件藝術品。在各樓層的展示中，有普普藝術的收藏、抽象主義藝術品、先鋒主義及超現實主義的畫作，還有如畢卡索、達利、米羅等大師級的作品。此外，不定期舉辦的世界知名藝術家展覽，更是讓人大開眼界，是喜愛美術者不可錯過的藝術殿堂。

德國西部⋯科 隆及其周邊 Köln and Around

舊城區

Altstadt

自古以來的城市美學

從科隆大教堂周圍到萊茵河畔都屬於科隆的舊城區，靠近萊茵河一帶的建築物仍保有舊時模樣，一排淺彩色系的外牆非常顯眼，也讓人驚嘆德國人自古即存在的城市美學。

舊城區有當地著名的購物商街，不過最受遊客喜愛的，還是莫過於酒館。科隆產的啤酒又稱「Kölsch」，淡淡的金黃色啤酒，用細長的酒杯裝盛，一杯才0.2公升的容量，喝起來十分爽口，又有「女性啤酒」之稱，絕對顛覆你對啤酒的印象。因為份量少，喝完後服務生會自動再幫你斟上一杯新酒，若不想續杯的話，喝完後記得把杯墊蓋在杯口上，服務生就不會再幫你續酒了。在科隆約有26種自製的啤酒，有些餐廳也會自己釀造，在杯子及杯墊上都會印有各自的品牌，這些餐廳通常都非常受遊客歡迎，也是來科隆絕不可錯過的在地體驗！

彼特斯啤酒屋 Peters Brauhaus

🚇 P.166B2 🚶 從大教堂步行約4分鐘 🏠 Mühlengasse 1 ☎ (0)221 257-3950 🕐 11:30~23:00（週五、六至24:00，週日至21:30）🔗 www.peters-brauhaus.de

西元1544年，有家叫做「Zum Kranz」的啤酒廠出現在目前科隆的舊城區內，它就是彼特斯啤酒屋的前身。後來它易主更名，規模也不斷擴張，一直到近代，很多舊報紙、舊照片裡都可以看到這棟樓房的身影，是一家歷史悠久的啤酒屋。不過經過戰爭和種種其它因素，釀酒業曾經停頓相當長的一段時間，目前的啤酒屋是1994年才又重新建立起來。餐廳內部相當寬敞，經常高朋滿座，道地的德國料理選擇眾多，譬如萊茵醋燜牛肉(Rheinishe Soorbrode)這道菜就相當受到歡迎，當然也別忘了品嘗它自家釀造的科隆啤酒。

希翁啤酒屋 Brauhaus Sion

🚇 P.166B2 🚶 從大教堂步行約3分鐘 🏠 Unter Taschenmacher 5-7 ☎ (0)221 257-8540 🕐 12:00~23:00（週一、二16:30起）🔗 www.brauhaus-sion.de

坐落於舊城區的希翁啤酒屋創立於西元1318年，是全科隆歷史最悠久的啤酒屋，可惜1942年毀於戰火，1951年終於得以在原地重建。店裡的裝潢洋溢著古老氣息，但是鎮日裡生意興隆，氣氛相當熱鬧、輕鬆。來到這裡當然要品嘗一下它自家釀製的科隆啤酒，搭配各式各樣的香腸、肉類、海鮮料理等，都十足過癮，而剛烤好新鮮出爐的各式火焰脆餅(Flammkuchen)也很受人們青睞。

科隆Köln

MAP ▶ P.166A2

香水博物館與4711

Farina Duftmuseum & Dufthaus 4711

古龍水的發源地

◎香水博物館 🎧搭乘U5至Rathaus站，步行約2分鐘 🏠
Obenmarspforten 21 ☎(0)221 399-8994 ⏰週一至週六
10:00~19:00，週日11:00~17:00 💰成人€8，9歲以下免費 🌐
farina.org ❶必須在專人導覽下才能入內參觀，可先在官
網上預約中文或英語的場次 ◎Dufthaus 4711 🎧搭乘U3、
U4、U5、U16、U18至Appellhofplatz站，步行約3分鐘 🏠
Glockengasse 4 ☎(0)221 2709-9911 ⏰09:30~18:30 (週六
至18:00) 🚫週日 🌐www.4711.com 💐每週六13:00有50分
鐘導覽行程，費用為每人€7.5

　　古龍水的名字即是來自於科隆這座城市，
它最早是由一位義大利人法利納(John Maria
Farina)在1709年時於科隆研發製造出來的，法
利納將其命名為「Eau De Cologne」(科隆之
水)，也使得科隆從此成為世界知名的城市。

　　「Eau de Cologne-Farina」這個世上最古
老的香水品牌，其專賣店就在科隆市區，使用
復古香水瓶盛裝的古龍水別有一番風味。而這
個專賣店同時也是香水博物館，展示著18世紀
以來的香水歷史。

　　另一家「4711」也是老牌的古龍水，在1792
年由Wilhelm Muehlens研發成功，而4711這
個數字是拿破崙征服歐洲各地時，在此所畫下
的門牌號碼。雖然一般認為古龍水好像就是男
性香水，其實不然，古龍水指的是淡香水，女
性一樣可以使用，就看你喜不喜歡這有點偏中
性的香味了。

科隆Köln

MAP ▶ P.166B3

巧克力博物館

MOOK Choice

Schokoladenmuseum

令人心花怒放的甜蜜滋味

🎧搭乘U1、U5、U7、U9至Heumarkt站，步行約8分鐘 🏠
Am Schokoladenmuseum 1a ☎(0)221 931-8880 ⏰每日
10:00~18:00 (閉館前30分鐘停止入場) 🚫1~3月及11月的週一
💰成人平日€14.5，週末€16；6~18歲平日€8.5，週末€10 🌐
www.schokoladenmuseum.de

　　建在萊茵河潟湖上的船形博物館，原名為
「Imhoff-Stollwerck-Museum」，是一
間由私人經營的博物館，因為展示的主題是
巧克力，所以常被稱為「巧克力博物館」。
2006年時，其合作的巧克力廠商從科隆本地的
Stollwerck換成了瑞士蓮(Lindt)，博物館也正
式改為現名。

　　館中展示了巧克力的起源以及發展過程，而
全程透明化的製作程序，更讓人折服於現代科
技的進步。最棒的是遊客可以在一顆結滿金色
可可豆的樹下，免費品嚐沾著巧克力的餅乾，
讓香濃的滋味在嘴巴裡化開，如果吃不過癮的
話，還可以在這邊買一包現做的巧克力帶回家
去慢慢享受。

科隆Köln

MAP ▶ P.166A2

沃利夫理查茲美術館

Wallraf–Richartz–Museum

處處皆是大師名作

🚇搭乘U5至Rathaus站，步行約2分鐘　🏠Obenmarspforten（市政廳旁）　☎(0)221 2212-1119　🕐10:00~18:00（每月第1個及第3個週四至22:00）　🚫週一　💲成人€8，18歲以下免費　🌐www.wallraf.museum

館中收藏了中世紀的科隆繪畫及15世紀珍貴的藝術作品，是德國在慕尼黑的舊美術館之外，蒐藏量最豐富的美術館。最特別的珍藏除了有古代科隆版畫、魯本斯、林布蘭等北方文藝復興時期的巨匠作品外，著名的印象派畫家如莫內、塞尚的作品也不少。平日館內相當安靜，滿室的畫作常讓人不經意就發現原來是出自名家之手。

科隆Köln

MAP ▶ P.166A2

日默瓦旗艦店暨博物館

Rimowa Flagship Store & Museum

頂級旅行箱展示與販售

🚇從大教堂步行約2分鐘　🏠Hohe Str. 139　☎(0)221 1681-2079　🕐10:00~18:00　🚫週日　💲免費　🌐www.rimowa.com

來自德國的日默瓦（Rimowa），是以純聚碳酸酯材質製作行李箱的先驅，由於堅固、輕巧及獨特的細節設計，早已成為頂級旅行箱的代名詞。Rimowa創立於1898年，其發軔地正是在科隆，今日Rimowa的旗艦店便坐落在科隆大教堂的不遠處，樓下是產品專賣店，二樓則設置成品牌本身小小的博物館，展示著歷年來Rimowa行李箱的發展沿革，也有行李箱的構造拆解，而Rimowa的優越與獨特性，更是直接展現眼前。

科隆Köln

MAP ▶ P.166A2

萊茵能源足球場

RheinEnergie Stadion

科隆第一足球會主場

🚇搭乘U1（Tram 1）至Rheinenergie Stadion站即達　🏠Aachener Str. 999　☎(0)221 7161-6150　🌐www.rheinenergiestadion.de　◎公眾導覽行程　🕐行程約75~90分鐘，詳細場次請上官網查詢　💲每人€12.5

2006年的世界盃足球賽在全德國12處標準場地舉行，包括柏林、慕尼黑、法蘭克福、科隆等，而萊茵能源足球場就是場地之一。

足球賽是德國非常重要的體育活動，從球場的設施便可見一斑。在足球場的主、客隊休息室中，有採訪室、更衣室、桑拿浴、小泳池等，球場總計可以容納46,000名觀眾，還有專為盲人而設的座位區，設備相當齊全。萊茵能源足球場同時也是德甲球隊1. FC Köln的主場，想要親臨現場觀賽的遊客，可至球場的紀念品中心預購球票，或在開賽前兩小時至售票台購票。

波昂 Bonn

MAP ▶ P.167B3

貝多芬故居

MOOK Choice

Beethoven-Haus

一代樂聖的出生地

🚇 從波昂中央車站，搭乘Tram 62、66至Bertha-Von-Suttner-Pl./ Beethovenhaus站，步行約2分鐘 ⓖ Bonngasse 20, Bonn ☎(0)228 981-7525 ⏰10:00~18:00 (17:30停止入場) 🚫週二 💲成人€12，兒童€7 ⓤwww.beethoven.de

　　貝多芬從1770年出生到1792年離家前往維也納前，都是住在此棟宅院裡。雖說是住在這裡，但貝多芬一家僅是向友人租用其中的一小部分，因為貝多芬的父親雖有選帝侯宮廷內男高音歌手的正職，但薪資微薄，後來更因酗酒問題而身敗名裂，導致全家生活窘困。貝多芬為生計所迫，幼年即開始彈奏鋼琴賣藝賺錢，二十出頭便前往維也納獻藝，自此一鳴驚人，並於維也納落戶定居。

　　貝多芬出生與度過童年的宅院已被完整地保存下來，不但全宅闢為貝多芬的紀念博物館，館內還展示貝多芬曾經演奏過的鋼琴、十餘歲時所演奏大風琴的鍵盤、晚年使用的喇叭形助聽器，以及多張親筆手寫的樂譜手稿等，真可說是愛樂迷的朝聖地。

　　每年於夏秋之際，波昂會在老城萊茵河畔的貝多芬廳(Beethovenhalle)舉辦國際貝多芬音樂節的精采節目，也是愛樂迷聆聽音樂饗宴的重要機會。

杜塞道夫 Düsseldorf

MAP ▶ P.167A1

賓拉特宮殿

MOOK Choice

Schloss Benrath

奢華無比的貴族品味

🚇 搭乘U71、U83至Schloss Benrath站即達 ⓖBenrather Schloßallee 100-106, Düsseldorf ☎(0)211 892-1903 ⏰宮殿主屋與自然史博物館：11:00~17:00 (週五14:00起，週末至18:00)。花園藝術博物館：週末11:00~18:00 🚫週三、四 💲成人€14，6~17歲€6 ⓤwww.schloss-benrath.de ❗參觀主屋須加入導覽行程

　　位於杜塞道夫東南邊約10公里的賓拉特，有一座外表典雅、內在華麗的洛可可式建築——賓拉特宮殿。宮殿與公園所構成的整體建築，在德國的藝術史與建築史上均占有一席之地。

　　宮殿從外表上看似只有一層樓，也不是很大的建築物，但宮殿內卻是整整有4層樓、80個房間的寬廣結構，在建築史上堪稱巧妙而精緻的設計。再加上宮殿內的洛可可風格擺飾，每個物件不但細緻而且華麗，每一根樑柱、每一面牆壁、每一塊地板，莫不是雕樑畫棟、花團錦簇，把尊貴與奢華的品味渲染到了極致。

　　據說當初建造的男爵有感於貴族社會的繁文縟節，想要蓋一處讓自己身心最感舒適的宅第。男爵原想把賓特拉宮殿用作打獵休憩的行館，但在宮殿完工後也只造訪過兩次。後來宮殿被北萊茵州政府收購，除了作為博物館展示之外，也用來接待重要外賓或舉行特殊的文化活動。

杜塞道夫 Düsseldorf

MAP ▶ P.167A1

國王大道
Königsallee

流行趨勢的時尚窗口

🚇 從杜塞道夫中央車站搭乘往老城(Altstadt)的任一線地鐵，在Steinstr./Königsallee站下車即達 🌐 www.koenigsallee-duesseldorf.de

被當地居民簡稱為「Kö」的國王大道，品牌名店在此迤邐成一整排流行趨勢的時尚窗口，當季最火紅的設計精品均在此絢爛登場。而國王大道因有整排栗樹夾道，典雅大宅與綠蔭交織的高雅氣氛，讓此地被譽為歐洲最雅致的購物天堂之一。

從國王大道至萊茵河畔，都可算是杜塞道夫的老城區，尤其是圍繞在萊茵河一帶，更是老城區內最密集的餐館與酒吧聚集地。據統計，光是小小的一塊老城區，就有超過260家餐飲業聚集，各國美食均在此獲得一席之地，稱得上是老城區的一大特色。

老城區內除了餐館與酒吧外，還以眾多博物館而著名，例如佇立在碼頭邊的美麗塔樓就是船博物館(Schifffahrtsmuseum)，有興趣的遊客也可以造訪一遊，了解萊茵河船運與船隻的發展歷程。

梅特曼 Mettmann

MAP ▶ P.167B1

尼安德塔人博物館
Neanderthal Museum

發現尼安德塔人

🚇 從杜塞道夫中央車站，搭乘S28至Neanderthal站，步行約14分鐘 🏠 Talstr. 300, Mettmann ☎ (0)2104 97-970 🕙 10:00~18:00 🚫 週一 💰 成人€13，6~16歲€8.5，4~5歲€7 🌐 www.neanderthal.de 🎧 門票含英文語音導覽，也可自行下載中文導覽單

不知你是否會對教科書上大名鼎鼎的「尼安德塔人」感到好奇呢？他們究竟在何處被人發現？尼安德塔人時代的杜塞道夫又是什麼模樣？

原來尼安德塔人的發現地點位於一處小溪流的山谷中，兩壁的山勢雖已因公路的開鑿而不復見，但小溪流依然潺潺圍繞，可以想見早期人類生活聚落中因應水源而擇地居處的重要理由。

尼安德塔人博物館內的展示，首先以物種演化、物競天擇為前提，介紹史前人類各個時期的狩獵、採集、農耕等生活型態，以及氣候條件影響下的聚落特徵、各種史前人類的生活樣貌等，豐富的復原模型與遺跡展示，都讓展覽更加生動有趣。

亞琛市區圖

N

市政廳 Rathaus
珍寶館 Domschatzkammer
科文博物館 Couven-Museum
亞琛大教堂 Aachen Dom
Nobis 香料餅屋
腓特烈威廉廣場 Friedrich-Wilhelm Platz
亞琛劇院 Theater Aachen
行進門 Marschiertor
亞琛火車站

圖例
⊕景點 ♱教堂 🛍購物
🚉火車站 🏛政府機關
ℹ遊客服務中心 🄷廣場

亞琛Aachen

MAP ▶ P.175A1

亞琛大教堂

Aachen Dom

MOOK Choice

宗教建築藝術傑作

🚶從亞琛中央車站步行約15分鐘 🏠Domhof 1, Aachen ⏰平日11:00~19:00，週六13:00~19:00，週日13:00~17:30 💰免費 🌐www.aachenerdom.de ◎教堂導覽 ☎(0)241 4770-9145 ⏰平日11:00~18:00，週六13:00~16:00、18:00，週日13:00~16:00，每小時一梯(英文行程為每日14:00出發) 💰€5

　　亞琛是一座相當靠近比利時邊界的歷史古城，早在羅馬帝國時代，就是知名的溫泉療養勝地。這座城市在歷史上的重要性，很大程度與法蘭克王國加洛林王朝的查理曼大帝(Charlemagne)有關。查理曼大帝自西元768年即位後，長年東征西討，統治了大半個歐洲，並在西元800年於羅馬接受教宗加冕為皇帝，從此便以「羅馬人的皇帝」自居。他選定亞琛作為他帝國的政治中心，在這裡建立行宮，企圖把亞琛打造為第二個羅馬。查理曼下令他的御用建築師梅斯的奧多(Odo von Metz)興建了一系列建築，其中就包括一座行宮禮拜堂，而這便是今日亞琛大教堂的主體結構。

　　查理曼大帝於814年崩殂後，遺體就葬在這座教堂內，之後歷任國王加冕，也都是在這座教堂內舉行，其中包括東法蘭克國王鄂圖一世(Otto I)，他於936年在這裡加冕為王，後來鄂圖一世也到羅馬接受教宗加冕稱帝，開啟了神聖羅馬帝國的漫長歷史。

　　亞琛大教堂的建築融合了古典主義晚期與拜占庭的特色，主體部分的外觀呈八角型，有著巨大的圓拱頂，內室四周牆面布滿了金碧輝煌的宗教鑲嵌畫，精彩的程度被譽為德國建築和藝術史上的第一象徵。由於在歷史與藝術成就上都極富意義，因此當聯合國教科文組織於1978年開始遴選世界遺產時，亞琛大教堂也被列為全球首批12個世界遺產之一。

珍寶館 Domschatzkammer

Johannes-Paul-II.-Straße, Aachen　(0)241 4770-9140
10:00~18:00 (週一至14:00)　成人€6，兒童€4，英文語音導覽€3

　　亞琛大教堂建成之後，曾經是32位國王加冕、多次帝國會議舉行的重要場所，前來膜拜的信徒更是不絕於途。1350年，教堂西側增建了一座珍寶館，容納教會收藏的珍貴寶物。今日陳列主題分為與查理曼大帝相關的寶物、歷代禮拜儀式的器具用品、由朝聖信徒捐贈或由十字軍東征帶回來的聖物箱等部分。其中最值得一看的，包括傳說中聖母瑪莉亞的聖物箱、洛爾泰十字架(Lotharkreuz)、雕塑成查理曼大帝半身像的寶物箱等，琳瑯滿目，令人大開眼界。

亞琛Aachen

MAP ▶ P.175A1

Nobis香料餅屋

Nobis

亞琛的傳統點心

從亞琛火車站步行約15分鐘　Krämerstraße 6, Aachen
(0)241 968-000　週一至週六10:30~18:30，週日12:00~17:00
www.nobis-printen.de

　　在亞琛，幾乎到處都看得到在賣香料餅(Printen)的店家，這種香料餅吃起來其實就是薑餅，很甜，有薑、肉桂等多種香料的香氣，再加入大量巧克力。這種甜點最早可能是從比利時的迪南(Dinant)傳入，不過「Printen」這個字已經成為「亞琛香料餅」的註冊商標。

　　眾多品牌之中，又以創立於1858年的Nobis最具知名度，在大教堂附近就可以找到3間分店，其中的本店不但營業時間較長，旁邊還附設了咖啡廳，可以坐下來好好喝飲料兼品嚐香料餅。

●卡塞爾

卡塞爾
Kassel

文●蔣育荏　攝影●周治平

位於富爾達河(Fulda)河畔的卡塞爾，是黑森邦北部的大城，由於格林兄弟的青少年時期就是在此渡過，後來他們也曾多次回到卡塞爾任職，並在這裡蒐集各地的民間故事，使得卡塞爾理所當然成了童話大道上的一員，吸引不少童話迷們前來格林世界朝聖。

然而，卡塞爾最重要的景點並非格林世界，而是山丘上的威廉高丘公園，山頂上的海克力斯巨像與小瀑布，加上風格典雅的威廉高丘宮，共同構成這幅雄偉景觀的中軸線，而一旁的獅子堡則發揮英式花園的功能，將人們帶往夢境中的美好時代。另一方面，威廉高丘宮內的博物館也頗有看頭，收藏了許多文藝復興時代的大師名作。凡此種種，讓威廉高丘公園在2013年時躋身世界文化遺產之列，雖然卡塞爾的景點不多，但光是這座公園就絕對值得人們千里而來。

另外，卡塞爾也是五年一度的文獻展(Kassel Documenta)舉辦地點，這可是藝術界的盛會，每次都讓卡塞爾人口爆增數十萬。

卡塞爾市區圖

往威廉斯塔爾宮 Schloss Wilhelmsthal

海克力斯像 Hercules
威廉高丘宮 Schloss Wilhelmshöhe
威廉高丘公園 Bergpark Wilhelmshöhe
獅子堡 Löwenburg
卡塞爾威廉高丘車站 Kassel-Wilhelmshöhe
InterCity
Penta
Astoria
卡塞爾中央車站 Kassel Hbf.
弗利德利希安農博物館 Fridericianum
市立博物館 Stadtmuseum
黑森省立博物館 Hessisches Landesmuseum
格林世界 GRIMMWELT
自然歷史博物館 Naturkundemuseum

圖例 ◎景點 ◎公園 ◎城堡 🏛博物館 ❶遊客服務中心 🏨飯店 🚉火車站

INFO

如何前往
◎火車

卡塞爾市中心有兩個最主要的火車站，分別是卡塞爾中央車站和卡塞爾威廉高丘車站，中央車站其實只運作RB、RE等區域性火車，而威廉高丘車站才是該城的主要門戶。

從法蘭克福中央車站，每小時有2班ICE直達卡塞爾威廉高丘車站，車程約2小時；若是要到卡塞爾中央車站，則是每小時1班RE，車程約2.5小時。

從柏林中央車站，每2小時1班ICE直達卡塞爾威廉高丘車站，車程約3.5小時；其他班次需在漢諾威等地轉車，車程約需4小時。

卡塞爾威廉高丘車站 Kassel-Wilhelmshöhe
🔎P.178C1

卡塞爾中央車站 Kassel Hbf
🔎P.178D1

市區交通
◎大眾運輸工具

卡塞爾的大眾運輸由NVV營運，以路面電車(Tram)、公車和區域性火車(RB、RE)為主，其中路面電車共有8條路線，較常為遊客使用到。這幾種交通工具使用共同的車票，車票可在月台自動售票機購買。如果只在市區活動，票價如下：短程票(電車與公車4站以內或火車3公里以內)為€1.9，成人單程票€3 (若一次買5張，每張€2.7)，7~17歲兒童單程票€1.9 (若一次買5張，每張€1.5)。

北黑森運輸協會 NVV
🌐www.nvv.de

觀光行程
◎市區觀光巴士

這輛觀光巴士從自然史博物館旁的Papinplatz出發，沿途行經威廉高丘公園、威廉高丘宮、海克力斯像等12處景點，全程約為2.5小時。
📍Entenanger 6
☎(0)561 622-33
🕙4~10月週五至週日11:00、13:30發車
💶成人€20，4~16歲€12
🌐www.kasselstadtrundfahrtreisebuero.de
🎧車上有中文語音導覽耳機

優惠票券
◎卡塞爾卡 KasselCard

持有卡塞爾卡，可在效期內不限次數免費搭乘市區大眾交通工具，參觀博物館、景點、各類型行程時亦享有些許折扣。卡塞爾卡可在遊客中心、各大旅館櫃檯等處購買，每張卡可供2人使用。
💶24小時雙人卡€9，72小時雙人卡€12

旅遊諮詢
◎市政廳遊客中心
🔎P.178D1
📍Wilhelmsstraße 23
☎(0)561 707-707
🕙10:00~17:00 (週六至15:00)
🚫週日
🌐kassel.de/gaeste

MAP ▶ P.178A1

威廉高丘公園

MOOK Choice

Bergpark Wilhelmshöhe

雄偉神秘的古典夢境

🚃搭乘Tram 1至Wilhelmshöhe (Park)站即達 ⏰24小時開放 💰免費 🌐museum-kassel.de ◉威廉高丘公園遊客中心 ⏺P.178B1 🏠Wilhelmshöher Allee 380 ☎(0)561 3168-0751 ⏰10:00~17:00 ⛔週一 ◉公園接駁巴士 從威廉高丘公園遊客中心出發，前往威廉高丘宮、獅子堡等園內景點 ⏰5月~10月初的週三、日10:00~17:00，每15~20分鐘一班 💰成人€2，6歲以下免費 ◎瞭望塔 ⏰4~10月週日14:00~16:00 💰成人€2，18歲以下免費

　　威廉高丘公園是卡塞爾最重要的景點，搭乘電車來到山下，便能看到山坡上的威廉高丘宮、小瀑布與遠方的海克力斯像連成一條直線，既有種雄渾不可一世的氣勢，又有股歷史悠悠的滄桑美感。威廉高丘公園開始建於17世紀末，當時黑森-卡塞爾領主卡爾一世(Karl I)打算建造一座結合建築、景觀與水法的大花園，並以義大利花園為範本，於是特別從義大利敦聘建築師，為他設計了山丘上的海克力斯像與小瀑布。到了卡爾一世的孫子弗烈德里希二世(Frederick II)在位時，義大利風格已經退了流行，於是他把這裡改成英式花園，建了英式花園必備的人造洞穴、古羅馬渡槽、中國村等建物。而他的繼任者威廉九世(Wilhelm IX)又增建了威廉高丘宮與獅子堡，花園也就成了今日的規模。

威廉高丘宮 Schloss Wilhelmshöhe

⏺P.178A1 🏠Schlosspark 1 ☎(0)561 316-800 ⏰10:00~17:00(售票至16:20) ⛔週一 💰與獅子堡、海克力斯像(4~10月)/植物溫室(11~3月)的聯票：成人€6，18歲以下免費
威廉高丘宮建於1786~98年，當時公園已被改建為英式花園。英式花園的特徵在於追尋古典時代的田園美好，建築式樣取材自古希臘時代，但許多細節又出當時人們對於古代的想像，由於這種風格的建築法則被帕拉迪歐(Andrea Palladio)集結成書，因此被稱為「帕拉迪歐主義」。威廉高丘宮就是典型的帕拉迪歐式宮殿，原本主建築上方還有座巨大的圓頂，但在二次大戰毀壞後並沒有再重建。這座宮殿直到一次大戰前，都還是德意志皇帝的私人夏宮，向公眾開放之後，目前分為3個博物館：宮殿博物館(Schlossmuseum Wilhelmshöhe)展示宮殿的內部裝潢，可以看到精緻典雅的灰泥裝飾與皇室傢俱；古代美術館

(Antikensammlung)展示古希臘羅馬時代的雕塑、陶器、錢幣、珠寶等，其中包括著名的卡塞爾阿波羅神像，以及西元前2千多年的特洛伊、克里特與邁錫尼文明遺物；大師畫廊(Gemäldegalerie Alter Meister)則展示林布蘭、杜勒、魯本斯、凡戴克、哈爾斯、堤香等名家之作，其中林布蘭的作品有12件，在德國的收藏僅次於柏林。

海克力斯像 Hercules

🅐P.178A1 🏠Schlosspark 28 🕐4~10月10:00~17:00 🅗週一
及11~3月 💲適用於與威廉高丘宮的聯票

海克力斯像是威廉高丘公園最早的設計之一，建於
1701~1718年。這座9.2公尺高的青銅巨像建在63公尺的
巨人堡(Riesenschloss)上，造型完全仿自現存於羅馬法
爾內塞宮(Palazzo Farnese)的著名古希臘雕塑。雕像典故
來自海克力斯用一塊大石頭擊敗泰坦巨人阿爾庫俄紐斯
(Alcyoneus)的神話故事，海克力斯高高地站在他的手下敗
將之上，而從巨人嘴裡吐出的噴泉最後匯聚成流，成為公
園裡壯觀的水法：小瀑布。如今，海克力斯已成了卡塞
爾的城市象徵，雕像腳下的觀景台則是眺望威廉高丘公園
與卡塞爾市區最夢幻的地點，到了夜晚還會打上燈光，更
增神話想像。

獅子堡 Löwenburg

🅐P.178A1 🏠Schlosspark 9 ☏(0) 561 3168-0244 🕐4月~1
月初週二至週日10:00~17:00 (11月後至16:00)；1月中~3月週五
至週日10:00~16:00。每小時一梯導覽，最後一梯於關門前1小時
出發 💲適用於與威廉高丘宮的聯票

獅子堡是一座故意建成廢棄城堡模樣的建築，這類的廢
墟建築流行於18世紀的英式花園，當時英國貴族受到僕
辛(Nicolas Poussin)與羅倫(Claude Lorrain)的畫作影響，開
始追戀一種往日夢境中的田園風光，於是這類「吳宮花
草埋幽徑」的景象，便作為巴洛克風格的對立面，將貴
族從宮廷的繁文縟節中解放出來，並被視為寧靜的夢鄉，
帶有歷史無常的憂鬱之美。威廉高丘公園的獅子堡建於
1793~1801年，是德國這類型建築的先驅，許多後世的浪
漫主義建築如新天鵝堡等，都有受到它的影響。今日獅子
堡內展示早期的盔甲、武器，以及領主的寢宮和禮拜堂
等，帶領人們回到久遠的中世紀時代。

MAP ▶ P.178D2

黑森省立博物館

Hessisches Landesmuseum

德國中部最大的博物館

🚋搭乘Tram 1、3、4、5、6、8至Rathaus站，步行約3分鐘
🏠Brüder-Grimm-Platz 5 ☏(0)561 316-800 🕐10:00~17:00
🅗週一 💲成人€6，18歲以下免費 🌐www.museum-kassel.
de

這間博物館分為3大部分，史前與古代歷史
展區陳列本地的考古發現、模型與還原現場的
造景，較有名的展品是Molzbach地區出土的
女性墓葬飾品，從其富於裝飾性的表現，很難
相信竟是來自西元前14世紀的青銅器時代。工
藝品與雕塑展區的陳列品，有很多是16世紀時
本地領主威廉四世的收藏，多出自當時的名家
或名廠之手，像是以貴金屬裝飾的酒杯、珍珠

母製作的器皿等。最可觀的是德國壁紙博物館
(Deutsches Tapetenmuseum)，從中世紀晚
期到近代的壁紙，大片大片地貼在牆壁上，可
看出各個不同時代對室內佈置的喜好演變，以
及造紙技術上的改良。

威廉斯塔爾宮

Schloss Wilhelmsthal

伯爵的洛可可行宮

🚌 從卡塞爾中央車站搭乘100號公車至Schäferberg站下車，轉乘47號公車至Calden–Wilhelmsthal站即達，全程37分鐘 🏛 Schloss Wilhelmsthal, Calden ☎(0)5674 6898 🕐4~10月週二至週日10:00~17:00，11~3月週五至週日10:00~16:00 💲成人€4，18歲以下免費 🌐museum-kassel.de ❗參觀宮殿必須參加導覽，行程每小時1梯，最後1梯於關門前1小時出發

威廉斯塔爾宮位於卡塞爾西北方的卡爾登(Calden)附近，由黑森–卡塞爾伯爵威廉八世(Wilhelm VIII)於1747年下令建造，以作為他平日休閒的別墅。工程歷時15年，於1761年完工，如今這棟三翼結構的建築，依舊是德國保存最完整的洛可可式宮殿之一。

由著名宮廷雕刻家老約翰納爾(Johann August Nahl the Elder)所裝飾的房間，牆面與天花板上都鋪滿了金光璀璨而又精緻繁複的花卉紋飾，尤其一樓的宴會廳更是富麗堂皇。而兩座前廳內的美人畫廊也很令人驚豔，牆上掛滿一系列伯爵宮廷內迷人女性的肖像畫。屋內傢俱全是當時的一時之選，包括來自法國的漆面櫥櫃、遠從東亞進口的大量瓷器等，而一個帶有孔雀羽毛裝飾、標記1755年的小型抽屜櫃，更因其精巧的鑲嵌手法，而被視為獨一無二的珍品。

©Kassel Marketing GmbH

©GRIMMWELT Kassel

格林世界

MOOK Choice

GRIMMWELT Kassel

向最偉大的民間文學編集者致敬

🚋 搭乘Tram 1、3、4、5、6、8至Rathaus站，步行約7分鐘 🏛 Weinbergstraße 21 ☎(0)561 598-6190 🕐10:00~18:00(週五至20:00) 🈺週一 💲成人€10，18歲以下€7 (門票含特展) 🌐www.grimmwelt.de

卡塞爾這座與格林兄弟淵源匪淺的城市，原本就有一間格林兄弟博物館，但由於種種因素，舊的博物館已無法應對世界潮流，為了讓世人更加認識這對史上最偉大的民間故事編集者，當局決定建造一棟用來展示其作品、研究成果與生活背景的新博物館，那便是於2015年盛大開幕的格林世界。

新博物館的展示空間廣達1,600平方公尺，遠比舊館要大上許多。館內以德文字母的A到Z，分為各個獨立的主題展區，你可以看到許多耳熟能詳的童話故事場景，也可以見識到雅各與威廉平日生活的環境，當然也有各個時代及各國版本的格林童話，從中可看出不同國家對其做出的不同闡釋。同時也別忘了，格林兄弟當初蒐集地方故事的目的是為了進行德語語文學上的研究，因此有關德語的各種詞性變化及表現技巧，也是博物館的展示重點。雖然國人不見得理解德文文法，但因為大部份展品都是透過遊戲、場景等互動式呈現，依舊是娛樂十足。

德國西部……**卡**塞爾 Kassel

德國南部

Southern Germany

德國南部

構成德國南部的巴伐利亞邦與巴登-符騰堡邦，無疑是德國最受亞洲遊客青睞的仙境，尤其是巴伐利亞南境以新天鵝堡為首一系列如夢似幻的城堡，更是許多人心目中一生必去的重頭景點。在德國政府規畫的觀光路線中，最重要的兩條就在德南兩邦的範圍內，羅曼蒂克大道與古堡大道，一縱一橫，像一支十字架般緊緊抓住遊人們的心。

德南第一大城慕尼黑也以它獨特的魅力召喚著世界各地的人們，每年十月的啤酒嘉年華，人們不分貧富貴賤，不分男女老少，齊集在一起暢飲同歡，人生快意莫過於此。

而巴登-符騰堡邦的黑森林也是聞名遐邇，在這片廣袤蓊鬱的森林中，曾經孕育出無以數計的哲學家與詩人。在鄉村林間放慢行程與腳步，細細品味詩歌一般的田園生活，同時也吸收了些深邃的哲性。

德國南部之最Top Highlights of Southern Germany

慕尼黑十月啤酒節 Oktoberfest in München
每年十月的啤酒節，讓慕尼黑「啤酒之都」的聲名遠揚，也是一年之中的旅遊焦點。來自世界各地的觀光客，讓會場內的大型啤酒棚終日高朋滿座、熱鬧非凡。（P.195）

©蔡金蘭提供

慕尼黑舊美術館
Alte Pinakothek
德國最重要的古典藝術博物館，館中收藏的都是歷代大師們震古鑠金的傑作，從文藝復興時期到巴洛克時代，精彩而豐富的展示，總令藝術愛好者流連忘返。（P.199）

新天鵝堡
Schloss Neuschwanstein
新天鵝堡是德國最熱門的觀光景點，迪士尼樂園內的睡美人城堡就是由這座城堡得來的靈感。巴伐利亞國王獨特的藝術天分，加上悲劇性的故事，更增添了新天鵝堡的傳奇色彩。（P.235）

海德堡古堡
Schloss Heidelberger
海德堡古堡雖然早已因為戰火而淪為遺跡，但那殘存的宏偉高牆、精緻浮雕，乃至各式各樣的歷史文物，無不述說著往日的傳奇故事，引人神往。（P.241）

楚格峰 Zugspitze
位於德南邊境阿爾卑斯山系的楚格峰，海拔2,962公尺，是德國第一高峰。登上山頂，可飽覽阿爾卑斯山脈一望無際的景色。（P.238）

©黃金蘭提供

慕尼黑●

慕尼黑

München

文●蔣育荏・墨刻編輯部　攝影●周治平

巴伐利亞是德國面積最大的邦，身為首府的慕尼黑，是全德國的第三大城，也是世界上生活水準最高的地區之一。慕尼黑建城於1158年，德語的意思是「僧侶之地」，1505年成為巴伐利亞首府，經濟逐漸達到鼎盛，可惜後來爆發三十年戰爭，加上瘟疫肆虐，竟使全城人口少掉三分之一。到了路德維一世在位時期(1825~1848年)，慕尼黑元氣已然恢復，開始發展出許多知名的建設，例如雕刻博物館、王宮等，將慕尼黑帶領成為歐洲的文化中心。今日遊客想一窺貴族們的生活，可以參觀位於慕尼黑近郊的寧芬堡宮，這是歷代巴伐利亞選帝侯和國王的夏宮，見證了巴伐利亞王國的盛世。

第二次世界大戰期間，這座美麗的城市在聯軍密集空襲下，幾乎炸成一片廢墟，經過戰後積極重建，如今又成了一座迷人的新樂園。馳名世界的BMW總廠就設在慕尼黑，而BMW商標上藍白相間的菱格，正是巴伐利亞邦的邦旗配色。至於聞名天下的慕尼黑啤酒，更是每位旅客來訪時不能錯過的，尤其是每年十月舉辦的慕尼黑啤酒節，將整座城市籠罩在一片狂歡的氣氛中，把這裡的觀光帶到最高潮。

INFO

如何前往

◎航空

慕尼黑國際機場(MUC)位於市區東北方17公里處，是德國最重要的門戶之一。目前從台灣有長榮航空的班機直飛，BR71一週4班從桃園機場第二航廈飛抵慕尼黑機場第二航廈，飛行時間約14小時30分鐘。

若是搭乘華航班機，可在法蘭克福轉搭德國漢莎航空飛往慕尼黑。其他航空公司，可搭乘泰國航空在曼谷中轉，或搭乘新加坡航空在新加坡中轉，或搭乘阿聯酋航空在杜拜中轉，或搭乘土耳其航空在伊斯坦堡中轉。

🌐 www.munich-airport.de

◎火車

慕尼黑中央車站位於市中心西側。從柏林中央車站，每小時有1~2班ICE直達，車程約4~4.5小時。從法蘭克福中央車站，可搭乘EC或ICE直達，或是經由紐倫堡、斯圖加特、曼罕、阿沙芬堡(Aschaffenburg)等地轉車，車程約3.5~4小時。

慕尼黑中央車站 München Hbf

📍 P.186A3

◎長途巴士

慕尼黑長途巴士站(ZOB)位於S-Bahn的Hackerbrücke站旁，有多家長途客運的巴士在此進出。

📍 Arnulfstraße 21
🌐 www.muenchen-zob.de

◎羅曼蒂克大道專車Romantische Straße Bus

德國南部最著名的觀光大道就是羅曼蒂克大道，大道上的主要城市都有火車經過，但並沒有一條火車線直接串連所有城市，因此若想從頭到尾把羅曼蒂克大道走一遍，不妨利用每年5~9月間營運的羅曼蒂克大道專車。

☎ (0)89 593-889
🕐 每日09:00從法蘭克福發車，當晚19:00抵達慕尼黑卡爾廣場；而從慕尼黑則是08:30發車，當晚19:30抵達法蘭克福。
💶 法蘭克福到慕尼黑，單程€133，來回€178
🌐 www.romanticroadcoach.de

機場至市區交通

◎S-Bahn

在機場內可找到通往S-Bahn車站的入口。S1和S8都以慕尼黑機場作為終點站，平均每10分鐘就有一

> ### 巴伐利亞邦票 Bayern-Ticket
>
> 在巴伐利亞邦境內一日遊，可使用巴伐利亞邦票，效期內可不限次數搭乘邦內各種大眾交通工具。邦票適用於RE、RB等區域性火車，以及邦內各城市的所有大眾運輸系統。使用效期平日為09:00至隔日03:00，週末及假日則是00:00至隔日03:00。購買時可指定使用日期，因此可以提早購買。
>
> 邦票可在德鐵官網或火車站自動售票機購買，二等車廂的單人票價為€27，每增加1人多€9，最多可5人共用，也就是€63。一等車廂的單人票價為€39.5，每增加1人多€21，因此5人的票價就是€123.5。每張邦票最多可讓3名6~14歲兒童免費搭乘，5歲以下幼兒不限人數都是免費。
>
> 除此之外，還有一種夜間使用的邦票(Bayern-Ticket Nacht)，使用效期週一至週四為18:00至隔日06:00，週五、六為18:00至隔日07:00。二等車廂單人票價為€25，每增加1人多€6，5人票價€49。一等車廂單人票價為€36.5，每增加1人多€17，5人票價€104.5。

班，S1經由西邊，S8經由東邊，最後都會抵達市中心的中央車站、卡爾廣場、瑪麗恩廣場等地，車程大約40分鐘。

💶 成人單程€13，6~14歲兒童單程€1.8。如果是早班機抵達，或是當日還會再次搭乘大眾交通工具，也可購買機場一日票，單人€14.8，團體(最多5人)€27.8，兒童€3.5，效期至隔日06:00。

◎機場巴士

在1航廈D區出口、2航廈，及中央的MAC區，可找到德國漢莎航空機場巴士(Lufthansa Express Bus)的站牌，前往慕尼黑中央車站，車程約45分鐘。

🕐 每日06:30~22:30，每20分鐘一班

慕尼黑市中心圖

往BMW博物館與奧林匹克公園

↑往 ⓘ Chokoin

Ⓤ Theresienstr.

新美術館
Neue Pinakothek

舊美術館
Alte Pinakothek

布蘭德霍斯特當代藝
Museum Brandhorst

古生物博物館
Bayerische Staatssammlung für
Paläontologie und Geologie

連巴赫市立美術館
Städtische Galerie
im Lenbachhaus

雕刻博物館
Glyptothek

埃及藝術博物館
Staatliches Museum
Ägyptischer Kunst

現代美術館
Pinakothek der Moderne

Stiglmaierpl.

Königspl.

社會主義歷史檔案館
NS-Dokumentationszentrum

古代美術博物館
Antikensammlungen

方尖碑
Obelisk

往寧芬堡宮
Schloss Nymphenburg

Rocco Forte The Charles Hotel

鐵阿堤納教堂
Theatinerkirche

舊植物園
Alter Botanischer Garten

Hauptbhf.
慕尼黑中央車站

卡爾廣場 Karlspl.

L'Osteria

Ⓢ Karlspl.

聖米迦勒教堂
St. Michael

Max
Krug

雙人牌Zwilling

新
Ne
Ra

Sofitel

Hauptbhf.

聖母教堂
Frauenkirche

Café

Fleming's

德國漁獵博物館
Deutsches Jagd-
Und Fischereimuseum

瑪麗恩廣場
Marienplatz

Marienpl.

Schiller5

往 Ⓗ Augustiner Braustuben

德國劇院
Deutsches Theater

Solinger Schneidwaren
Hannelore Biebl

老彼得教堂
Peterskirche

往 Ⓗ Theresienwiese
Hotel Uhland

亞桑教堂
Asamkirche

市立博物館
Stadtmuseum

Louis

食品市集
Viktualienmarkt

Max Pett

Motel One

Bears & Friends

Schmalznudel
Café Frischhut

Paula

Sendlinger Tor Ⓤ

Goethepl. Ⓤ

Ⓤ Fraunhoferstr.

圖例 景點 ✛ 教堂 博物館 ⓘ 遊客服務中心 Ⓗ 餐廳 Ⓗ 飯店 購物 廣場 公園 咖啡廳 政府機關 Ⓤ U-Bahn 劇

成人單程€11.5，來回€18.5；6~14歲兒童單程€6.5，來回€13

🌐 www.airportbus-muenchen.de

◎租車

租車中心位於1航廈和2航廈之間的MAC區Level 3，可找到Hertz、Avis、Alamo、Sixt等多家租車公司櫃檯。

市區交通

◎大眾運輸工具

慕尼黑市區的大眾交通工具，包括由慕尼黑交通公司(MVG)與慕尼黑交通協會(MVV)共同營運的地鐵(U-Bahn)、路面輕軌(Tram)、公車，以及由德鐵公司管理的通勤火車(S-Bahn)。這些公共交通皆使用相同的車票機制，在S-Bahn和U-Bahn的車站都有自動售票機，在售票機購買的車票，使用前要先去戳印機打上啟用時間，不然被查票員查到，一樣要繳納罰款。Tram的售票機在車廂裡，公車票則可直接向司機購買，用這兩種方式購票的話，車票上已印有時間，故不需再去打印。

此外，持有城市旅遊卡，可在期限內任意搭乘市內大眾運輸工具，而持有德鐵通行證(Rail Pass)也可以搭乘同屬德鐵系統的S-Bahn。

慕尼黑交通公司 MVG

🌐 www.mvg.de

慕尼黑交通協會 MVV

🌐 www.mvv-muenchen.de

票種選擇

◎短程票 Kurzstrecke

短程票適用於4站之內的乘坐距離，這裡的4站指的是Tram和公車的4站，其中可包含2站S-Bahn或U-Bahn。短程票的票價為€1.9，打印起1小時內可分次搭乘或轉乘。

◎單程票 Einzelfahrkarten

雖名為單程，但其實可在限定時間內分次搭乘或轉乘，唯在路線上不得重複或折返。單程票的票價分為7個區段，不過一般遊客只會在Zone M (市中心)內移動，車資為€3.7，車票效期為2小時。6~14歲兒童的車票，不分區段皆為€1.8，效期為3小時。

◎一日票 Tageskarten

一日票效期至打印日期的隔日清晨06:00，可在效期內無限次數搭乘大眾運輸工具。日票價格也是依搭乘區段範圍而定，如果不離開市區(Zone M)的話，成人單人為€8.8，團體票€17。團體票最多可5名成人共用，而2名6~14歲的孩童可算作1位成人。

至於6~14歲兒童的單人一日票，價格為€3.5，使用範圍不限於市區，全區段皆可使用。

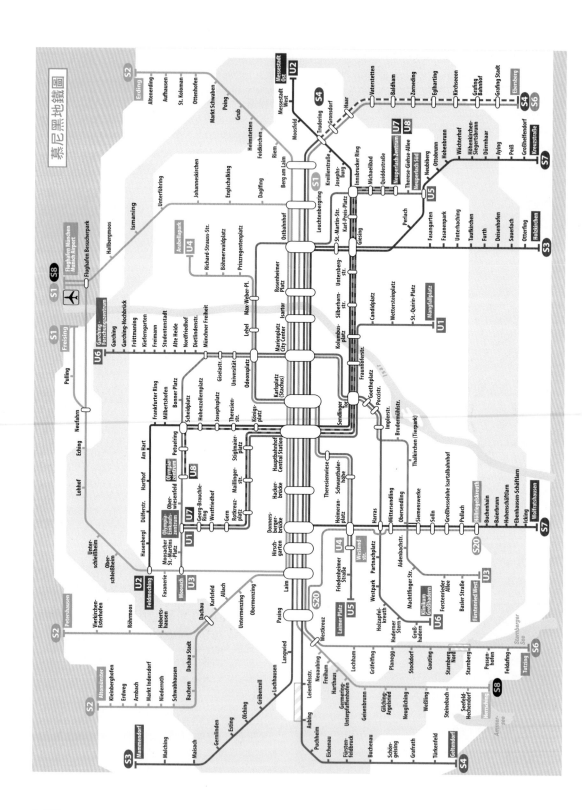

慕尼黑地鐵圖

188

◎計程車

慕尼黑計程車起錶為€5.5，每公里跳錶€2.3，等待時間每小時€36。若用電話叫車或有行李放在後車廂，則另有收費。

觀光行程

◎隨上隨下觀光巴士 Hop-On Hop-Off
City Sightseeing

這家隨上隨下觀光巴士共有3條路線、16個站點：市區路線經過瑪麗恩廣場、大市集、歌劇院(靠近王宮)；寧芬堡宮–奧林匹克公園路線經過寧芬堡宮和奧林匹克公園；施瓦賓(Schwabing)路線經過美術館區和英式花園。3條路線都是從中央車站前出發，車票可直接向司機購買，或在官網上購買列印。

⏱市區路線：10:00~16:30，每30分鐘一班(4~9月至17:00，每15~30分鐘一班)。寧芬堡宮–奧林匹克公園路線：10:00~16:00 (4~9月至17:00)，平日60分鐘、週末30分鐘一班。施瓦賓路線：10:30~16:30，每2小時一班(4~9月週末為每小時一班)

💲24小時€28，48小時€33，只搭乘市區路線€23。5~15歲一律€15

🌐www.citysightseeing-munich.com

🎫官網購票享9折優惠

◎市區散步 City Walk
免費行程 Free Tour of Munich

行程包括觀賞新市政廳的機械壁鐘表演、參觀聖母教堂、在王宮前聆聽巴伐利亞王室故事、到皇家啤酒屋認識十月啤酒節的由來等。

🚩在瑪麗恩廣場集合出發　⏱週四至週日10:45出發，行程2.5小時　💲免費！🌐www.neweuropetours.eu

❗需事先上網預約

啤酒行程 Beer & Brewery

行程包含參觀Paulaner釀酒廠與皇家啤酒屋，並在皇家啤酒屋中暢飲2杯半公升的啤酒。

🚩在瑪麗恩廣場遊客中心前集合出發　⏱10月中~2月的週五、六16:25、3~5月的週五、六17:25、6~9月中的週四至週六17:25　💲成人€41，26歲以下與67歲以上€39　🌐www.munichwalktours.de　❗參加年齡需在13歲以上，需支付導遊小費

優惠票券

◎慕尼黑卡 Munich Card

持有Munich Card可在100多處景點、博物館、觀光行程，獲得至多7折的折扣，在特定購物商店與餐廳，也能享有額外優惠。除了單人卡外，也有最多可5人共用的團體卡。

卡片在旅遊局官網或遊客中心購買，也能在MVG的車站自動售票機買到，但在售票機買的卡片使用前必須先去戳印機打上日期。卡片效期至到期日隔日凌晨06:00，唯一例外是24小時卡，效期至啟用時間24小時後。

Munich Card包含免費搭乘市區大眾運輸，但若本身已有交通票券，也可購買不含交通在內的卡種。

	24小時	2日	3日	4日	5日
成人Zone M	€16.9	€21.9	€30.9	€36.9	€44.9
成人不含交通	€5.9	€6.9	€7.9	€8.9	€9.9
團體Zone M	€24.9	€34.9	€47.9	€61.9	€72.9
團體不含交通	€10.9	€12.9	€14.9	€16.9	€18.9
6~14歲全域	€7.9	€10.9	€13.9	€16.9	€19.9
兒童不含交通	€2.9	€3.9	€4.9	€5.9	€6.9

慕尼黑城市通行券 Munich City Pass

持有Munich City Pass可免費參觀45處熱門景點、博物館與觀光行程，以及免費搭乘市區大眾運

慕尼黑路面電車圖

輸，在特定購物商店與餐廳，也能享有額外優惠，而在部份景點更有免排隊的優先入場便利。卡片在旅遊局官網或遊客中心購買，效期至到期日隔日凌晨06:00。和Munich Card一樣，也有不含交通在內的卡種。

	1日	2日	3日	4日	5日
成人Zone M	€39.9	€64.9	€79.9	€89.9	€99.9
成人不含交通	€29.9	€46.9	€58.9	€61.9	€64.9
15~17歲Zone M	€29.9	€44.9	€54.9	€64.9	€69.9
青年不含交通	€19.9	€28.9	€30.9	€32.9	€34.9
6~14歲全域	€18.9	€29.9	€34.9	€39.9	€44.9
兒童不含交通	€16.9	€21.9	€24.9	€27.9	€29.9

城市旅遊卡 CityTourCard

CityTourCard為MVV所發行，因此主要的用途是用來搭乘大眾運輸工具，而在參觀80處景點與行程時也能享有折扣優惠。卡片可在CityTourCard官網與S-Bahn、U-Bahn的自動售票機購買，使用前必須先去戳印機打上日期(官網購買者除外)。卡片分為單人與團體兩種，團體卡最多可5名成人共用，而2名6~14歲的孩童可算當1位成人。若是以小時為單位的旅遊卡，效期為自打印起24小時或48小時，若是以日為單位，效期至到期日隔日凌晨06:00。

	24小時	48小時	3日	4日	5日	6日
成人Zone M	€15.5	€22.5	€27.5	€33.9	€39.9	€45.5
團體Zone M	€24.5	€37.9	€41.9	€52.9	€62.9	€73.9

🌐 citytourcard-muenchen.com

旅遊諮詢

◎慕尼黑旅遊局
☎(0)89 2339-6500
🌐 www.muenchen.travel
◎瑪麗恩廣場遊客中心
📍P.186C4
🏠Marienplatz 8 (新市政廳內)
🕐平日10:00~18:00，週六09:00~17:00，週日10:00~14:00
◎中央車站遊客中心
📍P.186A3
🏠Luisenstraße 1
🕐09:00~17:00
㊡週日、一

城市概略 City Guideline

慕尼黑不愧泱泱大都會，市區範圍雖然大，但交通設施完善，重要的勝景又相當集中，即使對初來乍到、人生地不熟的觀光客而言，也不需花太多腦筋，相當方便。

以瑪麗恩廣場為核心，其實光靠雙腳，就可以向西順著考芬格大街、卡爾廣場走向中央車站，向東慢慢逛完食品市集、王宮博物館甚至馬克西米連大街。坐電車只要坐到Pinakotheken站，就可逐一拜訪舊美術館、新美術館、布蘭德霍斯特當代藝術館等；連遠一點的BMW博物館、奧林匹克公園，彼此也相去不遠，在同一個地鐵站落腳即可。

慕尼黑散步路線圖

- ⑨ 新美術館 Neue Pinakothek
- ⑩ 舊美術館 Alte Pinakothek
- ⑧ 布蘭德霍斯特當代藝術館 Museum Brandhorst
- ⑦ 現代美術館 Pinakothek der Moderne
- 雕刻博物館 Glyptothek
- ⑪
- 古代美術博物館 Staatlichen Antikensammlungen
- ⑥ 鐵阿堤納教堂 Theatinerkirche
- ⑬ 卡爾廣場 Karlplatz
- ⑤ 王宮博物館 Residenzmuseum
- 聖母教堂 Frauenkirche
- ⑭ ⑮
- 考芬格大街 Kaufinger Str.
- ① 瑪麗恩廣場 Marienplatz
- ② 玩具博物館 Spielzeugmuseum
- ④ 老彼得教堂 Peterskirche
- ③ 食品市集 Viktualienmarkt

曼蒂克大道專車，得以更具彈性地逐一拜訪，省時省事。

此外，如果你是愛車的人千萬別錯過斯圖加特，那裡的賓士博物館和保時捷博物館會讓你欣喜若狂；酷愛溫泉的人，建議去一趟巴登巴登，見識德國與眾不同的溫泉鄉風情。

慕尼黑行程建議
Itineraries in München

如果你有3天

抵達慕尼黑，先去瑪麗恩廣場報到，這一帶的景點很多，還沒吃飯的話，皇家啤酒屋(Hofbräuhaus)是許多觀光客品嘗巴伐利亞料理的首選。如果時間充裕，建議再去王宮博物館參觀。

第二天早上先搭電車到西郊的寧芬宮，參觀路德維二世的出生地，下午再坐U-Bahn去城北的BMW博物館。這兩個地方都很大，如果只對其中一者有興趣，大可以慢悠悠地參觀，若是兩者都不想錯過，時間就得斟酌一下。

國王廣場一帶是慕尼黑博物館最集中的地方，喜歡藝術的人一定可以在這裡耗掉一整天。可能的話，博物館的行程盡量安排在週日，因為所有博物館的門票都只要1歐元！

如果你有5~7天

羅曼蒂克大道堪稱德國最經典的旅遊路線，沿途的符茲堡、羅騰堡、奧格斯堡等都是各具特色的經典古城，新天鵝堡更是美得不似在人間。觀光旺季藉著羅

慕尼黑散步路線
Walking Route in München

遊歷慕尼黑老城區可以從①**瑪麗恩廣場**開始，廣場上的新市政廳華麗壯觀，如果時間剛好，記得先欣賞一段塔樓上的機械鐘報時秀，再開始這趟行程。廣場東邊的塔樓是舊市政廳所在，這裡現在是②**玩具博物館**，展示200年來的玩具變革。從這裡往南，便到了令人眼花撩亂的③**食品市集**，如果你想試著自己做巴伐利亞料理，不妨花點時間在這裡逛逛。從食品市集繞回瑪麗恩廣場途中，會先經過④**老彼得教堂**，這是慕尼黑的第一座教堂，可以爬上塔頂看風景；穿過廣場往北走，便來到從前的王室宮殿，現在這裡闢為⑤**王宮博物館**，展示許多珍貴的寶物。離王宮不遠的是⑥**鐵阿堤納教堂**，這是17世紀巴洛克風格的代表作之一。從這裡折而向西，大約走個1公里便是國王廣場博物館區，順著路線會先後經過⑦**現代美術館**、⑧**布蘭德霍斯特當代藝術館**、⑨**新美術館**、⑩**舊美術館**、⑪**雕刻博物館**與⑫**古代美術博物館**，可依照興趣選個一兩間進去參觀，有許多大師名作在裡頭等著你。接著來到百貨公司林立的⑬**卡爾廣場**，從這裡往東走就是老城區內最熱鬧的購物徒步大街⑭**考芬格大街**，最後不妨以大街旁擁有圓頂雙塔的⑮**聖母教堂**作為這趟散步的終點。

距離：約5.2公里　**所需時間**：約75分鐘

◉ Where to Explore in München
賞遊慕尼黑

MAP ▶ P.186C4

瑪麗恩廣場與新市政廳

MOOK Choice

Marienplatz & Neues Rathaus

最有巴伐利亞味的機械鐘

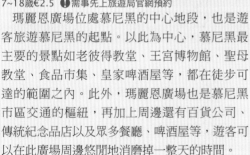

🚇 搭乘S1~8、U3、U6、Tram 19、21至Marineplatz站即達
◎鐘樓表演
🕐 每日11：00、12：00（3~10月增加17：00的場次）
◎市政廳高塔
🕐 每日10：00~20：00，每20分鐘一梯 💲成人€6.5，7~18歲€2.5 ❶需事先上旅遊局官網預約

　　瑪麗恩廣場位處慕尼黑的中心地段，也是遊客旅遊慕尼黑的起點。以此為中心，慕尼黑最主要的景點如老彼得教堂、王宮博物館、聖母教堂、食品市集、皇家啤酒屋等，都在徒步可達的範圍之內。此外，瑪麗恩廣場也是慕尼黑市區交通的樞紐，再加上周邊還有百貨公司、傳統紀念品店以及眾多餐廳、啤酒屋等，遊客可以在此廣場周邊悠閒地消磨掉一整天的時間。

　　位於廣場上的新市政廳，其主樓中央的鐘樓也是聞名遐邇，每天早上11點、中午12點及下午5點，都會有精彩的機械壁鐘演出。造型花俏的人偶在悠揚的樂音中上演慕尼黑的歷史場景，上層展現侯爵威廉五世與羅特林根的芮娜塔的婚禮，下層則是慕尼黑的傳統舞蹈「Schäfflertanz」，吸引眾多觀光客佇足欣賞。

MAP ▶ P.186C4

老彼得教堂

Peterskirche (Alter Peter)

慕尼黑第一座教區教堂

🚇 就在瑪麗恩廣場東南側 🏠Petersplatz 1 🕐每日07：30~19：00 ⓦalterpeter.de
◎教堂高塔
🕐09：00~19：30（11~3月的平日至18：30），關門前30分鐘停止登塔 💲成人€5，65歲以上€3，6~18歲€2

　　俯瞰瑪麗恩廣場最好的角度，就在老彼得教堂的鐘樓上。人們稱呼這座教堂時，總喜歡在前面加一個「老」字，原因就在於它是一棟年代非常久遠的建築，事實上，始建於11世紀的老彼得正是全慕尼黑最古老的教堂。也由於年代久遠的緣故，老彼得教堂的建築風格曾一再改變，目前教堂的內部裝飾為繁麗的巴洛克式風格，同時也可以看到哥德式高聳的祭壇與廊柱。

　　要登上92公尺高的塔頂得沿著一圈圈非常神奇的木梯拾級而上，木梯一段一段的越搭越高，直到登上塔頂。雖然爬上300階樓梯並不是件輕鬆的事，但塔頂的風景也的確美得沒話說，不但慕尼黑優雅的街道市容在眼前鋪展，最遠還可眺望到阿爾卑斯山呢！

聖母教堂
Frauenkirche

獨有惡魔沉淪黑暗

📍 從瑪麗恩廣場步行約2分鐘　🏠 Frauenplatz 1　🔽
08:00~20:00 (週日08:30起)　🌐 www.muenchner-dom.de
🕐 週一至週六11:30有教堂導覽，在教堂商店登記

◎攀登南塔

🕐 10:00~17:00 (週日11:30起)，最後登塔時間為16:30　💲
成人€7.5，7~16歲€5.5

　有著圓頂造型雙塔的聖母教堂，是慕尼黑具有象徵性的地標建築物，至今已有500多年歷史。這座教堂外觀相當特別，整體風格屬於晚期哥德式，但高達將近100公尺(約33層樓高)的雙塔卻是偏向東正教的洋蔥形狀，而不是傳統哥德式建築的尖塔。

　聖母教堂有著悠久的歷史，主建築早在15世紀末便已完工，其建築過程中流傳有許多傳說故事，例如教堂內有個巨大的足印，被稱為「惡魔的腳印」，據傳惡魔質問教堂的建築師能不能蓋出一座沒有窗戶的主堂(一般教堂一定有面大窗戶，因為人們相信上帝是透過天光而賜愛於世人)，建築師以自己的靈魂為賭注，但他設計出一個長達66尺的大窗戶，讓整座教堂都能沐浴在陽光中，獨有一個地方照不到光，那就是惡魔腳印所在之處。

MOOK Choice

食品市集
Viktualienmarkt

感受在地日常生活

📍 從瑪麗恩廣場步行約2分鐘　🕐 約08:00~20:00 (每家店營業時間不同)　🚫 週日

　這裡是慕尼黑最古老的食品市集，原來是農人採購農貨之地，1807年時由巴伐利亞國王馬克西米連一世下令規劃為市場。今日市集有來自巴伐利亞及世界各地的農產品，魚類、奶酪、水果、蜂蜜等應有盡有，是廣受大廚及家庭主婦喜愛的購物天堂。你可以到肉鋪、香腸店、起士店等商店逛逛，見識一下傳統的德南食物，而這裡也有不少獨特的食材及佐料陳列，教人眼花撩亂，興起想親自下廚一試手藝的念頭。此外，這裡也有不少啤酒屋，坐在擠滿當地人的啤酒園裡大口喝酒、大口吃肉，感覺上天天都是「啤酒節」。

慕尼黑十月啤酒節 Oktoberfest

🚇搭乘U4、U5至Theresienwiese站，即達舉辦場地 🕐每年啤酒節的最後一天為10月的第一個週日，往前推2個禮拜的週六便是開始日期 🌐www.oktoberfest.de ❗一律以現金交易。20:00之後，6歲以下兒童不得進入帳篷。18:00之後與週末全日，嬰兒車不得進入帳篷

　每年十月的啤酒節，讓慕尼黑「啤酒之都」的聲名遠揚，來自世界各地的觀光客，人數以百萬計算，會場內的大型啤酒棚終日高朋滿座、熱鬧非凡。

　慕尼黑啤酒節的起源是在1810年10月12日，那天全城市民都被邀請參加當時尚是王儲的路德維一世與薩克森-希爾德布格豪森公國的特蕾莎公主(Princess Therese)的婚禮，人們在會場甩開貧富之間的隔閡，放肆地大口喝酒、大口吃肉，而這場狂歡盛會也變成一種年年舉辦的慶典，沿襲至今。

　啤酒節的場地位於市中心西南的Theresienwiese，廣大的空地上會架設起14個大型啤酒帳篷與21個小帳篷，慕尼黑城內有名的啤酒屋，像是Hofbräu、Augustiner、Löwenbräu、Hacker等，都會進駐到這些帳篷裡。帳篷內除了供應啤酒和美食外，也會有樂團演出，通常白天表演的是巴伐利亞傳統音樂，等過了晚上6點之後才輪到流行音樂或搖滾樂團上場。由於人潮眾多，帳篷在人滿為患時便會關上大門，因此想在熱門時段進

入帳篷同歡，最好向各帳篷事先訂位，否則就要早點入場。如果實在擠不進去，就只好在帳篷外的啤酒園找位子，雖然看不到舞台上的表演，卻依然能聽到從帳篷中流瀉出的音樂。

　而在會場的其他部分，還會有各式各樣的遊樂設施，讓這裡變成一座熱鬧滾滾、尖叫聲此起彼落的遊樂園，不親眼見識一下，還真不知道什麼叫大開眼界。

MAP ▶ P.187D5

啤酒與啤酒節博物館
Bier und Oktoberfestmuseum
十月啤酒節的來龍去脈

🚇搭乘S1-8、Tram 16至Isartor站，步行約5分鐘 ⌂Sterneckerstraße 2 ☎(0)89 2423-1607 🕐13:00~18:00 休週日 💲成人€4 🌐www.bier-und-oktoberfestmuseum.de

　若是沒能趕上十月啤酒節的狂歡，或是對啤酒節仍意猶未盡，在慕尼黑城裡還有這座啤酒節博物館可以讓你回味一下。這裡展示歷代啤酒節使用過的道具、海報，以及巴伐利亞各地不同啤酒專屬的酒杯等，同時也有一些老照片和模型講述巴伐利亞釀造啤酒的緣起由來。雖然展示大多以德文說明，好在博物館樓下即是一間巴伐利亞式的啤酒餐廳Museumsstüberl，得以用最實際的內容讓人了解博物館所要傳達的訊息。

MAP ▶ P.186C4

玩具博物館

Spielzeugmuseum

世界與社會的縮影

🚇 就在瑪麗恩廣場東側 🏠 Marienplatz 15 ☎(0)89 294-001 🕐每日10:00~17:30 💲成人€6，17歲以下€2 🌐www.spielzeugmuseummuenchen.de

　玩具博物館位於慕尼黑舊市政廳的塔樓裡，雖然只有4個樓層的小房間，但展出的玩具卻非常精彩。其實從玩具當中，可以看出時代的喜好和風氣，早期玩具多半只是形象簡單的人偶，後來發展出洋娃娃，五官也愈來愈精緻；早期娃娃屋的場景常是家中餐廳或廚房，隨著中產階級與民族國家興起，娃娃屋排場也愈加豪華，甚至大有萬國博覽會氣象。19世紀末，動力技術一日千里，汽車、鐵道、飛機等模型開始出現，到了戰爭時代，小士兵則成為市場主流，戰後的太空競爭使科幻主義當道，機器人便流行了起來。不過，最精彩的還是芭比娃娃，因為她們身上的衣服總是可以迅速反映出一個時代的潮流。當然，從德國烏爾姆發跡的泰迪熊，在這裡也收藏不少。

MAP ▶ P.186B5

亞桑教堂

Asamkirche

洛可可的終極華麗

🚇 搭乘U1-3、U6-8、Tram 16-18、27-28至Sendlinger Tor站，步行約3分鐘 🏠Sendlingerstr. 32 🕐09:00~19:00（週五13:00起）🌐alterpeter.de/nebenkirchen/#asamkirche

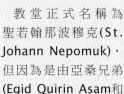

　教堂正式名稱為聖若翰那波穆克(St. Johann Nepomuk)，但因為是由亞桑兄弟(Egid Quirin Asam和Cosmas Damian Asam)建造，故稱為亞桑教堂。亞桑兄弟是18世紀著名的宮廷畫家與建築師，他們在1733年開始興建這座教堂，到了1746年竣工，最初是想當作家族的私人教堂，但因為居民反對才被迫開放。想知道什麼是洛可可(Rococo)，這間教堂做了最好的示範，其內部裝飾不只細緻華麗，簡直到了誇張炫目的程度，從祭壇到天花板，從廊柱到牆壁，幾乎找不到一處空白；其雕飾之繁複、鏤空之精巧，讓整個內部空間立體而變化多端，為洛可可時代的一大傑作。

MAP ▶ P.187D3

王宮博物館與寶物館

Residenzmuseum und Schatzkammer

國王的私領域

🚋搭乘Tram 19、21至Nationaltheater站即達 ⬤ Residenzstraße 1 ☎(0)89 290-671 🕐4月~10月中09:00~18:00，10月中~3月10:00~17:00（售票至閉館前1小時）💲博物館或寶物館門票為€9，兩館聯票為€14，18歲以下免費 ⓦwww.residenz-muenchen.de ✿有免費中文語音導覽

王宮博物館原是巴伐利亞國王的宮殿，與當地許多歷史建築一樣，雖在第二次世界大戰中毀於戰火，卻又在戰後迅速依其原始風貌重建，令人不由得佩服德國人一絲不苟的重建精神。

宮殿內的部分房間另外闢為寶物館，展示歷代王室的用品與收藏，除了王冠、寶石、繪畫等藝術珍品外，還有數十套整體造型的華貴餐具，著實讓人印象深刻。也許你會納悶：既然宮殿建築都在戰爭期間被炸得體無完膚，為什麼殿內收藏的物品卻仍然完好無缺？原來在戰爭期間，德國人早已做好準備，把許多建築物內的珍貴文物遷往安全的地方，使其免於戰火的無情破壞。

MAP ▶ P.186C3

鐵阿堤納教堂

Theatinerkirche

南德巴洛克經典

🚋搭乘U3-6至Odeonsplatz站即達 ⬤ Salvatorplatz 2a 🕐每日07:00~20:00 ⓦwww.theatinerkirche.de

和寧芬堡宮一樣，鐵阿堤納教堂也是巴伐利亞選帝侯為了慶祝兒子誕生而興建的一系列建築之一。當時他從義大利請來建築師，並以羅馬的聖安德勒聖殿為藍本，於1690年建成了這座義大利巴洛克式的教堂，其內部富麗堂皇而又潔白明亮的灰泥裝飾，堪稱南德巴洛克的經典。至於其71公尺高的穹頂雙塔，與洛可可式的正立面雕飾，則是日後加建的結果。

教堂對面是由路德維一世下令建造的統帥堂(Feldherrnhalle)，完全仿造翡冷翠的傭兵涼廊設計，裡頭的銅像是曾率巴伐利亞軍參與三十年戰爭與拿破崙戰役的將領，後來又加進普法戰爭統帥的雕像群。1923年的「啤酒館事件」就是在此發生，當時希特勒企圖以暴動奪取政權，失敗入獄後，才決定以正當選舉的方式達到目的。

德國南部…**慕**尼黑 München

德意志博物館

Deutsches Museum

探索科技工藝的本質原理

🚇 搭乘S1-8、Tram 16至Isartor站，步行約7分鐘 🏠 Museumsinsel 1 ☎ (0)89 217-9333 ⏰ 每日09:00~17:00 💲 成人€15，6~17歲及65歲以上€8 ⓦ www.deutsches-museum.de

德國的工業水準世界一流，這座以工業發展與技術為主題的德意志博物館，展示水準自然也是全世界數一數二。無論是飛機、潛艇、火箭、紡織機、發電機、造橋技術、隧道結構，各項主題皆鉅細靡遺。這些展示對一般遊客來說，想要寓教於樂的盡興而歸，可能有點困難，但對於從小便能把化學元素表與三角函數練得滾瓜爛熟的理科學生來說，肯定會開心得不得了，因為這裡的潛艇與火箭可不只是模型而已，而是可以飛到外太空與潛入深海裡的真貨。

德國人也不怕高科技機密外洩，潛艇與火箭都剖開了讓人可以進入艙內參觀。這是一座教育性

高於娛樂性的博物館，不但館內有許多學校團體的參觀行程，連博物館附設的商店也有不少深具啟發性的教材，相當適合親子同行。

英式花園

MOOK Choice

Englischer Garten

城市裡的大片綠意

🚇 搭乘Tram 16至Tivolistraße站即達

英式花園建於1789年，面積廣達373公頃，比紐約的中央公園還要大。公園內綠意盎然，溪流處處，是市民平日散步野餐、騎自行車的地方。英式花園是18世紀流行於歐洲的公園風格，特色是極力塑造出僕辛(Nicolas Poussin)畫中的田園牧歌景色，同時又大量建造具有異國情調的建築物。因此慕尼黑的英式花園自然也模仿倫敦的邱園，建了一座25公尺高的5層樓木結構中國式寶塔(Chinesischer Turm)，成為花園裡最著名的景觀。夏天時，在中國塔下方則是座無虛席的啤酒園，坐在中國塔下暢飲德國啤酒，實在有一種衝突的美感。

MAP ▶ P.186B1

舊美術館

Alte Pinakothek

西洋藝術的聖殿

🚋搭乘Tram 27、28至Pinakotheken站即達 🏠Barer Straße 27 ☎(0)89 2380-5216 🕙10:00~18:00（週二、三至20:30）❌週一 💲成人€7，18歲以下免費。新、舊美術館等5座博物館的一日聯票為€12 🌐www.pinakothek.de 🎫週日門票€1

如果你熱愛西洋藝術，怎能不把慕尼黑舊美術館納入你一生必去朝聖的版圖？這裡的收藏超過700件，大多是文藝復興、北方文藝復興及巴洛克時代的大師畫作，其中有不少是經常在藝術史課堂上被拿來分析講解的超凡作品。這當中包括了達文西、拉斐爾、包提切利、提香、丁多雷托、盧本斯、凡戴克、林布蘭、維梅爾等人的畫作，當然日耳曼大師如杜勒、克拉那訶的作品也非常豐富，值得花上一整天細品味欣賞。

《劫奪留奇波斯的女兒》，盧本斯，1618年

盧本斯在這幅畫中，教會我們如何打破古典構造，卻又不失和諧。此畫的每一個結構和配置，都經過精密計算，兩個扭曲的裸女被雙子神捉住，後面是兩匹騰躍驚跳的馬，馬上各伏著一位天使般的小孩。這四對人馬在畫面中形成迴旋，然而卻又巧妙地互補。而充滿激烈情緒的近景，後方卻用柔和的田園風光鋪展，更使整體畫作達致平衡。

《披毛皮大衣的自畫像》，杜勒，1500年

這是杜勒最有名的一張自畫像，也是16世紀初期最重要的肖像畫之一。杜勒運用深刻的筆調、光線明亮對比、毛髮細節的處理，將自己畫成具有神聖性的模樣。然而這幅畫最成功的地方，並不在技法上的修飾，而在於杜勒畫出了一種莊嚴、雄大的人物精神，那雙堅毅的眼睛幾乎可以把人看透，任何看著這幅畫的人都不得不肅然起敬。

《基督降生》，杜勒，1503年

在北方文藝復興中，杜勒扮演關鍵的角色，而這幅畫的構圖在當時具有革命性的意義，代表透視畫法在北方的成熟。左右兩棟建築形成兩個靠近的消失點，塑造出內院狹窄的空間，上半部的廢墟圓拱和木板樑柱，既製造了遠近感，又具有和緩畫面的功用。而聖母莊嚴的形體、約瑟粗俗的姿態，加上從後方大步走來的兩位牧羊人，使整幅作品盈滿了生命力，同時左右兩邊窗洞裡望向中央聖子的老人和牲畜，也有聚焦的效果。

《維納斯、伏爾康與馬爾斯》，丁多雷托，約1550年左右

丁多雷托畫這幅畫時，已經很能掌握透視畫法及光線色彩的技巧。這幅畫的是火神伏爾康捉姦在床的故事，伏爾康拉開妻子維納斯的床單檢查，維納斯卻想用床單把自己蓋住，情夫戰神馬爾斯躲在桌子底下偷看，罪魁禍首邱比特卻在一旁假裝沉睡。整幅畫的肢體線條、色彩變化、明暗對比、構圖配置，都顯得優雅柔和，而後方的玻璃瓶與反映出這一場景的鏡像，也處理得非常成功，堪稱傑作。

新美術館

Neue Pinakothek

重新發現十九世紀

🚋 搭乘Tram 27、28至 Pinakotheken站即達 🚉Barer Straße 29 ☎(0)89 2380 5195 ⓤwww.pinakothek.de ❶目前博物館整修當中，預計2025年重新開放

　　慕尼黑新美術館的宗旨，是要人們重新發現19世紀，因此這裡收藏的雕塑與繪畫，以新古典主義、浪漫主義、印象主義等畫派的大師作品為主。雖然人們對於印象派的名畫較為熟悉，但來到這裡，千萬別忘了好好賞析一下新藝術運動(Jugendstil)和被稱為「拿撒勒畫派」(Nazarene)的德國浪漫主義作品，這兩種風格為當時的藝術家們擺脫古典法則限制做出了相當程度的努力，也為後世的現代藝術開啟一扇大門。

布蘭德霍斯特
當代藝術館

Museum Brandhorst

充滿無限詮釋的後現代

🚋 搭乘Tram 27、28至Pinakotheken站，步行約2分鐘 🚉Theresienstraße 35a ☎(0)89 2380-522-86 🕐10:00~18:00 (週四至20:00) 🈳週一 💶成人€10，18歲以下免費。博物館一日聯票€12 ⓤwww.pinakothek.de 🎫週日門票€1

　　布蘭德霍斯特展出700多件當代藝術家的作品，從上個世紀的後現代大師，到本世紀的潛力新星都有。較重要的大師包括安迪沃荷、塞湯伯利(Cy Twombly)、波克(Sigmar Polke)、赫斯特(Damien Hirst)等人，其中又以美國抽象大師塞湯伯利的畫作最多。塞湯伯利的畫，看似潦草數筆，既像無意識的隨意塗鴉，又像純粹打翻油漆桶，但若觀其畫作命題，再以直覺投射印象，又會覺得除此之外，似乎沒有其他更好的表現方法。

　　美術館的外觀也很特別，這是德國著名建築事務所Sauerbruch Hutton的作品，由36,000根色彩錯雜的陶管排列出整面外牆，因此隨著光線和角度變化，看到的視覺效果也會不同。

MAP ▶ P.186C2

現代美術館
Pinakothek der Moderne

四大主題齊集一堂

🚃搭乘Tram 27、28至Karolinenplatz站，步行約3分鐘 🏠Barer Straße 40 ☎(0)89 2380-5360 🕐10:00~18:00（週四至20:00）🚫週一 💶成人€10，18歲以下免費。博物館一日聯票€12 🌐www.pinakothek.de 🎟週日門票€1

現代美術館以中央的透光圓頂為軸心，區分為四大主題展區：現代藝術、平面藝術、建築藝術、設計藝術。現代藝術館展出20世紀的大師，如畢卡索、保羅克里、馬克思貝克漢等人的作品；平面藝術館展出各個時代的插畫風格與海報設計；建築藝術館介紹了當代建築的概念與發展；而在設計藝術館中則可看到我們日常生活用品的演變與創新，例如荷蘭大師李特維德(Gerrit Thomas Rietveld)設計的風格派(De Stijl)椅子、BMW設計的132飛機引擎，以及70年代以來的每一代蘋果電腦，都在展示之列。

MAP ▶ P.186B2

MOOK Choice

雕刻博物館 與古代美術博物館
Glyptothek & Staatlichen Antikensammlungen

西方藝術的濫觴

🚃搭乘U2、U8至Königsplatz站，步行約3分鐘 🏠Königsplatz ☎(0)89 2892-7502 🕐10:00~17:00（週三至20:00）🚫週一 💶成人€6，18歲以下免費 🌐www.antike-am-koenigsplatz.mwn.de 🎟週日門票各€1

19世紀初，當時的巴伐利亞王儲非常憧憬古希臘羅馬文化，於是大量蒐集相關雕刻作品，並籌建了這座博物館，而這也是慕尼黑的第一間博物館，時為1830年。雕刻博物館裡的藝術品完全來自古希臘與古羅馬，不但內容豐富完整，就連博物館外觀也是仿自古希臘神廟。展示中不乏赫赫有名的作品，譬如石雕像「酒醉的薩提爾」(Barberini Faun)，就是在許多地方都能見到複製品的經典之作。

雕刻博物館正對面是古代美術博物館，裡頭的收藏像是花瓶、青銅器、玻璃、珠寶、赤陶工藝品等，也都是來自古希臘羅馬，甚至是伊特魯里亞地區，時代則從西元前3千年到西元後4百年，橫跨了有數十個世紀之久。

MOOK Choice

連巴赫市立美術館
Städtische Galerie im Lenbachhaus
藍騎士的故鄉

🚇 搭乘U2、U8至Königsplatz站，步行約2分鐘 🏠 Luisenstraße 33 ☎ (0)89 2339-6933 🕐 10:00~18:00（週四至20:00）🚫 週一 💲 成人€10，18歲以下免費 🌐 www. lenbachhaus.de 🎁 每月第1個週四18:00後免費

慕尼黑在20世紀初曾以藍騎士畫派(Blauer Reiter)在現代藝術上大放異彩，然而受到第一次世界大戰影響，這個畫派宛如曇花一現，他們僅在1911與1912年舉辦了兩次畫展，少數主將甚至在30歲出頭就因戰爭身亡。但藍騎士的成就依然值得瞻仰，而連巴赫美術館正是世界上藍騎士畫派作品最豐富齊全的收藏地。

藍騎士最為人熟知的代表是康丁斯基及保羅克里，康丁斯基來自俄國，有著深厚的文化背景，除了繪畫，還著有《藝術的精神性》一書，闡述藝術的原動力來自內在精神需求。克里是瑞士人，畫風偏向抽象，有時甚至整個畫面均由幾何符號組成。其他代表作品還有亞特倫斯基的舞者畫像、馬爾克的藍色的馬等。

簡單來說，藍騎士派屬於表現主義，講求以顏色與造型來描述作品，他們認為繪畫就是繪畫、繪畫本身就是目的，而不是禮敬上帝或歌頌自然的附屬品。他們按自己的意志來表現繪畫，因此藍騎士的畫中會有藍色的馬、黃色的牛、綠色的人、紅色的樹，或者根本就只是一些光點。後來的抽象主義與超現實主義，或多或少都受到此畫派影響。

奧林匹克公園
Olympiapark
1972年奧運舉辦場地

🚇 搭乘U3、U8至Olympiazentrum站，步行約10分鐘 🏠 Spiridon-Louis-Ring 21 ☎ (0)89 306-70 🌐 www. olympiapark.de 🎁 公園內有攀爬屋頂、高空飛索、繩索垂降等活動，詳情請見官網

◎展望塔
🕐 09:00~23:00（最後登塔時間為22:30）💲 成人€13，7~16歲€10 🎁 生日當天免費

◎體育館
🕐 09:00~17:00（4、10月至18:00，5~9月至20:00）💲 成人€3.5，7~16歲€2.5

1972年的奧林匹克運動會是在慕尼黑舉辦，雖然距今已超過50年，然而這座運動公園內的建

築物在今天看來依然引領潮流。整個園區的主要建築以蜘蛛網般的透明天幕互相連接，充滿科技感卻又相對開闊。園區內有一座高達290公尺的展望塔，正好讓人可以俯瞰這座傑出的建築，還能眺望不遠處的BMW博物館。今日塔內還設有搖滾博物館，而公園內的湖畔也有搖滾巨星的星光大道，包括Metallica、Aerosmith、REM、BB King，都有在此留下手印。

MAP ▶ P.186A1

BMW博物館

MOOK Choice

BMW Museum

汽車工藝的佼佼者

🚇 搭乘U3、U8至Olympiazentrum站，步行約10分鐘
(0)89 125-016-001 🌐 www.bmw-welt.com

◎ **BMW博物館**
🏛 Am Olympiapark 2 🕙 10:00~18:00 (售票至17:30) 休
週一 💰 成人€10，7~18歲€7

◎ **BMW世界**
🏛 Am Olympiapark 1 🕙 每日09:00~18:00 💰 免費

　聞名全球的BMW，其總公司正位於慕尼黑，總部大樓造型象徵汽車的汽缸，而4個環型大樓圍繞起來，正是BMW的招牌商標。總部旁的博物館，外型彷彿太空艙般，加上螺旋狀的內部空間設計，相當獨特搶眼。館內擁有BMW所有具代表性的經典車款，又因為創業於1916年的BMW最初是以生產飛機引擎起家，因此也展示當時的引擎設計及飛行儀器。而摩托車也是BMW的重要產品，自1920年代以來便開始生產，在館內有一大面展示牆，陳列BMW每年生產的摩托車，從早期的機踏車到酷炫拉風的重機，彷彿在觀看物種的演化歷程，同時也了解到任何設計發明都不是一蹴可幾的。

　博物館裡不但有實體展示，同時還有超過20部影片可以欣賞，以及從前的銷售海報、廣告、型錄等，詳實說明了汽車製造技術的進展與市場變化。而博物館旁的BMW世界(BMW Welt)，則是新車展示中心，可以看到BMW發表的最新車款，為了加強顧客對新車的性能印象，這裡配置了大量互動式模擬體驗，娛樂性不亞於博物館。

MAP ▶ P.186A2

寧芬堡宮

MOOK Choice

Schloss Nymphenburg

巴伐利亞王的巴洛克夏宮

🚃搭乘Tram 17至Schloss Nymphenburg站即達 🏠Schloss Nymphenburg 📞(0)89 179-080 🕐宮殿與博物館：4月~10月中09:00~18:00，10月中~3月10:00~16:00 (關門前30分鐘停止入場)。宮殿公園大門：06:00~20:00 (11~3月至18:00，5~9月至21:30) 💰含寧芬堡宮、皇家馬車博物館、瓷器博物館與公園內小宮殿群的聯票，夏季時成人€15，長者€13；冬季時成人€12，長者€10。18歲以下免費 🌐www.schloss-nymphenburg.de 🎧可租用中文語音導覽，每台€3.5 ❗冬季時，公園中的小宮殿群不開放

寧芬堡宮始建於1664年，是當時的選帝侯為慶祝剛出生的孩子而建，而這位孩子便是日後幫助神聖羅馬帝國皇帝對抗鄂圖曼帝國與路易十四的馬克西米連二世(Maximilian Emanuel)。寧芬宮後來成為歷任巴伐利亞選帝侯和國王的夏宮，在其建造之初，是由一位義大利建築師規畫成方形的宮殿格局，然而經過5任維特斯巴赫家族(Wittelsbacher)的統治者不斷擴建後，才成為今日的模樣。

巴洛克及洛可可的設計風格，使寧芬堡宮成為當時最具代表性的宮殿藝術之一。廣闊的花園內建有帕戈登堡宮(Pagodenburg)、巴登堡宮(Badenburg)、阿瑪林堡宮(Amalienburg)及馬格德萊恩小屋(Magdalenenklause)，皆位於幽靜的林間，成為各自獨立的小宮殿。在這些小宮

殿裡，可以見到當時流行的藝術風格及富有東方風情的房間，非常值得造訪。

寧芬堡宮同時也是路德維二世的出生地，在宮內有他的肖象及婚禮用的馬車；而他的祖父路德維一世下令將餐廳改為美人畫廊，除了有當時各階層的美女畫作之外，最後導致他退位的女舞者蘿拉(Lola Montez)的畫像也在其中，是最為令人驚豔的廳堂。而知名的寧芬堡宮瓷器工廠，自18世紀起即存在於宮中，想要一睹其製作精品，除了參觀博物館外，也可以到遊客中心逛逛，不過價格可不便宜。

赫蓮基姆湖宮

MOOK Choice

Schloß Herrenchiemsee

最後的湖中凡爾賽宮

🚌 從慕尼黑每小時有1~2班火車直達普林(Prien am Chiemsee)，車程約1小時。在普林車站有接駁小火車前往Stock碼頭(僅夏季運行，冬季需步行約20分鐘)，再從碼頭搭船到男人島(Herreninsel)。火車＋船票來回，成人為€13.4，6~15歲€6.7。火車及船公司網址為www.chiemsee-schifffahrt.de。到島上時可選擇搭乘觀光馬車或步行15分鐘前往宮殿 ☎(0)8051 6887-900 ⏰4~10月09:00~18:00，11~3月10:00~16:45 💲含宮殿導覽行程、路德維二世博物館、奧斯定會修道院的聯票，成人€10，65歲以上€9，18歲以下免費 🌐www.herrenchiemsee.de ❗進入宮殿需參加40分鐘的導覽行程，英文導覽場次有限，依季節每日僅2~4場，建議事先上官網預約

赫蓮基姆湖宮是路德維二世生前建造的最後一個、同時也是造價最高昂的宮殿，自1874年他參觀過凡爾賽宮後，便決定在男人島上興建一座巴伐利亞的凡爾賽宮。到這個宮殿唯一的方式便是搭船，也讓他更能遠離凡塵俗事。

進入宮殿，首先來到的是階梯廳堂，此處是依凡爾賽宮著名的使節樓梯而建，牆上彩色的大理石柱及白色的人像雕刻，配上水晶吊燈，極致富麗堂皇。不過這裡也有些新穎設計，例如整面的玻璃屋頂，即使到了現代仍是非常摩登的造型。從這個樓梯上去就是國王的居住所，華麗的主寢室比凡爾賽宮原本的設計還要奢豪。王宮寢室最著名的裝飾，就是描繪路易十四固定在早晨及傍晚時分，舉行開始及結束的謁見儀式。可惜的是，如此設計華麗的房間卻從未被路德維二世使用過。

赫蓮基姆湖宮也複製了凡爾賽宮的鏡廳，連接了戰爭廳及和平廳，同樣有著17扇窗。其鏡廳的吊燈共需2千支蠟燭，光是點亮這些蠟燭就需花掉45分鐘，再經鏡子反射，可以想像何等耀眼。這個鏡廳曾經舉辦過一場音樂會，可惜因為燃燒的蠟燭破壞了鏡廳的內部裝潢，後來就停止了這

類活動。

路德維二世認為路易十四是君主政治的代表，也從書籍中研究他在位時的歷史，因此這座赫蓮基姆湖宮對路德維二世來說，是一個君主體制的紀念碑，其意義更甚於居住目的。1885年秋天，國王在他的「凡爾賽宮」曾經住過9天，在他離奇溺斃之後，整個工程也跟著停止，宮中仍清楚可見未完成的部分，彷彿一切仍停留在國王去世那年。

德國南部⋯慕尼黑 München

MAP ▶ P.187D4 **皇家啤酒屋Hofbräuhaus**

從瑪麗恩廣場步行約4分鐘 Platzl 9 (0)89 290-136-100 每日11:00~24:00 www.hofbraeuhaus.de

　　每位來到慕尼黑的遊客都一定會造訪這家啤酒屋，品嘗正宗的慕尼黑啤酒。這家啤酒屋早在1589年便開始釀造啤酒，最初是專供巴伐利亞統治者飲用，因而常被翻譯成「皇家啤酒屋」。今日的Hofbräuhaus仍是世界上最大的啤酒屋，可同時容納3,500人，而壜頭所供應的「HB」啤酒，也依然是全德國最有名的啤酒，現場還有樂隊演奏巴伐利亞傳統民謠，鬧轟轟的熱絡氣氛，將人們對德國啤酒屋的印象發揮到極致。至於哪些是最推薦的菜色呢？烤雞、德國豬腳及慕尼黑著名的白香腸都建議來上一盤，看不懂德文沒關係，該店備有英文菜單，可以向店員索取；至於啤酒，由於種類眾多，加上因應不同季節推出不同口味，不妨讓服務生來為你推薦。

MAP ▶ P.186C4 **Ratskeller**

就在瑪麗恩廣場上新市政廳地下室 Marienplatz 8 (0)89 219-9890 每日11:00~22:00 www.ratskeller.com

　　在德國許多城市的市政廳地下室，都有一間地窖餐廳Ratskeller，慕尼黑也不例外。這間地窖餐廳的裝潢頗富中世紀韻味，許多隔間及包廂都古味十足，讓人彷彿置身在古代的城堡中用餐，吸引許多觀光客來此體驗。這類餐廳賣的環境氣氛通常比賣的食物味道來得多，不過慕尼黑地窖餐廳的餐點雖稱不上上乘，但也還算中規中矩，幾乎所有巴伐利亞傳統菜餚都羅列於菜單上，值得前往一試。

MAP ▶ P.186A4 **Augustiner Bräustuben**

搭乘Tram 18、19、29至Holzapfelstraße 站，步行約1分鐘 Landsberger Straße 19 (0)89 507-047 每日10:00~24:00 www.braeustuben.de

　　Augustiner是慕尼黑著名的啤酒廠，早在1328年便開始釀酒事業，距今已將近700年歷史，實在不可思議。這家啤酒公司在慕尼黑市區也經營多家餐廳，其中以火車站西邊這家最值得推薦。一是這裡最有巴伐利亞味，狹長的空間雖然擁擠，卻更顯熱鬧，來此用餐的大多是本地人，席間酒至酣處便引吭歡唱，尤其球賽之後更是如此，氣氛歡樂。再者這裡的食物不但道地，而且非常美味，無論啤酒或餐點，份量都豪情十足。最棒的是，價錢實在不貴，比起同等級的餐廳幾乎便宜一半！待在慕尼黑的期間，怎能不來光顧一下？

Paulaner im Tal

MAP ▶ P.187C4

🚇從瑪麗恩廣場步行約2分鐘 🏠Tal 12 ☎
(0)89 693-116-690 ⏰11:00~01:00
(週日至23:00) 🌐herrschaftszeiten-
muenchen.de

寶萊納(Paulaner)是來自慕尼黑的啤酒,從
1524年一家小酒館開始,發展成行銷全球的品
牌,目前在台灣也有以它的啤酒掛帥的餐廳。
既然來到慕尼黑,不妨來這家位於鬧區的發跡
老店坐坐。店面看起來不大,其實後面還有
相當廣大的中庭,食物以巴伐利亞的家常菜
為主,價位中等,慕尼黑香腸拼盤、水煮牛肉等都很推薦。

Schmalznudel Café Frischhut

MAP ▶ P.186C5

🚇從瑪麗恩廣場步行約4分鐘 🏠
Prälat-Zistl-Straße 8 ☎(0)89
2602-3156 ⏰09:00~18:00
(週六至17:30) 🏠週日

在食品市集走著逛著,如果
因為看到太多食材,搞得飢
腸轆轆的話,那麼就來這家小
點心店吧。這家店的招牌就是
店名上的「Schmalznudel」,為
該店獨賣的小點心,一定要嘗嘗看。
Schmalznudel有點像甜甜圈,但中間不是透空的,而是薄薄
的一層,吃起來沒有甜甜圈那般甜膩,有點像不加砂糖的雙
胞胎,尤其剛起鍋的時候,那
種鬆軟的口感實在迷人得緊。
除了Schmalznudel,這裡還有
結成麻花長條般的Stritzerl與
傳統麵包Rohrundeln,價錢都
是一個3歐元出頭。

Spatenhaus an der Oper

MAP ▶ P.186C4

🚇搭乘Tram 19、21至
Nationaltheater 站即達 🏠
Residenzstraße 12 ☎
(0)89 290-7060 ⏰每日
11:30~00:30 (供餐至23:00)
🌐www.kuffler.de

位於歌劇院對面的
Spatenhaus開業自1896年,也是一家百年老店,對許多慕尼
黑人來說,這裡充滿了他們的兒時回憶。餐廳1樓供應的是巴
伐利亞料理,其烹調配方傳承自古老的菜譜,保留住傳統的
原汁原味,像是烤甘藍菜捲、馬鈴薯沙拉、牛肉丸等都是招
牌菜;自釀的啤酒也是盛名在外。2樓則是包廂雅座,除了
有景觀視野,餐點也走精緻路線,在巴伐利亞與奧匈菜色之
外,也有海鮮、創意料理等,是當地人約會的地方。

Brenner Grill

MAP ▶ P.187D4

🚇搭乘Tram 19、21至
Kammerspiele 站,步行約
2分鐘 🏠Maximilianstraße
15 ☎(0)89 452-2880 ⏰
08:30~24:00 (週四~週六
至01:00),供餐至打烊前
1小時 🏠週日 🌐www.
brennergrill.de

雖說入境總要隨俗,來到慕尼黑非得吃幾餐巴伐利亞料
理,但若你其實在不想餐餐香腸豬腳,打算換個口味,或許
Brenner Grill正好可以滿足你。這是一家裝潢簡潔新潮的地中
海式燒烤餐廳,餐廳中央就是座開放式的烤肉架,菜單上的
大半餐點都是在這架上烤熟,魚排、豬排、雞肉、牛排、馬
鈴薯等,全都烤得滋滋作響,香氣四溢,還沒端上桌,就已
讓人看得口水直流。

Schneider Bräuhaus München

MAP ▶ P.187D4

🚇從瑪麗恩廣場步行約2分
鐘 🏠Tal 7 ☎(0)89 290-
1380 ⏰每日09:00~23:30
(供餐至22:30) 🌐www.
schneider-brauhaus.de

Schneider Bräuhaus主打自
釀的小麥啤酒,其家族釀酒的
歷史可追溯自1872年,也算是
本地啤酒的老字號。這家餐廳
供應的餐點除了經典的巴伐利
亞料理外,有些還是饒富特色
的慕尼黑本地菜,像是招牌的
「Kronfleisch」牛排(英文稱為
Skirt Steak),其牛肉取自牛的
橫膈膜,雖然美味非凡,但因
為非常難料理,並不容易見到,因此來到這裡用餐,別錯過
這難得的機會。

德國南部⋯慕尼黑 München

開　車　不　喝　酒　，　喝　酒　不　開　車

Café Rischart

📍就位於瑪麗恩廣場東南側 📍Marienplatz 18 ☎(0)89 2317-005-000 🕐08:00~20:00 (週日至19:00) 🌐www.rischart.de

Rischart是慕尼黑歷史悠久的烘焙坊，從1883年創業至今，以優質的農牧產品製作各式各樣的麵包、糕點、果汁等，極受當地人歡迎。Rischart在慕尼黑有4家直營咖啡廳，位於瑪麗恩廣場旁的這家，樓下是麵包店，樓上就是咖啡廳，從早餐開始就經常一位難求。不遠處的食品市集裡也有一家，戶外的空間，氣氛又不太一樣。

L'Osteria

📍搭乘S1-8、U4-5至Karlsplatz站即達 📍Lenbachplatz 8 ☎(0)89 9901-9810 🕐週一至週六11:00~24:00，週日12:00~23:00 🌐losteria.de

L'Osteria是德國連鎖的義大利餐廳，其披薩遠近馳名，想知道盛名從何而來，只消點一份餐，等披薩送上桌後就一目瞭然了。裝披薩的盤子已經不小，上面的披薩比盤子還要大，整整超出盤緣一圈，其直徑與臉盆相仿，毫不誇張。兩張披薩上桌，瞬間便把桌面佔滿。不過更重要的是，這家披薩真的好吃，餅皮酥脆、餡料適中，起士和醬汁都恰到好處，既不會太少，也不會太濃，即使把整張都塞到肚子裡，也不會覺得噁心，甚至還有種意猶未盡的感覺。

Wirtshaus In Der Au

📍搭乘Tram 18至Mariahilfplatz站，步行約8分鐘 📍Lilienstr. 51 ☎(0)89 448-1400 🕐17:00~23:00 (週末10:00起) 🌐wirtshausinderau.de

由於距離主要觀光區較遠，來Wirtshaus In Der Au用餐的客人大多是本地居民，因此並沒有譁眾取寵的觀光色彩。這間餐廳開業自1901年，供應巴伐利亞地區的家常菜，其豐盛的份量、新鮮的食材、道地的口味、熱情的服務，很得到當地人喜愛。週末午後還有爵士樂隊現場演出，許多家庭做完禮拜便直接來此光顧，氣氛平易溫馨。如果是在週末早上來訪，建議學當地人點一份慕尼黑著名的白香腸(Weißwurst)，水煮的白香腸加上甜芥末及麵包，即成了道地的慕尼黑早餐，非常值得試試。

Max Pett

📍搭乘U1-3、U6-8、Tram 16-18、27-28至Sendlinger Tor 站，步行約2分鐘 📍Pettenkoferstr. 8 ☎(0)89 5586-9119 🕐17:00~23:00 (週五11:30起，週末10:00起) ㊡週一 🌐www.max-pett.de

在慕尼黑，難免吃多了豬腳、喝多了啤酒，偶爾也會想吃個健康的一餐，這時候建議你去Max Pett。Max Pett是當地有名的素食餐廳，雖說餐盤上全是蔬果、不沾葷腥，卻沒有一般素食店吃齋唸佛般的清淡。由於食材本身的氣味不似肉類那般濃郁，因此餐廳在料理上更著重於醬汁的調配，同時又因應各食材特性，使每份餐點的內容搭配無論在顏色上、呈盤上、味道上和口感上，都相得益彰，很有種在高級餐廳用餐的享受。

MAP ▶ P.187D4

馬克西米連大街
Maximilianstraße

🚋 搭乘Tram 19、21至Nationaltheater 站即達

　　這條優美的街道連結國家歌劇院(Nationaltheater)與巴伐利亞邦議會(Maximilianeum)，最初是由巴伐利亞邦王路德維一世親自規畫，也讓慕尼黑在當時得到「最北邊的義大利城市」的稱號。時至今日，馬克西米連大街成了慕尼黑最主要的購物大街之一，不過街道上的人潮並不如考芬格大街那般摩肩接踵，因為真正能在這條街上消費的人並不多。放眼望去，整條街連同西端的Perusastr.，都已被高級精品名店佔據，像是LV、Gucci、HERMÈS、Versace、Prada等，都在這裡開店，堪稱全城最貴氣的街道。

MAP ▶ P.186C4 **Dallmayr**

🚶 從瑪麗恩廣場步行約2分鐘 🏠 Dienerstr. 14-15 📞 (0)89 213-50 🕐 09:30~19:00 (週五至19:30) 🚫 週日 🌐 www.dallmayr.com

　　慕尼黑生活水準之高令人無可挑剔，而Dallmayr熟食館裡的食物與飲料更是可以滿足每張挑剔的嘴。咖啡、紅茶、雪茄、菸酒、起司、火腿、巧克力，在這兒都已經準備好各種頂級品，送禮自用兩相宜。還有琳瑯滿目的熟食區，沙拉、麵包與火腿都不可錯過。這家店是在德國選購伴手禮時最具代表性的食品館，不但裝潢亮麗，就連來此選購的客人也是派頭十足。來此購物，除了買東西外，還可以更靠近德國人的上流生活。

MAP ▶ P.187D4

HB專賣店
Hofbräuhaus Fanshop

🚶 從瑪麗恩廣場步行約4分鐘 🏠 Platzl 9 🕐 每日11:00~24:00 🌐 www.hofbraeuhaus-shop.de

MAP ▶ P.186C4 **考芬格大街 Kaufingerstraße**

🚶 瑪麗恩廣場西側的徒步大街即是

　　考芬格大街連同西端的Neuhauser Str.總長大約650公尺，連結老城區內最重要的兩大交通樞紐——瑪麗恩廣場與卡爾廣場(Karlplatz)，想當然爾，於是成了城內最繁華的購物大道，尤其在1970年代改為行人徒步街後，更是如此。大街上多的是百貨公司、紀念品店、購物拱廊、平價品牌專賣店，也有許多餐廳和啤酒園座落在街道兩旁，使這條街上總是不乏洶湧人潮，也讓這裡成了全德國租金最高的地段。

　　如果覺得光是在皇家啤酒屋Hofbräuhaus大吃大喝還不夠過癮，啤酒屋裡還有間品牌專賣店，可以讓你把這裡的美好記憶帶回家。店裡賣有HB不同啤酒專用的啤酒杯、杯墊、開瓶器等啤酒相關用品，也有印有HB logo的T恤、大衣、帽子和毛巾，至於明信片、磁鐵、食譜等紀念品也都應有盡有，甚至連啤酒屋裡樂隊演奏的巴伐利亞傳統音樂，你都可以買張CD帶回家。

拜仁慕尼黑專賣店
FC Bayern Fan-Shop

🚇 從瑪麗恩廣場步行約3分鐘 🏠Orlandostraße 1 ⏰10:00~19:00 (休)週日 🆎 fcbayern.com/store

拜仁慕尼黑是德甲中的勁旅，不但是德甲聯賽的常勝軍，在歐洲盃中也很活躍，是德國擁有最多球迷的球會。因為市場廣大，周邊產品的品項也很驚人，光是可以穿戴在身上的，就足以把你從頭到腳的行頭完全囊括。除了衣物飾品、手錶配件和體育用品外，還有衛浴組合、家飾廚具、辦

公文具、汽車用品，甚至連寵物用品都有，同時也有些產品是和知名廠商如WMF等合作。如果是位超級瘋狂的球迷，真的可以食衣住行樣樣都是拜仁慕尼黑。

飛狼 Jack Wolfskin

🚇 從瑪麗恩廣場步行約4分鐘 🏠Tal 34 ⏰10:00~19:00 (休)週日 🆎www.jack-wolfskin.com

就像在加拿大人人都穿Roots、在紐西蘭人人都穿Icebreaker一樣，在德國大街熙來攘往的人們身上，幾乎無處看不到Jack Wolfskin的產品。這是德國最大家的戶外用品廠牌，除了有登山鞋、風衣夾克、登山背包、帳篷睡袋等登山用品外，其休閒衣物與旅行用品也相當流行，不但品質與外型兼具，穿起來舒適保暖，而且生產理念也很環保。雖然Jack Wolfskin在台灣也有代理，不過在德國購買加上退稅，還是會便宜一些。

BMW Shop

🚇 搭乘U3、U8至Olympiazentrum站，步行約10分鐘 🏠Am Olympiapark 1 ⏰09:00~18:00 (週日10:00起) 🆎www.bmw-welt.com

BMW博物館是慕尼黑的必遊景點，琳瑯滿目的尖端車款，每一款都有獨特的設計理念，看了實在讓人心情亢奮，很想帶走一些關於這裡的片段。也許大家都抱持這種想法，於是紀念品店便擠滿了人。在BMW博物館和BMW世界中都有紀念品店，兩家中又以BMW世界的較大，各種汽車用品及旅行裝備一應俱全，還有每一款經典車的模型，與包包、衣服、鑰匙圈等紀念品，上面都有BMW的logo和圖案，送禮自用兩相宜。

雙人牌Zwilling

🚇 搭乘Tram 19、21至Marienplatz (Theatinerstraße)站，步行約1分鐘 🏠Weinstr. 12 ⏰10:00~19:00 (休)週日 🆎www.zwilling.com

雙人牌是德國最著名的刀具／廚具公司，為德國著名刀匠Johann Peter Henckels於1731年所創。將近300年來，雙人牌不只一次在世界博覽會上得獎，其更發明了冷鍛法與SCT製造法，使生產出來的刀具不但堅固耐用，而且還很符合人體工學。例如不鏽鋼去味皂，是利用不鏽鋼的離子特性，從而破壞臭味的結構來達到除臭效果，也很受到家庭主婦們歡迎。如果覺得雙人牌高昂的價格買不下手，則可以考慮其副牌「德國雙人國際」(J.A Henckels Internation)，該品牌走的是中產路線，在這家店裡一樣買得到。

📍從瑪麗恩廣場步行約5分鐘 🏠Sendlinger Str. 19 ▼
10:00~19:00 🚫週日 🆄🆃
www.bears-friends.de

　　這是家QQ軟糖專賣店，在德國已開有50多家分店。除了一般常見的熊軟糖外，這裡的QQ糖還有各種豐富可愛的造型，像是大象、河馬等其他動物、水果、字母、著名地標、甚至波霸女郎等，皆為水果口味，色彩繽紛鮮豔，尺寸也有大有小。不過既然來到啤酒之都慕尼黑，不妨買個啤酒杯造型的QQ糖回去，不過，當然不是啤酒口味的。

📍從瑪麗恩廣場步行約4分鐘 🏠Neuhauser Str. 2 ▼
10:00~19:00 🚫週日 🆄🆃www.max-krug.com

　　Max Krug自1926年起，便在這條街上販賣咕咕鐘，其製鐘手藝傳承自黑森林地區，而又自行研發了一些新樣式。如果你有意購買，這裡提供一些資訊供你參考。由於咕咕鐘是靠著下方松果的重量來運作，因此需要定時上鏈，小松果24小時要上鏈一次，大松果(約1.5公斤)可以8天再上鏈，不過價格相對也比較貴。每個鐘都有三根松果，分別控制時間、音樂及鳥叫，若只有兩根松果，表示這個鐘沒有音樂功能。同時，因為咕咕鐘完全是手工製作，無法量產，是以作工的簡單或精緻也關係著價格高低。

📍從瑪麗恩廣場步行約1分鐘 🏠Viktualienmarkt 2 ▼
10:00~19:00 (週六至18:00) 🚫週日 🆄🆃www.holz-leute.de

　　Holz Leute的店名直譯起來，就是「木頭人」的意思。這家開業自1873年的百年老店，專賣木製用品，其商品嚴選自德南各大木工作坊，無論木材質地、外觀線條，都非常具有質感。這裡一樓賣的主要是廚具、餐具、刀具、家庭用品與居家擺設等實用性質的木製品，地下室則販賣撞球杆、西洋棋盤、木雕玩具、胡桃鉗木偶等娛樂性用品，適合買來當作禮物贈送給品味人士。

🚃搭乘Tram 27、28至Elisabethplatz站即達 🏠Nordendraße 52 ▼10:00~19:00 (週六至14:00) 🚫週日、一 🆄🆃www.chokoin.de

　　Chokoin的老闆Kerstin Weise女士原是一位空服員，因為機組下榻的旅館床上，總是放有美味甜蜜的巧克力，從而開啟了她對巧克力的熱忱。後來她辭退了工作，四處研究巧克力的產地、品牌和市場，終於開了這家精緻迷人的小店。極簡風的潔白店面裝潢，正好襯托出五顏六色的上百種巧克力，每一種從包裝到內涵，都是精品，因為對Weise來說，巧克力不只要用舌頭品嚐，還要用眼睛觀賞，和用心靈感受。

符茲堡

Würzburg

文●蒙金蘭・蔣育荏・墨刻編輯部
攝影●周治平

早在古典時代，符茲堡地區就已有凱爾特人居住，此地早期的名字Uburzis可能就是源自凱爾特語，中世紀的拉丁文獻稱這裡為「Herbipolis」，因為Herb意同德語中的「Würze」（香料），於是後來這裡就成了Würzburg。

符茲堡最初登上史冊，是因為7世紀時來自愛爾蘭的主教基利安(Kilian)在這裡向法蘭克人傳教時殉道，今日符茲堡的主教座堂，也就是始建於1040年的聖基利安大教堂，當初就是為了供奉他而興建的。

符茲堡在第二次世界大戰時受到大規模破壞，經過努力重建後，成為羅曼蒂克大道的第一站。想要一次感受德國的浪漫古堡、華麗宮殿，以及唯美教堂，符茲堡無疑是最好的選擇。這裡最重要的景點，是名列世界文化遺產的主教宮，主教宮需由專人導覽才能入內參觀，建議先確定主教宮的導覽梯次後，再參觀市區其他景點。而在符茲堡老城區內可步行觀光，除了一探莊嚴宏偉的瑪麗恩堡要塞外，也可沿著美因河畔走到舊美因橋，欣賞河邊的無限風光。最後再沿著教堂街(Domstraße)參觀德國境內數一數二的羅馬式聖基利安大教堂。

INFO

如何前往

◎火車

符茲堡中央車站位於老城區東北側。從慕尼黑中央車站，每小時有1~2班ICE直達，車程約2小時；從法蘭克福中央車站，直達的ICE為2小時一班，車程約1小時出頭，若搭乘RE，雖然班次較多，但車程要將近2小時。

符茲堡中央車站 Würzburg Hbf
🚇P.212B1

◎羅曼蒂克大道專車 Romantische Straße Bus

每年5~9月間營運的羅曼蒂克大道專車，南下班車每日10:35抵達符茲堡中央車站，北上班車每日17:40抵達符茲堡主教宮，18:00抵達符茲堡中央車站。

📞(0)89 593-889　💲從法蘭克福出發，單程€38，來回€50；從慕尼黑出發，單程€96，來回€128　🕸www.romanticroadcoach.de

市區交通

符茲堡城區不大，可用步行走遍全城。若想少走點路，市區內也有5條路面電車(Straßenbahn)路線，以中央車站作為樞紐。

💲短程票€1.4，單程票€2.8，一日票€4.6
🕸www.wvv.de

觀光行程

◎符茲堡觀光列車 Würzburg City Train

這是一輛仿小火車造型的觀光巴士，從符茲堡主教宮出發，繞行城區各主要景點，全程約40分鐘。車票可在遊客中心或在車上向車掌購買，票價含一杯咖啡。

🕐3月~翌年1月初，每日11:00~15:00整點出發(5~10月加開10:00、16:00車次)　💲成人€10，2~14歲€5
🕸www.city-tour.info

◎觀光遊船 Boat Tours to the Rococo Gardens

搭乘觀光遊船順著美因河而下，前往從前選帝侯大主教位於法伊茨赫夏伊姆(Veitshöchheim)的洛可可式夏宮。

📍在Kranenkai上的碼頭購票及出發　📞(0)931 585-73　🕐4~10月11:00、13:00、15:00出發(7~9月週六加開17:00的船班)　💲來回船票：成人€15，13~16歲€12，4~12歲€9　🕸www.schiffstouristik.de　❶法伊茨赫夏伊姆宮殿需另購門票

優惠票券

◎符茲堡歡迎卡 Würzburg Welcome Card

歡迎卡可在遊客中心購買，效期為自購買起3天。持卡於30多處景點、博物館與參加觀光行程時，可享有少許折扣，在指定餐廳、商店消費也有優惠。

💲每張€3

旅遊諮詢

◎獵鷹之屋遊客中心

📍P.212B1　🏠Falkenhaus, Marktplatz 9　📞(0)931 372-398　🕐平日10:00~18:00 (11~4月除週四外皆至16:00)，週末10:00~14:00　🚫11~4月的週日　🕸www.wuerzburg.de

MAP ▶ P.212A1

舊美因橋

MOOK Choice

Alte Mainbrücke

十二聖人豎立橋上

🚋搭乘1、3、4、5線電車至Rathaus站，步行約2分鐘

　　美因河是萊茵河最主要的一條支流，流經符茲堡、哈瑙及法蘭克福，最後在美因茲與萊茵河匯流。舊美因橋搭建於1473至1543年間，取代了原有的羅馬舊橋，連接美因河兩岸，為遊客從老城區走到瑪麗恩堡要塞的必經路徑之一。橋上的12尊聖人雕刻像豎立於18世紀，襯著這一尊尊栩栩如生的聖人像，許多遊客都會把這裡當成一處經典的拍照地點。

　　若覺得光是在橋面上行走不夠過癮，也可以到橋下不遠處的遊船碼頭搭乘觀光船，來一趟浪漫的美因河之旅。

MAP ▶ P.212A1

市政廳

Rathaus (Grafeneckart)

市集廣場上的地標

🚋搭乘1、3、4、5線電車至Rathaus站即達 　Rückermainstraße 2

　　這棟建築物建於14世紀，原本是大主教辦公的地方，後來經過不斷擴建，而成為現今的模樣。中世紀時，一位名叫Eckart的貴族在這棟樓中遭人刺殺，從此之後人們便將這裡暱稱為「Grafeneckart」，一直到今天都還是習慣如此稱呼。後來這裡成為符茲堡的市政廳，在其內可以看到在符茲堡僅存非宗教建築的羅馬式風格。在市政廳前方另有一座噴泉，則是1765年時增建的部分。

MAP ▶ P.212B1

聖基利安大教堂

Dom Sankt Kilian (Würzburger Dom)

符茲堡的主教座堂

🚇 搭乘1、3、4、5線電車至Dom站，步行約1分鐘 🏠 Domstraße 40 ⏰ 09:30~17:30 🚫 週日 🌐 www.dom-wuerzburg.de

聖基利安大教堂最初建於1040年，供奉7世紀時在符茲堡殉道的基利安主教，這座教堂全長103公尺，是德國境內第4大的羅馬式教堂。不過教堂有很大一部份在1945年的盟軍轟炸中毀於炮火，今日所見的教堂其實主要是戰後重建的成果。

教堂內部是巴洛克式的建築風格，並可見到16世紀的著名雕刻家蒂爾曼里門施奈德(Tilman Riemenschneider)為主教雕刻的墓碑。進入教堂時，請記得保持安靜，因為這間教堂底下便是主教們的墓地，所以在地上有些獨特的記號。教堂旁還有一棟建有綠色圓頂的建築，外觀有骷髏的雕刻裝飾，那就是主教的安息地，並不開放參觀。

MAP ▶ P.212A2

朝聖教堂

Wallfahrtskirche (Käppele)

山丘上的華麗教堂

🚇 搭乘3、5線電車至Löwenbrücke站，步行約11分鐘 🏠 Spittelbergweg 21 ⏰ 每日08:00~18:00

朝聖教堂建於1748至1752年間，由當時著名的巴洛克建築大師諾伊曼(Balthasar Neumann)所打造，而他最出名的代表作品，便是同在符茲堡的符茲堡主教宮。朝聖教堂是符茲堡少數倖存於1945年空襲的教堂之一，雖然當地人暱稱這裡為「小禮拜堂」(Käppele)，但教堂雄偉的外觀卻猶如宮殿一般，氣勢磅礴，而內部也同樣有著華麗的裝潢及壁畫。

要前往朝聖教堂得先經過256階樓梯，不過沿途會有14尊雕塑作品相伴，倒也並不寂寞。若是想欣賞朝聖教堂的全景面貌，在另一邊的瑪麗恩堡要塞上有個不錯的眺望點。

MAP ▶ P.212A1

瑪利亞聖母教堂

Marienkapelle

市集旁的哥德式禮拜堂

🚉 搭乘1、3、4、5線電車至Dom站，步行約2分鐘　⏰
Marktplatz

　　位於市集廣場上的瑪利亞聖母教堂，是一座建於1377年的晚期哥德式禮拜堂，外觀有著高聳的尖拱造型，拱門上還有德國著名雕刻家蒂爾曼里門施奈德的創作：亞當及夏娃，不過目前展示在教堂外的其實是複製品，原雕刻品則收藏在美因河對岸的瑪麗恩堡要塞博物館內。

　　附近的市集廣場是符茲堡最熱鬧的地方，廣場上每日都有花卉、蔬果販售，參觀完教堂，不妨到市集上去逛逛。

符茲堡葡萄酒節 Weinfest Würzburg

　　置身符茲堡，會發現它是一個被葡萄園包圍的城市，無論站在哪個地方，像是舊美因橋、美因河畔、瑪麗恩堡要塞等處，都看得到葡萄園順著陡峭的山坡蔓延開來，為原本已經夠迷人的古典市容增添大城市裡難得一見的田園浪漫風情。

　　符茲堡所在的法蘭肯地區(Franken)是德國知名的3大葡萄酒產區之一，而符茲堡正是這一帶的中心城市，每年從4月初開始，就會有一連串不同名目的葡萄酒節，陸續進行到9月，甚至11月也有。例如5月底到6月初的符茲堡葡萄酒村(Würzburger Weindorf)，上百家在地釀製的葡萄酒品牌及各式各樣美食齊聚於瑪利亞聖母教堂前的市集廣場上；7月的石頭上的葡萄酒(Wein am Stein)更是彷彿整個城市都在暢飲，連符茲堡主教宮的宮廷花園裡都擺滿了葡萄酒商的攤位和桌椅，只要數歐元就可以買杯法蘭肯的高品質葡萄酒坐下來享受，每天晚上還有不同的樂隊現場演奏，度假氣氛瀰漫整個城區。

　　由於節慶太多，且日期每年都會略有變動，所以有

興趣的人在計畫造訪符茲堡前，不妨先上旅遊局官網查詢。

🌐 www.wuerzburg.de

酒　後　不　開　車　，　安　全　有　保　障　。

MAP ▶ P.212B2

符茲堡主教宮

MOOK Choice

Residenz Würzburg

世界遺產級的巴洛克宮殿

🚋搭乘1、3、4、5線電車至Dom站，步行約6分鐘 🏠Residenzplatz 2 ☎(0)931 355-170 🕐4~10月09:00~18:00，每20分鐘一梯導覽；11~3月10:00~16:30，每半小時一梯導覽。最後一梯導覽於關門前1小時出發 💲成人€9，18歲以下免費 🌐www.residenz-wuerzburg.de 🌼宮殿花園每日開放至天黑，免費參觀 ❶英文導覽行程每日僅11:00與15:00兩梯

　　符茲堡主教宮是歐洲重要的巴洛克宮殿之一，也名列在聯合國教科文組織的世界文化遺產名錄中。主體建築由選帝侯大主教約翰菲利浦馮舍恩博恩(Johann Philipp von Schönborn)委任著名建築師諾伊曼規畫，從1720年至1744年完成整體架構，內部的細部裝潢直到1780年才宣告完工，總計花費了60年的漫長時間。

　　主教宮內舉世知名的，就是階梯大廳(Treppenhaus)的溼壁畫，這幅世界最大的溼壁畫，運用繁雜高難度的畫法，卻能畫出栩栩如生的畫像，是出自提波羅(Tiepolo)之手，在這些畫中還能看到他與諾伊曼的肖象呢！

　　階梯大廳僅由底下的圓拱柱支撐，需要相當的建築技術，在二次世界大戰時，這些拱柱還歷經了1945年的炮火。在大戰中，符茲堡被嚴重摧毀，當然主教宮也無法倖免而遭受破壞，所幸當時已事先移走部分傢俱及藝術品，現在遊客才能在宮殿內看到真品。主教宮經過一番整修後，於1987年對外開放，讓今人得以一睹德國南部具有代表性的巴洛克式宮殿風采。

MAP ▶ P.212A2

瑪麗恩堡要塞

MOOK Choice

Festung Marienberg

見證符茲堡的歷史

🔵 從老城區過了舊美因橋後，在馬路旁有路線指標，跟隨指標前往即達，步行約30分鐘。4~10月時，也可在主教宮前搭乘9號公車至Festung即達 ☎(0)931 355-1750 🕐4~10月09:00~18:00，11~3月10:00~16:30 ❌週一 🌐www.schloesser.bayern.de

◎**城堡導覽 Burgführungen**

🕐夏季10:00~16:00、冬季11:00~15:00，每小時整點出發（12:00除外）💰成人€4，18歲以下免費

◎**法蘭肯博物館 Museum für Franken**

☎(0)931 205-940 🕐10:00~17:00（11~3月至16:00）❌週一 💰成人€5，17歲以下免費。與城堡導覽的聯票€7 🌐museum-franken.de 🌸週日門票為€1

　　此地自706年即建有聖瑪麗教堂，1253年成為選帝侯大主教的領地，中間歷經數次戰爭及擴建，從外觀上不難看出歷史的痕跡。瞭望塔、教堂和水井，是構成城堡非常重要的3個要素，既能維持城堡安全，也使戰時不致發生缺水問題。而在瑪麗恩堡外面即可免費參觀這3個建在同一區域的設施：教堂是城堡最古老的部分，建於1200年左右的瞭望塔則約有40公尺高，而水井內還有照明燈，可看到活水在井底流動。

　　城堡內目前闢有王侯博物館與法蘭肯博物館，在後者中可欣賞到雕刻家蒂爾曼里門施奈德的作品，當時其他工匠都是根據主教的指示來製作，但他卻得以運用自己的方式，因而成果自成一格，雕刻出的人物表情生動細膩。里門施奈德的作品也出現在其他城市的教堂內，如此的創作風格自然吸引不少跟隨者們，而在這個博物館中也可以看到其追隨者們的作品。

　　另外，法蘭肯博物館也展出法蘭肯地區的葡萄酒文化以及古時的釀酒工具等。而在另一邊的王侯博物館中，則是展出昔日貴族們的生活及寶物，遊客可從中了解符茲堡的歷史與文化。

羅騰堡
Rothenburg ob der Tauber

文●墨刻編輯部　攝影●周治平

羅騰堡全名為「陶伯河畔的羅騰堡」，其名字由來一說是因為滿城都是紅瓦屋頂的緣故(德文「紅色」為rot)，另一說是得自製作亞麻織品時的漚麻過程(德文為rotten)。但無論如何，都反映出本地的典雅市容與過去重要的商貿地位。

羅騰堡在中世紀時，因為活躍的貿易活動而成為神聖羅馬帝國的自由城市，不但戰略地位重要，而且時至今日依然極富浪漫情調。於是在後人規劃的觀光大道中，羅曼蒂克大道與古堡大道正是在羅騰堡交會。不過羅騰堡雖然是古堡大道上的古城，但城堡芳蹤卻已渺然，所幸羅騰堡的老街古屋猶在，讓羅騰堡仍舊保有中世紀古城的風情，加上完整的城牆、城門，以及石頭街道上一棟棟童話般的屋舍，在白天黑夜呈現出不同風貌，令人忍不住讚嘆。

來到羅騰堡可以不必為尋訪城堡而來，單就遊玩古城而言就夠精彩豐富了，尤其在走訪古城之餘，順便參觀幾座博物館，一樣令人回味無窮。你也不妨穿梭於大街小巷之間，細細品味這浪漫的歷史情調，將會發現羅騰堡隨處都是景點！

INFO

如何前往

◎火車

羅騰堡火車站位於老城東邊的城牆外，無論從法蘭克福還是慕尼黑，都需要轉2~3趟車才能抵達，且最後一段都是到Steinach (b Rothenburg o.d. Tauber) 站轉乘RB 82列車前往，總車程都是大約2.5~3.5小時。

而從羅騰堡火車站走到老城東側的羅德城門 (Rödertor)，距離大約是500公尺，步行約需7分鐘。

◎羅曼蒂克大道專車 Romantische Straße Bus

每年5~9月間營運的羅曼蒂克大道專車，南下班車每日12:45抵達城北的Schrannenplatz廣場，12:50抵達城東的羅騰堡火車站，12:55抵達城南的P1停車場；北上班車每日12:35抵達P1停車場，稍事停留後，15:50抵達羅騰堡火車站，16:00抵達Schrannenplatz。

📞(0)89 593–889

💲從法蘭克福出發，單程€66，來回€88；從慕尼黑出發，單程€67，來回€89

🌐www.romanticroadcoach.de

市區交通

老城區範圍不大，從最北的Schrannenplatz到最南的救濟院稜堡只有1公里，從最西的城堡城門到最東的羅德城門只有650公尺，可用步行方式走遍。

◎開車

如果你是開車的話，請特別注意，除非持有老城內旅館的住宿確認單，否則平日19:00至隔日06:00及週末全日，老城街道上是禁止私人車輛通行的。在

城牆的東面與北面共有五片大型停車場，可以把車停在那裡再徒步進城。停車費每小時€1.1，當日最高€5.5，18:00至隔日09:00免費。

(地圖標示)
克林根城門及聖沃夫岡教堂 Klingentor und St. Wolfgangskirche
絞刑城門 Galgentor
白塔 Weißer Turm
Schrannen-Platz
羅騰堡博物館 RothenburgMuseum
聖雅各教堂 St.-Jakobs-Kirche
市集廣場 Marktplatz
羅德城門 Rödertor
歷史拱廊 Historiengewölbe
哥德之屋 Gotisches Haus
市政廳 Rathaus
城堡城門 Burgtor
城堡花園 Burggarten
中世紀犯罪博物館 Mittelalterliches Kriminalmuseum
聖誕博物館 Weihnachtsmuseum
陶伯河 Tauber
Goldener Hirsch
雙層橋 Doppelbrücke
救濟院行政官邸 Hegereiter Haus
救濟院稜堡 Spitalbastei
往火車站

圖例 🔺景點 ✝教堂 🏛博物館 🍴飯店
🌳公園 🏢政府機關 Ⓟ停車場

羅騰堡市區圖

觀光行程

◎羅騰堡老城散步 Guided Tour of The Old Town

🔽在市集廣場遊客中心報名出發

🔽英文行程為4~10月及12月上半，每日14:00出發，行程90分鐘

💲成人€9，12歲以下免費 ❗只收現金

◎巡夜人夜間散步 Guided Tour with The Nightwatchman

🔽在市集廣場遊客中心報名出發

🔽英文行程每日20:00出發(1~3月僅週六出發)，行程1小時

💲成人€9，12~18歲€4.5，12歲以下免費

❗只收現金

旅遊諮詢

◎市集廣場遊客中心

🔺P.220A2 📍Marktplatz 2 📞(0)9861 404–800

🔽平日09:00~17:00，週末10:00~17:00 (9~10月至15:00，11月及1~4月至13:00)

🚫11~4月的週日

🌐www.rothenburg-tourismus.de

MAP ▶ P.220A2

市政廳

MOOK Choice

Rathaus

參觀羅騰堡最適合的起點

🏠 Marktplatz ⏰ 4~10月每日09:30~12:30、13:00~17:00，11月及1~3月週末12:00~15:00，聖誕市集期間每日11:00~18:00 (週五~週日至19:00) 💲登塔頂成人€2.5，14歲以下€1.5

　　參觀羅騰堡最適合的起點就是在市政廳前的廣場，廣場旁就是遊客中心。廣場牆上有一面獨特的時鐘，每到上午11點、下午3點及晚上8點、10點時，大鐘左右兩旁的小門便會開啟，上演1631年老市長盧修(Georg Nusch)為拯救羅騰堡，而喝下3.25公升葡萄酒的故事。與其對飲的是當時的敵軍將領蒂利伯爵(Johann T'Serclaes von Tilly)，他允諾若有人能一口氣喝下這杯酒，羅騰堡便可免於受難，結果市長一口氣喝完了酒，讓蒂利伯爵目瞪口呆，也使羅騰堡免於被摧毀的命運。雖然故事的真實性存有很大疑問，但羅騰堡人至今還會定期舉辦表演來紀念這件事呢！

　　除了等待報時秀，遊客也可以登上市政廳的塔頂，在這裡便能一覽無遺地欣賞羅騰堡老城的風景。不過塔頂極為狹窄，登塔時需等待上面的遊客下來，方能進入參觀。

MAP ▶ P.220A2

歷史拱廊

Historiengewölbe

三十年戰爭與羅騰堡地牢

🏠 Marktplatz 1 ☎ (0)9861 867-51 ⏰ 3~4月10:00~16:00，5~10月10:00~17:00，聖誕市集期間13:00~16:00 (週末10:00起) ⛔ 1~2月及11月 💲成人€4，6~10歲€2 🌐 www.meistertrunk.de

　　進入市政廳後方建築的內院後，彷彿走進另一個時空。這座歷史拱廊以三十年戰爭的時代為主題，裡面有當時的士兵鐵甲、槍炮等展示品；下樓可參觀羅騰堡的地牢，經過守衛室後再越過一小段地道，就是拷問室及3間牢房，在牆上還掛有當時的手銬及刑具。這3間地牢非常陰暗狹小，第一間牢房有假人及當時犯人的生活用品，在這間地牢中曾經關著羅騰堡最具權勢的市長陶伯勒(Heinrich Toppler)，他因為打算協助流亡的國王復辟被發現，而被下令收押到這個地牢內，丟官的市長在牢裡度過了3個月後死去，其親人雖被釋放，但他們被要求永遠離開羅騰堡。

羅騰堡博物館

MOOK Choice

RothenburgMuseum

從修道院到博物館

🏠 Klosterhof 5　☎ (0)9861 939-043　🕐 4~10月 09:30~17:30，11~3月13:00~16:00（聖誕市集期間10:00起）💲 成人€5，7~18歲€3　🌐 www.rothenburgmuseum.de

　　羅騰堡博物館就是從前的帝國城市博物館 (Reichsstadtmuseum)，2019年時改為現名。自1258年起到1544年宗教改革期間為止，這裡一直都是修女的住所，後來改為博物館後，仍可看到從中古世紀保留至今的廚房，裡面還有當時修女使用過的鍋子、秤子、瓶罐等用具。

　　博物館除了有歐洲器械展示外，還有許多知名藝術家的作品，其中有一組展現耶穌受難記的珍貴藝術品，是由12幅油畫組成，為1494年時的創作。最有趣的是一個製於1616年的大酒杯，傳說這就是當年盧修市長為了拯救羅騰堡，一口氣喝下3.25公升葡萄酒時所使用的大酒杯，高度

超過一個人的頭，不難理解為何市長喝完後昏睡了3天。

克林根城門 及聖沃夫岡教堂

Klingentor und St. Wolfgangskirche

同時提供防禦與信仰

◎聖沃夫岡教堂

🏠 Klingentorbastei 1　🕐 4~10月週末（7~9月為週三至週日）的10:00~12:30、13:00~16:30　❌ 11~3月　💲 成人€4，12歲以下免費

　　在克林根城門上的塔樓，古時被當作水塔使用，提供城內居民用水。羅騰堡內有12座噴泉，每座噴泉都由管子連接，當一座噴泉被注滿後，水就沿著管子再流至下一座噴泉，這樣的

供水系統早在4、5百年前就存在於羅騰堡了。

　　城門後的建築，從正面和背面看起來截然不同，正對城門的那面是教堂模樣，另一面因為對著城外，為了防禦工事，完全沒有窗戶，只有幾個出槍用的槍眼。連接城外的石橋在過去是木造吊橋，以便在戰時將橋收起，阻止敵人進城。這間教堂擁有漂亮的祭壇及堅固的防禦設施，這種建築在德國並不多見。

中世紀犯罪博物館
Mittelalterliches Kriminalmuseum

德國十大酷刑

⌂Burggasse 3-5 (0)9861 5359 ⏱4~10月10:00~18:00，11~3月13:00~16:00 (聖誕市集期間11:00~17:00) 💲成人€9，6~17歲€4.5 ⓦwww.kriminalmuseum.eu

中世紀犯罪博物館保存了中世紀至19世紀超過一千年的犯罪刑罰史，有當時的文獻資料、拷問及證詞紀錄，甚至還有當時拷問的教科書，教科書上清楚地指示方法，還有執行的圖片解說。

館中展示五花八門的刑具及執行的圖示，有懲罰下流男士或饒舌女士的羞辱面具、當妻子出遠門或丈夫不在身邊時使用的女性貞操帶、懲罰不貞婦女的鐵袍、死刑執行者的面具等，還有老師處罰學生的迷你模型。

其中有一層樓是令人毛骨悚然的死刑室，展示執行死刑的工具及嚴刑拷打的器具。博物館完整且大量的保存這些刑具及文獻紀錄，有些甚至是原始的刑具，由博物館輾轉獲得，可見博物館蒐集並保存的用心。

救濟院稜堡與行政官邸
Spitalbastei und Hegereiterhaus

濃濃的中世紀風情

⌂Spitalgasse 💲免費

羅騰堡最富中世紀風情的莫過於這座稜堡，以及綿延無止盡的城牆。遊客可進入參觀這個八字型的堡壘，裡面展示了舊時的大砲，而今砲口仍舊對著城外，在幽暗的光線中，透出石牆滄桑的中世紀歷史痕跡，無言地敘述著當年保護城內居民所歷經轟轟烈烈的戰事。

坐落在古時羅騰堡城牆外的救濟院，昔日專門收容貧病及因天黑城門關閉無法進城的旅人，現今依然可見舊時救濟院的模樣。救濟院中有著可愛尖頂造型的房舍，樓上是行政官的住所，樓下在當時是醫院的廚房。再往裡面走去，有一個以前是醫院目前是養老院的建築，而這整個獨特的建築群，就位在稜堡旁邊的巷子裡，值得遊客細細參訪。

MAP ▶ P.220A1

聖雅各教堂
St. Jakobskirche
傳說中的聖血水晶球

⊙ Klostergasse 15 ⌄
4~10月10:00~18:00，11月及1~3月12:00~15:00，12月10:00~17:00（週日11:00起）⑤成人€3.5，12歲以下免費

這座羅騰堡最重要的教堂，自1311年開始修建，教堂內最珍貴的聖血祭壇位於二樓，由大雕刻家蒂爾曼里門施奈德(Tilman Riemenschneider)製作，祭壇中央刻著「最後的晚餐」，叛徒猶大位於整個故事的中央，有別於其他同主題作品將耶穌放於中央的布局。耶穌正發給猶大一片麵包，並說：「你們之中有一個人將出賣我。」這句話讓所有信徒感到震撼、擔憂，並栩栩如生地表現在木刻的臉孔上。

在雕刻的上方十字架內有一個水晶球，據說十字軍從東方歸來後，將耶穌的聖血帶到這裡，市議會就請里門施奈德製作聖壇來保存聖血，而聖血就存放在這顆水晶球內，因此不少遊客帶著望遠鏡前來，想一探水晶球中的聖血傳聞是否屬實。

城牆上的刻字

二次世界大戰時，羅騰堡在一位美國將軍干涉下，幸運地沒被全毀，不過也有大約40%的面積受創。為了重建，羅騰堡向國外求援，於是來自本國及全世界的資金，終於讓它恢復了原貌。而現在新的捐獻則被用來當作維護經費。

如今走在圍繞著羅騰堡的城牆旁，可以看到刻有來自德國、日本、美國、中國及台灣等地捐獻者的名字，如果你也想在羅騰堡的城牆上留下姓名，可在羅騰堡的官網上找到詳情。

MAP ▶ P.220A2

城堡花園
Burggarten
昔日城堡今已矣

⑤免費

出了城堡城門後，是擁有一片綠地的寧靜花園，花園中植滿五彩繽紛的花卉，涼椅上坐滿欣賞這片幽靜的人們，在涼爽的樹蔭下，時而可見當地學生在此嬉鬧。這裡便是城堡花園，在羅騰堡的歷史中，是最早建立城堡之處，可惜後來的城堡主人後繼無人，城堡又在大地震中傾毀，當地居民陸續將石材搬走，現在已經看不出城堡的身影。

在花園中還有一座教堂，用以紀念在二次世界大戰中陣亡的士兵。花園靜謐、如畫的景致，最適合逛累了想歇息的遊客。

奥格斯堡
Augsburg

文●墨刻編輯部　攝影●周治平

位於萊希河(Lech)畔的奧格斯堡，是巴伐利亞邦最古老的城市，同時也是德國僅次於特里爾(Trier)的第二古城，年代可追溯到古羅馬時期。根據記載，古羅馬人早在公元前15年即在這裡設置一座永久性的軍營堡壘，依照慣例，堡壘名字大多冠上羅馬帝國第一任皇帝屋大維的尊號「奧古斯都」之名，當時這裡的名字是「奧古斯塔–溫德利科魯姆」(Augusta Vindelicorum)，而這便是奧格斯堡名字的由來。

後來軍營周圍逐漸發展出城鎮，奧格斯堡的地位也愈來愈重要，即使時至今日仍然可以看到許多古羅馬時代遺留下來的建築。儘管羅馬帝國滅亡後，奧格斯堡一度沉寂，但到了宗教改革時代，奧格斯堡又重新站回了舞台，包括路德宗最重要的文本《奧格斯堡信條》，與改變歐洲歷史走向的《奧格斯堡和約》等，背景都發生在這裡。而自1650年起，奧格斯堡的新教徒每年8月8日都會慶祝三十年戰爭時代

奧格斯堡市區圖

圖例　◉景點 ✝教堂 🅗飯店 🏛博物館
🏢政府機關 ⓘ遊客服務中心

李奧波德莫札特故居
Leopold-Mozart-Haus

小黃金廳
Kleiner
Goldener Saal

奧格斯堡大教堂 ✝
Augsburger Dom

馬克希米連博物館
Maximilian-Museum
聖安娜教堂 ✝ St. Anna

市政廳與黃金廳
Rathaus und Goldener Saal

富爾格社區
Fuggerei

樹茲拉宮
Schaezler-Palais

Ibis 🅗

←往中央車站

的壓迫終於過去，久而久之，便成了今日奧格斯堡地區限定的官定節日──奧格斯堡和平節(Hohes Friedensfest)。

INFO

如何前往
◎火車
從慕尼黑直達奧格斯堡的火車，班次非常密集。搭乘ICE或IC，車程約30分鐘；搭乘RB，車程約45分鐘。而從法蘭克福中央車站也有直達的ICE或EC，亦

可在曼罕或斯圖加特轉車，車程約3~3.5小時。

　奧格斯堡中央車站位於老城西側，距離國王廣場(Königplatz)約500公尺，不想走路的話，可搭乘有軌電車Tram 3、4、6號，往東一站便是國王廣場，在那裡可轉乘Tram 1、2號到市政廳與大教堂。

◎羅曼蒂克大道專車
Romantische Straße Bus

　要搭乘羅曼蒂克大道專車去奧格斯堡，必須在多瑙沃特(Donauwörth)下車，南下班車每日17:40，北上班車每日10:00抵達多瑙沃特，再從那裡轉乘德鐵的列車前往。

☏(0)89 593-889
💲從法蘭克福出發，單程€114，來回€152；從慕尼黑出發，單程€20，來回€26
🌐www.romanticroadcoach.de

市區交通
◎大眾運輸工具

　老城範圍不大，可步行走遍全城。市區有有軌電車(Tram)和公車，可上車直接跟司機買票，或在路旁的自動售票機購買。

💲單程票：成人€1.8，6~14歲€1。一日票：€8.2

🌐www.avv–augsburg.de

觀光行程
◎市區散步行程 Public City Tours

　行程追隨富格爾、莫札特與劇作家布萊希特(Bertolt Brecht)的腳步，一路走訪市政廳、富格爾社區，並參觀新近列入世界遺產的奧格斯堡水利工程系統。

🏠在遊客中心報名出發
🕐英文導覽為每日14:00出發(11~3月僅週末出團)，行程2小時
💲成人€14，兒童€12
🎫價錢含黃金廳與富格爾社區門票

旅遊諮詢
◎市政廳遊客中心

🗺P.225A2
📍Rathausplatz 1
☏(0)821 502-070
🕐4~10月及聖誕市集期間：平日08:30~17:30，週六10:00~17:00，週日10:00~15:00。11~3月：平日09:00~17:00，週六10:00~17:00
🚫11~3月的週日
🌐www.augsburg-tourismus.de

MOOK Choice

MAP ▶ P.225B2

市政廳與黃金廳
Rathaus und Goldener Saal
金碧輝煌的最佳示範

🚊搭乘Tram 1、2至Rathausplatz站即達 🏠Rathausplatz 2 ⏰每日10:00~18:00（售票至17:30）💲黃金廳：成人€2.5，10歲以下免費 ⚠️市政廳高塔目前整修中

　　奧格斯堡市政廳建於1615至1620年間，出自在奧格斯堡出生的德國名建築師埃利斯霍爾(Elias Holl)之手，是文藝復興時期規模最大的哥德式建築，也是觀光客遊覽這座城市最佳的起點。在市政廳的一樓，展示有舊時奧格斯堡模型，3樓有一間黃金廳(Goldener Saal)，因其內部金碧輝煌的天頂壁畫及建築裝飾而聞名，每天都吸引不少遊客參觀。遊客還可登上一旁的高塔(Perlachturm)，將整個奧格斯堡的景致盡收眼底。清晨時分可聽見遠方傳來的悠悠鐘聲，彷彿在讚頌著這座兩千多年的古城，至今仍昂然而立。

MAP ▶ P.225A1

奧格斯堡大教堂
Augsburger Dom
擁有世界最古老的彩繪玻璃

🚊搭乘Tram 2至Dom/Stadtwerke站即達 🏠Frauentorstraße 1 ⏰每日07:00~18:00 💲免費 ⚠️禮拜期間不開放參觀

　　這間教堂自西元9世紀起便已存在於此，原為一座羅馬式的教堂，在1320年時被改建為哥德式建築，而今的大教堂則呈現羅馬和哥德式混合的風格。在教堂內可見羅馬式的地下室，這裡原是奧格斯堡主教的墓地，這個地下室最古老的部分就是西邊的四柱區，這是1065年時原始教堂建築的一部分。

　　而大教堂中最有名的，就是在中殿南邊畫有約拿、但以理、何西阿、大衛與摩西等五位先知的彩繪窗戶，這些窗戶大約繪製於西元12世紀中葉，是神聖羅馬帝國初期的無價之寶，也是世界上現存最古老的彩繪玻璃窗。

富格爾社區

Fuggerei

世界最早的社會福利機構

🚋搭乘Tram 1至Fuggerei站即達 🏠Fuggerei 56 ☎(0)821 3198-8114 🕐4~9月08:00~20:00，10~3月09:00~18:00 💲成人€6.5，長者€5.5，8~17歲€3 🌐www.fugger.de ⚠門票含博物館與防空洞 ❗目前住戶大部分是老人，參觀時請注意不要打擾到他們

　由富人富格爾(Fugger)家族於1516年所建的富格爾之家，是世上最早的社會福利機構，專門提供給信奉天主教的貧窮市民居住。這裡有52棟建築，共可居住167戶人家，一年的租金大約是現在的1歐元。一開始由一家人居住，後來演變為老人社區，想進入富格爾之家的規定也愈漸嚴格。任何想住進來的人，都必需符合四項標準：好名聲、無犯罪紀錄、奧格斯堡的市民，以及有福利機構證明他們是貧窮的。

　社區裡還有3間博物館：歷史與生活博物館重現從1521年至1944年，5個居民家庭的時光之旅；居民博物館是透過實際居住在這裡的人們與管理者，讓大家了解這裡的運作方式；日常生活博物館則是展示戰後社區裡食衣住行的各個面向，包括住戶的內部陳設，如廚房、臥室、客廳等，皆一應俱全。另外還有一處二戰時期的防空洞，介紹1944年的空襲與戰後重建工程。

　在富格爾之家參觀時，還可以看到每戶人家外面，都有著不同形狀的金屬手把，這是讓夜歸人能夠藉以辨識自家家門的方法。

聖安娜教堂

St. Anna Kirche

馬丁路德曾留下足跡

🚋搭乘Tram 1、2至Moritzplatz站，步行約3分鐘 🏠Im Annahof 2 🕐週一12:00~17:00，週二至週六10:00~17:00，週日10:00~12:30、14:00~16:00 🌐www.st-anna-augsburg.de

　教堂內的加爾默羅修道院(Carmelite Monastery)，因為馬丁路德曾經待過而聞名。1518年，他在和羅馬教宗對抗時，曾在此短暫停留，直到後來與羅馬教宗派來的人員交涉失敗後，才於10月20號趁夜逃離奧格斯堡，如今在修道院內仍可以看到他的畫像。教堂內還有繪於14世紀初葉的古老壁畫，以及富格爾家族的墓所禮拜堂，而這個禮拜堂也是德國第一個文藝復興式的建築。

榭茲拉宮

Schaezlerpalais

華麗的洛可可豪宅

🚋 搭乘Tram 1、2至Moritzplatz站，步行約4分鐘 🏠 Maximilianstraße 46 ☎(0)821 324-4102 ⏰10:00~17:00 ⊗週一 ⑤成人€7，10~18歲€5.5 🌐www.kunstsammlungen-museen.augsburg.de ❀週日免費參觀

　　榭茲拉宮建於1765至1770年間，原本是銀行家里耶班霍芬(Liebert von Liebenhofen)的宅第，1821年時被城中一位富豪榭茲拉爵士(Baron Johann Lorenz Schaezler)購得，成為其家族財產，直到1958年才由政府接手管理，其中一部分被改為德國巴洛克美術館。

　　一進門直接上到二樓，上樓時可以看到牆上的肖象，他們就是這棟豪宅最後的擁有者，因為孩子死於第二次世界大戰，家族後繼無人，於是就將住宅捐獻給政府。

　　無數華麗的房間炫耀著主人的財富，洛可可式

的宴會大廳是裡面最豪華的廳堂，現在也用來舉行演奏會。巴洛克美術館展示著1600年至1800年間，巴洛克及洛可可風格的畫作，裡面還有知名藝術家如杜勒、荷爾拜因(Hans Holbein the Younger)等人的作品。

小黃金廳

Kleiner Goldener Saal

洛可可式的音樂表演場地

🚋 搭乘Tram 2至Mozarthaus/Kolping站，步行約2分鐘 🏠 Jesuitengasse 12 ☎(0)821 324-3251 ⏰週五至週日10:00~17:00，沒有表演活動時可入內參觀 ⑤成人€1

　　建於18世紀中葉的小黃金廳，原是耶穌會的財產，取名為小黃金廳是為了和市政廳內的黃金廳做區隔。富麗堂皇的廳內，有著偌大的屋頂壁畫，呈現出洛可可風格，畫中的涵義是聖母會為無助者帶來希望。仔細看小黃金廳內的雕刻，不難發現設計師在建築上都做了些幽默的設計，例如在廳堂正前方左邊的門上，竟有隻小老鼠在上方呢！

　　小黃金廳目前做為音樂廳及演講廳之用，故只有在沒有表演時才開放參觀。

德國南部……奧格斯堡 Augsburg

MAP ▶ P.225A2

馬克希米連博物館

Maximilianmuseum

展示金銀器大師作品

🚊搭乘Tram 1、2至Moritzplatz站，步行約1分鐘 📍
Fuggerplatz 1 ☎(0)821 324-4102 🕐10:00~17:00
🚫週一 💰成人€7，10~18歲€5.5 🌐www.
kunstsammlungen-museen.augsburg.de 🎫週日免費參觀

這是棟建於1546年的貴族住宅，現在改闢為
博物館，館內有30多間展廳，展示城市有趣的
歷史以及著名的雕塑品、裝飾藝術等，其中最
具代表性的便是15、16世紀時由奧格斯堡的雕
刻大師們所創作的金器、銀器作品。

博物館的一旁設有咖啡廳，夏季時可坐在露
天座位上，景致十分優美，是城市中僻靜的休
憩角落。

編輯筆記 ✎

馬丁路德
Martin Luther

15、16世紀時，由於教會日
益腐敗，利用人民對宗教的
熱忱，來維持其浪費的生活方
式並興建華麗的教堂，甚至要
信徒購買贖罪券以赦免自身的
罪行，以致於這段期間不斷
有神學家批評教會的作風。到了西元1517年，
馬丁路德公開向天主教會挑戰，強調「因信得
救」，否定了教宗及教會的權威，因而引發宗
教革命，教會也一分為二，分為天主教派及新
教派，間接引發了後來的三十年戰爭。

而馬丁路德在文化上的貢獻，包括重新翻譯聖
經，也造成了日耳曼方言的整合，標準高地德
語(High German)就此誕生。

MAP ▶ P.225A1

李奧波德莫札特故居

Leopold-Mozart-Haus

莫札特父親的出生地

🚊搭乘Tram 2至Mozarthaus/Kolping站，步行約1分
鐘 📍Frauentorstraße 30 ☎(0)821 6507-1380 🕐
10:00~17:00 🚫週一 💰成人€6，10~18歲€5 🌐www.
kunstsammlungen-museen.augsburg.de

曾經住在這棟16、17世紀中產階級建築裡
的莫札特，並不是我們所熟知的那位「音樂神
童」阿瑪迪斯，而是他的父親李奧波德莫札特
(Leopold Mozart)。李奧波德是一位宮廷音
樂家，他離開奧格斯堡後，便在薩爾斯堡大主
教教廷交響樂團中演奏。後來阿瑪迪斯出生，
李奧波德在其很小的時候就發現他的音樂天分
而極力栽培，並將他帶到歐洲各國尋找機會。
今日，奧格斯堡將李奧波德的出生地闢為博物
館，展示莫札特的樂譜、家族譜、他在當時受
到的報導，以及使用過的樂器等。館內並有語
音導覽，讓遊客能更親近音樂神童家族的生活
情形。

富森

富森及其周邊
Füssen and Around

文●蒙金蘭・墨刻編輯部　攝影●周治平

富森位於阿爾卑斯山腳下的萊希河畔，距離與奧地利的邊境只有1公里遠，同時這裡海拔高約808公尺，是巴伐利亞地勢最高的城市。其名字得自於拉丁文中的「咽喉」，借指此地據守的重要位置，不過由於德文中的Füße是腳的意思，因而早在14世紀時這裡的市徽就已是三隻腳的圖案。

富森雖然是個人口不到2萬的小山城，卻擁有非常悠久的歷史，早在古羅馬時代，這裡就因位處從義大利前往奧格斯堡的必經之路而發展出城鎮的雛型，當時旅人們會在此地過夜，隔日再繼續趕路，許多貨品物資也是在這裡轉運，頻繁的商業活動讓這個小鎮變得富裕繁榮。

現在富森是羅曼蒂克大道南邊的終點，坐擁壯麗的山湖風光，更有著新、舊天鵝堡點綴其中。尤其新天鵝堡是德國最具代表性的城堡，集結童話與夢幻於一身，為了一睹其風采，遊客總是絡繹不絕地來到這裡，讓小鎮能繼續保持繁華熱鬧。

INFO

如何前往

◎前往富森Füssen

火車

從慕尼黑出發前往富森，雖然有直達的RB列車，但班次不算太多，大多班次還是得在布洛埃(Buchloe)轉車。無論直達與否，總車程都是大約2個小時。

羅曼蒂克大道專車

要搭乘羅曼蒂克大道專車去富森，必須在多瑙沃特(Donauwörth)下車，南下班車每日17:40，北上班車每日10:00抵達多瑙沃特，再從那裡轉乘德鐵的列車前往。

📞(0)89 593-889

💲從法蘭克福出發，單程€170，來回€227；從慕尼黑出發，單程€40，來回€53

🌐www.romanticroadcoach.de

◎前往郝恩修瓦高 Hohenschwangau

公車

從富森火車站，搭乘73號或78號公車，在Neuschwanstein Castles, Schwangau站下車即達，車程約8分鐘。

◎前往歐博阿瑪高 Oberammergau

火車

從慕尼黑出發，每小時有一班RB前往，中途需在穆爾瑙(Murnau)轉車，車程約1小時50分鐘。

公車

從富森火車站，可搭乘9606號公車直達歐博阿瑪高火車站；或是先搭乘73號公車至Echelsbacher Brücke, Rottenbuch站，再轉乘9606號公車前往，總車程都是大約1.5小時。但由於班次不多，若想參觀林

德霍夫宮並在當日來回，務必搭乘最早出發的班次。

◎前往迦米許-帕滕基興 Garmisch-Partenkirchen

火車

從慕尼黑出發，每小時有1~2班RB或RE直達，車程約1小時出頭。

公車

從歐博阿瑪高火車站，每小時一班9606號公車直達迦米許-帕滕基興火車站，車程40分鐘。

觀光行程

◎福爾根湖遊船 Boat Trips on Forggensee

搭乘遊船航行在巴伐利亞第五大的湖泊上，可遠眺新天鵝堡與郝恩修瓦高城的景致。

⌂從富森的Bootshafen碼頭出發

📞(0)8362 300-2950

🕐6月~10月中營運。2小時行程：每日10:00、12:30、15:00出發。1小時行程：每日10:30、11:50、13:20、14:40、16:00出發

💲2小時行程：成人€18，4~16歲€9.5。1小時行程：成人€13，兒童€6.5

🌐en.fuessen.de/outdoor-sports/boat-trips-on-lake-forggensee.html

旅遊諮詢

◎富森遊客中心

⌂Kaiser-Maximilian-Platz 1, Füssen

📞(0)8362 938-50　🕐09:00~17:00

🚫週日　🌐www.fuessen.de

◎新天鵝堡及郝恩修瓦高城購票中心

⌂Alpseestrasse 12, Hohenschwangau

📞(0)8362 930-830

🕐4月~10月中08:00~16:00，10月中~3月08:30~15:00

🌐www.hohenschwangau.de

❗購票中心只販賣當日門票，現場數量有限，通常中午之前就會售罄，因此愈早到愈好。如果無法一早抵達，建議事先上官網預購門票。不過線上購票要額外支出€2.5手續費(包括免費票種)。

◎歐博阿瑪高遊客中心

⌂Eugen-Papst-Straße 9A, Oberammergau

📞(0)8822 922-740　🕐平日09:00~17:00

🌐www.ammergauer-alpen.de/oberammergau

◎迦米許-帕滕基興遊客中心

⌂Richard-Strauss-Platz 2, Garmisch-Partenkirchen

📞(0)8821 180-700　🕐09:00~17:00(週六至15:00)

🚫週日　🌐www.gapa-tourismus.de

MAP ▶ P.232A1

聖曼修道院及富森博物館

Museum der Stadt Füssen im ehem Kloster St. Mang

富森風情完整呈現

🚇 從火車站步行約8分鐘 🏠 Lechhalde 3, Füssen 📞 (0)8362 903-143 🕐 4~10月週二至週日11:00~17:00，11~3月週五至週日13:00~16:00 💰 成人€6，與高地城堡聯票€9，18歲以下免費 🌐 stadt-fuessen.org/museum

西元840年，奧格斯堡主教將這裡改為聖曼修道院，後來這間擁有千年歷史的修道院，在18世紀時又被改建成巴洛克式的建築。目前修道院內部是富森博物館，展示巴伐利亞王室歷史，除了陳列有每位國王的肖像外，還有路德維二世預計建造的第四座城堡——鷹石山城堡(Schloss Falkenstein) 的模型，以及中國城的構想圖等。另外，富森歷史悠久且聞名於世的魯特琴工業，也可在館中一睹其發展面貌。

館中還有一座聖安娜小教堂，展示著名的「死亡之舞」畫作，在這20幅小畫作中，有社會各階層的骨骸模樣，其中一幅還是骷髏彈著魯特琴的場景，這是14、15世紀黑死病流行重創歐洲時的社會反應，傳達死亡是不分善惡、貧富的道理。

MAP ▶ P.232A1

高地城堡

Hohes Schloss

來自壁畫的裝飾錯覺

🚇 從火車站步行約7分鐘 🏠 Magnusplatz 10, Füssen 📞 (0)8362 903-143 🕐 4~10月週二至週日11:00~17:00，11~3月週五至週日13:00~16:00 💰 成人€6，與富森博物館聯票€9，18歲以下免費 🌐 stadt-fuessen.org/galerien-im-hohen-schloss

在聖曼修道院對面的高地城堡，原為奧格斯堡主教宮殿，屬於晚期哥德式風格，城堡內部目前是巴伐利亞美術館。這座城堡最特別的地方，就是運用繪畫技巧讓人產生錯覺的效果。仔細看城堡的窗戶、磚塊、門側裝飾，其實都是畫上去的，遠看具有強烈的立體感，令人難以分辨。更有甚者，連牆壁上的鐘也都是用畫的，其上有一個日晷，利用太陽光照射所產生的影子，顯示了目前的時間，非常有趣！

德國南部⋯⋯ **富** 森及其周邊 Füssen and Around

233

MAP ▶ P.232A1

郝恩修瓦高城
Schloss Hohenschwangau

啟發路德維二世的舊天鵝堡

🚶 從購票中心步行到城堡約15~20分鐘。也可搭乘馬車直達城堡(冬季停駛)，約30分鐘一班，費用上山為€5.5，下山€3 🕐 4月~10月中09:00~17:00，10月中~3月10:00~16:00 💰 成人€21，7~17歲€11 🌐 www.hohenschwangau.de 🎧 導覽行程僅有德、英兩種選擇，但可向櫃檯要求語音導覽機(有中文)。專人導覽時間約45分鐘，其餘時間自由參觀 ❗ 進入城堡須參加導覽行程，行程中禁止拍照攝影

　　這座城堡又常被譯為「舊天鵝堡」，當初是由巴伐利亞國王馬克西米連二世(即路德維二世的父親)所買下，再依照中世紀的風格重建。路德維二世的童年及少年時期便是在此地度過，城堡中以天鵝騎士廳最為著名，裝飾了有關「羅恩格林」(Lohengrin)的繪畫，正是城內的浪漫風格及騎士傳說，影響這位國王日後建造了新天鵝堡。

　　1861年時，他在慕尼黑看過華格納歌劇《羅恩格林》後，便成了這位音樂家的崇拜者及贊助人，後來還接待華格納到城堡中，在這裡可以看到當時國王與華格納一起彈過的鋼琴及往返書信。而建造新天鵝堡時，路德維就在他父親房間的陽台觀察整個工程進度。

　　城堡需在規定的梯次、時間內進入參觀，不過城堡外的客房則完全開放，目前有廚房展示及紀念品販售。參觀完城堡若還有時間，不妨從後方的小路出去，在經過一段從前國王馬車專用的道路後，便可見到阿爾卑斯湖的秀麗風光。

MAP ▶ P.232A1

阿爾卑斯湖
Alpsee

國王的秀麗泳池

◎租船碼頭 Bootsverleih

🚶 碼頭在巴伐利亞國王博物館附近 🕐 5~9或10月10:00~19:00 💰 每船每30分鐘€15 🌐 www.hohenschwangau.de 🎧 可租借3~6人的槳划船或4人座腳踏船 ❗ 只收現金

　　位在郝恩修瓦高城旁的阿爾卑斯湖，湖水清澈見底，天氣晴朗時分，可見許多人在湖邊野餐、戲水。在湖畔漫步一圈約需一個小時，夏季還可租小船遊湖，體驗悠閒的度假時光。這裡也是當地居民游泳的地方，據說路德維二世也愛在遼闊的阿爾卑斯湖中游泳。參觀完新、舊天鵝堡後還有時間的話，建議來這裡感受阿爾卑斯的秀麗風光。

MAP ▶ P.232A1

新天鵝堡

MOOK Choice

Schloss Neuschwanstein

國王的不朽童話城堡

🔵4月~10月中09:00~18:00，10月中~3月10:00~16:00 💲成人€15，18歲以下免費 🌐www.neuschwanstein.de ☀️導覽行程僅有德、英文兩種選擇，但可向櫃檯要求語音導覽機(有中文)。專人導覽時間約35分鐘，其餘時間自由參觀 ❗進入城堡須參加導覽行程，行程中禁止拍照攝影。目前部分房間整修中，預計2024年才會完全開放

新天鵝堡是德國最熱門的觀光景點之一，美國迪士尼樂園內的睡美人城堡，就是由這座城堡得來的靈感。這座城堡是由巴伐利亞國王路德維二世(Ludwig II)興建，他曾在郝恩修瓦高城度過了童年，那座城堡內的中世紀傳說及浪漫風格，深深影響了這位國王，而讓他建造了這座夢幻城堡。

新天鵝堡4樓的起居室在1884年建成，從那時到路德維二世去世的前兩天，他在這裡共住了172天，最後被巴伐利亞政府以他發瘋不適任為由，連夜從新天鵝堡強行送到貝克王宮，並於3天後和聲稱他發了瘋的醫生，一起死於水深及膝的湖中，而整個新天鵝堡的建造工程也因而停擺，是以在寶座廳裡沒有寶座，而國王也從未在歌劇廳觀賞過表演。

儘管新天鵝堡是中古世紀風格的城堡，但是它內部使用非常先進的技術，不但有暖氣輸送到房間的設備，每個樓層還有自來水供應，在廚房也有冷、熱水裝置，其中有2層樓還設有電話。一般以為國王花光了國庫建造他喜愛的城堡，其實國王更花光了他私人的財產及薪俸，並開始借貸，而在他死後留下龐大的債務，所幸他建造的新天鵝堡、林德霍夫宮及赫蓮基姆湖宮，每年都獲得驚人的觀光收入，他的家族才逐漸還清負債，如今已變成當地的富豪。

國王獨特的藝術天分，採用的建築及裝潢至今仍不退潮流，華麗的廳堂、窗外翁鬱的林木景致，再加上悲劇國王傳奇的故事，讓新天鵝堡成為所有德國城堡之最。

前往新天鵝堡的方式

從購票中心前往新天鵝堡共有3種方式：

◎**徒步**：約需30~40分鐘。

◎**接駁巴士**：夏季08:00~17:30 (最後下山時間為18:45)，冬季09:00~15:30 (最後下山時間為17:00)，每20分鐘一班。成人上山€3，下山€2，來回€3.5；7~12歲兒童上山€1.5，下山€1，來回€2。只收現金。下車地點約在城堡上方600公尺處，需再走5~10分鐘下坡路才到城堡。

◎**馬車**：每30分鐘一班，上山€8，下山€4。下車地點約在城堡下方400公尺處，需再走5~10分鐘上坡路才能到城堡。

林德霍夫宮

MOOK Choice

Schloß Linderhof

仿法國王宮建造的殿堂

🚌 從歐博阿瑪高火車站，每小時一班9622號公車，
到Linderhof Schloß站下車即達，車程約25分鐘　🏠
Linderhof 12, Ettal　☎(0)8822 920-30　🕐4月~10月中
09:00~18:00，10月中~3月10:00~16:00。每5~10分鐘一梯
導覽，行程約25分鐘　💲成人€10，冬季時€9，18歲以下免費
ⓦwww.schlosslinderhof.de　❗進入城堡須參加導覽行程，
行程中禁止拍照攝影。冬季時，花園內的建築群不開放

　　路德維二世非常崇拜路易十四，在兩次造訪巴
黎並參觀過凡爾賽宮後，便仿照凡爾賽宮，著手
規畫林德霍夫宮及赫蓮基姆湖宮。林德霍夫宮於
1878年峻工，是唯一在路德維二世在世時完成
並實際居住的宮殿。宮殿正前方的花園中央，時
有壯觀的水柱噴起，若再往上爬到宮殿對面的小
涼亭上，可將花園及宮殿盡入眼簾。

　　整個宮殿中最大的房間就是寢室，藍天鵝絨床
及108支蠟燭的水晶燈，讓整個房間看起來富麗堂
皇。餐廳可以看到國王不喜與人接觸的一面，那裡
有張「魔法餐桌」，僕人在一樓將餐點準備好後放
到餐桌上，再由特製機器升到二樓，接著地板自動
合上，國王便可獨自用餐，不受任何人打擾。鏡廳
是整個宮殿中最豪華的廳堂，廳中有數面鏡子，藉
由鏡像反射，將視覺空間無限延伸。

　　想要一睹華格納歌劇，一定不能錯過維納斯洞
窟(Venusgrotte)，這個位於後方花園裡的人造
鐘乳石洞窟，池中有艘華麗的小船，池後畫作描
繪的是唐懷瑟在維納斯懷中，整個布景重現了歌
劇《唐懷瑟》(Tannhäuser)的場景，國王就高
坐在小船對面的牆上觀看整場歌劇演出。特別的
是，這裡在當時使用了非常先進的技術，例如洞
裡的電力來源，是由遠處的24個發電機所製造，
這些是巴伐利亞最早使用的發電機；在舞台畫作
後方就是燃燒柴火之地，產生的熱氣再送至洞
中，猶如現在的暖氣設備。

　　另一處值得參觀的地方，是同樣位於花園中的
摩爾人亭(Maurischer Kiosk)，在森林中一眼就

能被其金黃色的圓頂所
吸引。內部裝潢運用搶
眼、奢華的色調，配上
噴泉、煙霧及咖啡桌，
還有屋內正前方3隻上
了彩釉的孔雀，都讓人
見識到國王獨具的美感
天分。

MAP ▶ P.7D7

威斯教堂

MOOK Choice

Wieskirche

以法國宮殿的概念設計教堂

🚌 從富森火車站，搭乘73、9606、9651號公車，至Wieskirche, Steingaden站下車，再步行約5分鐘。公車車程約45分鐘，不過班次不多，可先上德鐵官網查詢當日時刻 ⓘ Wies 12, Steingaden ☎(0)8862 932-930 ⏰08:00~19:00 (5~8月至20:00，11~2月至17:00) 💲免費 🌐www.wieskirche.de ❗目前教堂每日開放觀光的時間有限，詳細時段請上官網查詢

　　1983年被列為世界文化遺產的威斯教堂，位於巴伐利亞的史坦加登小鎮上(Steingaden)，坐落在一片平坦的草原中，雖然對外交通不算方便，每年仍吸引數以百萬計的遊客不遠千里而來。

　　威斯教堂的全名是Wallfahrtskirche zum Gegeißelten Heiland auf der Wies，意即「威斯被鞭打的救世主朝聖教堂」。最初是因為鎮上的修道院裡有一尊「被鞭打的耶穌」木像，1783年5月時被羅利(Lory)家族請回自家農場膜拜，沒想到在6月14日那天，木像臉上居然被發現冒出小水滴，於是耶穌在哭泣的傳聞不脛而走。儘管修道院長試圖抑止傳聞，各方信徒仍陸續蜂擁至小鎮，為了滿足朝聖者的需求，修道院長於是委任齊默爾曼兄弟(Johann Baptist & Dominikus Zimmermann)從1745年開始建造威斯教堂，並於1754年竣工。

　　齊默爾曼兄弟兩人都是當地知名的洛可可風畫家暨建築師，他們一改當時教堂常有的厚重、誇張與壓迫的渲染風格，改以源自法國宮殿、沙龍與豪宅式的世俗建築設計，將教堂帶入洛可可式的風尚潮流中，並巧妙地將巴洛克風格移轉至洛可可式的裝飾設計上。至於聖壇上的畫作，則是出自慕尼黑宮庭畫師阿爾布雷希特(Balthasar Augustin Albrecht)的創作。

MAP ▶ P.7D7

楚格峰

MOOK Choice

Zugspitze

德國第一高峰

📷 從迦米許-帕滕基興火車站對面的楚格峰齒輪軌道車站，搭乘齒輪軌道車(Zahnradbahn)，約1小時13分鐘可抵達山頂。或是搭乘齒輪軌道車至艾比湖(車程30分鐘)，再換搭纜車至山頂，約10分鐘可達 ☎(0)8821 7970 ⏰齒輪軌道車：從迦米許上行為08:15~14:15，從楚格峰下行為09:30~16:30，每小時一班。纜車：9~6月08:30~16:45，7~8月08:00~17:45，每半小時至少一班 💲夏季一日票：成人€68，16~18歲€54.5，6~15歲€34。冬季一日票：成人€57，青年€45.5，兒童€28.5 🌐www.zugspitze.de 🎫持德鐵通行證可享9折優惠

位於德南阿爾卑斯山系的楚格峰，海拔**2,964**公尺，是德國第一高峰。站在楚格峰上，不但可以飽覽一望無際的阿爾卑斯山脈全景，更可以遙望到奧地利、義大利、瑞士和德國境內層層山巒的景色，令人讚嘆。楚格峰制高點的地標，是觀景台上方的金色十字架，山頂還有一座超過百年歷史的氣象觀測站，以及全國海拔最高的郵局。由於楚格峰就位於德國和奧地利的邊界上，所以峰頂的另一側也有纜車通往奧地利的提洛省(Tiro)。

而在約**2,600**公尺處的廣大平台，則被稱為楚格峰平台(Zugspitzplatt)，這裡乃是全德國唯一保有冰河的地方，無論冬寒夏暑，終年積雪不退，為德國地勢最高的滑雪勝地。

至於距離迦米許-帕滕基興西南方約**9**公里的艾比湖(Eibsee)，位於楚格峰的山腰上，海拔標高約**1,000**公尺，是登頂前的必經之地，可以從迦米許-帕滕基興搭乘齒輪軌道車抵達，也可以自行開車停在這裡的停車場，然後搭乘齒輪軌道車或纜車繼續上山。而這片湖泊背倚雄偉聳峰的山峰，身擁著翠蓊鬱的山林，湖水清澈如鏡，高山湖泊的天然之美真教人永生難忘！

海德堡
Heidelberg

海德堡

文●墨刻編輯部　攝影●周治平

＿＿向擁有浪漫聲名的海德堡，不但是莘莘學子嚮往的大學城，更是無數文人墨客筆下的羅曼蒂克經典魅力之都。只要親訪過海德堡，觀看依偎在涅卡河畔的老城、錯落有致的紅瓦屋頂、橫跨涅卡河面的典雅橋樑，加上高踞山坡上的城堡英姿點綴在綠蔭樹影之間，就能相信海德堡何以讓歌德讚譽為「把心遺忘的地方」。

從考古文物顯示，海德堡最初是凱爾特人的聚落，後來成為羅馬帝國的軍事堡壘。12世紀時，海德堡被封建領主買下後，大興土木擴建城堡，海德堡之名才正式出現於古籍中。1386年，普法爾茨選帝侯魯普雷希特一世(Ruprecht I.)在這裡設立大學後，城鎮迅速擴展，不但工商雲集、經濟繁榮，還成為當時

歐洲文化、學術的重鎮，海德堡因而成為德國境內歷史最悠久的大學城。而包括哲學家黑格爾、社會學家馬克斯韋伯、化學家阿道夫馮拜爾等赫赫有名的人物，都曾經就讀或任教於海德堡大學。

INFO

如何前往
◎火車
從法蘭克福中央車站，每小時都有1~2班直達車次前往海德堡中央車站，若搭乘ICE或EC，車程不到1小時，而RB的車程則約1.5小時。就算是中途在曼罕(Mannheim)轉乘RE或S-Bahn的班次，總車程也只要1小時出頭。

從慕尼黑中央車站，每2小時一班直達的IC或EC，車程不到3小時；其他大部份車次都需在曼罕轉車，也有少數是在斯圖加特換乘，車程都是3小時出頭。

海德堡中央車站位於老城西邊約3公里，出火車站後，可搭乘Tram 20至老城的市政廳，或32號公車至海德堡大學廣場。

市區交通
◎大眾運輸工具
海德堡老城區範圍不大，可用步行方式走遍。而這個地區的大眾運輸由VRN營運，可利用其公車與電車代步。
萊茵-涅卡運輸協會 VRN

海德堡市區圖

哲學家之路 Philosophenweg
Neuenheimer Landstr.
涅卡河 Neckar
老橋 Alte Brücke
AmHackteufel
Hotel Villa Marstall
Hollander Hof
普法爾茨博物館 Kurpfälzisches Museum
聖靈教堂 Heiliggeistkirche
市政廳 Rathaus
市集廣場 Marktplatz
海德堡大學 Universität Heidelberg
騎士旅館 Hotel zum Ritter
Kornmarkt
耶穌會教堂 Jesuitenkirche
海德堡古堡 Schloss Heidelberg
←往中央車站

圖例　❶景點　✛教堂　⛰城堡　🏛博物館　🏨飯店　⚓碼頭　🚠纜車站
　　　　❂公園　🏢政府機關　ℹ遊客服務中心　🎓學校　🚌公車站

💰短程票：成人€1.9，6~14歲€1.3。單程票：成人€3，兒童€2.1。一日票：€7.7
🌐www.vrn.de

◎齒輪軌道纜車 Bergbahnen

　　若要上海德堡古堡或王座山，可搭乘齒輪軌道纜車上山。軌道纜車一共有4個車站，從山下的Kornmarkt(市政廳附近)經Schloss(古堡)到Molkenkur為山腰段，從Molkenkur到Königstuhl為山頂段，山腰段每10分鐘發車一班，山頂段每20分鐘發車一班。
🕐每日09:00~20:00發車上山(11~3月只到17:10)
💰山腰段：成人來回€9，6~14歲來回€4.5。山頂段：成人單程€6，來回€9；兒童單程€3，來回€4.5。全路段：成人單程€9，來回€14；兒童單程€4.5，來回€7
🌐www.bergbahn-heidelberg.de

觀光行程

◎海德堡老城散步 Walking Tour of the Old Town
🕐在涅卡廣場遊客中心集合
🕐英文團為4~10月週四至週六10:30出發，行程1.5小時
💰成人€12，優待票€10

◎賽格威之旅 City Safari Segway Tour
🕐在涅卡廣場遊客中心集合
🕐3~10月每日09:30、12:30、15:30出發，2月及11月每日12:30出發，行程2.5小時
💰每人€69
❗參加者需年滿14歲，至少3天前在遊客中心或官網預約

◎露天巴士行程 Cabriobus Sightseeing Tour
🕐從卡爾廣場(Karlsplatz)出發
🕐4~10月10:00~17:00，每半小時出發；3、11、12月10:00~16:00，每小時出發，行程40分鐘

💰成人€12，優待票€7　😊有中文語音導覽

優惠票券

◎海德堡卡 HeidelbergCARD

　　海德堡卡在各遊客中心或旅遊局官網上購買，持卡可在效期內不限次數搭乘海德堡市內大眾運輸工具(含公車、電車、S-Bahn及區域性火車)，並包含海德堡古堡套票(古堡、大酒桶、藥事博物館、齒輪軌道纜車山腰段來回)與海德堡大學套票(大學博物館、學生監獄、特展)。另外參觀多處景點、博物館、導覽行程時還可享有折扣，在指定商店、餐廳消費也有各種優惠。
💰一日卡€24，二日卡€26，四日卡€28

旅遊諮詢

◎海德堡旅遊局
📞(0)6221 584-4444
🌐www.heidelberg-marketing.de

中央車站遊客中心
🕐Willy-Brandt-Platz 1
🕐4~10月週一至週六09:00~19:00，週日10:00~18:00；11~3月週一至週六10:00~15:00

市政廳遊客中心
🔺P.239B2
🕐Marktplatz 10
🕐4~10月平日08:00~17:00，週六09:00~15:00；11~3月平日08:00~17:00

涅卡廣場遊客中心(Neckarmünzplatz)
🔺P.239B1
🕐Obere Neckarstraße 31-33
🕐4~10月週一至週六09:00~18:00，週日10:00~17:00；11~3月平日11:00~16:00，週六10:00~16:00

MAP ▶ P.239B2

海德堡古堡

Schloss Heidelberg

MOOK Choice

古堡遺跡的滄桑美感

🚋 從市政廳前的穀物廣場(Kornmarkt)搭乘齒輪軌道纜車上山，至Schloss站即達 🏠Schlosshof 1 📞(0)6221 658-880 ⏰城堡：每日09:00~18:00 (進入內部須參加導覽行程)。城堡花園(含大酒桶)：每日清晨到日落。德國藥事博物館：10:00~18:00 (11~3月到17:30) 💲城堡花園、大酒桶、藥事博物館及搭乘軌道纜車的通票為成人€9，優待票€4.5。
🌐www.schloss-heidelberg.de

◎ 城堡內部導覽行程
⏰4~10月：11:00~16:00 (週末10:00起)，每小時一梯。11~3月：平日11:00、14:00、15:00出發，週末增加12:00一梯 💲成人€6，優待票€3，中文語音導覽耳機€6

　海德堡古堡其實只是個遺跡了，整座城堡在17世紀末的戰爭中毀於法國人手中，但即使如此，還是可以感受到濃濃的中世紀氣息。雖說是遺跡，不過海德堡古堡依然有相當可觀之處：一面浮雕精緻的高聳城牆，讓人不禁揣想當年古堡的盛況；城堡主人為心愛的妻子所闢建的花園，其弧形拱門在今天看來依然窈窕動人。

　18世紀因戰爭而全毀的海德堡市區，後來依原來的樣貌重建起來，而重建使用的建材，正是來自堡內的石材。後來在有心人士力挺之下，這座古堡才得以倖存，並保留著廢墟模樣。這樣的殘破美，一種歷經無情歲月摧殘卻依舊矗立的滄桑感，反而讓古堡有了新的生命力。

　古堡內有一個巨大的木製酒桶，遊客可登上酒桶參觀，在酒桶對面的是矮人佩奇歐，他負責看守酒桶，而他身旁的鐘據說是他自己的發明。幽靜的城堡花園內有尊歌德的塑像，他曾多次造訪海德堡，並讚譽海德堡是「把心遺忘的地方」；離塑像不遠處是他最愛的石椅，椅子上雕有心型葉子，他曾用這種植物為心愛的人做了一首詩，而那首詩如今正刻在椅子上，為花園增添不少浪漫氣息。

　城堡內部另一個開放參觀的就是藥事博物館，館內展示從中世紀到19世紀的實驗室、儀器、藥物等，從中還可看得出原來古堡內的模樣。參觀完城堡，不妨再搭纜車登上王座山，這裡有許多健行登山路線，也可以俯瞰整個海德堡的迷人風情。

老橋
Alte Brücke
涅卡河上的風景

🚌 搭乘35號公車至Alte Brücke站即達

老橋靜靜橫跨在涅卡河上已經有好幾百年了，當然，這中間曾經歷了幾次重建，原本只是座木橋，被洪水、火災或冰風暴沖垮好幾次，直到1786至1788年間才改建成石橋，奠立了老橋目前樣貌的基礎。當年下令建橋的普法爾茨選帝侯卡爾特奧多爾(Karl Theodor)，為了讓這座橋停止被毀壞的厄運，在橋上安放了護佑萊茵河與其支流的河神雕像，而這尊雕像直到今天依然矗立在河畔。

漫步在老橋上，你可以一覽河畔高地的海德堡城堡與海德堡浪漫典雅的市容；走過橋去再回首，老橋則變成了風景的一部分。

哲學家之路
Philosophenweg
啟發無數哲人靈感

🚶 從老橋步行約9分鐘

海德堡之所以迷人，並成為世界上一個擁有獨特印象的城市，正因為在浪漫的氣氛中似乎還擁有哲學般的智慧，而這條哲學家之路，古往今來不知有多少文人學者漫步其間。在這條路上，他們或者獨自沉思、或者彼此有睿智的交談，也或者就是眺望著海德堡詩一般的風景，享受生命的喜悅。

如果你是由老城區穿過老橋往哲學家之路走來，會先經過一段不算短的灌木叢小路，即使是大白天，這段還留著老城牆遺跡的小路依然略顯昏暗，你只能低著頭、拾級前進；但經過這條幽暗隧道、走上位於山腰的哲學家小路後，視野馬上為之一亮，整個城市都呈現在你眼前。德國人說，這就是哲學：讓人生之路由黑暗走向光明。

海德堡大學
Universität Heidelberg
創校超過六百年

🚌搭乘31、32號公車至Universitätsplatz站即達　🏠Grabengasse 1　🌐www.uni-heidelberg.de
◎大學博物館 Universitätsmuseum
🕐4~10月10:00~18:00，11~3月10:30~16:00　⛔4~10月的週一與11~3月的週日、一　💲成人€3，優待票€2.5

海德堡大學不但是德國、也是歐洲最古老的大學，創校至今已超過600年。在如此漫長的校史中，這所大學與這座城市幾乎是合為一體了。海德堡因為這所大學而更添人文氣息，大學也因這座城市而更顯出地靈人傑。據統計，海德堡人口中有1/5是學生，因此海德堡人很自豪於這座城市在古意的外表下，有一顆年輕的心。

一般印象中，在文學與哲學方面聲譽卓著的海德堡大學，現在已是一間擁有3萬名學生的大型學校，其中有許多是來自不同國家的留學生，以天文學、國際法及原子物理學最富盛名。

大學舊棟現闢為博物館，當中有一座學生監獄(Studentenkarzer)，從前違反校規的學生，例如酗酒、影響夜間安寧等，就要被關在這個禁閉室內。這樣的禁閉室對當時的學生來說，就像是生活的一部分，遊客可以在裡面看到當時學生在牆上的塗鴉及內部陳設。

聖靈教堂
Heiliggeistkirche
登上塔頂看古城

🚌搭乘Tram 20或33號公車至Rathaus/Bergbahn站，步行約2分鐘　🏠Marktplatz　🕐11:00~17:00 (週日12:00起)
◎ 登塔頂
🕐週六11:00~17:00，週五及週日視情況開放　💲成人€2，12歲以下免費

有著哥德樣式的聖靈教堂建自1398年，這裡還曾是歷代選帝侯的安葬地。因為歷史悠久，教堂內曾經有過來自各方的豐富藏書，這些無價之寶一度被運至羅馬，幸而後來約有800冊以德文為主的手稿及原稿獲得歸還，現在就收藏在海德堡大學的圖書館內。若是週六時來到這裡，別忘了登上教堂的塔頂，可以將海德堡完整的市容看得一清二楚，別有一番浪漫的古城風情。

耶穌會教堂
Jesuitenkirche
素雅而又莊嚴

🚌搭乘Tram 20或33號公車至Rathaus/Bergbahn站，步行約4分鐘　🏠Merianstraße 2　🕐09:30~18:00 (10~4月至17:00)

耶穌會的信徒們於18世紀抵達海德堡時，在1712年開始興建這座耶穌會教堂，直到1759年才完工。儘管需要穿過巷弄才能抵達耶穌會教堂，其建築外觀依然相當醒目，內部的裝潢也十分素雅新穎而又不失莊嚴。在教堂左側的墓穴中，安放的是昔日一位選帝侯及其家屬的遺骸。

德國南部……海 德堡 Heidelberg

紐倫堡
Nürnberg

文●蔣育荏‧墨刻編輯部　攝影●周治平

紐倫堡自中世紀以來便在歐洲歷史上佔有舉足輕重的地位，不但長年作為神聖羅馬帝國的皇帝行在，還發展成帝國的自由城市，尤其是1356年皇帝卡爾四世(Karl IV，即英文中的查理四世)頒布的《金璽詔書》，規定此後每位皇帝當選後都要在紐倫堡召集帝國議會，更讓這座城市成為帝國最重要的都城，經濟與貿易皆達到鼎盛，文化上自然也是人文薈萃。到了近代，紐倫堡風雲依舊，希特勒曾在此發表演說，每年納粹的黨代會也是在此舉行，而戰後審判納粹戰犯的「紐倫堡大審」，更讓紐倫堡的聲名響徹雲霄。

不過二次大戰後依原樣重建的紐倫堡，雖然在歷史上享有威名，卻始終沒有發展成大型的現代都會，這原因是受限於古城的規模，但也正因為如此，才能讓紐倫堡依然保有中古時期的城鎮風采。紐倫堡的老城被圍繞在13世紀修築的城牆中，昔日行人只能經由5座城門出入，嚴謹地鞏固了古城的地位與安全。如今，4座城門依舊穩固，絲毫未變的古城木屋，昔日車馬雜沓的街道，都成了行人徒步區，遊客只要仰賴自己的雙腳，就能踏遍大街小巷。

INFO

如何前往
◎航空
紐倫堡國際機場(NUE)位於市區北方5公里處，主要飛航歐洲航線，目前從台灣並沒有直飛航班，必須在法蘭克福或慕尼黑轉機。
🌐www.airport-nuernberg.de
機場往返市區交通
從機場可搭乘U-Bahn的U2前往市區中央車站，每10分鐘就有一班，車程約12分鐘。
◎火車
從法蘭克福中央車站，每小時有1~2班ICE直達紐倫堡，車程約2小時出頭；從慕尼黑中央車站，每小時有3班ICE直達，車程約1小時出頭。
紐倫堡中央車站 Nürnberg Hbf
📍P.244B3

市區交通
◎大眾運輸工具

紐倫堡城牆內的範圍不大，南北長約1.5公里，東西寬約1.2公里，步行即可走遍。

紐倫堡的大眾運輸由VGN經營，有U-Bahn、S-Bahn、Tram、公車等，不過路線大多在城牆之外，老城內只有U1一條路線經過，U2、U3則沿著城牆外的東面及南面行走，Tram 4、6沿著城牆外的西面行走。

大紐倫堡交通協會 VGN

💲短程票：成人€1.8，6~14歲€0.9。單程票：成人€3.3，兒童€1.6。一日票：€8.5

🌐www.vgn.de

觀光行程

◎老城迷你小火車之旅

搭乘復古小火車造型的觀光列車，穿梭在老城的街道上，沿途行經聖羅倫茲教堂、聖靈醫院、皇帝堡等景點。行程可在遊客中心或旅遊局官網報名。

🚩從中央市集廣場上的美泉(Schöner Brunnen)出發

🕐每日11:15~15:15，每小時一梯(5~10月及聖誕市集期間，增開10:15、16:15兩梯)。行程40分鐘

💲成人€10，14歲以下€5　🎧車上有中文語音導覽

❗聖誕市集時，出發地點改為聖羅倫茲教堂附近的Mauthalle

◎老城英語散步行程

🚩在中央市集廣場遊客中心集合

🕐4~12月週五至週一14:00出發，行程1.5小時

💲成人€14，10~17歲€10

優惠票券

◎紐倫堡卡 Nürnberg Card

紐倫堡卡可在遊客中心或旅遊局官網上購買，持卡可在48小時內不限次數搭乘紐倫堡與福爾特(Fürth)的所有大眾運輸工具，並可免費參觀30多處景點與博物館，參加特定觀光行程還可享有半價優惠。

💲成人€33，6~11歲€11

◎紐倫堡博物館一日票

包含杜勒故居、玩具博物館、紐倫堡大審紀念館等博物館在內，購買門票時只要多付€3，就可升級為博物館一日票，可在當日參觀其他紐倫堡地區的博物館。

旅遊諮詢

◎中央市集廣場遊客中心

📍P.244A2　📍Hauptmarkt 18

📞(0)911 233-60　🕐每日09:30~17:00

🌐www.tourismus.nuernberg.de

MAP ▶ P.244A1

MOOK Choice

皇帝堡及博物館

Kaiserburg

神聖羅馬帝國皇帝的專屬堡壘

🚋搭乘Tram 4至Tiergärtnertor站,步行約7分鐘 🕐4~9月 09:00~18:00,10~3月10:00~16:00。關門前45分鐘停止 進入 💲含宮殿、雙教堂、博物館、深井與圓塔的聯票:成人 €7,18歲以下免費。城堡花園:免費 🌐www.kaiserburg-nuernberg.de 📷參觀宮殿可租借英文語音導覽機,每台€2 ❗參觀深井與圓塔需由專人導覽

　　皇帝堡是紐倫堡的象徵,建於舊城的山坡上,站在城門口前的平台,就能俯瞰紐倫堡錯落有致的紅瓦尖頂景觀。在中世紀時期,這裡是非常重要的帝國宮殿,1050至1571年間由神聖羅馬帝國皇帝所使用,羅馬式的雙教堂、深井及圓塔,在在展現了這座城堡以防禦為目的的功能。

　　皇帝堡的雙教堂由紅砂石砌成,分為上、下兩層,其中上層是皇帝專屬的教堂;深井在防禦上占有重要地位,讓戰時城內的水源不虞匱乏,井的深度幾乎是一旁高塔高度的兩倍,若將水倒入井中,得過好幾秒才聽得到聲響。

　　城堡內並沒有原始的傢俱展示,從前皇帝下榻時,鎮上的富人便供應所有的必需品及傢俱,待皇帝離去後,這些物品又被搬下山。目前在這裡看到的畫像及傢俱都是由博物館運送過來陳列,以方便遊客了解當時的情景。

　　皇帝堡博物館則是展出12到16世紀神聖羅馬帝國時期的建築、軍事及政治史。拜神聖羅馬帝國皇帝卡爾四世之賜,他在1356年頒布的「金璽詔書」,使得往後每位新皇帝都必需到紐倫堡舉行會議,史上有超過30位皇帝造訪過這裡,總計次數超過300次,光卡爾四世本人就有52次之多。

杜勒故居
Albrecht-Dürer-Haus
日耳曼藝術宗師的工作室

🚃搭乘Tram 4至Tiergärtnertor站，步行約2分鐘 🏠
Albrecht-Dürer-Straße 39 ☎(0)911 231-2568 🕙
10:00~17:00 🚫週一(7~9月及聖誕市集期間除外) 💲成人€6，優待票€1.5 🌐museen.nuernberg.de
❀門票包含英文語音導覽機

文藝復興時期日耳曼地區最具代表性的藝術家——杜勒(Albrecht Dürer)，他是一位金匠、製圖者、藝術家，更是文藝復興時期重量級的思想家，他的自畫像為往後的藝術家們樹立了典範。這間屋子是他在1509年買下的，他就在這裡工作及生活，並創作出舉世知名的藝術傑作。屋內的廚房、客廳等陳設皆和當年差不多，樓上是工作室，屋內還有版畫作品展示，不過都是複製品，原始作品都收藏在日耳曼民族國立博物館中。

參觀杜勒故居除了對杜勒的生平可以有更深入的了解外，從屋內的擺設還能夠看出那個時期一般居民家中的模樣及生活方式。

聖塞巴德斯教堂
St. Sebalduskirche
管風琴大師帕海貝爾的終老之地

🚃搭乘Tram 4、6至Hallertor站，步行約5分鐘 🏠
Winklerstraße 26 🕙09:30~18:00 (1~3月至16:00) 💲教堂：自由捐獻。登塔導覽：成人€9 🌐www.sebalduskirche.de ❀目前週四與週六16:30有登塔導覽

始建於1215年的聖塞巴德斯教堂，是紐倫堡最古老的教堂，在建築風格上融合了羅馬式及哥德式的特色。第二次世界大戰之時，教堂和紐倫堡一樣嚴重受創，戰後經過小心翼翼的重建整修，終於又重新對外開放。教堂內展示了當時毀損的教堂照片，只見一片斷壁頹垣，照片下還有文字敘述戰爭的景況，及後來人們祈求和平的情形。教堂內安放著傳教士塞巴德斯的金聖龕，他死於11世紀，並在1425年被封為聖徒。

此外，聖塞巴德斯教堂也是17世紀最偉大的管風琴大師約翰帕海貝爾(Johann Pachelbel)最後任職並終老之地，他曾創作出西方音樂史上的經典名曲「D大調卡農」，並被公認對「音樂之父」巴哈產生深遠的影響。

MAP ▶ P.244B2

聖羅倫茲教堂

St. Lorenzkirche

令人驚嘆的宗教藝術

🚇搭乘U1到Lorenzkirche站即達 📍Lorenzer Platz 1 🕐週一至週六09:00~17:30，週日12:00~15:30 💰教堂：自由捐獻。登塔導覽：成人€8，14歲以下5 🌐lorenzkirche.de 🔔週六14:00、15:30有登塔導覽

在紐倫堡有3座珍貴的教堂：聖塞巴德斯教堂、聖羅倫茲教堂及聖母堂，這3座教堂也成為這個城市明顯的地標。建於1250年的聖羅倫茲教堂，和聖塞巴德斯教堂不但外觀非常相似，內部的藝術作品也同樣令人驚嘆。聖羅倫茲教堂以哥德式的風格重建，外部明顯可見高聳的尖塔及玫瑰窗；其珍貴的收藏品包括法伊特修特斯(Veit Stoss)的「天使的祝福」，以及聖壇和彩繪玻璃窗等，都相當值得一看。

MAP ▶ P.244A3

日耳曼國立博物館

Germanisches Nationalmuseum

世界一流的珍貴典藏

🚇搭乘U2至Opernhaus站，步行約2分鐘 📍Kartäusergasse 1 ☎(0)911 133-10 🕐10:00~18:00 (週三至20:30) ❌週一 💰成人€8，兒童€5 🌐www.gnm.de

這間德國最大的藝術及文化博物館，展示從遠古到現代，從日常生活到著名的歷史、藝術陳列，包括繪畫、雕刻、玩具屋、樂器、武器、狩獵用具等，共有120萬件物品，數量相當龐大。最有名的包括馬丁貝海姆(Martin Behaim)製作的世界第一個地球儀，因為在當時還沒有發現美洲這塊新大陸，所以仔細看這個地球儀上並沒有美洲出現。

其他大師級的創作還包括出自蒂爾曼里門施奈德、杜勒、林布蘭等世界知名藝術家之手的作品。大面積的展場再加上豐富的珍藏品，參觀這間博物館可得花上不少時間，不過絕對是值回票價！

市，來到這裡，當然要看一下舉世聞名的玩具博物館。博物館一樓是木製玩具展示，再上樓不只可以看到各種玩偶，還有廚房、商店、藥房等玩具模型，這些都是一百年前的玩具，有些更講究的還有假人在裡頭呢！從這些展示中可以了解貧富之間的差距，還有當時人們生活的情形。博物館有一層樓專門展示二次大戰期間的玩具，可見當時的玩具場景慢慢轉變為士兵及防禦工事。館內展示的玩具年代，還一直延伸到近代的電腦、科技類產品。

最棒的是，這間國際性的博物館內，還有為小朋友設計的遊戲，無論繪畫、手工藝及兒童書籍等，都很受小朋友歡迎。在博物館的後面還有一個大型的火車模型展示，旁邊有一家靜謐的咖啡屋，逛累了不妨在這兒小憩一會兒。

MAP ▶ P.244A2

玩具博物館

Spielzeugmuseum

玩具世界的大觀園

🚋搭乘Tram 4、6至Hallertor站，步行約4分鐘 🏠Karlstraße 13-15 ☎(0)911 231-3164 🕙10:00~17:00（週末至18:00） 🚫週一 💲成人€6，優待票€1.5 🌐www.museen.nuernberg.de ❓可租借中文語音導覽機，每台€1

紐倫堡是每年2月國際玩具博覽會的舉辦城

MAP ▶ P.244A3

德國鐵道博物館

MOOK Choice

Deutsche Bahn Museum

鐵道迷的朝聖地

🚋搭乘U2至Opernhaus站，步行約2分鐘 🏠Lessingstraße 6 ☎(0)800-326-873-86 🕙平日09:00~17:00，週末10:00~18:00 🚫週一 💲成人€9，6~17歲€5 🌐dbmuseum.de 🚂模型鐵道平日09:30~16:30，週末10:30~17:30，每小時運行一場

1853年德國第一條鐵路就是從紐倫堡延伸到鄰近的福爾特，雖然只有短短6公里，卻已讓當時人們感到無比震撼驚奇。而當年那遠從英國進口的火車頭「Adler」，如今就陳列在博物館內，與其並排的則是一列最新式的ICE車頭，頗有世代交替之感。館內展示的歷史火車中，還包括一台路德維二世專用的皇家車廂，其富麗堂皇的裝飾也令人大開眼界。另一個極受歡迎的展示，是片廣達80平方公尺的鐵道模型，當中的軌道長達500公尺，共有30列火車透過精密計算在其中運行無礙，加上逼真的城鎮場景、富於聲光的站場號誌，儼然就是真實世界的縮小版。其他

館藏還包括60輛1:10比例的火車模型、歷代車站內的標誌與時鐘等，而在戶外空間也陳列有實體車頭及信號系統。

MAP ▶ P.244B2

聖母堂

Frauenkirche

機械鐘重現金璽詔書場景

🚇搭乘U1至Lorenzkirche站，步行約5分鐘 🏠Hauptmarkt 14 ⏰10:00~17:30（週日13:00起）🌐www.frauenkirche-nuernberg.de ❗教堂目前整修中，預計2024年重新開放

聖母堂在每日中午12點整，都可以看到時鐘下方精彩的報時秀，呈現7位選帝侯向皇帝卡爾四世宣示效忠的場景。卡爾四世頒布的「金璽詔書」，明定皇帝是由7位選帝侯選出，也從而確立了選帝侯的地位及特權。

聖母堂前的中央廣場，在平日就會有熱鬧的市集，遇到特殊節日如耶誕節時，還會有盛大的耶誕市集，吸引更多人潮。廣場前的噴泉有個動人的傳說：一位年輕人因為心愛女孩的父親反對他們交往，在傷心之餘就打造了一枚大戒指放在噴泉的欄杆上，然後離開紐倫堡。雖然結局並不完美，但是據說只要遊客同方向轉動戒指3次，許的願望將會實現。

編輯筆記

紐倫堡小香腸

紐倫堡特有的小香腸傳說源自中世紀時，當時紐倫堡城門到了傍晚就會關閉，任何人都禁止出入，為了讓來不及進出的人們可以填飽肚子，便將香腸做成小小的，方便從城門的鎖鑰孔傳遞出去，這也就是為什麼紐倫堡的香腸比德國其他城市還要小的緣故。

MOOK Choice

MAP ▶ P.244A3

紐倫堡大審紀念館

Memorium Nürnberger Prozesse

驚天動地的世紀審判

🚇搭乘U1至Bärenschanze站，步行約5分鐘 🏠Bärenschanzstraße 72 ☎(0)911 2312-8614 ⏰09:00~18:00（每週末及11~3月為10:00起）❌週二 💲成人€6，優待票€1.5 🌐museums.nuernberg.de 🎫門票含中文語音導覽機

二次大戰結束後，盟軍在紐倫堡設立軍事法庭，對24名納粹核心人物進行審判，大部分納粹頭目皆被  判處死刑及終身監禁。這場歷史性的紐倫堡大審，就是在600號法庭執行，並在紐倫堡監獄執行絞刑。不過，納粹的罪魁禍首希特勒卻從未接受審判，因為他在盟軍攻入柏林後旋即自殺身亡。

審判重點不只在於執行處分，而是在改變過去對戰爭視為合法的習慣，許多戰犯為自己的屠殺行為辯解為服從長官、法律，但這樣的理由都被當庭駁回，因為在道德行為仍有可為的情況下，這些大權在握的人卻選擇殘酷的殺戮。當然，也有些法界人士將紐倫堡大審視為勝利者的正義。無論如何，這場審判改變了過去只能指控國家卻不能指控個人觸犯戰爭罪的作法，在歷史上意義重大。

班堡及其周邊
Bamberg and Around

文●蒙金蘭・墨刻編輯部　攝影●周治平

班堡是德國最大的、未受戰爭毀壞的歷史城區，於1993年時被列入世界文化遺產的保護名單。

早在西元1007年，班堡即被神聖羅馬帝國皇帝亨利二世(Heinrich II)提升為主教和皇帝的駐地，從此開啟了班堡的繁榮。到了17世紀，當時的大主教邀請一批傑出的建築師將班堡加以改建，讓流行一時的巴洛克風潮也瀰漫這個城市。班堡的舊城保留了大量11到18世紀的歷史建築，它的建築風格影響了整個南德和匈牙利地區，18世紀晚期更成為南德啟蒙主義的根據地。最幸運的是，它竟然能倖免於戰爭的毀壞，生動地展現了從中世紀到巴洛克時期整個歐洲建築藝術的發展歷程，多種建築氛圍相互襯映，成為觀察日耳曼原味建築最理想的地方。

而今日佇立水中央的舊市政廳、「小威尼斯」式的民居、中世紀的大教堂、千年歷史的花園宮殿等，加上雷格尼茲河(Regnitz)及無數的水道、橋樑，讓班堡充滿了水的流動美感。

INFO

如何前往

◎火車

從法蘭克福中央車站，每2小時一班RE直達班堡，但車程需要3小時；也可搭乘ICE至符茲堡轉乘RE或RB，車程只要2小時出頭。從慕尼黑中央車站也有直達的ICE，車程約1小時45分鐘；其他大部分車次都是在紐倫堡轉車，轉乘ICE的話，車程也大約是1小時45分鐘，若轉乘的是RE，則需2小時出頭。

從班堡火車站步行到舊城約需20分鐘，亦可搭乘901號公車前往。

市區交通

班堡老城區可用步行走遍，而城區公車與紐倫堡一樣，都是由VGN經營。短程票成人€1.8，6~14歲€0.9；單程票成人€2.2，兒童€1.1；一日票€4.8。

旅遊諮詢

◎班堡遊客中心
- P.252A2　Geyerswörthstraße 5
- (0)951 297-6200
- 平日09:30~18:00（11~2月至17:00），週六09:30~15:00，週日09:30~14:00。
- www.bamberg.info

◎科堡遊客中心
- Herrngasse 4　(0)9561 898-000
- 平日09:00~17:00，週六10:00~14:00
- 每週日及1、2、11月的週六
- www.coburgmarketing.de

班堡 Bamberg

圖例：景點　教堂　車站　餐廳　博物館

班堡車站 Bamberg

Luitpoldstraße　美因多瑙運河　Königstraße　Innere Löwenstraße

新市政廳 Neues Rathaus

自然歷史博物館 Naturkundemuseum

Main-Donau-Kanal

新宮殿 Neue Residenz

Schlenkerla　Karolinenstraße　舊市政廳 Altes Rathaus　Lange Str.　Willy-Lessing-Straße　Friedrichstraße

大教堂廣場 Domplatz

班堡大教堂 Bamberger Dom

MAP ▶ P.252A2

班堡大教堂
Bamberger Dom

歷史悠久的大教堂

Domplatz 5　09:00~18:00（週六至16:30，週日13:00起）　bamberger-dom.de

班堡大教堂最早由亨利二世於1002年開始建造，到了1012年完工，但是後來不幸毀於祝融。目前的大教堂大致完成於1237年，外觀可看到4座鐘樓，相當宏偉，包含了羅馬式、早期哥德式等建築特色。內部則有亨利二世夫婦的墓室，以及教宗克勉二世(Clemens II)的墓室。此外，還有雕塑名家蒂爾曼里門施奈德的傑作《班堡騎士像》、法伊特修特斯所打造的祭壇等藝術珍品。

MAP ▶ P.252A2

新宮殿

MOOK Choice

Neue Residenz

滿園盛開的玫瑰花海

🏠 Domplatz 8　☎ (0)951 519-390　⏰ 4~10月09:00~18:00，10~3月10:00~16:00　💲成人€6，18歲以下免費，參觀花園免費　🌐 www.residenz-bamberg.de　❗進入采邑主教居所需跟隨專人導覽

　　班堡新宮殿始建於1613年，是當地的采邑主教居住的地方，教堂廣場側的兩幢樓房則由巴洛克建築師迪恩岑霍夫(Johann Dientzenhofer)完成於1697到1703年間。宮殿內部有40多間廳室，收藏許多古老日耳曼和巴洛克時期的畫作，部分廳室布置著17、18世紀的家具、掛毯，帝王廳的牆上還有著16幅皇帝的巨幅畫像，頗值得入內參觀。

　　然而新宮殿最令人讚嘆的，莫過於它內側的玫瑰花園，廣闊的花園以一座噴泉為中心，呈對稱開展，栽植著各色各樣的玫瑰花，在夏日盛開的季節，玫瑰多達4,500朵，蔓延成名符其實的花海。面對舊城區的東側，整齊的檸檬樹一字排開，從這個角度俯瞰舊城區，景觀和氣氛都很迷人。

MAP ▶ P.252A2

Schlenkerla啤酒餐廳

有口皆碑的煙燻啤酒

🏠 Dominikanerstraße 6　☎ (0)951 560-50　⏰ 每日09:30~23:30　🌐 www.schlenkerla.de

　　班堡還有一項名產，就是煙燻味的啤酒(Rauchbier)，想試試道地口味的煙燻啤酒，當地人幾乎異口同聲地推薦Schlenkerla餐廳。

　　Schlenkerla的歷史可追溯到1405年，之後幾經易手，直到1678年才轉變成一家釀酒廠及小酒館。Schlenkerla供應當地的家常菜，並保留傳統製做煙燻啤酒的做法，經營至今成為當地最受歡迎的餐廳兼啤酒屋。儘管外表看來不甚起眼，內部卻非常寬敞，座位數雖然多達250個，但因為生意太好，仍經常座無虛席，用餐時間不妨早一點上門。

MAP ▶ P.7D5

科堡城堡

MOOK Choice

Veste Coburg

全德規模第二大的城堡

🚗 從班堡可搭乘RE直達科堡,車程約半小時上下。從科堡火車站需步行約35分鐘,才能抵達科堡城堡 ☎(0)9561 8790
🕐 4～10月09:30～17:00、11～3月13:00～16:00 ㉻11～3月的週一 💰成人€9,7～18歲€2 ⓦveste.kunstsammlungen-coburg.de

距離班堡北方約50公里的科堡,是巴伐利亞北緣的一個城市,山頂上的城堡最早在1056年的文獻中已有提及,1353年被納入韋廷(Wettin)家族產業。這座城堡因地理位置優越,150年間被不斷擴建,成為德國境內規模第二大的中世紀城堡。

16世紀初,這裡成為薩克森選侯國的宮殿,宗教改革家馬丁路德1530年曾經在這裡獲得庇護,躲了將近6個月;18世紀時,建築師海德洛夫(Karl Alexander von Heideloff)幫城堡添加了許多新哥德式的裝飾。目前城堡由眾多歷史建築、防禦堡壘所組成,內部收藏豐富的藝術品和珍寶,包括為數可觀的銅雕、狩獵武器、威尼斯玻璃工藝品、馬車、雪橇等;在繪畫方面,則有老盧卡斯克拉納赫(Lucas Cranach)、杜勒、格呂內瓦爾德(Grünewald)、霍爾拜因(Holbein)等德國大師的作品,還有蒂爾曼里門施奈德的雕刻,這些多半要歸功於歷任公爵的收藏,對研究藝術與文化而言彌足珍貴。

拜羅伊特

MOOK Choice

Bayreuth

華格納的音樂之都

🚄 從班堡可搭乘RE直達，車程約1小時10分鐘；從紐倫堡亦可搭乘RE直達，車次比從班堡為多，車程約1小時上下

◎ **拜羅伊特遊客中心**
🏠 Opernstraße 22 📞 (0)921 88-588 🕐 平日10:00~18:00，週六09:00~16:00 🚫 週日 🌐 www.bayreuth-tourismus.de

　　拜羅伊特在18世紀時屬於布蘭登堡－拜羅伊特侯爵腓特烈三世的領地，她的妻子威廉明娜(Wilhelmine)是普魯士的腓特烈大帝的姊姊，他們倆都熱愛藝術，大手筆建設歌劇院、劇場、宮殿等，雖然弄得財務緊繃，也的確經營得有聲有色。這股風氣日後吸引來劇作家華格納到此定居，他甚至於1876年在鎮上建了自己的歌劇院，揭幕劇正是《尼貝龍根的指環》的第一部：

《萊茵的黃金》，那一天觀眾席上的貴賓包括德皇威廉一世、巴伐利亞王路德維二世，與音樂家柴可夫斯基、李斯特等人，可謂冠蓋雲集。直到今日，每年7月到8月固定舉辦的華格納音樂節，仍舊是國際矚目的年度盛事。

拜羅伊特

侯爵歌劇院 Markgräfliches Opernhaus
原始世界博物館 Urwelt-Museum
新宮殿 Neues Schloss
華格納博物館 Richard Wagner Museum

圖例 🔵 景點 🎭 劇院 🏛 博物館 ℹ 遊客服務中心

↑ 往拜羅伊特中央車站

侯爵歌劇院 Markgräfliches Opernhaus

📍 P.255A1 🏠 Opernstraße 14 📞 (0)921 759-6922 🕐 4~9月09:00~18:00，10~3月10:00~16:00 💰 成人€8，18歲以下免費 🌐 www.schloesser.bayern.de

　　侯爵歌劇院建於1744至1748年間，是一座晚期巴洛克式歌劇院，也是歐洲少數倖存下來的18世紀歌劇院之一，包廂至今仍維持當年模樣。它由義大利著名劇院設計師比比恩納(Giuseppe Galli Bibiena)父子負責操刀，27公尺深的舞台，音響效果絕佳，也曾吸引華格納於1872年在此舉辦歌劇盛會。因為是由布蘭登堡拜羅伊特侯爵與夫人所委託設計，因此以侯爵命名。2012年被列入世界文化遺產名錄。

華格納博物館 Richard Wagner Museum

📍 P.255B2 🏠 Richard-Wagner-Straße 48 📞 (0)921 757-2816 🕐 10:00~17:00 🚫 9~6月的週一 💰 成人€8，18歲以下免費，9~6月16:00後€6 🌐 www.wagnermuseum.de 🎧 門票含英文語音導覽機

　　華格納人生最後階段的故居落成於1874年，現已闢為博物館，內部盡量還原成大師當年居住時的模樣，而旁邊兩幢較新的建築，則是日後由他的兒子所增建，目前陳列華格納的相關文物與作品，甚至結合高科技的多媒體，只要碰觸「書」的頁面，即可聽到相關的樂章演奏，彷彿就在現場聆聽一般，樂迷們應該樂而忘返。而華格納在1883年去世後，遺體也被埋葬在這裡，其墓地就在房子後方的花園中。

德國南部⋯⋯**班**堡及其周邊 Bamberg and Around

255

斯圖加特及其周邊
Stuttgart and Around

斯圖加特

文●蔣育荏・蒙金蘭　攝影●周治平

斯圖加特是巴登－符騰堡邦(Baden-Württemberg)的首府，也是黑森林地區內最大的城市，然而總人口卻只有63萬，因此儘管擁有賓士、保時捷、可口可樂等許多世界一流的工廠，斯圖加特仍與一般認知中的現代大都會不同。市區內擁有廣闊的綠地與公園，距離中央車站僅5分鐘路程的山坡上，就能看得到大片葡萄園，而市中心最熱鬧的國王大街沿路都是歌劇院與王室花園，還有一條貫穿整個市區、綿延整整8公里的綠地散步道。如此綠蔭處處又極為悠閒的城市，讓人很難相信此地竟然是個工業城。

尤其對汽車迷來說，斯圖加特更是擁有致命吸引力，因為賓士和保時捷的博物館都坐落在這裡，前者是汽車的發軔，後者是速度的象徵，這兩個廠牌從創始到現在，幾乎所有車款都在其博物館中完整展示，足以讓愛車之人樂不思蜀，如果你也是箇中人士，記得為斯圖加特多留兩天行程。

INFO

如何前往

◎航空

斯圖加特國際機場(STR)在市區南方10公里處，提供飛往歐洲及德國國內各大城市的航線，目前從台灣並沒有直飛航班，必須在法蘭克福或慕尼黑轉機。

🌐www.stuttgart-airport.com

機場往返市區交通

在機場下方就有S-Bahn車站，可搭乘S2、S3抵達市區的中央車站，約15~30分鐘一班，車程27分鐘。

或是從機場走5分鐘路程到航廈對面的U-Bahn車站，搭乘U6前往中央車站，約10分鐘就有一班，車程30分鐘。

💲成人€3.7，6~14歲€1.7

◎火車

從法蘭克福中央車站，每小時有1~2班ICE或IC直達斯圖加特中央車站，車程約1.5小時，若在曼罕(Mannheim)轉車，則比直達車快約10分鐘。從慕尼黑中央車站，每小時2~3班ICE或IC直達，車程約2小時上下。

斯圖加特中央車站 Stuttgart Hbf

🔺P.257B1

市區交通

◎大眾運輸工具

斯圖加特的大眾運輸系統由VVS公司的U-Bahn、公車，與德鐵系統的S-Bahn構成，使用同一種收費系統。票價分為8個區段，市內絕大多數景點都在Zone 1的範圍內，只有路德維希堡宮會跨到2個區段。若是下載VVS的APP，利用手機購票(HandyTicket)，票價會比較便宜。

斯圖加特交通運輸公司 VVS

🌐www.vvs.de

大眾運輸車票種類

短程票 KurzstreckenTicket

適用於搭乘1站S-Bahn，或3站之內的U-Bahn/公車。

💲€1.7

單程票 EinzelTicket

可在購買起3小時內分次搭乘或轉乘相同方向的路線。

💲1區段：成人€2.9，6~14歲€1.4。2區段：成人€3.7，兒童€1.7

預購4張票 4er-Ticket

若會在不同日期總共搭乘4次，或是有4人一同搭乘，會比每次購買一張單程票要稍微便宜一點，使用前需先在戳印機打上日期時間，效期為3小時。

💲1區段：成人€11，6~14歲€5.3。2區段：成人€13.5，兒童€6.4

單人一日票 EinzelTagesTicket

使用前需先在戳印機打上日期時間，效期至打印隔日早上07:00。

💲1區段€5.8，2區段€7.4

團體一日票 GruppenTagesTicket

最多可5人共用，效期與單人一日票相同。
🚇1區段€11.6，2區段€14.4

優惠票券

◎斯圖加特卡 StuttCard

斯圖加特卡使用效期有一到三日3種，持卡參觀多家博物館、景點、導覽行程等，可享有免費或折扣優惠，但若要搭乘VVS系統的大眾交通工具，則必須購買StuttCard Plus。斯圖加特卡可在遊客中心購買，1位成人可與2位17歲以下兒童共用，啟用前記得先寫上日期。
🚇一日卡€18，二日卡€25，三日卡€30；Plus一日卡€27，Plus二日卡€38，Plus三日卡€48

◎斯圖加特探索卡 ErlebnisCard

持有探索卡，可在1年效期內一次性免費參觀將近70個景點、博物館、觀光行程、戶外活動與水療中心，若在平台上註冊，還可獲得一張VVS的一日票。探索卡可在旅遊局官網上購買，不過因為價格較貴且效期較長，比較適合要在斯圖加特待上一段時間的人使用。
🚇數位電子卡€69，實體硬卡€79

觀光行程

◎隨上隨下觀光巴士 Hop-On Hop-Off Stuttgart Citytour

斯圖加特隨上隨下觀光巴士分為藍線、綠線、酒鄉等3條路線，藍線為全年行駛的市中心路線，途經王宮廣場、豬博物館、賓士博物館等9個停靠站；綠線和酒鄉路線僅夏季行駛，前者從市中心出發，往南前往電視塔等8個停靠站，後者則是巡訪涅卡河東岸的9個景點與酒莊。

車票在遊客中心、旅遊局官網、或直接向巴士司機購買，可於24小時內不限次數上下車。

🚌藍線與綠線從i-Punkt遊客中心前出發，酒鄉路線從賓士博物館前出發　🕐藍線：全年行駛，每日10:00~16:00，每小時出發。綠線：4~10月行駛，週五至週日11:00~16:40，每80分鐘一班。酒鄉路線：4~10月行駛，週五至週日10:50~16:50，每小時一班　🚇藍線或綠線任一路線：成人€20，4~14

歲€5。酒鄉路線：成人€14，兒童€5。3條路線任選2條：成人€30，兒童€10　🌐www.stuttgart-tourist.de/en/stuttgart-tickets/stuttgart-citytour　🚌車上有中文語音導覽耳機

旅遊諮詢

◎斯圖加特旅遊局

📞(0)711 222-80　🌐www.stuttgart-tourist.de

i-Punkt遊客中心

📍P.257B1　🚇Königstraße 1 A (中央車站斜對面)
🕐10:00~18:00 (週日至15:00)

機場遊客中心

🚇3航廈入境樓層　🕐10:00~18:00　🚫週末

斯圖加特周邊

圖例　◎景點　🏛博物館
　　　◎公園　📖圖書館

◎路德維希堡宮
Schloss Ludwigsburg

27a　27

10

🏛保時捷博物館
Porsch Museum

27

Herenpark
Killesberg

10　◎威廉瑪動植物園
Wilhelma

◎白院聚落
Weissenhofsiedlung

📖斯圖加特市立圖書館
Stadtbibliothek am
Mailänder Platz

🏛賓士博物館
Mercedes-Benz Museum

🏛豬博物館
Schweine Museum

斯圖加特市中心區
Stuttgart

14

27　◎電視塔
Fernsehturm

MAP ▶ P.257A2-B2

MOOK Choice

新王宮與王宮廣場
Neues Schloss & Schlossplatz
巴登符騰堡的心臟

🚇搭乘U5、U6、U7、U12、U15至Schlossplatz站即達

　　原本符騰堡公爵的王宮是今日位於席勒廣場上的符騰堡邦博物館，不過這座建於西元10世紀、充滿騎士時代風情的城堡，在18世紀已顯得相當過時，為當時統治者們所嫌棄，因此當卡爾歐根(Karl Eugen)即位為公爵後，便以建造新王宮作為把首府從路德維堡遷回斯圖加特的條件。

　　這座奢華的新宮於1746年開始興建，期間經過無數次停工與毀壞，總工程師換過好幾位，就連統治者也傳了三、四代，最後終於在1807年完工，作為弗烈德里希一世(Frederick I of Württemberg)加冕稱王的慶賀。由於建築時間太長，風格上結合了古典主義、巴洛克、洛可可與新古典主義。二次大戰時，新王宮慘遭砲擊，戰後一度面臨拆除命運，所幸在當地市民連署請願下，當局同意加以重建，目前王宮已是一座混凝土鋼骨結構的現代建築，只是外觀上仍維持符騰堡王國時代的舊貌。

　　今日新王宮內部是符騰堡政府機構所在，並不對外開放參觀，不過王宮前的廣場與美輪美奐的巴洛克花園卻是市民們的最愛。廣場中央30公尺高的紀念柱上，是凝望著她的國度的和諧女神，兩旁各有一座巨大的噴水池，周圍一片翠綠草坪與絢麗花床，因此常被譽為「歐洲最美麗的廣場」。夏季時分，總是聚集不少在此野餐、散步的市民，同時這裡也是許多活動，諸如露天音樂會與斯圖加特夏季嘉年華的場地。

德國南部⋯斯

圖加特及其周邊 Stuttgart and Around

MAP ▶ P.257A1-A2

國王大道

Königstraße

最熱鬧的徒步商業大街

🚇 搭乘U5、U6、U7、U12、U15至Schlossplatz站即達

　　國王大道從中央車站開始，一路向西南延伸，途經王宮廣場，直到昔日城牆邊緣，總長大約1公里。在這條行人徒步大街上，商店與百貨公司林立，消費氣氛相當熱絡，而街頭攤販與表演藝人們更是把街景弄得熱鬧非凡。整條大街上最吸引人目光的購物商場，就是王宮廣場正對面的Königsbau，這是斯圖加特最古老的購物拱廊，建成於1860年，其古典主義的正立面擁有135公尺長的列柱廊，看上去就像座希臘神廟般，只不過裡頭供奉的是另一種宗教——商品拜物教。

MAP ▶ P.257A2

斯圖加特藝術博物館

Kunstmuseum Stuttgart

建築本身就是藝術

🚇 搭乘U5、U6、U7、U12、U15至Schlossplatz站即達 🏠 Kleiner Schlossplatz 1 ☎ (0)711 2161-9600 🕐 10:00~17:00 (週五至20:00) ㊡ 週一 💶 成人€6，17歲以下免費 🌐 www.kunstmuseum-stuttgart.de ❶ 特展要另外購買門票

　　位於王宮廣場對面的藝術博物館，開幕於2005年，先不論裡頭的收藏，光是其外觀本身，就已是一大藝術傑作。建築師先用石材建了一個「核心」，再為這棟建築「穿上」一層玻璃外衣，成就出一座巨大的玻璃正立方體。不過，藝術博物館的整體建築並不只有人們從外觀上看到的而已，其大部分展館皆位於地面之下，利用舊時隧道改建而成，總展示面積廣達5千平方公尺。

　　館藏以當代藝術及古典現代主義(Classical Modernism)為兩大主軸，而最令館方自豪的，就是收藏有大量新客觀主義(Neue Sachlichkeit)大師奧圖迪克斯(Otto Dix)的作品。此外，在博物館頂樓的玻璃外牆內，是欣賞王宮廣場最好的角度，從大廳上到這裡並不需要門票，因此吸引不少人來此觀景。

斯圖加特啤酒節與葡萄酒節
◎斯圖加特葡萄酒節 Stuttgarter Weindorf
🏠市中心、席勒廣場、市集廣場 ⏰8月底~9月初
🌐www.stuttgarter-weindorf.de
◎斯圖加特啤酒節 Cannstatter Volksfest
🏠Cannstatter Wasen ⏰9月底~10月初 🌐www.cannstatter-volksfest.de

德國除了慕尼黑十月啤酒節外，斯圖加特啤酒節的規模也相當驚人。從1818年開始的斯圖加特啤酒節，緣由乃是因為一次農作歉收，當時符騰堡深受民眾愛戴的年輕王后決定舉辦豐收祭典來賑濟災民，演變至今就成了人人盡情吃喝的啤酒節。由於有著這層背景，100多年來，啤酒節會場都會矗立一座24公尺高的農作物塔(Fruchtsaule)，以茲紀念與感謝。基本上，斯圖加特與慕尼黑啤酒節的戲碼大同小異，連舉辦時間都相去不遠，啤酒棚外的超大型戶外遊樂場高潮迭起，所有會讓人驚聲尖叫的遊樂設施一樣也不少，比起慕尼黑啤酒節毫不遜色。

同時，作為德國最有名的葡萄酒產區之一，斯圖加特的葡萄酒節也是全國最大。葡萄酒節約在每年入秋舉行，屆時來自巴登與符騰堡地區的酒莊，將以舊王宮為中心，架起120多座涼棚，展示超過500種當地出產的紅、白酒。而城裡著名餐廳的大廚們，也會在攤位上烹飪起道地施瓦本名菜，讓全城沉浸在美酒與美食的香氣中。

MAP ▶ P.257A3

黑格爾故居
Museum Hegel-Haus
西方哲學宗師出生地

🚇搭乘U1、U2、U4、U9、U11、U14至Rathaus站，步行約3分鐘 🏠Eberhardstraße 53 ☎(0)711 2162-5888 ⏰10:00~13:00、14:00~18:00 ⓧ週四、日 💲免費 🌐www.hegel-haus.de

在西洋哲學史上，黑格爾(Georg Wilhelm Friedrich Hegel)無疑是最重要的關鍵人物之一，幾乎所有當代西方思想，包括存在主義、馬克斯主義等，追本溯源，都很難不從黑格爾談起。而他所建立的「正、反、合」辯證法則，至今都還在學院課堂上被傳授著。這棟市中心轉角的小屋，就是黑格爾的出生地，他從1770年出生到前往圖賓根就讀大學，總共在這裡住了18年。目前屋子裡已毫無當年擺設的陳跡，僅展示

黑格爾的手稿、著作、家書、文件，以及少許他使用過的物品。大多數展示都只有德文介紹，娛樂性亦不明顯，不過若是你對哲學有所興趣，看在免費的份上，倒是可以來此瞻仰哲人夙昔。

MAP ▶ P.258B4

電視塔
Fernsehturm
世界第一座電視塔

🚇 搭乘U7、U8、U15至
Ruhbank (Fernsehturm)站，
步行約6分鐘 🏠Jahnstraße
120 ☎(0)711 232-597
🕐4~10月10:00~22:00，
11~3月10:00~21:00（週
日至19:00) 🚫週一 💲成
人€10.5，6~15歲€5.5 🆔
www.fernsehturm-stuttgart.de 🎂生日當天免費

斯圖加特電視塔建成於1956年，是世界上第一座電視塔，這種首次結合通訊與旅遊的嘗試，當年曾被《Spiegel》雜誌評為當年度最具大膽性的建築體。其實南德廣播公司最初只打算單純豎立一座天線鐵塔，可是總工程師萊昂哈特(Fritz Leonhardt)卻另有計畫，他將高塔設計成圓柱狀的混凝土體，並在塔頂架設4層樓的觀景平台與餐廳，結構看似簡單，可當年為了克服承重問題，著實費了一番研究。建成後的電視塔總高217公尺，觀景平台位於152.4公尺處，登高望遠，可看盡斯圖加特盆地、涅卡河谷地、黑森林與整個施瓦本地區，天氣好的時候，甚至還能看到阿爾卑斯山。由於斯圖加特電視塔的成功，不久後世界各地便開始如雨後春筍般冒出一座座電視塔，而它們的範本全都來自斯圖加特。

MAP ▶ P.258B4

豬博物館
Schweine Museum
為豬瘋狂

🚇 搭乘U9至Schlachthof站，步行約3分鐘 🏠
Schlachthofstraße 2a ☎(0)711 6641-9600 🕐
10:00~17:00（週末11:00起) 🚫週一 💲成人€5.9
（特展期間€6.9)，7~14歲€3，4~6歲€1.5 🆔www.
schweinemuseum.de

也許對許多人而言，豬是一種既笨且髒的動物，也有不少故事角色把豬塑造成好吃懶做的形象，而伊斯蘭教徒更是視豬為不潔。不過對豬博物館的主人而言，卻全然不是那麼回事，在這位女士眼裡，從來沒有一種生物比豬更可愛討喜、更完美無瑕，在無法克制自己的情況下，她開始大量蒐集關於豬的產品，這項收藏活動已持續了50餘年，至今還沒有停止的跡象。於是，在1992年時，這間博物館開幕了。在3層樓25個房間裡，每間都有各自的主題，從小豬撲滿、絨布玩偶、戲劇裝扮、廚房用品、漫畫海報、古董擺飾、照片電影、遊戲玩具到大型裝置藝術等，全方面表現了豬在文化藝術、寓言故事、流行符號與現實世界中的各種樣貌。館內陳列超過2萬5千件，事實上在這裡展出的數量還不及所有收藏的一半，可以想見博物館主人愛豬成癖的程度。

賓士博物館

MOOK
Choice

Mercedes-Benz Museum

用汽車跨越時代

🚇搭乘S1至Neckarpark站，步行約9分鐘；或搭乘U11、U19至NeckarPark (Stadion)站，步行約12分鐘 🏠Mercedesstrass 100 ☎(0)711 173-0000 ⏰09:00~18:00 休週一 💲成人€12，13~17歲€6 🌐www.mercedes-benz.com/en/art-and-culture/museum 16:30後門票半價(售票至17:00)。門票含中文語音導覽機

　　賓士不只是首屈一指的汽車廠牌，事實上，它也是第一座生產汽車的工廠，而這個工廠的創立地點，就在斯圖加特。19世紀末，戴姆勒(Daimler)與賓士(Benz)各自成立了自己的汽車工廠，經過多年競爭，終於在1926年合併為「戴姆勒賓士公司」。而梅賽迪斯(Mercedes)之名，則來自當時一位大客戶女兒的名字，他要求戴姆勒為他設計的賽車在各大賽事中橫掃千軍，為梅賽迪斯打響名號，後來逐漸成為戴姆勒的主要品牌。不過，據說梅賽迪斯小姐本人並不會開車，也沒有駕照。

　　與保時捷博物館以賽車和跑車為主軸不同，賓士博物館走的是歷史路線，陳列大多以古董車為主。參觀賓士博物館，千萬不要抱持現代人對汽車理所當然的想法，因為畢竟「汽車」這個概念，並不是突然就明確成形的。你必須試著讓自己回到19世紀，那個一切交通工具都以人力或畜力作為動能的時代，於是你才能理解當人們看到一輛沒有馬牽引的馬車時，心裡會有多麼震驚。在博物館裡，你可以看到1882年首次對馬達驅動交通工具所作的嘗試，以及1888年四輪汽車的雛形，當然還有1902年的第一輛梅賽迪斯賽車。而在其他展館裡，則有各式各樣賓士車種，像是運用在各行各業的車輛、專為教宗等名人設計的車款、參加過各大賽事的賽車等。而許多劃時代的設計，像是暱稱「鷗翼」的Mercedes-Benz 300SL等，當然也不會在這裡缺席。

MAP ▶ P.258A2

保時捷博物館

Porsch Museum

性能與速度的象徵

🚊搭乘S6、S60至Neuwirtshaus (Porscheplatz)站即達 🏠 Porscheplatz 1 ☎(0)711 9112-0911 🕐09:00~18:00 🚫週一 💰成人€10，14歲以下免費 🌐www.porsche.com/museum 💡17:00後門票半價(售票至17:30)。門票含中文語音導覽機

MOOK Choice

保時捷的創始人斐迪南保時捷(Ferdinand Porsche)原是戴姆勒車廠的設計師，曾為戴姆勒設計出多款名車。後來斐迪南與兒子、女婿自立門戶，又為福斯汽車設計出絕世經典的金龜車。二次大戰期間，德軍的閃擊戰術震撼歐陸，其所使用的虎式坦克就是出自保時捷父子之手，由此也可看出保時捷在性能及速度上的卓越要求。

在這間博物館中，展示保時捷從創始到現在，幾乎所有車款，包括為保時捷打響品牌名號的保時捷356系列、創造經典的保時捷550 Spyder、70年代橫掃賽場的保時捷917系列、車迷最愛的保時捷918與Carrera GT，當然還有豎立現代跑車里程碑的保時捷911系列。遊客可以看到當時各大賽事與市售車款的關係是如何緊密結合，以及工程師們如何絞盡腦汁、不斷開發新的技術，以求在賽場上取得佳績。相較於市場利益考量，這種對性能和速度永無止盡的追求，反而才是促使每一代保時捷不斷升級的動力，讓人領悟到，原來保時捷所夢想超越的不只是一些數字而已，而是一個時代在動力技術上的巔峰。

MAP ▶ P.258A1

路德維希堡宮

MOOK Choice

Schloss Ludwigsburg

施瓦本的凡爾賽宮

🚇搭乘S4、S5至Ludwigsburg站,步行約16分鐘,或是出車站後轉乘421、427、430號公車,至Residenzschloss站即達 🏠Schlossstraße 30, Ludwigsburg ☎(0)71 4118-6400 ⏱4~10月:10:00~17:00,每30分鐘一梯導覽(英文導覽為平日13:35、15:15出發)。11~3月10:00~16:00(週末11:00起),每30分鐘一梯導覽(英文導覽為每日13:35出發) 💶成人€9,優待票€4.5 🌐www.schloss-ludwigsburg.de ●參觀宮殿必須由專人導覽,室內禁止拍照

◎ **時尚博物館與陶瓷博物館**

⏱週末10:00~17:00 🚫11~3月 💶成人€3,優待票€1.5

這座宮殿為符騰堡公爵艾柏哈德路德維希(Herzog Eberhard Ludwigs)於1704~1733年所建,最初是一座獵宮,後來宮殿周遭發展成城市,加上斯圖加特的舊王宮顯得過時,使新城路德維希堡一度成為公國首府。艾柏哈德死後,他的繼任者們又依當時的流行對宮殿加以改建,使今日的路德維希堡宮同時具有巴洛克、洛可可、新古典主義3種建築樣式的特徵。整座宮殿花園的範圍內,共有18棟建築物、452個房間,裝飾佈置極盡華麗之能事,園林造景也別出心裁,因此又被稱為「施瓦本的凡爾賽宮」。

參觀宮殿的行程中,可以看到當時權傾一世的大貴族們生活的面貌,他們的房間擺設、廳室長廊、起居空間與遊戲娛樂等,尤其是弗烈德里希一世,他因為和拿破崙結盟,而成了第一任符騰堡國王,據說他身形非常高大肥胖,因此宮殿內有許多傢俱用品也特別設計成超大尺寸。

除了宮殿各個房間展示外,這裡還有5間博物館:陶瓷博物館(Keramikmuseum)、巴洛克畫廊(Barockgalerie)、時尚博物館(Modemuseum)、卡爾歐根公爵房間(Appartement Carl Eugen)和兒童王國(Kinderreich)。宮殿外的花園則以「盛開的巴洛克」(Blühendes Barock)為名,精心排列綺麗的花海,每年都吸引絡繹不絕的遊客。

霍亨佐倫堡

MOOK Choice

Burg Hohenzollern

見證霍亨佐倫家族興衰

🚄 從斯圖加特中央車站搭乘直達的IRE到黑興根(Hechingen)，車程約1小時；如果是在圖賓根(T bingen)轉車的班次，車程約1.5小時。從黑興根火車站外搭乘306、344號公車至Burg Hohenzollern站，即達城堡下方的停車場及售票處，不過這兩班公車班次不多，請務必注意時間。從售票處旁再搭乘接駁小巴至城堡大門，車資已包含在門票中 ☎(0)7471 2428 ⏰4~10月10:00~18:30 (城堡內部展示廳至18:00)。11~3月11:00~17:00 (展示廳不開放) 💲4~10月：成人€25，12~17歲€13 (官網購票折扣€3)。11~3月：成人€8，兒童€6 (官網購票折扣€1) 🌐www.burg-hohenzollern.com ❋生日當天免費(需事先上網登記) ❗室內禁止拍照

　　霍亨佐倫堡最初建於11世紀，是霍亨佐倫家族的發跡地，德國歷史上極為重要的布蘭登堡選侯國、普魯士王國、德意志帝國的統治者，都是出自這個家族。史料中將霍亨佐倫堡描述為「施瓦本城堡中的皇冠」、「德國領土上最堅固的房屋」，可惜15世紀在一場動亂中被完全摧毀。1454年雖然重起城堡，仍在眾多動亂中淪為廢墟。直到1819年，普魯士王子——也就是日後的腓特烈威廉四世(Friedrich Wilhelm IV)造訪這處祖先基業時，興起重建的念頭，這項心願終於在1850年付諸實現。

　　經常被和新天鵝堡相提並論的霍亨佐倫堡，坐落於黑興根的一座山丘上，遠眺的視野非常廣闊，外觀屬於新哥德式，包圍在重重城牆與高塔之中，比起秀麗的新天鵝堡顯得更加固若金湯，是19世紀傑出的軍事建築兼皇室居所。

　　城堡目前仍屬於霍亨佐倫家族所擁有，內部有公爵大廳、藍色沙龍、珍寶館、兵器庫等眾多廳室，收藏許多名家的繪畫、雕塑等藝術作品，以及不少17至19世紀的金銀餐具、飾品等，城牆四周還可看到霍亨佐倫家族歷任國王、皇帝的巨型雕像。

　　霍亨佐倫堡由於1970年和1978年又遭受兩場大地震，損傷不小，目前的門票收入都用做維修經費。此外，對外交通班次安排得很少，除非自行開車或借重計程車，否則造訪時需預留出一整天的時間。

烏爾姆

MOOK Choice

Ulm

全世界最高的教堂在此

烏爾姆火車站 Ulm Hauptbahnhof
烏爾姆大教堂 Ulmer Münster
烏爾姆博物館 Ulmer Museum
Fischerviertel-Blau
市政廳 Rathaus
屠夫塔 Metzgerturm
多瑙河 Donau
烏爾姆

圖例：✚教堂 📷博物館 🚉火車站 🏛政府機關 ℹ遊客服務中心

🚆 從斯圖加特中央車站，可搭乘ICE直達烏爾姆中央車站，車程約45分鐘

◎ **烏爾姆遊客中心**

🏠 Münsterplatz 50　☏(0)731 161-2830　⏰平日09:30~18:00，週六09:30~16:00，週日11:00~15:00　⊘1~3月的週日　🌐tourismus.ulm.de

　位於多瑙河畔的烏爾姆，是巴登-符騰堡的邊界，過了多瑙河對岸就是巴伐利亞的範圍了。這座城市自12世紀起，即拜河運所賜而發達繁榮起來，並曾經以富裕多金聞名，直到16世紀才逐漸沒落。舊城區裡仍保存著一些歷史悠久的建築，尤其是在多瑙河畔狹小的巷弄裡，矗立著好幾棟半木造的桁架屋，古意盎然。

　始建於1370年的市政廳，最初是一棟商館，外牆上布滿華麗的壁畫。1811年，當地一位裁縫師貝爾柏林格(Albrecht Ludwig Berblinger)製造了一架人類史上最早的滑翔翼，可惜飛行失敗，最後墜入多瑙河中。而他所發明的滑翔翼，其模型也在市政廳內展示著。

烏爾姆大教堂
Ulmer Münster

🚶 從火車站步行約9分鐘　🏠Münsterplatz 21　⏰4~9月09:00~18:00，10~3月10:00~17:00（聖誕市集期間至18:00）　💰免費　🌐www.ulmer-muenster.de

◎ **登高塔**

⏰4~9月09:00~17:00，10~3月10:00~16:00　💰成人€5，7~17歲€3.5

　14世紀時，富裕的烏爾姆城裡沒有教堂，一旦有戰亂，市民便無法到1公里外的教堂做禮拜，所以人們決定籌資，在城裡建造一座新的教堂。始建於1377年的烏爾姆大教堂，由當時建造哥德式教堂經驗豐富的建築世家帕爾勒(Parler)負責設計，後來執行任務轉移到恩辛格(Ensinger)家族，卻始終未能達成建造超過150公尺高的夢想。這之後，因為政治、宗教、資金等種種因素，教堂的興建工程延宕多年，直到1890年才終於圓滿完工。第二次世界大戰末期，烏爾姆被轟炸得體無完膚，幸好大教堂躲過砲擊，屹立至今。

　烏爾姆大教堂共有3座塔樓，其中西側的主塔高達161.53公尺，比157.4公尺的科隆大教堂還高，是全世界最高的教堂。天氣好的時候，登上塔樓不但可眺望多瑙河畔，甚至還能看到阿爾卑斯山脈。

德國南部⋯斯圖加特及其周邊 Stuttgart and Around

巴登巴登
●巴登巴登

Baden Baden

文●蔣育荏‧蒙金蘭‧墨刻編輯部　攝影●周治平

巴登巴登位於德國與法國邊境附近，是歐洲數一數二的高級溫泉療養地，並擁有世界上最華麗古典的賭場。這裡早在古羅馬時代就已是聞名遐邇的浴場，皇帝卡拉卡拉(Caracalla)也曾專程來此泡湯，療養身體上的病痛。事實上，巴登這個名字便是來自「Bad」，也就是「洗浴」的意思，在歐洲許多地方都有Baden的地名，而Baden Baden的原意指的是「巴登藩侯國領土內的Baden」。

在18、19世紀，這兒曾聚集大批名士貴族，許多赫赫有名的人物，如英國維多利亞女王、鐵血宰相俾斯麥、小說家杜斯妥也夫斯基、浪漫主義文人雨果、音樂家布拉姆斯等，都是這兒的常客；尤其是沙皇時代的俄國貴族，由於俄國天氣酷寒，更是特別喜歡此地。再加上法國也離這兒不遠，多樣文化於此交會，使得巴登巴登的文化、音樂與戲劇等藝術表演發達蓬勃，也帶起此地時尚極品的購物風華，至今不衰。

來到巴登巴登，尋求的是靜養，因此整座城市步調和緩、氣氛嫻靜，除了泡溫泉以外，主要的活動以靜態文雅的歌劇或音樂會為主，與時下花樣百出的SPA，格調不盡相同。

INFO

如何前往
◎航空
喀斯魯/巴登巴登機場(FKB)位在市區西方10公里處，主要飛航歐洲城市，也有往返柏林的國內航線。從機場到巴登巴登市區以搭乘285號公車最為方便，前往巴登巴登火車站，車程約30分鐘。
🚍 www.baden-airpark.de

◎火車
從法蘭克福中央車站，約2小時一班ICE直達巴登巴登，車程1小時20分鐘；其他班次需在曼罕或喀斯魯(Karlsruhe)轉車，車程1.5~2小時。從慕尼黑則沒有直達列車，需要轉乘1~2次，車程約3.5~4小時。

火車站距離市中心景點區約4公里，可搭乘201、207、216、218、243、244等多班公車，至BAD Leopoldsplatz (Luisenstraße)站即達。

市區交通
在市中心內可以步行方式遊覽。而巴登巴登的公車是由KVV營運，單程票價成人€2.2，6~14歲兒童€1.6，一日票€4.4。
🚍 www.kvv.de

觀光行程
◎巴登巴登觀光列車 Citybahn Baden-Baden
這是輛仿小火車的觀光巴士，沿途會經過巴登巴登賭場、卡拉卡拉溫泉、奧古斯特廣場等地，全程約50

巴登巴登

往火車站

觀景平台
Panorama
Baden-Baden

卡拉卡拉溫泉
Caracalla Therme

Hotel Am Markt

斐特列溫泉
Friedrichsbad

Aqua

飲泉廳
Trinkhalle

市政廳
Rathaus

法貝熱博物館
Faberge Museum

燈籠餐廳
Restaurant Laterne

利奧波得廣場
Leopolds-plat

圖例

劇場	餐廳		
景點	廣場		
飯店	博物館		
遊客服務中心			
政府機關			

巴登巴登賭場
Casino
Baden-Baden

Maison Messmer

布林達收藏博物館
Museum Frieder Burda

巴登巴登劇院
Theater Baden-Baden

利希騰塔勒大道
Lichtentaler Allee

分鐘。

⏱ 4~10月間運行，從巴登巴登賭場出發時間為11:42~16:42，每小時一班(週日增開10:42的班次)
💲成人€10，5~15歲€6.5
🌐citybahn.wixsite.com/citybahn

優惠票券

◎巴登巴登賓客卡 Baden-Baden Gästekarte

當你在巴登巴登的旅館Check-in時，便會拿到一張免費的賓客卡，持卡在卡拉卡拉溫泉、巴登巴登賭場、博物館等市區景點與觀光行程，均可享有些許折扣優惠。

◎黑森林卡 Schwarzwaldcard

若是準備玩遍整座黑森林，可在各城市遊客中心或黑森林旅遊局官網上購買黑森林卡。持卡可在3天內遊歷黑森林地區200多處景點、博物館、水療中心與遊樂場，並可免費入場歐洲最大的遊樂園Europa Park一次。
💲成人€90，4~11歲€76 (不含Europa Park的卡種：成人€45，兒童€33)

旅遊諮詢

◎黑森林旅遊局

☎(0)761 896-460　🌐www.schwarzwald-tourismus.info

◎巴登巴登旅遊局

☎(0)7221 275-200　🌐www.baden-baden.de

市中心遊客中心

🔺P.269A2　📍Kaiserallee 1　⏱每日10:00~18:00

城市入口遊客中心

📍Schwarzwaldstraße 52　⏱09:00~17:00
🚫週末

MAP ▶ P.269A1

飲泉廳

Trinkhalle

昔日泡湯客的社交場所

📍Kaiserallee 3　⏱週二至週六10:00~18:00，週日14:00~17:00　🚫週一　💲免費

這座古典主義的建築令人聯想起巴登巴登在古羅馬時代的歷史，不過這其實是建於1839~42年間，因為當時流行將溫泉水喝下肚的養生療法，於是便建了這棟與溫泉主建築分離的飲泉廳，讓人們在此飲用泉水。另一方面，飲泉廳也是當時相當重要的社交場所，因為來自歐洲各地的人會在這裡邊喝邊聊，順便交換最新情報，算是種相當文雅的八卦室。

飲泉廳外觀上最令人印象深刻的，是長達90公尺、擁有16根巨大廊柱的寬闊長廊，一旁牆面在每根裝飾柱間都有一幅精美的壁畫，這是出自著名壁畫家戈岑伯格(Jakob Götzenberger)之手，內容描繪附近的風景名勝與古蹟典故。

巴登巴登賭場

Casino Baden-Baden

極度奢華的紙醉金迷

🏠Kaiserallee 1 ☎(0)7221 30-240 🕐11:00~02:00 (週五、六至03:00) 💲入場費€5 🌐www.casino-baden-baden.de ❗未滿18歲不得入內

◎ **賭場導覽**
🕐每日10:00~13:00，每小時出發 💲成人€10，6~16歲€4

　　由於巴登巴登過去是貴族獨享的療養勝地，因此這座賭場的內部裝潢走的是優雅經典路線，加上第一代主人來自巴黎，他重金禮聘巴黎的設計師，並直接模仿法國凡爾賽與楓丹白露兩座宮殿，打造出賭場的整體風格。

　　賭場裝飾以金、銀、紅色為主調，雕金的吊燈、貼金的壁磚、鏤空雕花欄、大圓拱屋頂，還有紅絨地毯與窗簾，好一片流金世界。甚至直到1945年，這兒的籌碼仍舊是用真的金幣來下注，但由於二次大戰後各國貨幣制度轉變，金幣本身已經超過籌碼所標示的價格而開始大量失竊，因此才停止使用金幣當作籌碼。

　　除了裝潢，巴登巴登賭場內的畫作與收藏品也都是真跡。這座賭場又分為許多小廳，其中一個名為「千燭之廳」，原來在過去沒有電燈的時代裡，是以1千支蠟燭照亮全場，果然是氣派豪華。

斐特列溫泉

MOOK Choice

Friedrichsbad

古羅馬帝王般的泡湯享受

©Baden Baden Tourismus提供

🏠Römerplatz 1 ☎(0)7221 275-920 🕐每日09:00~22:00 (19:00後停止入場) 💲€35 (含拖鞋、毛巾、沐浴品、香茶) 🌐www.carasana.de/de/friedrichsbad ❗未滿14歲不得入內

◎ **羅馬浴場遺跡**
🕐3月中~11月中11:00~12:00，15:00~16:00 💲成人€5，7~14歲€2，專人導覽€7.5

　　斐特列溫泉是從1877年就開始營業的溫泉設施，不只溫泉本身具有良好的調養功效，古羅馬式的建築風格也讓人嚮往，尤其是建築中央的圓頂大浴池更是氣派典雅，讓人有種當起古代帝王后妃般的享受。

　　這裡的泡湯方式結合古羅馬與愛爾蘭傳統，整個流程共有17個項目，泡湯的人必須依照順序泡遍每一個浴間，包括沖水、烤箱、蒸氣、浴池、按摩、休息區等。必須要特別注意的是，斐特列溫泉是男女混浴的裸湯，害羞的人可要有心理準備。

　　而在溫泉下方，還保留了一處2千年前古羅馬浴場的遺跡，從遺跡的格局中可了解到古羅馬人對沐浴這件事有多講究，而他們為了泡湯所鑽研出的各種技術，往往也令人嘆為觀止。

卡拉卡拉溫泉

MOOK Choice

Caracalla Therme

現代化溫泉遊樂中心

⌂Römerplatz 1 ☎(0)7221 275-940 ⏰每日08:00~22:00 (20:30後停止入場) Ⓢ2小時€19，3小時€23，全日€31。加桑拿浴多€5 ⊕www.carasana.de/en/caracallaspa ❶可租借毛巾，租金€6，押金€15 ❶未滿7歲不得入內。需自備泳衣、毛巾、拖鞋

　　卡拉卡拉溫泉是一家相當現代化的溫泉遊樂中心，以羅馬式的花園為背景，共有7個不同水溫的大小浴池。若是不敢在斐特列溫泉嘗試裸身泡湯的人，可以在卡拉卡拉盡情享受巴登巴登的溫泉之樂，因為這裡的浴池是可以穿著泳衣進場的(桑拿浴例外)。再加上各種溫泉施設眾多，非常適合全家大小一起泡在溫泉勝地，既能紓解身心，同時也能增進親子情感。

燈籠餐廳

Restaurant Laterne

擁有300年歷史的餐廳

⌂Gernsbacher Str. 10-12 ☎(0)7221 3060 ⏰每日10:00~22:00 ⊕restaurant-laterne.de

　　巴登巴登鬧區範圍不大，商店、餐廳大致集中在利奧波得廣場、市政廳周邊，與Sophienstraße、Lange Str.等街道一帶，店面雖然不多，但以高雅、精緻領軍，和其它城市的鬧區果然不太一樣。

　　在市政廳對面有棟半木造的4層樓房，目前2樓以上作為飯店，1樓是間名為「燈籠」的餐廳，其歷史可追溯到300年前，無疑是全巴登巴登最古老的餐廳。這裡以供應施瓦本的地方菜為主，口味相當道地。由於餐廳所在位置剛好是熙來攘往的必經之途，所以也成了人們約會碰面的最佳場合，春、夏季戶外的露天座位更是搶手。

利希騰塔勒大道

Lichtentaler Allee

景色迷人的林蔭大道

　　利希騰塔勒大道從巴登巴登劇院旁開始，一路往南是一片廣大的綠地，這條位於奧斯小河(Oos)畔的林蔭大道宛如一座公園，有高大的樹木和青翠的草坪，春夏秋冬分別換上不同顏色的衣裳，加上道路兩旁此起彼落的優雅建築，以及河裡悠游的鴨鵝飛禽，整體景色非常迷人。

德國南部……巴登巴登 Baden Baden

● 弗萊堡

弗萊堡
Freiburg

文●墨刻編輯部　攝影●周治平

弗萊堡建城於1120年左右，其名字中的 Frei便是「自由」的意思，可見弗萊堡在建立之初，已享有一定程度的自治權。弗萊堡自古以來就是著名的大學城與大主教所在，由於氣候溫和，也是葡萄酒產區的中心地帶。

　　今日的弗萊堡是人們遊歷黑森林的入口城市，城內處處可見源自黑森林的清澈小溪，傳說遊客若不小心掉入溪中，就會在這裡找到愛情。儘管歷經二次世界大戰的摧殘，弗萊堡堅持依照原貌重建，街道仍呈現甜美的古城風情。而隨處可見的街頭藝術及弗萊堡大學的文風，也在城市中蔓延、根深蒂固，讓人感受到的不啻是美景，更有著獨特的生活哲學。

INFO

如何前往
◎火車
　　從法蘭克福中央車站，每2小時一班ICE直達弗萊堡，其他班次則需在曼罕轉車，無論直達與否，車程都是2小時出頭。而從慕尼黑出發的ICE，中途需在曼罕或喀斯魯轉車，車程4~4.5小時。

　　從弗萊堡中央車站，可搭乘路面電車進入老城中心。

市區交通
　　遊覽市區，用步行的方式即可。若想少走點路，也可利用由RVF所屬的VAG所營運的路面電車。
弗萊堡交通公司VAG
🚋 短程票€1.7。單程票成人€2.7，6~14歲€1.6。一日票€6.3 ⓤ www.vag-freiburg.de

弗萊堡地圖

（地圖標示）
往火車站
科隆比公園 Colombipark
Park Hotel Post
新舊市政廳 Altes und Neue Rathaus
市政廳廣場 Rathaus-platz
貝托爾德噴泉 Bertoldsbrunnen
弗萊堡大學 Albert-Ludwigs-Universität Freiburg
馬丁城門 Martinstor
弗萊堡大教堂 Freiburger Münster
Münster-platz
Oberkirch
古代商賈會館 Historisches Kaufhaus
奧古斯丁博物館 Augustinermuseum
城堡山 Schlossberg
漁夫街Fischerau
施瓦本城門 Schwabentor
Mercure

圖例　◎景點　✝教堂　🎓學校　🏛政府機關　◎公園　🏨飯店　ⓘ遊客服務中心　🏛博物館

優惠票券
◎黑森林卡 Schwarzwaldcard
　　若是準備玩遍整座黑森林，可在各城市遊客中心或黑森林旅遊局官網上購買黑森林卡。持卡可在3天內遊歷黑森林地區200多處景點、博物館、水療中心與遊樂場，並可免費入場歐洲最大的遊樂園Europa Park一次。
🚋 成人€90，4~11歲€76 (不含Europa Park的卡種：成人€45，兒童€33)
◎歡迎卡 WelcomeKarte
　　由RVF所發行的歡迎卡可在遊客中心購買，持卡可於3天效期內不限次數搭乘RVF系統的各種大眾交通工具，包括搭乘德國最長的纜車登上紹因斯蘭山(Schauinsland)山頂，以及免費參觀弗萊堡市立博物館，參加市區導覽行程亦享有€2折扣。
🚋 成人€27，14歲以下€16
◎KONUS賓客卡 KONUS-Gästekarte
　　當你在弗萊堡的旅館Check-in時，便會拿到一張免費的賓客卡(不包含青年旅館)，持卡可搭乘弗萊堡與喀斯魯的市區公車、電車，以及黑森林地區的區域火車及巴士。

旅遊諮詢
◎黑森林旅遊局
🕿(0)761 896-460 ⓤwww.schwarzwald-tourismus.info
◎弗萊堡遊客中心
🚩P.272A1 🏠Rathausplatz 2-4 🕿(0)761 3881-880 ⏰平日09:30~17:30，週六09:30~14:30，週日10:00~12:00 ⓤvisit.freiburg.de

Where to Explore in Freiburg
賞遊弗萊堡

MAP ▶ P.272A1

新舊市政廳
Altes und Neue Rathaus
小石子排成的城市市徽

🚋搭乘路面電車1、2、3、4線至Bertoldsbrunnen站，步行約2分鐘 🏛Rathausplatz ❗市政廳內未開放遊客進入，只能在外面參觀

在弗萊堡有新舊兩個市政廳，紅色建築的是老市政廳，白色的是新市政廳。市政廳前的小廣場上有一尊修道士的塑像，傳說中，這位名叫Berthold Schwarz的煉金術士在14世紀時發明了黑火藥，不過相關故事的內容眾說紛紜，真確性也不被學界所承認。

弗萊堡的街道是用小石頭鋪設而成，如果當時的店家想要用小石頭鋪成代表自己生意的圖案，可以自己付費鋪設。遊客可以看到在每個店家前的地上都有不同的圖案，例如麵包圖案就代表以前是麵包店，剪刀就代表以前是裁縫店，非常可愛有趣。而在新舊市政廳前也有用石頭排成的圖案，這些都是弗萊堡姐妹市的市徽，包括了日本、美國、烏克蘭等國的城市都有在內。

MAP ▶ P.272B1

弗萊堡大教堂

MOOK Choice

Freiburger Münster
欲窮千里目，更上塔尖頂

🚋搭乘路面電車1、2、3、4線至Bertoldsbrunnen站，步行約2分鐘 🏛Münsterplatz ⏰週一至週六09:00~16:45，週日13:30~19:00 💰免費 🌐www.freiburgermuenster.info
◎登塔頂
⏰週二至週六11:00~16:00，週日13:00~17:00 💰成人€5，8~17歲€3

自1120年開始建造的大教堂，是弗萊堡最重要的建築物。總共建造了300年的大教堂原為羅馬式風格，但隨著時代變遷，建築計畫在後期改為當時流行的哥德式樣，因此從遠處即可看到醒目的高聳尖塔。由於教堂是由當地居民捐款籌建，從裡面可以看到每面窗戶上都有不同的圖案，代表窗戶是由不同協會捐助，例如裁縫協會的標誌就是剪刀。教堂旁有個小門，可以爬上265階的塔頂，從這裡可以感受到教堂的高聳壯觀，而教堂的鐘樓及不遠處的黑森林景觀，更是不容錯過的美景。

德國南部…弗 萊堡 Freiburg

MAP ▶ P.272B2

奧古斯丁博物館
Augustinermuseum
萊茵河上游藝術精華

🚋搭乘路面電車1線至Oberlinden站即達 　🅐Augustinerplatz
☎(0)761 201-2531 　🕐10:00~17:00（週五至19:00）　🛏週
一 　💲成人€8，27歲以下免費

　　這間博物館的建築前身是一棟修道院，在著名建築師馬克勒(Christoph Mäckler)的改造下，成為收藏中世紀到巴洛克時代藝術傑作的博物館。博物館中所珍藏的物品，有許多是從弗萊堡大教堂裡搬移過來的，其中包括大教堂上的原始石雕、織錦、畫作、花窗等，呈現了中世紀宗教信仰及象徵的寶物。此外，這裡還展示了18世紀時人們所使用的傢俱、時鐘、陶器、瓦片等生活用品。繪畫方面，館內收藏有老盧卡斯克拉納詞、馬蒂亞斯格呂內瓦爾德、漢斯巴爾東格里恩等文藝復興時代大師的作品，頂樓展廳則是陳列描繪黑森林美景的19世紀畫作，將萊茵河上游的藝術及歷史文化完整地呈現並保存。

MAP ▶ P.272A2

弗萊堡大學
Albert–Ludwigs–Universität Freiburg
當代西方哲學搖籃

🚋搭乘路面電車5線至Erbprinzenstraße站即達 　🅐Fahnenbergplatz 　🌐uni-freiburg.de

　　弗萊堡大學建校於1457年，是德國歷史悠久的學校之一，在哲學、法學及經濟學方面久負盛名，近代著名的哲學家胡塞爾(Edmund Husserl)與海德格(Martin Heidegger)均曾在此執掌教鞭，前者是西方的「現象學之父」，後者則被視為存在主義的重要奠基人之一。

　　弗萊堡大學是一所沒有圍牆的大學，校舍很自然地和市區建築融為一體，一邊是大學的院子，另一邊是大學教堂，沒有人引領的話，很難看得出哪些是大學的一部分。不過，大學院區裡保有的寧靜角落，可是最令當地人沉醉的景色。

　　曾在此就讀的繪圖家馬丁瓦爾德塞穆勒(Martin Waldseemuller)，是第一個以航海家亞美利哥之名為美洲命名的人，為此，弗萊堡政府在他父母的居住地立了一座紀念碑，而這座紀念碑目前就位在大學校園的範圍裡。

古代商貿會館
Historisches Kaufhaus
熱鬧市集吃香腸

🚋 搭乘路面電車1、2、3、4線至Bertoldsbrunnen站，步行約3分鐘 ⏰ Münsterplatz 24 🌐 historischeskaufhaus.freiburg.de

古代商貿會館是弗萊堡的代表性建築，從前小販們到弗萊堡做生意時，都必須到這裡來繳稅，而今日的會館則是作為宴會與音樂表演的場地。每天上午8點到下午1點，會館旁固定會有市集，販售酒類、瓷器、香腸及蔬果等，甚至還有來自法國的攤販，販售產品的種類之多，讓人目不暇給。

一個禮拜之中以週六的市場規模最大，不但遊客眾多，也是居民聚會的地方。小販現烤現做的美食，令人垂涎三尺，來此不妨嘗嘗弗萊堡的道地美食——麵包夾香腸，或是到市集旁的高級餐廳用餐。是以人們總是說：到弗萊堡就是要「吃香腸、上塔頂(大教堂)」，才會不虛此行！

施瓦本城門
Schwabentor
嘲弄施瓦本人的傳說

🚋 搭乘路面電車1線至Schwabentorplatz站即達

弗萊堡內有兩座城門，分別為馬丁城門(Martinstor)及施瓦本城門。在施瓦本城門曾有個傳說，有位施瓦本地區的居民在聽說弗萊堡是一座極為美麗的城市後，決定帶著一大桶金子買下弗萊堡，後來他的媳婦發現這件事，趕緊在半夜中將金子掉了包。第二天，這位施瓦本人帶著桶子到弗萊堡城門前高喊著要買城，等到他把桶子打開後，卻發現裡面都是沙石，於是在一片嘲笑聲中，施瓦本人快速離去，從此這個城門就被稱為施瓦本城門。雖然這只是一個有趣的傳說，不過也可看出當地的巴登人與施瓦本人之間的對立。

德國南部⋯弗 萊堡 Freiburg

城堡山
Schlossberg

MOOK Choice

居高臨下的絕佳視野

🚶 可從施瓦本城門對面的小路上山

這裡因為曾經有座城堡，於是便被人稱作城堡山。從11世紀到18世紀期間，弗萊堡歷經了多次戰役，還一度被法軍占領，光是在1745年與法國的戰爭中，弗萊堡就陣亡了3萬多名士兵。一次又一次的爭奪戰役，使得這座城堡漸漸變成了廢墟。

從1997年政府決定重新整修城堡山，到2002

年成為觀光勝地，不難看出德國人辦事的毅力及決心。現在雖然已看不到城堡的痕跡，但居高臨下的絕佳視野，可以眺望整個弗萊堡及周圍的黑森林，還是吸引了許多人造訪。

特里堡
Triberg

文●墨刻編輯部　攝影●周治平

 特里堡

特里堡位於黑森林的中心地帶，全名為「黑森林中的特里堡」(Triberg im Schwarzwald)。這座小鎮人口只有不到5千，空氣及飲水也特別的清新甘甜。小鎮以製造咕咕鐘聞名，以其精湛的技術所製造出來的小鐘，是運用鐘錘來產生動力，即使不用電池也可以永久使用。來到特里堡，也別忘了嘗一嘗黑森林蛋糕的酸甜滋味，蛋糕中所使用的櫻桃，可是黑森林當地的特產。就算不是為了咕咕鐘與黑森林蛋糕而來，特里堡如詩如畫的風光，相信也早已深深印烙在旅人的腦海中。

INFO

如何前往
◎火車
從法蘭克福中央車站前往特里堡，中途必須在巴登巴登、奧芬堡(Offenburg)、喀斯魯等地轉乘RE，車程約2.5~3.5小時。而從慕尼黑出發，則得要轉1~2次車，車程約4.5~5.5小時。

從特里堡火車站到鎮中心的Marktplatz，路程約1.5公里，可搭乘550號公車，不過車次不多，也可請住宿的飯店前來接送。

市區交通
◎大眾運輸工具
鎮上可步行觀光，不過有些景點必須離開市區，可搭乘公車或是在特里堡租車前往。

優惠票券
◎黑森林卡 Schwarzwaldcard
若是準備玩遍整座黑森林，可在各城市遊客中心

或黑森林旅遊局官網上購買黑森林卡。持卡可在3天內遊歷黑森林地區200多處景點、博物館、水療中心與遊樂場，並可免費入場歐洲最大的遊樂園Europa Park一次。

$ 成人€90，4~11歲€76 (不含Europa Park的卡種：成人€45，兒童€33)

◎KONUS賓客卡 KONUS-Gästekarte
當你在特里堡的旅館Check-in時，便會拿到一張免費的賓客卡(不包含青年旅館)，持卡可搭乘當地公車及區域性火車，並在購買特里堡景點通票時享有些許折扣。

◎特里堡景點通票 Triberg-Inklusiv-Karte
這張票卡是德國最高瀑布、黑森林博物館、特里堡模型鐵道世界(Triberg-Land)與特里堡自拍館(Triberg-Fantasy)等4個景點的通票，可在遊客中心購買。

$ 夏季：成人€8，8~17歲€7.5。冬季：成人€6，兒童€5.5

旅遊諮詢
◎黑森林旅遊局
☎(0)761 896-460　🌐www.schwarzwald-tourismus.info
◎特里堡遊客中心
📍Wallfahrtstraße 4 (在黑森林博物館中)　☎(0)7722 866-499　🕐09:00~17:00 (週末11:00起)　🌐www.triberg.de

特里堡周邊圖

N

- 巴登巴登 Baden Baden
- 斯圖加特 Stuttgart
- 萊茵河 Rhein
- ✚ 朝聖教堂 Maria in der Tann
- ◎ 德國最高瀑布 Deutschlands Höchdte
- 🏛 黑森林博物館 Schwarzwaldmuseum
- 尚納赫 Schonach
- ◎ 大咕咕鐘屋 Weltgrößte Kuckucksuhr
- ◎ 特里堡 Triberg
- ◎ 富特旺根
- 弗萊堡 Freiburg
- 🏛 德國時鐘博物館 Deutsches Uhrenmuseum
- 多瑙河 Donau
- 波登湖 Bodensee
- 巴塞爾 Basel

圖例 ◎景點 ✚教堂 🏛博物館

瑞士SCHWEIZ

MAP ▶ P.276B2

黑森林博物館

MOOK Choice

Schwarzwaldmuseum

黑森林的獨特文化

ⓝWallfahrtstraße 4 　☎(0) 7722 866-490 　◯
11:00~17:00（夏季週末至18:00）　Ⓢ成人€5，
8~17歲€4.5。或是使用特里堡景點通票　Ⓤwww.
schwarzwaldmuseum.de

　黑森林是位於巴登-符騰堡邦西南邊的大片森
林，蓊鬱的林木猶如黑色的遮幕般，在這廣袤的

森林中，孕育出當地的獨特文化。來到特里堡造訪黑森林博物館，即可看到從前黑森林中的傳統房屋，以及製鐘人的工作室與傳統服飾。館中還有各種會自動彈奏樂曲的機器展示，喜歡音樂的人只需投入1歐元，就可以在館中盡情聆聽各種音樂箱演奏的樂曲，響亮的音效絲毫不輸給現場演奏。

MAP ▶ P.276B2

朝聖教堂

Maria in der Tanne

具有神奇療效的泉水傳說

ⓟ從遊客中心步行約8分鐘
ⓝCl.-Maria-Hofbauer-
Straße 17 　Ⓤwww.
pfarrgemeinde-triberg.de

　這間朝聖教堂的由來，是來自兩個泉水治癒疾病的傳說。1644年時，有一個小女孩曾在這裡用水洗臉後，治癒了她原本的眼疾，從此這裡就來了許多祈求康復的人們。過了一年，有位癲癇病的患者在此地祈禱：若是疾病得到復原，他將捐贈一尊聖母瑪麗亞的木雕像，接著他也在同樣的地點洗臉後回家。過了幾天，他的病竟也奇蹟似地痊癒，他照著先前的承諾，在這裡捐贈了一尊木雕聖母像，並放入冷木杉的樹洞裡。結果愈來愈多的人們來這裡朝聖，最後建起教堂，他們砍下那棵冷木杉，放在教堂的聖壇中。至今遊客仍可看到聖壇裡，有一棵樹中間放了聖母瑪麗亞聖像。

MAP ▶ P.276B2

MOOK Choice

德國最高的瀑布

Deutschlands Höchste Wasserfälle

迎著水氣登高行

ⓟ從遊客中心至步道入口，步行約1分鐘　ⓝ步道入口位於Hauptstraße 85　◯每日09:00~天黑　Ⓢ使用特里堡景點通票

　黑森林中不但有豐富的野生動植物，還有全德國最高的瀑布。特里堡瀑布共有7級，總落差達163公尺，從入口處有3條路徑可到達山頂，分別是自然、文化及捷徑路線。自然路線約需1個半小時；文化路線會經過朝聖教堂再繞回瀑布，需時1小時；捷徑路線則是沿著瀑布直接往上走，約需45分鐘的路程，沿途瀑布豐富的水氣還會不時灑落臉上。

　春季融雪時，瀑布的水量非常充沛，特里堡還曾利用這裡的水力發電。而其略為淡黃的顏色，就好像葡萄酒般。即使到了冬季，林中覆蓋白雪的景致也相當迷人。

MAP ▶ P.276A2

大咕咕鐘屋

MOOK Choice

Weltgrößte Kuckucksuhr

走進世界最大的咕咕鐘

🚌 從特里堡鎮上的Marktplatz搭乘550號公車至Schonach Untertal站，再步行約5分鐘 🏠 Untertalstraße 28, Schonach 🕐 10:00~12:00、13:00~17:00 🚫 週一 💰 成人 €2，7~16歲€1 🌐 dold-urlaub.de

咕咕鐘可以說是黑森林的代表，從17世紀第一架「木架鐘」出現至今，咕咕鐘已發展成鐘內的布穀鳥會定時出現，並發出咕咕叫的聲音。這種鐘毋需電池，只要定時上鏈就可以持續運作。

這棟大咕咕鐘屋是世界上最大的咕咕鐘，不過這個大咕咕鐘屋並不在特里堡，而是在距離特里堡車程約8分鐘的小鎮尚納赫(Schonach)上。這座鐘由現任主人的父親花了3年時間，在1980年製作完成，鐘錘重達70公斤。每半個小時，咕咕鐘的布穀鳥會出來報時一次，想要看布穀鳥的遊客可得算準時間在門外等待！

鐘屋主人的祖父也是位製鐘人，當時還是背著鐘到遠方販售的年代，而主人也承襲了老一輩的精湛手藝，潛心製作咕咕鐘，並將鐘屋開放，把黑森林的傳統工藝展現在遊客面前。

MAP ▶ P.276A2

德國時鐘博物館

MOOK Choice

Deutsches Uhrenmuseum

五花八門的鐘錶世界

🚌 從特里堡鎮上的Marktplatz搭乘550號公車至Furtwangen Rößleplatz站，再步行約4分鐘 🏠 Robert-Gerwig-Platz 1, Furtwangen 📞 (0)7723 920-2800 🕐 4~10月09:00~18:00，11~3月10:00~17:00 🚫 週一 💰 每人€7 🌐 www.deutsches-uhrenmuseum.de 🎧 夏季11:00與冬季14:00有專人導覽

製鐘是特里堡常見的職業，在當地也有專門教授製鐘技術的學校，可見製鐘業在特里堡非常成熟及重要。這座博物館位於距特里堡車程約30分鐘的富特旺根(Furtwangen)小鎮，在時鐘博物館內，可以認識當時獨特的販售方式，製鐘人必須背著器材到各地販售，成交後再請公司寄材料到當地，製鐘人收到後加以組合、裝飾，有時候他們還會把自己的名字寫上去。

咕咕鐘的製造隨著時代演進，在造型及功能上愈見豐富，時鐘的玩偶會隨造型做出不同動作，音樂的曲目也增加許多。除了咕咕鐘外，這間博物館還展示了來自西班牙、俄羅斯及法國等地的時鐘，設計上各具特色，是一間頗具趣味的博物館。

康斯坦茨

康斯坦茨
Konstanz

文●蒙金蘭　攝影●周治平

發源自瑞士阿爾卑斯山的萊茵河向北流，流到與德國的邊界處形成了一片相當大的湖泊，德國人稱它為波登湖。康斯坦茨是波登湖畔最大的城市，萊茵河流貫市中心，然後繼續向西前進。

康斯坦茨是歷史相當悠久的古城，早在西元4世紀，羅馬皇帝君士坦提烏斯一世(Flavius Valerius Constantius)為了與日耳曼人作戰，而在此地建築了防禦工事，他的名字後來便成為了當地的地名。

康斯坦茨因為很早就擁有這一帶唯一跨越萊茵河的橋樑，因此戰略地位相當重要。今日萊茵河北岸的腹地其實更為開闊，是大部分居民們生活的住宅區，知名的康斯坦茨大學也在北岸；而南岸屬於開發較早的地區，大教堂所在的舊城區就在南岸。由於康斯坦茨非常靠近中立國瑞士，有幸躲過兩次世界大戰的戰火，所以舊城裡的歷史建築得以完整地保存下來。而在舊城南端有兩國邊界的海關，跨過國界的另一邊就到了瑞士小鎮克羅伊茨林根(Kreuzlingen)。

INFO

如何前往
◎火車
從慕尼黑出發，需轉1~4趟車，車程約4~4.5小時；從斯圖加特出發，需在辛根(Singen)轉1次車，車程約2小時50分鐘。要注意的是，如果使用的是德鐵通行證，就要避免搭乘會經過瑞士國土的車次。

市區交通
在老城區的範圍內，用步行的方式即可走遍。

優惠票券
◎波登湖通行券 Bodensee Ticket
波登湖通行券適用於德國、奧地利、瑞士、列支敦士登4國邊境一帶的區域性火車、巴士與渡輪，依使用地區不同，又分為東、西、南等票種，而康斯坦茨屬於波登湖通行券–西的範圍。若是要跨越國界，請務必記得隨身攜帶護照，並遵守海關規定。

康斯坦茨

圖例
- ◎景點 ♦餐廳 ♦火車站
- ◎公園 ♦教堂 ♦博物館
- ♦飯店 ♦遊客服務中心

往萊歇瑙島

萊茵塔Rheintorturm

波登湖 Bodensee

Steigenberger Inselhotel飯店

康斯坦茨大教堂 Münster Unserer Lieben Frau

史蒂芬教堂 Stephanskirche

市立花園 Stadtgarten

Imperia雕像

玫瑰園博物館 Rosgartenmuseum

Restaurant Steg 4

康斯坦茨火車站

往瑞士

💲一日票：成人€29，6~15歲€14.5。三日票：成人
€55，兒童€27.5
🌐www.bodensee-ticket.com

旅遊諮詢
◎**康斯坦茨遊客中心**
🚶P.280B3 📍Bahnhofplatz 43 (在火車站內)
☎(0)7531 133-032
🕐5~10月：平日09:00~18:30，週六09:00~16:00，
週日10:00~16:00。11~4月：10:00~16:00
🚫11~4月的週日、一 🌐www.konstanz-info.com

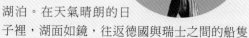

Where to Explore in Konstanz
賞遊康斯坦茨

MAP ▶ P.280A1-B3

波登湖

MOOK Choice

Bodensee

德國第一大湖

　　如果搭乘火車抵達這個城市，車站的後側就是波登湖的乘船碼頭。波登湖亦名康斯坦茨湖，面積闊達536平方公里，是全德國境內最大的湖泊。在天氣晴朗的日子裡，湖面如鏡，往返德國與瑞士之間的船隻來回穿梭，閒情逸致令人迷醉。

　　碼頭上有一尊1993年所豎立的Imperia雕像，雕像高達9公尺，而且會360度緩慢地旋轉，大概每4分鐘就會轉回一圈。她手中握著兩個男人，一個是教宗馬丁五世(Pope Martin V)，一個是神聖羅馬帝國皇帝西吉斯蒙德(Sigismund)，兩人都沒穿衣服，諷喻著15世紀初當地皇權與宗教勢力角力、又有女色介入其間的那段歷史。雕像出自德國雕刻名家彼得倫克(Peter Lenk)之手，由於諷刺意味濃厚，曾經引起不小的爭議。

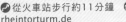

萊茵塔
Rheintorturm
舊城北端的醒目地標

🚇從火車站步行約11分鐘 🏠Rheinsteig 4 🌐www.rheintorturm.de

　　出了舊城北方有一座萊茵塔，其紅瓦尖頂很有瑞士的風格。萊茵塔始建於西元1200年，是這座城市的北方入口，控管著從萊茵河經過此地的船隻，後來也曾經一度作為監獄使用。它的底下就是14世紀所修築的北城門，也是康斯坦茨目前僅存的中古世紀防禦設施。

MAP ▶ P.280B2

Steigenberger Inselhotel

康斯坦茨最富歷史意義的酒店

🚇從火車站步行約8分鐘 🏠Auf der Insel 1 ☎(0)7531 1250 🌐www.steigenberger.com

　　位於車站北側的**Steigenberger Inselhotel**是當地最高等級的飯店，13世紀時原本是一棟修道院，後來被齊柏林(Zeppelin)家族買下，改建為高雅的宅邸，而此地正是知名的飛行船發明人齊柏林伯爵(Ferdinand Graf Von Zeppelin)的出生地。這棟建築後來又改建成飯店，內部至今仍保留早期的格局和壁畫，為飯店增添不少藝術氣質。由於這裡本來是一座和陸地分離的小島，所以冠上「Insel」這個字。從飯店即可直接飽覽波登湖，景色非常吸引人。

MAP ▶ P.280A1

萊歐瑙島
Insel Reichenau

MOOK Choice

名列世界遺產的修道院之島

🚇從康斯坦茨火車站搭乘SBB的S6至Reichenau(Baden)站(車程約8分鐘)，再從車站對街搭乘204號公車進入萊歐瑙島。若在島上的第一站下車，可抵達聖喬治教堂；在終點站下車，步行即可達遊客中心

◎ **萊歐瑙島遊客中心**

🏠Pirminstraße 145, Reichenau ☎(0)7534 92-070 ⏰5月~9月中：平日09:00~18:00，週六10:00~14:00。9月中~4月：平日09:00~12:30、13:30~16:00 (4月及10月中以前至17:00) 🌐www.reichenau-tourismus.de

　　距離康斯坦茨約7公里的萊歐瑙島，是波登湖上最大的島嶼，拜湖水調節、以及阿爾卑斯山焚風的影響所賜，島上氣候溫和、陽光普照，蔬果、穀物栽培旺盛，一派優美的田園風情。

　　島上教堂與修道院眾多，包括聖瑪莉亞與聖馬可修道院、聖彼得與聖保羅修道院、聖喬治修道院等三座修建於9到11世紀的羅馬式修道院，見證了中世紀的本篤教會和其文化。教堂內部恢宏的壁畫，充分印證了萊歐瑙在當時已成為歐洲的一處藝術中心，為中世紀中歐建築風格提供了典範。因此之故，萊歐瑙島被稱為「修道院之島」，西元2000年時被列入世界文化遺產。

德國北部

Northern Germany

德國北部

德國北臨北海與波羅的海，因此這一區域無論是城市面貌還是風土民情，都與古典保守的德東、森林密布的德南、浪漫多情的萊茵河流域，有著截然不同的氣息。從前這裡是海上霸權漢薩同盟的大本營，商業的發達與經濟的繁榮，使得德北許多城市從很久以前就已品嘗到自由的滋味；商人與貴族們透過經濟實力，從帝國皇帝或封建領主手中取得自治權，他們揚起一張張冒險犯難的風帆，航向未知的大海深處。在航海精神的遺傳下，德北的社會風氣大都較為開放，而這些也經常表現在建築藝術上。

漢堡至今仍是德國的第二大城與歐洲的第三大港，港口景象依舊繁忙，在這裡可以看到德國最典型的港口風情；昔日呼風喚雨的漢薩女王呂北克，雖然早已退出歷史的大舞台，但美輪美奐的市容不斷提醒人們它那輝煌的過去；漢諾威是繁忙熱鬧的商務城市，一年到頭都有許多會展在此舉辦；而以格林童話故事大放異彩的不來梅，也是座令人嚮往的美麗城市，來到這裡除了找尋城市音樂家們的可愛身影，也別忘了到市政廳與羅蘭雕像前瞻仰世界遺產的風采。

德國北部之最Top Highlights of Northern Germany

漢堡倉庫城 Speicherstadt
昔日漢堡港口的倉儲據點，現在成了博物館及娛樂場所林立的觀光勝地。豐富的歷史意義與獨特街景，也讓這裡躋身世界遺產之列。（P.290）

荷爾斯滕門 Holstentor
建於15世紀的荷爾斯滕門，迄今仍扼守著呂北克的西側，是從前漢薩同盟繁榮的象徵，今日則可在內部展示中緬懷當時的輝煌。（P.298）

©Europäisches Hansemuseum提供

歐洲漢薩博物館 Europäisches Hansemuseum
漢薩同盟是歐洲歷史上極為重要的一段過往，在這間博物館中，以豐富而生動的陳列、場景、實物與遊戲，向人們訴說著這些故事。（P.301）

沃爾夫斯堡 Wolfsburg
福斯汽車的大本營，這裡不只是一座工廠而已，更是汽車迷們的樂園，除了汽車展示中心外，更有多種互動式的娛樂體驗。（P.309）

不來梅市政廳 Bremer Rathaus
這座歷史悠久的市政廳是威悉文藝復興風格的代表，名列世界遺產名錄中，而廣場上的羅蘭像是世上最古老的一尊，象徵著不來梅的自由地位。（P.314）

漢堡
Hamburg

文●蔣育荏　攝影●周治平

漢堡是德國第二大城、德國最重要的海港和最大的外貿地點，同時也是歐盟的第七大城。漢堡流露出濃厚的商業港口氣息，易北河(Elbe)寬闊的入海口，在這裡形成一座良港，通往波羅的海與北海的龐大貿易量，使得資本主義很早便在這裡萌芽，而漢堡也在13世紀時以帝國自由市的身分，成為漢薩同盟的中流砥柱。

在其他自由市相繼凋零或被吞併之下，漢堡的自由市地位竟奇蹟似地保留了下來，一直到今天都還是德國3個僅存的城市邦之一。正如市政廳大門上撰寫的城市格言：自由由你的先輩所贏取，後來的人們請對它予以尊敬！

漢堡的旅遊景點集中在港口與內阿爾斯特湖一帶，著名的登陸橋、倉庫城、聖米夏約利斯教堂與壯麗的市政廳大樓，都是不容錯過的風景。漢堡還有一項金氏世界紀錄：全歐洲擁有最多橋樑的城市。由於漢堡河道複雜、運渠交錯，因此人們在此建造了2,500多座橋樑，其橋樑之多超過威尼斯、阿姆斯特丹和倫敦的橋樑總和。

INFO

如何前往

◎航空
漢堡機場(HAM)位於市中心北方13公里，目前台灣並沒有直飛漢堡的航班，必須在法蘭克福或慕尼黑等其他城市轉機。
🌐www.hamburg-airport.de

◎火車
漢堡中央車站位於市中心東部，從柏林中央車站每小時有1~2班ICE直達，車程約1.5~2小時；從法蘭克福中央車站或南車站，車程約3.5~6小時。

漢堡中央車站 Hamburg Hbf
🔺P.285D1

機場至市區交通

◎S-Bahn
機場航站下方即是S1線的Hamburg Airport站，列車約10分鐘一班，到漢堡中央車站的車程約25分鐘，單程票價€3.6。

◎計程車
計程車站位於1航廈和2航廈外，前往市區車資約為€25。

◎租車
在2航廈地面層，可找到Hertz、Avis、Europcar、Sixt等多家租車公司櫃檯。

市區交通

◎大眾運輸工具
漢堡大眾運輸由漢堡交通局營運，分為通勤電車(S-Bahn)、地鐵(U-Bahn)、AKN通勤鐵路、公車與渡輪5種，若只是遊覽市區，以搭乘S-Bahn和U-Bahn最為方便。

這些交通工具使用共同的票價機制，車票可在車站的自動售票機購買，而在官網或以APP購買電子票券，還可享有7%的折扣優惠。搭乘距離在3站之內的短程票(Kurzstrecke)為€1.9，漢堡市區內的單程票(Nahbereich)為€2.5，大漢堡地區(AB環內)的單程票為€3.6。6歲以下兒童免費。

除了單程票外，也可購買€8.4的全日票(Ganz-tageskarte)，且每位持有全日票的成人可攜同3名6~14歲的兒童一起搭乘。另外還有一種上午9點之後可以使用的一日票(9-Uhr-Tageskarte)，也就是除了平日早上06:00至09:00尖峰時刻外皆可搭乘的日票，票價為€7.1，相當划算。若是人多的話，則可購買團體的9點日票(9-Uhr-Gruppen¬karte)，最多可5人共用，票價為€13.4。

此外，持有漢堡卡可在效期內任意搭乘市內大眾交

Großbereich Hamburg

Richtung Neumünster

U1 Großhansdorf
Kiekut
Schmalenbeck
Ahrensburg Ost
Ahrensburg West
Buchenkamp

U1 Ohlstedt
Hoisbüttel
Buckhorn
Volksdorf
Meiendorfer Weg
Berne
Oldenfelde
Farmsen
Trabrennbahn

U2 Mümmelmannsberg
Steinfurther Allee
Merkenstraße
Legienstraße
Billstedt
Horner Rennbahn
Rauhes Haus
Hammer Kirche
Burgstraße

U4 Billstedt

S21 Aumühle
Wohltorf
Reinbek
S3 Bergdorf
Nettelnburg
Allermöhe
Mittlerer Landweg
Billwerder-Moorfleet
Tiefstack
Rothenburgsort

Wandsbek-Gartenstadt
Alter Teichweg
Straßburger Straße
Wandsbek Markt
Wandsbeker Chaussee
Hasselbrook
Ritterstraße
Wartenau
Landwehr
Berliner Tor

Barmbek
Friedrichsberg
Habichtstraße
Dehnhaide
Hamburger Straße
Mundsburg
Uhlandstraße
Lübecker Straße
Lohmühlenstraße

S11 Poppenbüttel
Wellingsbüttel
Hoheneichen
Kornweg
Alte Wöhr
Rübenkamp
Ohlsdorf

Saarlandstraße
Sengelmannstraße
Borgweg
Sierichstraße
Kellinghusenstraße
Klosterstern
Hallerstraße
Stephansplatz
Jungfernsiep
Mönckebergstraße
Rathaus

U1 Norderstedt Mitte
Garstedt
Ochsenzoll
Kiwittsmoor
Langenhorn Nord
Langenhorn Markt
Fuhlsbüttel Nord
Fuhlsbüttel
Klein Borstel

A2 Richtweg
Friedrichsgabe
Moorbekhalle
Quickborner Straße

S1 Hamburg Airport

S1 Fuhlsbüttel Nord

Alsterdorf
Lattenkamp
Hudtwalckerstraße
Eppendorfer Baum
Hoheluftbrücke
Schlump
Dammtor
Stephansplatz
Gänsemarkt
Messehallen
Stadthausbrücke
Jungfernstieg
Rödingsmarkt
Baumwall

Haupt-bahnhof
Nord
Süd

HafenCity Universität
Überseequartier
Hafen-City
Hamburg Rathaus
Meßberg
Steinstraße

Hammerbrook
Elbbrücken
Veddel
Wilhelmsburg
Harburg
Heimfeld
Neuwiedenthal

A1 Kaltenkirchen
Kaltenkirchen Süd
Henstedt-Ulzburg
Meeschensee
Haslohfurth
Großenaspe
Wiemersdorf
Bad Bramstedt
Bad Bramstedt Kurhaus
Lentföhren
Nützen
dodenhof
Holstentherme
Boostedt

Ulzburg Süd
Tannenek
Ellerau
Quickborn
Quickborn Süd
Hasloh
Bönningstedt
Burgwedel
Schnelsen
Hörgensweg
Eidelstedt

A2 Niendorf Nord
Schippelsweg
Niendorf Markt
Hagendeel
Hagenbecks Tierpark
Lutterothstraße
Osterstraße
Emilienstraße
Christuskirche
Sternschanze
Feldstraße
St. Pauli
Reeperbahn
Königstraße

U2 Niendorf Nord
Joachim-Mähl-Straße

Langenfelde
Diebsteich
Holstenstraße
Altona
Ottensen
Bahrenfeld
Othmarschen
Klein Flottbek
Hochkamp

S21 Eidelstedt
Stellingen

Alveslohe
Langeln
Barmstedt
Barmstedt Brunnenstraße
Voßloch
Bokholt
Sparrieshoop
Langenmoor
Elmshorn

S3 Pinneberg
Thesdorf
Halstenbek
Krupunder
Elbgaustraße
Eidelstedt Zentrum
Burgwedel

S1 Blankenese
Iserbrook
Sülldorf
Rissen
Wedel

Neugraben
Fischbek
Neu Wulmstorf

S3 Stade
Agathenburg
Dollern
Horneburg
Neukloster
Buxtehude

Großbereich Hamburg

通工具，而持有德鐵通行證(Rail Pass)也可搭乘同屬德鐵系統的S-Bahn。

漢堡交通局 HVV
🔗 www.hvv.de

◎計程車
在漢堡坐計程車必須到固定的計程車招呼站，或是從旅館叫車，不能當街攔車。其起錶為€3.9，1~4公里每公里€2.6，5~9公里每公里€2.4，9公里以後每公里€1.7。夜間及週末另有加成，隧道過路費由乘客負擔。

觀光行程

◎隨上隨下觀光巴士
這輛雙層露天觀光巴士從中央車站發車，沿途行經倉庫城、市政廳、登路橋等20個站點，車上備有中文語音導覽耳機。
🕐 4~10月09:30~17:00，每30分鐘一班；11~3月10:00~15:00，每小時一班
💰 成人€18.5，6~14歲兒童€10
🔗 www.stadtrundfahrt.com/hamburg

◎阿爾斯特環湖遊船
搭乘遊船繞行阿爾斯特湖一圈，全程約1小時。
📍 從Jungfernstieg發船
🕐 班次時刻依季節調整，請上官網查詢
💰 成人€20，16歲以下兒童€10
🔗 alstertouristik.de

◎漢堡港遊船
搭乘遊船探訪漢堡港與易北河上的著名橋樑，全程約1小時。
📍 從St. Pauli Landungsbrücken的Brücke 1發船
🕐 4~10月10:00~18:00，每30分鐘一班；11~3月11:00~16:00，每45分鐘一班
💰 成人€15，4~14歲兒童€10

🔗 abicht.cruises

優惠票券

◎漢堡卡 Hamburg CARD
持有漢堡卡可在效期內不限次數免費搭乘大漢堡地區(AB環內)的大眾交通工具，還可在市內150多處景點、博物館、餐廳、商店享有最高5折優惠，參加市區導覽行程或觀光遊船也有不同的折扣優待。漢堡卡可在遊客中心或上旅遊局官網購買，官網購買者可在家自行列印，或直接下載到手機中即可，至於折扣詳情亦可上旅遊局官網查詢。

漢堡卡分單人卡與團體卡兩種，單人卡可供1名成人及3名15歲以下兒童共用，團體卡最多可5人共用。

	一日卡	二日卡	三日卡	四日卡	五日卡
單人卡	€11.9	€20.9	€29.9	€39.9	€46.9
團體卡	€19.9	€35.9	€49.9	€66.9	€82.9

旅遊諮詢

◎漢堡旅遊局 Hamburg Tourismus
☎ (0)40 3005-1701　🔗 www.hamburg-travel.com

中央車站遊客中心
📍 P.285D1　📍 漢堡中央車站主出入口內
🕐 每日09:00~17:00

漢堡港遊客中心
📍 P.285A3
📍 St. Pauli Landungsbrücken (4號和5號碼頭之間)
🕐 每日10:00~17:00

機場遊客中心
📍 Flughafenstraße 1
🕐 平日09:00~16:00 (12:00~12:45休息)

MAP ▶ P.285C2

市政廳

MOOK Choice

Rathaus

漢堡的城市象徵

🚇搭乘U3至Rathaus站即達 🏠Rathausmarkt 1 ☎(0)40 428-3124 ⏰平日11:00~16:00，週末10:00~17:00（週日 至16:00），每小時一梯英文導覽 💰成人€5，14歲以下免費 ⓌWww.hamburg.com ❗入內參觀需參加導覽團

◎ **Parlament餐廳**

☎(0)40 334-680-210 ⏰週二、三12:00~16:00，週四 至週六12:00~16:00、17:00~23:00 ⓇX週日、一 Ⓦwww. parlament-hamburg.de

市政廳位於市政廳市集廣場(Rathausmarkt)上，因原有的市政廳於1842年毀於戰火，於是政府開放國際設計師競圖，最後由本地設計師雀屏中選。新市政廳於1886年動工，1897年落成，是一棟新文藝復興風格的壯麗大樓，正中央的鐘樓高112公尺，是城市象徵之一。目前市政廳是聯邦參議院與漢堡市議會的所在地，一共有647個房間，其中大慶典廳(Großer Festsaal)、皇帝廳(Kaisersaal)、參議員休息室(Senatsfoyer)的內部裝飾非常值得參觀。

市政廳旁是阿斯塔運河(Alster)，市政廳裝飾繁複的雄偉建築，襯著平靜無波的運河水面，一旁則是騎樓式的購物大街，頗有水都威尼斯的情調。和德國其它有點年代的市政廳一樣，漢堡市政廳的地下室也有一家名為Parlament的百年老餐廳(即Ratsweinkeller)，供應道地的漢堡海鮮美食。

MAP ▶ P.285C2

聖尼可拉紀念館

Mahnmal St. Nikolai-Kirche

戰爭的殘酷教訓

🚇搭乘U3至Rödingsmarkt站，步行約4分鐘 🏠Willy-Brandt-Str. 60 ⏰10:00~18:00 ⓇX週二 💰成人€6，6~17歲€4 Ⓦwww.mahnmal-st-nikolai.de

不論你在漢堡哪個角落，都能遠遠望見一座烏黑而精緻的教堂尖頂，那曾是聖尼可拉教堂不可一世的驕傲，現在則是處供人憑弔的歷史廢墟。

這座新哥德式教堂建於19世紀，塔尖高達147公尺，在1874到76年間曾是世界最高的建築物，現在則是德國第三高的教堂，僅次於烏爾姆大教堂與科隆大教堂。二次大戰期間，漢堡市在盟軍空襲下幾乎全毀，聖尼可拉教堂也不能倖免，教堂主體被炸成一片土灰，只剩華麗的塔樓獨自面對虛空，淒楚地兀立著。戰後的德國並沒有對它進行重建，而是讓它做為紀念館以廢墟的形式保留下來，用來警惕人們戰爭的可怕。

2005年，政府在這棟殘破的塔樓內加裝升降電梯，讓遊客可以登上75.3公尺高的平台眺望市景，聊發思古之幽情。

MAP ▶ P.285C1

內阿爾斯特湖

Binnenalster

都市中心的靜謐水域

🚇搭乘U1、U2、U4或S1、S2、S3至Jungfernstieg站即達

　　內阿爾斯特湖的湖光水色，是令每位來到漢堡的遊客永遠記憶猶新的，很難想像這麼一片靜謐如輕音樂專輯封面般的景色，竟是位於繁忙都會的市中心。湖泊西南側的少女堤(Jungfernstieg)是最佳的欣賞位子，每到假日，湖面上船影點點，加上有大片樹林做為背景，每每讓路過的人們佇足神往。

　　從地鐵站出來，有個叫小阿爾斯特(Klein Alster)的小水道，旁邊的阿爾斯特連拱門(Alsterarkaden)有羅曼蒂克式的傳統圓形拱廊，其部分建於1843年，是漢堡最古老的精品購物街。

MAP ▶ P.285C2

聖佩特利教堂

Hauptkirche St. Petri

漢堡最古老的教堂

🚇搭乘U3至Rathaus站，步行約2分鐘　⊙Bei der Petrikirche 2　◐平日10:00~18:00 (週三至19:00)，週六10:00~17:00，週日09:00~20:00　💲教堂免費；登塔成人€4，兒童€2　ⓤwww.sankt-petri.de

　　始建於11世紀的聖佩特利教堂，是漢堡5座教堂中最古老的一座，代表這一帶是漢堡市最早的聚落所在。教堂在14、15世紀時改建為哥德式風格，可惜原有建築在1842年的大火中損毀，所幸人們將當中珍貴的藝術品搶救出來，讓現在的遊客仍能見識它們的風采。1844至49年，聖佩特利重建為磚造的新哥德式教堂，並在1878年加上132公尺高的鐘樓，使其成為當今世上第11高的教堂建築。

　　今日參觀的重點有打造於1342年的獅型銅製門扣、15世紀末的耶穌受難圖、大約繪於16世紀初的兩片木製祭壇裝飾圖片，以及一尊供奉於1471年的聖母石雕像。

德國北部⋯⋯漢堡 Hamburg

倉庫城

MOOK Choice

Speicherstadt

揣想往日航運盛況

🚇 搭乘U3至Baumwall站，過橋即達倉庫城西端。或搭U1至Meßberg站，過橋即達倉庫城東端

1881年，漢堡確定加入日耳曼關稅同盟，原有的倉庫不敷使用，於是便選定城市南端的布洛克島(Brook)作為新的倉儲據點，為此，約有1萬6千名平民被迫離開家園。1888年，倉庫城在德皇威廉二世主持儀式後正式啟用，同時新的倉庫仍在持續建造，使得布洛克島成為一座城中之城。二戰結束的重建之後，這裡仍舊是漢堡港的主要倉儲基地，直到2003年倉庫城不再是免稅港口的一部分，於是愈來愈多倉庫被轉作辦公室與博物館之用。儘管倉庫城在歷史上的任務已經終結，但它井然有序的紅磚墨瓦、縱橫交錯的幽靜水道、疊影相望的小巧鐵橋，依然有著讓人思緒飄回工業革命時代的魔力。基於這層歷史意義，倉庫城在2015年7月正式被列名為世界文化遺產。今日來到倉庫城，除了感受這裡獨特的景色魅力，像是香料博物館、海關博物館、國際海事博物館等，也都是增進港口知識的好去處。

漢堡地牢 Hamburg Dungeon

🚇 搭乘U3至Baumwall站，步行約8分鐘　🏠 Kehrwieder 2　☎ 180-666-690-190　🕐 10:00~17:00 (週六至18:00)，全程1.5小時　💲 成人€27，10~14歲€22　🌐 www.thedungeons.com/hamburg　💬 英文導覽為週末10:00出發　❗ 門票需在官網上購買

漢堡地牢是處結合歷史導覽、遊樂場和鬼屋的娛樂場所，還沒走進，你就能從一連串尖叫聲中感受到刺激與恐怖，因為進入地牢的「電梯」，居然是一座絞刑台造型的自由落體！在地牢中有許多造型陰森恐怖的演員，用他們「生動」的表演方式向你解說漢堡歷史上的陰暗面，你將遇到陰魂不散的鬼魅、嗜血的瘋狂罪犯、兇殘的酷吏、波羅的海上的海盜……。而最終的出口則是以18世紀的漢堡大洪水為背景，遊客必須乘著一艘小船才能逃出。

雖然漢堡地牢絕大多數導覽團都是以德文解說，但是令人毛骨悚然的尖叫是沒有國籍語言之分的，你有膽量下去一探究竟嗎？

倉庫城博物館 Speicherstadtmuseum

🚇 搭乘U3至Baumwall站，步行約6分鐘　🏠 Am Sandtorkai 36　☎ (0)40 321-191　🕐 10:00~17:00 (3~10月的週末至18:00)　💲 成人 €4.5，7~16歲€2　🔗 www.speicherstadtmuseum.de

想了解倉庫城的歷史，這裡會是很好的入門地，這間小巧的博物館展示了過去在倉庫城中使用的種種器械和工具，包括秤量貨品重量的秤子、將麻布袋噴上貨品名稱的漆板、處理各式原物料的儀器，以及將貨物從頂樓倉庫吊運至水道船舶上的滑輪裝置等。看到這裡，遊客才對倉庫大樓每層牆面上都有扇大門的作用恍然大悟。

博物館內的說明牌上只有德文介紹，有興趣的遊客可向櫃台借份英文對照的說明手冊。而在房間正中央則是咖啡座，遊客可在咖啡的香氣中緬懷港口的興盛歲月。

袖珍景觀世界
Miniatur Wunderland

🚇 搭乘U3至Baumwall站，步行約8分鐘　🏠 Kehrwieder 2　☎ (0)40 300-6800　🕐 大致上09:30~18:00，但經常延長開放時間，可隨時上官網確認　💲 成人€20，16歲以下€12.5，100公分以下兒童免費　🔗 www.miniatur-wunderland.de

如果你是位鐵道迷的話，那在倉庫城內的袖珍景觀世界一定就是你夢寐以求的天堂。在廣達1,150平方公尺的展場裡，瑞士、奧地利、美國、漢堡、北歐等地的風景完全展現在你眼前，精巧細緻的迷你模型、車水馬龍的公路景觀、當然還有貫穿全場的鐵道系統，無一不令人大開眼界。所有交通工具都是按照速度比率分配，在公路上的車輛還能變換車道超車，甚至水面上還有船隻航行呢！仔細看的話，還可以在細微角落發現巧匠們的幽默，譬如在北海海底竟有一座失落古城、企鵝家族正帶著行李下火車、而你的腳下也可能正有一輛疾駛而過的地下鐵……

展場燈光也模仿一天天色的循環，讓你在10分鐘內就能欣賞從清晨到深夜的景色。各組模型也都有不同機關，遊客可透過按鈕操作，例如控制水道閘門、讓熱汽球升空、啟動一場戶外演唱會等，令人不得不對這些巧奪天工的設計感到五體投地。

©Internationales Maritimes Museum Hamburg提供

©Internationales Maritimes Museum Hamburg提供

©Internationales Maritimes Museum Hamburg提供

MAP ▶ P.285C3

漢堡國際海事博物館

Internationales Maritimes Museum Hamburg

三千年的航海歷史

🚇搭乘U4至Überseequartier站，步行約8分鐘 📍Koreastraße 1 📞(0)40 3009-2300 🕐每日10:00~18:00 💲成人€15，語音導覽€3.5 🌐www.imm-hamburg.de 🎫16:30後門票為€7

漢堡作為歐洲重要貨運大港，這裡的海事博物館自然也是極有說服力。博物館位於一棟建於1878年的糧倉Kaispeicher B裡，其空間區分成9座「甲板」，分別展示有關於航海的各個面向，包括綜觀三千年的航海歷史、設備、文獻、藝術等。

像是這裡的船舶模型就非常精彩，從腓尼基槳帆船、羅馬三列槳座戰船、維京龍首船、漢薩同盟的寇克船，到近代的鐵殼帆船，完整演示了西方造船技術的發展歷程。其他重要館藏還有1657年荷蘭所印製的第一本航海地圖集《Atlantis Majoris》、1650年的英國船隻模型、1675年英國製圖家William Keltridge的手稿，這些都是博物館中收藏的古老文物。另外還有一處甲板專門陳列海洋研究的成果，例如從海床採集的樣本、潛水機器人拍攝的海底影片、各種海洋探測儀器等，讓人們對於海洋有更全面且深刻的認知。

MAP ▶ P.285C2

布策里烏斯藝術館

Bucerius Kunst Forum

非重量級作品不展

🚇搭乘U3至Rathaus站，步行約3分鐘 📍Alter Wall 12 📞(0)40 360-9960 🕐11:00~19:00（週四至21:00）💲成人€9，18歲以下免費 🌐www.buceriuskunstforum.de 🎫週一優惠價€6

這是由布策里烏斯藝術俱樂部所主導的專題性美術館，每年都會籌劃四個主題展覽，其策展主題是交由在漢堡大學藝術史學院所舉行的公開座談會來決定。其依據通常取決於時代精神，因此

在這裡展出的作品，無論是古典主義還是現代藝術，無論是歐洲文化還是世界文化，都是開創一個世代的大師級傑作。來到漢堡市政廳參觀，可以順道進去看看，絕對讓你滿載而歸。

漢堡藝術館

MOOK Choice

Hamburger Kunsthalle

全方位的藝術饗宴

🚩 就在中央車站的西北側對面 🕐 Glockengießerwall 5 ☎ (0)40 428-131-200 🕐 10:00~18:00 (週四至21:00) ❌ 週一 💰 成人€16，17歲以下免費 🌐 www.hamburger-kunsthalle.de 💡 每日17:00後門票半價

　　漢堡藝術館是德北一帶最大的美術館，共分為兩棟展館，展館以地下室相連，因此內部是可以互通的。舊館內有3個展區：經典大師展區陳列林布蘭、魯本斯、迦納萊托等中世紀到18世紀的畫家作品；19世紀展區有德國浪漫派畫家倫格(Philipp Otto Runge)、印象派畫家李卜曼(Max Liebermann)、馬內(Édouard Manet)的畫作；現代藝術展區則展出保羅克里(Paul Klee)、孟克(Edvard Munch)、貝克曼(Max Beckmann)等人的傑作。

　　而新館則是包括安迪沃荷(Andy Warhol)、珍妮荷爾澤(Jenny Holzer)、李希特(Gerhard Richter)、塞拉(Richard Serra)等在內的後現代藝術家展區。此外還有定期輪換的特展，帶給參觀者不同的視覺享受。

MOOK Choice

聖米夏約利斯教堂

Hauptkirche St. Michaelis

世界現存最高的18世紀教堂

🚩 搭乘S1、S3至Stadthausbrücke站，步行約7分鐘 🕐 Englische Planke 1 🕐 4~10月09:00~18:30 (5~9月至19:30)，11~3月10:00~17:30 💰 參觀教堂建議捐獻€2；登塔成人€8，6~15歲€5；地窖成人€6，兒童€4；聯票成人€10，兒童€6 🌐 www.st-michaelis.de

　　漢堡市的天際線是由市政廳和5座教堂的尖頂所勾勒出來，而其中聖米夏約利斯教堂的巴洛克式尖頂更是被視為漢堡地標。這座教堂原建於1648至73年間，1750年遭雷擊所毀，於是由建築師鍾寧(E. G. Sonnin)和普萊(J. L. Prey)在1751年著手重建。132公尺高的塔樓完成於1786年，使聖米夏約利斯成為今日世界第12高的教堂，也是現存最高的18世紀教堂建築。

　　教堂就在易北河不遠處，因此是從前船隻駛進漢堡港時第一眼看到的建築物。登上教堂塔樓，可以盡覽整個城市的景色，尤其是漢堡港一望無盡的貨運碼頭，是在漢堡登高望遠的絕佳所在，從當地人對它的暱稱——「米歇爾」(Michel)，便可看出它所受到的喜愛。

德國北部⋯漢堡 Hamburg

MAP ▶ P.285A3

漢堡港
Hamburger Hafen
歐洲第二大港

🚇 搭乘U3或S1、S3至Landungsbrücken站即達

　　占地75平方公里的漢堡港，是世界上最大的港口之一，相當於漢堡市區面積的1/10，其貨櫃轉運量占歐洲第二位，僅次於荷蘭的鹿特丹，因此也成為各國遊客探訪漢堡時的必遊景點。

　　雖然漢堡港絕大部分範圍都是一派航運工業景象，但鄰近地鐵站的登路橋(Landungsbrücken)卻是完全屬於觀光客的場域。登路橋是一條700公尺長的浮碼頭，同時也是遊港渡輪及易北河底隧道的起點，在這裡最能領略漢堡的海港風光。登路橋上也有成排的港邊餐廳與紀念品商店，其中還有不少餐廳是開設在停靠港邊的船隻上，很有種漁人碼頭的味道。

　　在棧橋上找個位子坐下，點一杯咖啡或啤酒，一面吹著涼風，一面欣賞繁忙的河景，等到向晚船火逐一亮起，點照在蕩漾的河面上，煞是迷人。而就在入夜之後，登路橋北邊的繩索街(Reeperbahn)便熱鬧了起來，那裡是漢堡著名的夜生活區，也是德北情色藝術的大本營，就像賽壬的歌聲一樣，危險卻又吸引人。

MAP ▶ P.285B3

里克默里克默斯

MOOK Choice

Rickmer Rickmers
歷盡滄桑的船博物館

🚇 搭乘U3或S1、S3至Landungsbrücken站，步行約4分鐘
🏠 Landungsbrücken, Ponton 1a ☎ (0)40 319-5959 ⏰ 每日10:00~18:00 (售票至17:30) 💲 成人€6，4~12歲€4
www.rickmer-rickmers.de

　　在登路橋的東側盡頭，停靠著一艘巨大而優雅的三桅帆船，那便是當地有名的船博物館——里克默里克默斯。

說起這艘船的故事，命運波折簡直可以拍成一部電影。它於1896年在不來梅出廠後，曾在與香港的遠航貿易中度過一段快樂時光，然而好景不常，後來里克默里克默斯遭受轉賣、風災襲擊、俘虜、租借，易主於葡萄牙與英國之間，在這期間它曾作為硝石貨船、軍用運輸船、海軍教練船使用，甚至還在1958年的帆船大賽中贏得冠軍。1983年，漢堡帆船協會將這艘已被葡萄牙廢棄的大船買回，於是在流浪了將近100年後，終於回歸故里，成為一艘船博物館供人參觀。

　　現在船內已復原了當年模樣，遊客可以參觀船員們的房間、工作室、廚房、機房、會議室、甲板等，體驗早年的航海生活。底部的船艙則是一家頗有名氣的餐廳，道地的料理連當地人都讚不絕口。

MAP ▶ P.285A2

俾斯麥紀念雕像

Bismarck–Denkmal

15公尺高的鐵血宰相

🚇搭乘U3或S1、S3至Landungsbrücken站，步行約6分鐘　📍位於Alter Elbpark公園內

　　在登路橋北方有尊巨大的石雕像，如果國中歷史沒有完全忘記的話，一定不會對雕像人物感到陌生，他便是德國史上赫赫有名的「鐵血宰相」俾斯麥(Otto von Bismarck)。俾斯麥是威廉一世的首相，縱橫歐洲政壇長達29年，並於1870年協助威廉統一德國。威廉打敗法國，在凡爾賽宮的鏡廳中登基後，俾斯麥出任新帝國的總理，直到威廉一世逝世後，俾斯麥才辭職下野。而俾斯麥下野後居住及過世的地方，就在漢堡附近的弗里德里希斯魯莊園。為了紀念他的功績，人們於1906年在此樹立他的雕像，這也是世上最大最知名的俾斯麥像。

漢斯胡美爾 Hans Hummel

　　就像柏林有柏林熊一樣，走在漢堡街頭，你也會看到許多提著水桶的彩繪人像，他們叫做「漢斯胡美爾」。在18、19世紀時，漢堡居民的飲用水都是仰賴此種背水行業的人，據說當時有位背水匠總是被小孩們圍繞著嘻笑，他們會用「胡美爾、胡美爾」的叫鬧聲來激怒他，而他也會沒好氣的嚷著「摩斯、摩斯」(方言意指屁股)來驅趕孩童。久而久之，人們便稱呼他為胡美爾先生，其實他的本名叫約翰貝茨，他應該從未想過自己的形象竟在多年之後成了漢堡特色之一。

MAP ▶ P.285A3

（**MOOK Choice**）

魚市場

Fischmarkt

每週都是啤酒節

🚇搭乘S1、S3至Reeperbahn站，步行約9分鐘　📍Große Elbstraße 9　🕐週日05:00~09:30 (11~3月07:00起)　🚫週一至週六

　　許多到漢堡遊玩的人，都會特意將行程安排在星期天，目的就是為了想一睹漢堡久負盛名的魚市場。週日的一大清早，魚市場裡已是萬頭鑽動，無數小販在碼頭邊擺好了攤子，叫賣聲此起彼落，什麼新鮮玩意兒都有。其實魚市場裡的魚販只占了少數，這裡多的是新鮮蔬果、花卉盆栽、手工藝品、服飾衣帽等攤位，琳瑯滿目，熱鬧非凡。

　　不過如果光是這樣的話，就和一般假日市集沒什麼兩樣，漢堡魚市場的重頭戲就在它的天幕式主體建築中。走進裡面，你簡直不能相信這裡名為魚市場，因為室內根本就是一個大型的啤酒花園，舞台上還有搖滾樂團激情演出，台下的聽眾則是星期天一大早就把自己喝個爛醉。在漢堡不用等到十月，每個禮拜都可以過啤酒節。

德國北部⋯⋯漢 堡 Hamburg

295

呂北克

呂北克
Lübeck

文●蔣育荏　攝影●周治平

雖然今日呂北克的名氣、城市規模與現代化的程度都比不上面對北海的漢堡，但在數百年前「漢薩同盟」時期，呂北克可是首屈一指的大城市，是當時漢薩同盟的權力中心。那時呂北克市容建築的恢弘與繁華，雖因呂北克的沒落而沉寂，不過，也因著沉寂而能保留住古老的市容，讓今日人們得以瞻仰中世紀呂北克的容顏。呂北克不但美得出奇，同時凝結了城市的驕傲，展現出大城的優雅風範，而於

1987年成為德國首座被聯合國教科文組織選定為世界文化遺產保護的古城。

由於整座古城被特拉沃河包圍，河流不僅提供便利與保護之責，更因河流的限制而完整保留下當時的城鎮規模，封存典藏了昔日榮光。來到呂北克最好有足夠時間，一一走訪古城各教堂與博物館，隨著視線遊走，捕捉古城磚造建築中排列組合的精緻造型，那種優美視覺的震撼與感受，可是文字所無法述及的饗宴。

INFO

如何前往

◎航空
呂北克機場(LBC)在市區南方7公里處，主要飛航歐洲航線，可從慕尼黑轉機前往。
Ⓦwww.flughafen-luebeck.de

機場至市區交通
從機場外的Blankenseer Str.可搭乘6號公車前往市區中心，車程25分鐘。或是從一旁的火車月台搭乘RE前往呂北克中央車站，車程12分鐘。

◎火車
呂北克中央車站(Lübeck Hbf)位於荷爾斯滕門西邊約400公尺處。從漢堡中央車站出發，每30分鐘就有一班RE直達，車程約48分鐘。

市區交通
呂北克老城區南北長約2公里，東西寬只有1公里，因此用步行的方式就可以遊遍全城。

觀光行程

◎雙層觀光巴士
這輛巴士從荷爾斯滕門內側的Untertrave公車站出發，繞行城內外各一圈，沿途停靠多個站點。
🚌4月週末及5~10月每日，10:00~13:00及14:30~16:30，每小時發車一班
💲成人€10，6~14歲€6
Ⓦwww.sv-lübeck.de/en

◎觀光遊船
搭乘遊船航行在維拉維河及周邊水道上，繞行呂北克老城沿岸一圈。
📍從Holstentorterrassen碼頭(An der Overtrave)出發
☎(0)451 777-99
🚌5月中~9月中，每日10:00~18:00，每30分鐘一班，全程1小時
💲成人€17，長者€16，14~17歲€14，11~13歲€11，4~10歲€10
Ⓦwww.quandt-linie.de

◎老城散步
在專業英語導遊帶領下，徒步走訪老城各重要景點。
📍從荷爾斯滕門遊客中心出發
🚌5~10月週六11:30，行程2小時

呂北克市區圖

圖例　●景點　✚教堂　🏛博物館　🏨飯店　☕咖啡廳
　　　🏛政府機關　ℹ遊客服務中心　🏬百貨

💲每人€15
❶可在旅遊局官網上報名

旅遊諮詢

◎荷爾斯滕門遊客中心
📍P.297A2
📍Holstentorplatz 1
☎(0)451 889-9700
🕐平日09:30~17:00，週六10:00~15:00
🚫週日
Ⓦwww.visit-luebeck.com

MAP ▶ P.297A2

MOOK Choice

荷爾斯滕門博物館
Museum Holstentor

漢薩同盟的輝煌榮光

🏠Holstentorplatz ☎(0)451 122-4129 🕐1~3月11:00~17:00，4~12月10:00~18:00 ⓧ1~3月的週一 💲成人€7，6~18歲€2.5 🌐museum-holstentor.de

　　荷爾斯滕門是漢薩女王榮耀的象徵，厚重宏偉的圓錐形雙塔、高大的階梯形山牆，是昔日通往漢薩同盟權力中心的大門。拱門上方以拉丁文寫著鍍金的大字：CONCORDIA DOMI FORIS PAX，意指「對內團結，對外和平」。

　　荷爾斯滕門建於1464到1478年間，當時呂北克這座中洲之島共有4座形式各異的聯外城門，保護著這座北方龍頭數百年之久。然而由於整座呂北克島是建立於黏土層上，大型建築物多少都有傾斜的趨向，其他3座城門先後因傾坍而被拆除，只有最雄偉的荷爾斯滕門被搶救而保留了下來。如今，荷爾斯滕門依舊雄峙在呂北克城頭，成為城市最重要的象徵，而其內部則闢為歷史博

物館，展示從前遠航船舶的模型、武器鎧甲、商貿文件，以及漢薩同盟輝煌的過往。

MAP ▶ P.297A2

布登勃洛克之家
Buddenbrookhaus

托馬斯曼的家族回憶

🏠Mengstr. 4 🌐buddenbrookhaus.de ❗目前整修中，預計2025年重新開放

　　以《魔山》一書而在台灣擁有不少讀者的托馬斯曼(Paul Thomas Mann)，其家鄉就在呂北克。托馬斯曼和他的哥哥海因里希曼(Ludwig Heinrich Mann)都是德國20世紀的重要小說家，呂北克的老城區裡保留了其家族故居與店鋪老屋，並名之為「布登勃洛克之家」，而《布登勃洛克之家》正是為托馬斯曼贏得1929年諾貝

爾文學獎的經典作品。這部小說描寫了一個企業家族興起與衰落的過程，其中有不少角色原型是來自托馬斯曼的親人，因此被視為作者的自傳性作品。

　　今日的布登勃洛克之家依舊佈置成18、19世紀的原來模樣，參觀這裡就好像走進小說一般，而親眼造訪這位諾貝爾獎得主生長及工作的地方，相信也能對他書中情節有更深入的體會。

聖瑪麗恩教堂
St. Marien-kirche
惡魔幫忙蓋的教堂

🏠 Mareinkirchhof 1 🕐 10:00~18:00 (10~3月至16:00) 💲 成人€4，優待票€2 🌐 www.st-marien-luebeck.com

聖瑪麗恩教堂建於13、14世紀，是呂北克最重要的教堂，也是全世界最高的磚造教堂。教堂內的哥德式拱頂高達40公尺，高高在上的機械式管風琴擁有8,512根風管，更是世界之最，自古以來便曾舉辦多次重要的風琴演奏會，因此呂北克常自詡為「風琴之城」。教堂內的彩繪玻璃上描繪的是著名的「死亡之舞」，而廊柱上的天使竟是骷髏臉孔，反映黑死病時代的人們對生死無常的莫可奈何，透露出一種淒涼美感。至於地上碎裂的鐘，則是1942年的空襲所致，至今仍留在原地，以提醒人們戰爭的可怕。

教堂外有尊模樣滑稽的惡魔銅像，坐在一根惡魔之柱上。傳說教堂在興建時，惡魔以為蓋的是間酒吧，於是他化身為工人暗中協助，這就是教堂之所以又高又大的原因。等他發現不是那麼回事時，便盛怒之下抓起一根柱子要搗毀教堂，直到人們答應他要在隔壁蓋一間酒吧，惡魔才把石柱放下。至今人們仍可看到石柱上的4根爪印，而人們承諾惡魔的酒吧，則在市政廳的地下室裡。

市政廳
Rathaus
漢薩同盟權力中心

🏠 Breite Str. 62 🕐 09:00~16:00 (週一10:00起，週四至18:00) 🚫 週末

這棟華麗的市政廳建於西元13世紀，當時呂北克剛從神聖羅馬帝國皇帝腓特烈二世手中取得自治權。市政廳較老舊的建築是哥德式的，今日所看到文藝復興樣式的部分則是16世紀時加建。市政廳最大的特色便在於它高貴優雅的黑磚牆身，而這黑色在從前用的居然是動物的血！不過到了戰後重建時則是以化學顏料代替。市政廳主樓上的3支尖塔也是它的象徵之一，而尖塔下的兩個大圓洞格外引人注目，這是因為呂北克本身地基不穩，建築物容易倒塌，尤其這麼一大片山牆恐怕禁不住強風吹襲，因此留兩個空洞讓風透過，據說這種建築技巧成為鄰近許多地區爭相模仿的對象。

市政廳內部延續富麗堂皇的精神，不但在長廊中掛滿226張歷任領主的肖像畫，當年呂北克成為帝國自由市的許可狀也依然保存完好。

德國北部…呂北克 Lübeck

聖佩特利教堂

MOOK Choice

St. Petri-kirche

鳥瞰世界遺產老城

🏠Petrikirchhof 1A ⏰教堂：11:00～16:00。塔樓：10～2月11:00～17:00，3～9月10:00～19:00 💲教堂免費；上塔樓成人€5，7～18歲€1 🌐www.st-petri-luebeck.de

　　在德國的每一個城市裡，都有一座可以登高望遠的教堂塔樓，而在呂北克，這座教堂就是聖佩特利。登上聖佩特利教堂的景色是絕對值得的，因為荷爾斯滕門、市政廳、聖瑪麗恩教堂等重要地標都可以從這裡看得一清二楚。尤其呂北克在戰後照著原來模樣重建，因此依然保留古代大城的獨特氣息。由於呂北克不產石材，因此市容大多為紅磚紅瓦的建築，也有部分人家因為厭倦紅色外觀，而把牆面粉刷成白色。

　　聖佩特利教堂內部同樣令人耳目一新，滿室的潔白，只有幾片像是風帆的白布做為裝飾，空曠的大廳連一張長椅也沒有，最特別的是聖壇上的黑色基督與十字架，與其說是教堂聖物，還不如說是一件後現代藝術品，而教堂也常被用作現代美術展覽與音樂會的場地。更令人前所未聞的是，這間教堂有時還會租借給伊斯蘭教徒使用！

木偶博物館與劇場

KOLK 17 Figurentheater & Museum

令人眼花撩亂的木偶世界

🏠博物館：Kolk 14。劇場：Kolk 20-22 🌐kolk17.de ❗目前博物館整修中，預計2024年重新開放。整修期間，劇團會在歐洲漢薩博物館演出

　　呂北克的木偶博物館是世上同類型博物館中最大的一間，其收藏量之豐富已經到了出人意料的程度，一個房間接一個房間地逛下去，真不知何處才是盡頭。一走進博物館，便有為數眾多的德國木偶在它們的佈景中歡迎你，而同樣來自歐洲的木偶尚有英國、義大利等地型態各異的角色，然而這只不過是冰山一角而已。館中收藏遍及全球，包括印度、緬甸、印尼、日本、土耳其、伊朗、奈及利亞等的傀儡木偶和皮影戲，讓人看得眼花撩亂，甚至還有台灣的布袋戲和福建的牽線木偶！

　　博物館隔壁是木偶劇場，平日白天為兒童劇場，到了週六晚上則演出成人觀看的戲碼，雖然是用德語演出，但觀看師傅操作木偶的靈活技巧，也是一種有趣享受。

MAP ▶ P.297B1

MOOK Choice

歐洲漢薩博物館
Europäisches Hansemuseum
重現漢薩同盟往日盛況

⌂ An der Untertrave 1　☎(0)451 809-0990　◷每日 10:00~18:00　$成人€9，18歲以下免費　🌐www.hansemuseum. eu　✷門票含城堡修道院　❗門票只能在官網購買

　　1241年，呂北克和漢堡首先簽定同盟條約，後來除了日耳曼地區北部城市外，從波蘭到尼德蘭的沿海城市也相繼加入，這便是漢薩同盟(Hanseatic League)的雛型。最早，漢薩同盟只是商人和貴族為了商業合作而形成的結盟關係，在會員間有效率地處裡經貿往來，形成巨大的交易網絡，確保經濟利益的共同市場；從由商人主導的結盟關係，發展到各城市間的結盟，當時許多自由城市都是漢薩同盟的會員。

　　到了14世紀中期，同盟權力集中在呂北克身上，在其領導下，漢薩同盟壟斷從北海到波羅的海的貿易往來，盟城間彼此互惠互利，甚至還擁有軍隊和金庫。

　　不過由於是建立在利益上的結合，並不能使會員們同心同德，而16世紀實行中央集權的荷蘭與英國驀地崛起，漢薩同盟因而式微，自1669年後就再也沒有開過會，但它代表的重商主義和冒險精神，仍在同盟城市的建設及思想上留下極深烙印。

　　這間成立於2015年的博物館就是在講述這段故事，不但有各種互動式的豐富展示，更重現了當年呂北克、布魯日、卑爾根、諾夫哥羅德等城鎮港口的繁榮盛況。而博物館的館址所在，是始建於1229年的瑪利亞瑪達肋納修道院，由於規模宏偉，又常被稱為城堡修道院(Burgkloster)，因此博物館內除了介紹漢薩同盟的歷史外，也能欣賞早期修道院內華麗的建築結構與裝飾。

尼德艾格杏仁巧克力

Das Café Niederegger

聞名歐洲的呂北克名產

🏠Breite Str. 89　📞(0)451 530-1126　⏬平日
09:00~19:00，週六09:00~18:00，週日10:00~18:00 🌐
www.niederegger.de

　　呂北克島的形狀就像顆杏仁，而杏仁泥巧克
力(Marzipan)正是呂北克最著名的特產。自
1806年尼德艾格來此創業起，至今已傳至第7
代，其杏仁都是來自地中海地區的頂級品種，
並以不摻糖的100%杏仁泥作為原料，因此這裡
的杏仁糖又綿又細，口味也不會太甜，吃起來
有濃濃杏仁味在齒間留香。最有趣的是，這裡
會將杏仁糖做成動物、景點建築、人物、水果
等不同造型，有的唯妙唯肖，有的可愛討喜，
叫人捨不得一口咬下。

　　店面2樓是咖啡座，建議一定要點一片招牌的
杏仁糖派，綿密香醇的杏仁餅包著鬆脆派底和
滑嫩慕斯，吃過便難以忘懷。而3樓則是小巧
的博物館，介紹杏仁糖從東方傳到呂北克的歷
程，並有店員在現場示範杏仁糖的製作。

船員公會之家

Haus der Schiffergesellschaft

開業500年的經典餐廳

🏠Breite Str. 2　📞(0)451 76-776　⏬12:00~22:00 (供餐
至21:00)　🚫週一　🌐schiffergesellschaft.de

　　船員公會之家是當地最古老、也是世界上最
經典的歷史餐廳之一，自1535年起便營業至
今。最初這裡是船長和水手舉行會議的地方，
而且當時女性只有在聖尼古拉日才被允許進
入，因為聖尼古拉庇佑的是所有人，當然也包
括女性在內。餐廳內部裝潢完全延續古時格
局，船長和水手們的座席主次分明，而裝飾則
環繞著航海的主題，天花板上垂吊著數架17世
紀以來的船隻模型、玻璃櫥窗中則展示許多航
海使用的器具，儼然一間海事博物館。

　　至於餐點，當然是以魚類料理最值得一試，
新鮮的北海、波羅的海魚種，使用道地的德國
傳統菜譜烹調，再配上大杯的德國啤酒，簡直
可以想像自己就是一名船長，為了下次的出航
而與水手齊聚一堂。

漢諾威及其周邊
Hannover and Around

文●蔣育荏　攝影●周治平

對許多商務客而言，他們最熟悉的德國城市不是慕尼黑，也不是柏林，而是漢諾威，因為這裡是德國的機械、電子業重鎮，並且擁有全球最大的會展中心，每年在此舉辦的會展不計其數，其中又以電子資訊展CeBIT最具指標性。

雖然漢諾威是座工業大城，但老城區的景觀卻沒有刻板印象中那股冷冽、匆忙的商務氣息。城區裡沒有高聳入雲的玻璃帷幕大廈，僥倖躲過砲火的古老建築、廣場、教堂，以及幅員遼闊的赫倫豪森花園，都一再提醒人們：早在普魯士統一德國之前，作為獨立王國的漢諾威就已是繁榮富裕的商貿中心、歐陸政壇的要角。而這些風景也使漢諾威在商務之外，仍不乏其旅遊價值。

距離漢諾威不遠的沃爾夫斯堡，是著名的汽車城，雖是以福斯汽車工廠作為城市主體，其賞車中心卻建得像遊樂場一般，堪稱世界最歡樂的工業城市。而漢諾威西邊的哈默爾則是座精緻可愛的歷史古城，這裡便是格林童話中「吹笛人」的場景，今日也被收編為童話大道的一員。於是，這兩個地方也成了人們來到漢諾威必定順道一遊的城市。

INFO

如何前往

◎航空

漢諾威-朗根哈根機場(HAJ)位於市區北方11公里,主要飛航歐洲航線,目前從台灣並沒有直飛航班,必須在法蘭克福或慕尼黑轉機。

🌐 www.hannover-airport.de

機場往返市區交通

C航站地下即是S-Bahn車站,可搭乘S5線前往漢諾威中央車站,車程約18分鐘,單程€4。

◎火車

漢諾威中央車站位於市中心東北,從法蘭克福南車站搭乘ICE,車程約2小時15分鐘;從法蘭克福中央車站搭乘ICE或IC,車程約3小時。從柏林中央車站搭乘ICE約1小時45分鐘,搭IC約2小時。而從漢堡中央車站搭乘ICE,則大約1小時15分鐘。

漢諾威中央車站 Hannover Hbf

📍 P.304B1

市區交通

◎大眾運輸工具

漢諾威的大眾運輸工具主要有由GVH經營的U-Bahn(地鐵與電車)、公車,以及由德鐵經營的S-Bahn。遊覽市區最常搭乘的是GVH系統,票價分為A、B、C三個區段,若你不會離開漢諾威市區,只需購買Zone A的車票即可。

單一區段單程車票,成人€3.2,6~14歲€1.3。若是搭乘距離在3站U-Bahn或5站公車之內,可購買€1.7的短程票,但短程票不可使用於S-Bahn。搭乘次數較多的人,GVH也有效期至隔日凌晨05:00的一日票,單一區段的日票,成人為€6.4,兒童為€2.6,5人以內的團體為€11.9。

各車站及月台都可看到自動售票機,票上已有購票日期時間,故不需打票(打票機是給預購票用的)。

漢諾威大都會交通局 GVH

🌐 www.gvh.de

觀光行程

◎隨上隨下觀光巴士 Hop-on Hop-off City Tour

這輛露天雙層觀光巴士從遊客中心發車,沿途行經赫倫豪森花園、新舊市政廳等7個站點。車票可在遊客中心或旅遊局官網上購買。

🕐 11~3月週三、五、六,4~10月每日10:30~14:30,每2小時一班(夏季週六為10:30~16:30,每小時發車)

💲 一日票:成人€18,4~14歲€5

🎧 車上有中文語音導覽耳機

優惠票券

◎漢諾威卡 HannoverCard

使用漢諾威卡,可搭乘漢諾威市內各種大眾運輸工具,並在參觀景點、博物館、導覽行程時享有折扣,在指定商店、餐廳消費也有優惠。漢諾威卡可在遊客中心、旅遊局官網及多家旅館櫃檯購買,單人一日卡為€10,二日卡為€16,三日卡為€19;團體(最多5人)一日卡為€21,二日卡為€28,三日卡為€36。

旅遊諮詢

◎漢諾威市區遊客中心

📍 P.304B1

🏠 Ernst-August-Platz 8

☎ (0)511 1234-5111

🕐 平日09:00~17:30,週六10:00~15:00

🚫 週日

🌐 www.hannover.de

漢諾威市區圖

圖例

🔴 景點　⭐ 廣場　🛍 購物
🏨 飯店　🍴 餐廳　✝ 教堂
🏛 政府機關　🏛 博物館
🚃 電車站　🚉 火車站
ℹ 遊客服務中心

MAP ▶ P.304

舊城區
Altstadt
商務大城中的優雅角落

🚇 搭乘各線U-Bahn至Kröpcke站，步行約4分鐘

　　遊覽舊城區可以從地鐵站Kröpcke開始，順著地上畫的紅線往南走，背後熱絡的商業活動逐漸淡去，迎面而來的空氣似乎來自兩個世紀前，木桁架式的屋宇佔據街道兩側，優雅古樸的氣氛令人難以相信這裡竟是座商業大城。

　　穿過市集教堂後，便來到了Ballhof，這裡是老城最精彩的部分，建築大都建於1649~1664年間，古色古香的劇院至今仍在上演各種節目，夏天時更有許多露天宴會在此舉行。附近的Holzmarkt也不遑多讓，廣場上的Leibnizhaus是漢諾威大學的校產，文藝復興式的典雅門面建於1652年，同時建造的，還有門口精緻華麗的小噴泉。過了萊納河(Leine)對岸，則可看到法國雕塑家妮基桑法勒(Niki de Saint Phalle)的著名雕塑「Nanas」，這3尊色彩鮮麗的塑像以女性作為主題，自1974年在此豎立後，已成了漢諾威最受歡迎的地標。

MAP ▶ P.304A2

市集教堂
Marktkirche
漢諾威城的歷史之源

🚇 搭乘U-Bahn的3、7、9線至Markthalle/Landtag站，步行約2分鐘 ⊙ Hanns-Lilje-Platz 2 ⊙ 每日10:00~18:00 ⊙ marktkirche-hannover.de

　　市集教堂可說是漢諾威的發源地，早在12世紀時，本地居民便在此地建了一座石造的羅馬式小教堂，並命名為St. Georg's，當時這一帶還只是個為了進行周邊貿易而設的小聚落。到了14世紀，教堂進行大規模改建，成為一座擁有兩排列柱本堂的磚造大教堂。16至19世紀，教堂內部不斷翻新，巴洛克和新哥德式樣先後主導了教堂的裝飾風格，然而這一切都在1943年的空襲中毀於一旦。戰後，人們在舊教堂的磚造基礎上建行重建，98公尺高的塔樓立刻成為老城區最顯著的地標，不過教堂內部卻選擇採用不假任何雕飾的樸素裝潢，像是為了這傷痕累累的20世紀默哀。目前教堂內的裝飾細節及擺設器物，大多完成於1950年代，唯一殘存的15世紀藝術品，則有主祭壇、祭壇兩側的洗禮盤，以及極少數的彩繪玻璃窗。

德國北部⋯⋯**漢** 諾威及其周邊 Hannover and Around

新市政廳
Neues Rathaus

MOOK Choice

歐洲唯一彎曲式電梯

🚇搭乘U-Bahn的3、7、9線至Markthalle/Landtag站，步行約6分鐘 🏛Trammplatz 2 🕐08:00~18:00（週末10:00起）
◎ 登頂電梯
🕐4~10月09:30~17:30（週末10:00起）💲成人€4，5~14歲€3.5 ❗關門前30分鐘停止登頂

　位於馬舒公園(Maschpark)內的漢諾威新市政廳，落成於1913年，當時是由德皇威廉二世下令興建，總共歷時12年才完工。雄偉壯觀的折衷主義外觀、氣派非常的巨大圓頂，華麗一如城堡宮殿，揭幕啟用之後，立即成了漢諾威的精神象徵。慕名而來的各方遊客，總是不能免俗地要登上圓頂97.73公尺高的觀景平台，一覽漢諾威的市容景色。不過，雖然圓頂上的視野極好，卻不是人們來此登高的主要理由，真正令人趨之若鶩的，其實是那台帶大家登頂的電梯。這部電梯特別之處，在於它既非垂直上下，也非以固定角度傾斜，而是順著圓頂的弧度彎曲而行，這樣的設計在歐洲可是絕無僅有的。更驚人的是，這竟是100年前的原始設計。此外，在新市政廳的大廳中，有4座大型的城市模型，分別呈現1689、1939、1945和現在的漢諾威市容建設，可由此看出這座城市的規模變遷。

奧古斯特克斯納博物館
Museum August Kestner

從古到今的工藝之美

🚇搭乘U-Bahn的3、7、9線至Markthalle/Landtag站，步行約6分鐘 🏛Trammplatz 3 ☎(0)511 1684-2730 🕐11:00~18:00 ❌週一 💲成人€5，優待票€4 🌐www.hannover.de/Museum-August-Kestner ✳週五免費參觀

　奧古斯特克斯納是19世紀一位大收藏家，專門蒐集古希臘和古埃及的藝術品，數量非常驚人。他的侄兒在他死後繼承了這筆遺產，但有一個但書，那就是這些收藏必須呈現在他的家鄉父老──漢諾威市民面前。後來，在一位印刷廠老闆資助下，收藏又獲得了加倍擴充，於是在1889年，這間博物館便開幕了。目前博物館內共有4大展示區塊：古希臘藝術、古埃及藝術、中世紀的錢幣徽章，以及從古到今的實用藝術，每一區的館藏都相當豐富，非常有看頭。

歷史博物館
Historisches Museum
穿越時空500年

🚇 搭乘U-Bahn的3、7、9線至Markthalle/Landtag站，步行約5分鐘 🏠Pferdestraße 6 ☎(0)511 1684-3945 ⏰11:00~18:00 ❌週一 💰成人€5，優待票€4 🌐www.hannover-museum.de 🎫週五免費參觀

在神聖羅馬帝國時代，漢諾威是漢諾威選帝侯的領地，漢諾威家族當時在國際政壇上非常具有影響力，甚至靠著繼承權入主英國王室長達200年之久，著名的維多利亞女王就是漢諾威家族的成員。拿破崙戰爭之後，漢諾威成為獨立王國，直到1866年被普魯士佔領為止。

在這間博物館中，陳列許多漢諾威公國與王國時代的實物與模型，可以一窺當時的庶民生活、工藝文化、宗教信仰、戰爭技術、建築型式、經濟發展、法律刑罰、貴族穿著等社會各階層景況。附帶一提的是，與博物館相連的比京會高塔（Beginenturm）是從前漢諾威城牆僅存的部分，算得上歷史博物館最大的展品。

史普林格美術館
Sprengel Museum Hannover
當代前衛藝術的溫室

🚇 搭乘U-Bahn的1、2、4、5、6、8、11線至Aegidientorplatz站，步行約9分鐘 🏠Kurt-Schwitters-Platz 1 ☎(0)511 1684-3875 ⏰10:00~18:00（週二至20:00）❌週一 💰成人€7，18歲以下免費 🌐www.sprengel-museum.com 🎫週五免費參觀

開幕於1979年的史普林格美術館，是展示20~21世紀當代藝術最重要的美術館之一。重要館藏包括妮基桑法勒的女性雕塑、達達主義大師柯特史威特

斯（Kurt Schwitters）的空間藝術、德國新客觀主義（Neue Sachlichkeit）的作品等，其他像是畢卡索、諾爾德（Emil Nolde）、迪克斯（Otto Dix）、考爾德（Alexander Calder）、恩斯特（Max Ernst）、巴澤利茨（Georg Baselitz）、波丘尼（Umberto Boccioni）等人的作品也有不少。

馬舒湖
Maschsee
一年四季都有樂子

🚇 搭乘U-Bahn的1、2、8線至Altenbekener Damm站，步行約7分鐘

0.8平方公里的馬舒湖其實是一個人造湖泊，於1934~36年間利用萊納河（Leine）周邊氾濫溼地鑿闢而成，成了市民平日休閒及從事水上活動的熱門去處。夏天時，湖上綴滿風帆、獨木舟、腳踏船、風浪板，觀光遊船此來彼往，不時還有各種船類競賽舉辦。6公里的環湖道則是人們散步、慢跑、騎單車、溜直排輪的好地方，湖南岸還有個露天泳池，讓人們可以在馬舒湖中自在游泳。到了冬天，這裡又成了德北最大的溜冰場，幾乎全市的人都拿出收藏大半年的冰鞋來到湖邊換上。

然而一年之中最熱鬧的時候，當屬8月上半的馬舒湖嘉年華，屆時湖畔從早到晚都有免費音樂會和戲劇表演，湖面上則有各式水上競賽，夜間還有煙火施放，是漢諾威的年度盛事。

德國北部⋯漢 諾威及其周邊 Hannover and Around

赫倫豪森花園

圖片影像提供

Herrenhäuser Gärten

德國最美麗的巴洛克花園

🚇搭乘U-Bahn的4、5線至Herrenhäuser Gärten站即達 🏠
Herrenhäuser Straße 4 ☎(0)511 1683-4000 🕐花園：
每日09:00開門，夏季至20:00，冬季至16:30，其他季節至
18:00或19:00。宮殿博物館：4~10月每日11:00~18:00，
11~3月週四至週日11:00~16:00 💲聯票(大花園＋小山花園
＋博物館)：成人€8 (11~3月為€6)，12~17歲€4 (11~3月為
€3)，12歲以下免費。單買小山花園門票為€3.5。與海生館的
聯票為€23.5 🌐www.hannover.de/Herrenhausen ❗石洞
會比花園早30分鐘關門

　　赫倫豪森花園是漢諾威的首要景點，堪稱全
德國最美麗的花園。這裡從前是漢諾威選帝侯
的夏宮，由大花園(Großer Garten)、小山花園
(Berggarten)、喬治花園(Georgengarten)和威
爾芬花園(Welfengarten)四座花園組成，尤以大
花園最值得一遊。17世紀末，選帝侯夫人「漢諾
威的蘇菲亞」因為渴慕太陽王路易十四的華麗時
尚，特地從法國聘請宮廷園藝師為她打造這座巴
洛克花園，於是在廣達50公頃的面積內，以繁複
的幾何圖案，整齊排列了翠綠的草坪與步道、迷
宮般的樹籬、古典主義的噴泉與雕塑，以及金碧

輝煌的建築物。原本大花園中央還有座漢諾威王
室的城堡，可惜在1943年的空襲中被炸毀，目
前漢諾威當局已通過重建法案，預計近年內便會
重現於世。在大花園內還有間石洞(Grotto)，內
部佈置以妮基桑法勒的作品，成為花園內的一大
亮點。此外，大花園也經常作為藝術活動及展覽
的場所，每年5~9月間的國際煙火競賽，也是在
此舉行。

　　小山花園原是選帝侯夫人蘇菲亞栽培異國花卉
植物的園地，今日則開放為植物園，園內可看到
大溫室、蘭花園，與各種來自各地的奇花異草，
而漢諾威的海生館也在小山花園內與植物園比鄰
而居。至於喬治花園和威爾芬花園則是免費開放
的公共園地，前者是一處市民公園，後者現在是
漢諾威大學校園的一部分。

MAP ▶ P.6D3

沃爾夫斯堡

MOOK Choice

Wolfsburg

汽車迷心目中的遊樂園

🚃 從漢諾瓦中央車站，每小時有1~2班ICE或IC直達沃爾夫斯堡，車程約半小時

◎汽車城 Autostadt

🚃 從沃爾夫斯堡中央車站步行約8分鐘　⊙StadtBrücke, Wolfsburg　☎(0)5361 400　◷每日10:00~18:00　⑤一日票：成人€18，6~17歲€6　ⓤwww.autostadt.de

沃爾夫斯堡的建城歷史並不算太長，當年是因納粹德國在此設立福斯汽車工廠，並安置大批工人才形成的城市，時為1938年。由於這個緣故，沃爾夫斯堡與福斯集團的關係非比尋常，幾乎就與工廠合為一體，甚至在2003年當福斯推出第五代Golf時，還曾暫時改名為「Golfsburg」。

今日的沃爾夫斯堡仍是福斯汽車大本營，但現在它不只是一座工廠而已，而是全球汽車迷們心目中的天堂樂園。為了服務買車顧客，福斯於2000年建了一座汽車城(Autostadt)，不論你在歐陸任何地方購買福斯品牌的車輛，都可以指定在汽車城取車。當客人來到汽車城內的顧客中心後，便能看到他新買的愛車從那兩座巨大的玻璃汽車塔(AutoTürme)中緩緩降下，直達取車門前，就像在自動販賣機裡買了一台車似的，十分歡樂。

後來，汽車城更發展成不只服務取車顧客，更滿足所有汽車愛好者的主題樂園。入口處的主體建築中，以酷炫的多媒體與微型電影院，展示汽車從概念、設計、開模、組裝到銷售的各種面向，並探討汽車性能與節能環保之間的平衡理念，雖然聽起來既複雜又嚴肅，但汽車城卻有辦法運用互動式電子遊戲的方式讓人們樂在其中，連小孩子都能輕易理解。

在其他建築群中，除了顧客中心有各新款福斯汽車銷售展示外，福斯集團也為其旗下6個品牌——福斯、奧迪、喜悅、保時捷、斯科達和藍寶堅尼，分別設立展售館，依其不同理念及設計，展現出各個品牌的個性特色。

至於時間廊(ZeitHaus)則是整座汽車城的精華，汽車史上幾乎所有重要的經典款，在此分為數個樓層一字排開，壯觀無比。這當中包括許多赫赫有名的車款，像是福特T型、梅賽德斯6/25/40 HP、凱迪拉克V16、霍希670 V12、BMW 328、福斯金龜車、保時捷911、奧斯丁迷你、藍寶堅尼350GT、福斯Golf GTI等，不管是不是內行車迷，看到如此陣仗都會大呼過癮。

德國北部⋯⋯**漢**諾威及其周邊 Hannover and Around

哈默爾

圖例 ●景點 ⊕教堂 ⋒博物館 ⊕飯店
ⓘ遊客服務中心 ⊟政府機關 ⊪餐廳

市政廳
Rathaus

玻璃作坊
Glashütte

Mercure
H

登姆特樓
Dempterhaus

萊斯特樓
Leisthaus

引鼠人樓
Rattenfangerhaus
ⓘ

Deisterallee
往火車站→

婚禮樓
Hochzeitshaus

呂金雪樓
Lückingsches Haus

大教堂
Münster St. Bonifatius

MAP ▶ P.6C4

哈默爾

MOOK Choice

Hameln

滿城盡是吹笛人

🚋 從漢諾威中央車站搭乘S-Bahn的S5至Hameln站即達，每30分鐘一班，車程約45分鐘

◎哈默爾遊客中心

ⓐP.310B1 🚶 從火車站步行約13分鐘，或搭公車至Hameln Bürgergarten站下車即達 ⌂Deisterallee 1 ☎(0)5151 957-823 🕙10:00~16:00 🈔週六、日 🌐www.hameln.de/en

◎哈默爾博物館(萊斯特樓) Museum Hameln (Leisthaus)

ⓐP.310B1 ⌂Osterstraße 8-9 ☎(0)5151 202-1215 🕙11:00~18:00 🈔週一 💲成人€6，6~17歲€3 🌐museumhameln.de

◎婚禮樓機械鐘表演 Hochzeitshaus

ⓐP.310A1 ⌂Osterstraße 2 🕙機械鐘每日13:05、15:35、17:35；樂鐘每日09:35、11:35。5月中~9月中每週日12:00有30分鐘舞台劇表演；每週三16:30有40分鐘音樂劇表演，都是免費。

　《格林童話》中一則有名的故事：在一個老鼠肆虐的城鎮，有天來了位穿著奇異的吹笛人，聲稱只要鎮民付他一筆酬勞，便可為他們解決鼠患問題，村民應允之後，他便吹起魔笛，將全城老鼠引到威悉河中溺斃。然而村民們一看到老鼠出城，立刻關緊城門，原先說好的酬勞也食言了。幾天之後，憤怒的吹笛人又來到鎮上再次吹起魔

笛，這次跟著他走的不是老鼠，而是全城的兒童，據說他們被吹笛人帶到一座山洞裡，從此消失無蹤。

　故事的場景，就在哈默爾，於是今日這座小鎮上，處處都可見到吹笛人的蹤跡。譬如建於1603年的引鼠人樓(Rattenfangerhaus)，即是因其側牆橫飾帶上寫有這段故事而得名，這棟裝飾繁複的樓房現在是當地頗負盛名的餐廳，晚餐時分預訂的話，還能吃到一道名為「老鼠尾巴」的菜餚(其實是豬肉)。昔日作為慶典場地的婚禮

樓(Hochzeitshaus)，側牆上的機械鐘每天3次以吹笛人的故事報時，夏天時的每個週日中午，在一旁的舞台上還會有真人盛裝演出。而在今日改建為博物館的萊斯特樓(Leisthaus)內，則展示了哈默爾的歷史陳跡，當然也有大量關於吹笛人的故事版本、歷史考證和戲劇文化等。

其實來到哈默爾，除了吹笛人傳說外，最有看頭的還是這裡的建築物。過去哈默爾佔據水陸要津，經濟發達，人民富足，為了誇耀財富，興建的屋宇無所不用其極地在立面上加以裝飾，唯恐

落人之後，造就出許多精彩的建築藝術作品。除了婚禮樓、引鼠人樓、萊斯特樓，有名的樓房還包括史蒂夫特赫倫樓(Stiftsherrenhaus)、登姆特樓(Dempterhaus)、呂金雪樓(Lückingsches Haus)等。這些建築均建於16世紀末到17世紀初，風格源自義大利，但又無視於古典法則，遂創造出新的式樣，特點為大量運用螺旋飾、凸飾、框飾、頭像臉譜、金剛石等，且大多色彩鮮豔，被稱為「威悉文藝復興」，也使得整座哈默爾就像是一處露天建築博物館。

不來梅

Bremen

文●蔣育荏　攝影●周治平

不來梅是童話大道最北的一站，同時也是德國僅存的3個城市邦之一。格林童話中有一篇「不來梅城市音樂家」(Die Bremer Stadtmusikanten)，講的是一隻驢、一隻獵狗、一隻貓、一隻公雞，因為年老體衰，不是被主人趕出家門，就是擔心會被主人宰殺而自行逃跑，牠們有志一同地來到不來梅組成樂隊，在途中牠們合力趕走了一群強盜，終能幸福快樂地安享餘生。格林童話的重要性在於隱含德國民間的社會價值觀，而在不來梅的歷史上的確有許多流浪音樂家在這裡找到歸宿。

藉著威悉河(Weser)航向北海的水路之便，不來梅不但自古以來便是漢薩同盟的中堅份子，而且自1646年起，正式成為神聖羅馬帝國的自由城市。18世紀的不來梅是日耳曼地區最重要的海外貿易大城，然而到了1827年時，由於威悉河泥沙淤積嚴重，於是便向漢諾威王國購買了一處威悉河入海口旁的土地，那便是今日的不來梅港(Bremehaven)，而這也為現在的不來梅保留住漢國第2大港與第11大城的地位。

INFO

如何前往

◎航空

不來梅機場(BRE)在市區南方3.5公里處，主要飛航歐洲航線，目前從台灣並沒有直飛航班，必須在法蘭克福或慕尼黑轉機。

www.bremen-airport.com

機場往返市區交通

機場外即是電車站，搭乘Tram 6至Domsheide站即達老城中心，車程11分鐘，單程票€2.85。

◎火車

不來梅中央車站位於老城區東北方的威悉河北岸，從漢堡每小時1~2班ICE或IC直達，車程約55分鐘；ME則是每小時一班直達，車程約1小時10分鐘。而從漢諾威，可搭乘每小時一班的RE直達，車程約1小時20分鐘；若搭乘IC則是兩小時一班，車程1小時5分鐘。

不來梅市區圖

©GNTB-Deutsche Zentrale für Tourismus e.V.提供

不來梅中央車站 Bremen Hbf
◎P.312C1

市區交通
　　不來梅老城區很小，步行即可遊遍，若想少走一點路，可利用路面電車(Tram)。電車共有8條路線，Hauptbahnhof是這個運輸系統的樞紐，Domsheide站是最接近市中心的車站，Am Brill則是市中心西側大站。

不來梅交通公司 BSAG
💲單程票：成人€2.85，6~15歲€1.45。3站之內的短程票€1.5。一日票：第1人€8，每增加1人多€3，最多5人
🚏www.bsag.de

觀光行程
◎英語市區散步導覽 English Guided Tour
🚶在遊客中心報名出發　🕐1~4月週六13:30，5~12月週四及週日13:30。行程2小時　💲成人€9.5，12歲以下免費
◎威悉河遊船River Weser Cruise

🚶從Martinianleger碼頭出發　🕐4~9月每日11:45、13:30、15:15出發，行程75分鐘　💲成人€19，65歲以上€16，4~14歲€13.5　🎫可在旅遊局官網報名　❶船上導覽為德語

優惠票券
◎不來梅卡 BremenCARD
　　不來梅卡可在遊客中心或旅遊局官網上購買，持有不來梅卡，可在效期內不限次數搭乘大眾交通工具，並可在市區景點、博物館、劇場、導覽行程、威悉河遊船中享有最多5折優惠。

	一日	二日	三日	四日
1大2小	€10.9	€15.9	€22.9	€31.8
2大2小	€13.5	€19.9	€30.5	€39.8

旅遊諮詢
◎不來梅遊客中心
◎P.312B2　🏠Böttcherstrasse 4　☎(0)421 308-0010　🕐平日09:00~18:00，週六09:30~17:00，週日10:00~16:00　🚏www.bremen-tourismus.de

MAP ▶ P.312B2

不來梅市政廳

MOOK Choice

Bremer Rathaus
守護自由的世界遺產

🏠 Am Markt 21

◎ 市政廳內部英語導覽行程

⏰ 週一至週六16:00，週日12:00。行程1小時 💰成人€7.5，12歲以下免費 🌐www.bremen-tourism.de/town-hall ❗需於1個月前在旅遊局官網報名，行程中不得攜帶大型背包或行李

2004年，不來梅的市政廳和市政廳前的羅蘭雕像，被聯合國教科文組織列為世界文化遺產。市政廳建於1405至1410年間，17世紀被改建為北方文藝復興式樣，稱為「威悉文藝復興」，而市政廳正是這種建築風格中的佼佼者。廣場上的羅蘭像則是世界上最古老、最具代表性的羅蘭像，羅蘭是查理曼大帝手下大將，在與巴斯克人的戰役中陣亡，其事蹟透過著名史詩《羅蘭之歌》而廣為人知。羅蘭作為不來梅的守護者，從9世紀起就豎有他的木像，1404年改立為石雕像。傳說只要羅蘭像能繼續屹立著，不來梅就能保持自由且獨立的地位，因此被視為不來梅自由共和與貿易權利的象徵。

在廣場的另一個角落，是最受遊客喜愛的不來梅城市音樂家雕像，四隻動物疊羅漢似地站在一起，早已成為城市的新標誌。而這尊銅像則是藝術家Gerhard Marcks於1951年的作品。

市政廳廣場上另一處有趣的地方是市議會大樓前的「不來梅之洞」(Bremer Loch)，乍看之下只是個普通的人孔蓋，但若投一枚硬幣下去，就會聽到不來梅音樂家其中一隻的聲音。因此如果你看到一群人趴在地上凝聽時，請不要覺得奇怪。

MAP ▶ P.312B1

養豬人銅像

Schweinehirt und seine Herde
養豬人圖案的本尊

🏠 Sögestraße

在不來梅這座童話城鎮裡，處處都可以看到不來梅音樂家們的影子，但除了那四隻著名的童話動物外，你也會常常看到養豬人和他的豬群們出現在許多標誌上，而養豬人和豬仔們的本尊就位於Sögestraße的街口處。Sögestraße是不來梅最古老的街道，中世紀早期的養豬人會將豬群從這條街趕到城牆前的牧場上，因此從1974年起，這條老街便出現了這些由雕刻家Peter Lehmann所雕塑的可愛作品，吸引許多遊客與它合照。

聖佩特利大教堂

St. Petri Dom

登高俯瞰不來梅

🏠Sandstraße 10-12 ◷
10:00~17:00（週日11:30
起）ⓦwww.stpetridom.de
◎登塔
◷10:00~17:00（週日11:30
起）⊗週一、二及11~3月
💲成人€4，6~18歲€2
◎地窖
◷11:00~17:00 ⊗週一、
二及11~3月 💲成人€5，兒
童€3 🎫與登塔的聯票，成
人€8，兒童€4
◎博物館
◷平日10:00~16:45，
週六10:00~13:30，週日
14:00~16:45 💲免費

　不來梅大教堂始建於789年，以十二使徒之
一的聖彼得命名，由於聖彼得掌管天堂之門，
因此不來梅的市徽便是一把鑰匙。大教堂在13
世紀改建成早期哥德樣式，現在則是一座路德
教派的新教教堂。沿著265層階梯，登上98.5
公尺高的教堂塔頂，可以俯瞰不來梅老城景
致；而地窖是教堂最古老的部分，能看到1220
年的施洗盆、1360年的唱詩班座席和1638年
的佈道壇。

　大教堂博物館中有6間展廳，展示1973年出
土的主教墓穴和宗教器物，其中還包括克拉納
赫(Lucas Cranach)的畫作。

MOOK Choice

柏特夏街

Böttcherstraße

重現中世紀繁華街景

◎柏特夏街博物館 Museen Böttcherstraße
🏠Böttcherstraße 6-10 ☎(0)421 338-8222 ◷
11:00~18:00 ⊗週一 💲成人€10，17歲以下免費 ⓦ
www.museen-boettcherstrasse.de

　不來梅最有名的一條街就是柏特夏街，儘
管這條街只有110公尺長，卻是老城區裡最
繁華熱鬧的街道。1924~31年間，不來梅
HAG咖啡公司的創立者羅塞里烏斯(Ludwig
Roselius)，為了重現中世紀市鎮的繁榮景象，
不惜耗費鉅資在這條街上建了許多精緻的建築
物。像是柏特夏街4號的壁鐘之家(Haus des
Glockenspiels)，就在兩座山牆之間裝飾了30
座麥森瓷鐘，十分精細可愛。

　除了眾多藝術精品小店和咖啡館外，柏特
夏街值得參觀的還有羅塞里烏斯博物館與寶
拉貝克博物館(Paula-Modersohn-Becker
Museum)，前者展出中世紀晚期藝術作品與民
間生活，後者則是世界第一間以女性藝術家為
主題的博物館。這兩間博物館內部相連，共同
構成柏特夏街博物館的主體部分。

德國北部…**不**來梅 Bremen

海外博物館
Übersee-Museum
將世界濃縮於一處

🏠Bahnhofsplatz 13　☎(0)421 160-380　🕙09:00~18:00
（週末10:00起）　🚫週一　💲成人€13.5，6~17歲€6.75　🔳
www.ueberseee-museum.de　🎫17:00後門票半價

　「人類的構造成分有75%是好奇！」這便是不來梅海外博物館成立的宗旨。海外博物館巧妙地結合了民族人類學博物館、自然歷史博物館與商業貿易博物館的特質，在面積將近1萬平方公尺的展館中，展示世界5大洲的文化特色與自然生態。包括中國的屋宇建築、日本的花園庭院、美洲神祕的原住民圖騰柱、驚心動魄的野牛群追獵、非洲充滿活力的傳統手工藝品、大洋洲綺麗多彩的水底風光……。幾乎整個世界都濃縮在這

裡了，讓具有冒險精神、喜歡在多元文化中探索的遊客有個尋根究柢的好去處。

貝克啤酒廠
Becks Brauerei
德國老牌啤酒廠

🚊搭乘Tram 1、2、3、6線至Am Brill站，步行約10分鐘　🏠
Am Deich 18/19　☎(0)421 5094-5555　🕙英文行程於
13:00、15:00出發（週四至週六增加11:00一梯），行程3小時
🚫週日　💲每人€18.5　🔳becks.de　❗參加者須年滿16歲，
需事先預約，行程中不得穿著涼鞋

　貝克啤酒是德國著名的啤酒廠牌，而其大本營正是在不來梅的威悉河畔。啤酒廠創立於1879年，生產的皮爾森淡啤酒銷售至世界各地，算是啤酒界中的「名牌」，因此來到不來梅若是不進去參觀一下，就未免太可惜了。全程3小時的導覽行程，遊客可以在博物館中看到早期釀酒的種種設備，同時了解到酒廠對於原料選用是何等嚴格。接著在兩部介紹影片內，整個啤酒從發酵到裝瓶的釀造過程，都鉅細靡遺呈現在觀眾眼前。而在參觀過釀造間、麥芽倉、發酵罐和貯藏罐後，便到了最令人期待的品酒室。首先，導

覽員會拿出兩杯啤酒請你分辨哪杯是貝克啤酒（Beck's），哪杯是哈克貝克啤酒（Haake-Beck），如果答對的話就會再請你喝一杯0.5公升的自選啤酒和一瓶瓶裝啤酒。如果答錯也沒關係，除了原本的兩杯啤酒外，還能得到另一杯安慰的啤酒，果然是不醉不歸。

The Savvy Traveler
聰明旅行家

文●墨刻編輯部

在德國自助旅行最好的方式就是搭乘火車，而各城市市區都有相當綿密的交通網路，城市中的德國人大都可以用英語溝通，且基本上對觀光客非常友善，只要你在路上攤開地圖，一臉疑惑的表情，馬上就會有熱情的路人來為你指點迷津，因此在德國自助旅行是一件非常容易的事。

簽證辦理

◎短期觀光免簽證

從2011年1月11日開始，國人前往包含德國在內的歐洲36個國家和地區，無需辦理申根簽證，只要持有效護照即可出入申根公約國，180天內最多可停留90天。有效護照的定義為，預計離開申根區時最少還有3個月的效期，且護照上註明有台灣身份證字號。

・海關可能要你出示的文件

儘管開放免簽證待遇，卻不代表遊客可無條件入境，入境申根國家可能會被海關要求查驗的相關文件包括：當地旅館訂房紀錄與付款證明(或當地親友邀請函)、回程機票、足夠維持旅遊期間生活花費之財力證明(如現金、信用卡)、旅遊行程表等。如果是去德國短期進修或訓練、從事商務或參展、參加比賽或交流，亦需出示相關證明文件。

・旅遊醫療保險

目前旅遊醫療險雖已不是免簽證入境申根區的必要條件，但因為歐洲醫療費用相對昂貴，為了以防萬一，最好還是在出國前購買足額的旅行平安險(包含附加海外緊急醫療、住院醫療、各種急難救助及國際SOS救援服務等)，同時先了解自己現有的保險是否能給付出國旅行期間的醫藥費用(包括住院及轉送回國治療)，以及在國外財物遭竊是否能獲得適當理賠。

◎德國長期簽證

如果要在德國工作、求學，時間超過90天者，就還是要向德國在台協會申請非觀光簽證。

德國在台協會

⌂ 台北市信義路五段7號33樓

☎ (02) 8722-2800　🌐 taipei.diplo.de

飛航資訊

目前從台灣直飛德國的，有中華與長榮兩家航空公司。中華航空的CI61班機，每日從桃園機場飛抵法蘭克福，飛行時間約14小時40分鐘。長榮航空的BR71班機，一週4班從桃園機場飛抵慕尼黑，飛行時間約14小時30分鐘。

◎台灣飛航德國主要航空公司：

航空公司	飛行城市與航班	電話	網址
中華航空	每日直飛法蘭克福	(02) 412-9000	www.china-airlines.com
長榮航空	每週4班直飛慕尼黑	(02) 2501-1999	www.evaair.com
泰國航空	台北經曼谷飛往法蘭克福或慕尼黑	(02) 2515-0188	www.thaiairways.com
新加坡航空	台北經新加坡飛往法蘭克福或慕尼黑	(02) 7750-7708	www.singaporeair.com
阿聯酋航空	台北經杜拜飛往法蘭克福或慕尼黑	(02) 7745-0420	www.emirates.com
土耳其航空	台北經伊斯坦堡飛往法蘭克福或慕尼黑	(02) 2718-0849	www.turkishairlines.com
國泰航空	台北經香港飛往法蘭克福	(02) 7752-4883	www.cathaypacific.com

旅遊資訊

◎時差

德國使用的是歐洲中部時區(Central European Time，CET)，夏令時間比台灣慢6

夏令時間

夏令時間又稱日光節約時間，因為在高緯度的國家，冬季與夏季的日照長短落差很大，為使人們配合日光作息，因而有此規定。每個國家的夏令時間不盡相同，而歐洲絕大部分國家的夏令時間，是從每年3月的最後一個週日開始，將時鐘調快1個小時，至10月最後一個週日結束，再將時鐘調慢1個小時。

個小時，其他月份則慢7個小時。

◎貨幣與匯率

德國屬於歐盟會員國的一份子，同時也加入歐元體系，因此當地的流通貨幣為歐元(Euro)，以符號「€」代表，1歐元等於100歐分(¢)。

歐元鈔票面額分為€5、€10、€20、€50、€100、€200、€500，每種面額的鈔票大小、顏色都不同。硬幣共有8種，包括¢1、¢2、¢5、¢10、¢20、¢50、€1、€2。

自歐元區成立以來，歐洲經濟情勢峰迴路轉，歐元匯率變動極大，有時1歐元可以匯兌新台幣48元，有時走低到新台幣30元，因此實際匯率還是以匯兌當時為準。

◎電壓

220V，50Hz，台灣電器需使用圓形的兩孔轉接插頭。

◎打電話

從台灣撥打德國：002-49-區域號碼(去掉0)-電話號碼

從德國撥打台灣：00-886-區域號碼(去掉0)-電話號碼

從德國撥打台灣手機：00-886-手機號碼(去掉第一個0)

(若以手機撥打，可用「＋」來代替國際冠碼002或00)

◎網路

在德國，網路的使用相當普遍，各飯店、餐廳幾乎都有提供免費的無線上網，只要在消費時向店家詢問Wi-Fi密碼即可。

若需要隨時能夠上網，可在德國通訊行如T-Mobile、Vodafone、O2等，購買手機預付sim卡，依通話費率、網路流量等差別，每張sim卡略有價差。此外，從2017年7月起，德國針對外國人購買手機預付卡開始嚴格控管，購買手續變得相當繁瑣且不易，因此建議出國前先在台灣買好預付卡，或是租用Wi-Fi分享器，會比較方便省事。

◎小費

在德國沒有要給小費的硬性規定，除非覺得服務實在太感人，才會給小費，而且是直接把現金拿給侍者，而不是丟在桌上。住在高級飯店，可支付約€1小費給行李小弟或房間清理人員；住在一般旅舍則可以不必付小費。搭乘計程車時，若是請司機幫忙搬運行李，則建議給€1小費。

◎購物退稅

在歐洲購物，商品價格已包含增值稅(VAT)在內，而德國目前一般貨物的增值稅為19%(食物、書報、藥品等商品的增值稅為7%)。在歐洲短期旅遊的外國觀光客並沒有義務繳納這筆稅金，因此在離開歐盟前可向政府拿回這筆錢。

不過，大多數能退稅的商店與國際機場，都是與環球藍聯這間退稅公司合作，因此退稅的過程中會被收取部分手續費。也就是說，實際能拿回的金額為商品標價乘以19%，再減去手續費之後的數字。

環球藍聯 Global Blue 🌐www.globalblue.com

・退稅條件

1. 購買人不得持有歐盟國家護照，或長期居留歐盟國家。
2. 須在門口或櫥窗貼有「Tax Free」標示的商店消費。
3. 須在同一天、同一間店消費額滿€50.01以上。
4. 須於購買後3個月內給海關人員蓋章，否則退稅申請單自動失效。

・退稅方式

1. 向店員索取並填寫退稅申請單(Tax Free Form)，通常店員會根據換算表幫你填好可退還的金額。

2. 離開歐盟國家前(注意：某些申根國家並非歐盟成員，如瑞士)，在機場尋找Global Blue的退稅櫃檯(Tax Refund)。由於海關需要親眼看到你購買的物品，因此若該物品在託運行李中，請務必在check-in之前先去辦理退稅。

3. 退稅處旁不遠，可以找到海關櫃檯，將退稅申請單、購買時的收據、護照交給海關人員，並出示所購買的物品(必須是未拆封的)，查驗無誤後，海關就會在退稅申請單上蓋章交還。

4. 拿著蓋過章的退稅申請單到Global Blue櫃檯排隊，如果申請單上勾選現金退稅，當場就能拿到歐元現鈔；如果勾的是信用卡退稅，並填妥信用卡資料，稅金就會在之後的信用卡帳單中入帳(可能需要2到3個月)。

◎公共廁所

在德國上公共廁所通常都要付錢，金額從￠30~￠50不等，有的廁所門口有專門收錢的人，有的則是投幣式。要特別注意的是，男廁是「Herren」，女廁是「Damen」。

◎飲用水

德國的自來水可以生飲，自備水壺裝水能省下不少買水錢。但腸胃體質敏感的人，可能還是到店裡買礦泉水喝會比較安心。

◎緊急聯絡電話

旅外國人緊急服務專線：+886-800-085-095

旅外國人急難救助全球免付費專線：011-800-0885-0885 (限德國電信公司所屬的公用電話及市話可免費撥打)

駐德國台北代表處：

📍Markgrafenstrasse. 35, 10117 Berlin

📞+49 30 203-610、急難救助行動電話為+49-171-389-8257

🌐www.roc-taiwan.org/de

駐德國台北代表處法蘭克福辦事處：

📍Friedrichstrasse 2-6, 60323 Frankfurt

📞+49 69 745-734、急難救助行動電話為+49-171-314-7552

🌐www.roc-taiwan.org/defra

駐德國台北代表處漢堡辦事處：

📍Mittelweg 144 / 2.OG, 20148 Hamburg

📞+49-40 447-788、急難救助行動電話為+49-171-521-7081

🌐www.roc-taiwan.org/deham

駐德國台北代表處慕尼黑辦事處：

📍Leopoldstraße 28a/V, 80802 München

📞+49-89 512-6790、急難救助行動電話為+49-174-632-6739

🌐www.roc-taiwan.org/demuc

當地報案電話：

📞警察：110、消防：112

◎德國國定假日

日期	節慶
1月1日	元旦
復活節前的週五	受難節
復活節後的週一	復活節後週一
5月1日	國際勞動節
從復活節算起第40天	耶穌升天節
耶穌升天節後第10天	聖靈降臨節
10月3日	國慶日
12月25至26日	聖誕節

德國人對樓層的概念和台灣人不一樣

台灣人理解中的1樓，在德國稱為Erdgeschoß，也就是「地面樓層」。對德國人來說(其實整個歐洲皆是如此)，要往上爬一層樓才算得上1樓，因此德國的1樓(1. Etage)在台灣算是2樓，依此類推。不習慣的情形常發生在下樓按電梯時，有時直覺就按下「1」的鈕，電梯開門才發現還在樓上。在德國要去1樓(地面層)，記得要按「E」或「EG」的鈕哦。

德國 Germany
MOOK NEWAction no.74

作者
蔣育荏‧蒙金蘭‧墨刻編輯部

攝影
墨刻攝影組

主編
蔣育荏

美術設計
董嘉惠‧詹淑娟‧許靜萍‧羅婕云

地圖繪製
Nina‧墨刻編輯部

出版公司
墨刻出版股份有限公司
地址：台北市115南港區昆陽街16號7樓
電話：886-2-2500-7008
傳真：886-2-2500-7796
E-mail：mook_service@cph.com.tw
讀者服務：readerservice@cph.com.tw
墨刻官網：www.mook.com.tw

發行公司
英屬蓋曼群島商家庭傳媒股份有限公司城邦分公司
地址：台北市115南港區昆陽街16號8樓
電話：886-2-2500-7718　886-2-2500-7719
傳真：886-2-2500-1990　886-2-2500-1991
城邦讀書花園：www.cite.com.tw
劃撥：19863813
戶名：書虫股份有限公司

香港發行所
城邦(香港)出版集團有限公司
地址：香港灣仔駱克道193號東超商業中心1樓
電話：852-2508-6231
傳真：852-2578-9337

馬新發行所
城邦(馬新)出版集團 Cite (M) Sdn Bhd
地址：41, Jalan Radin Anum, Bandar Baru Sri Petaling, 57000
Kuala Lumpur, Malaysia.
電話：(603)90563833
傳真：(603)90576622
E-mail：services@cite.my

製版‧印刷
藝樺設計有限公司‧漾格科技股份有限公司

經銷商
聯合發行股份有限公司（電話：886-2-29178022）
誠品股份有限公司
金世盟實業股份有限公司

城邦書號
KV3074

定價
480元

ISBN
978-986-289-881-9‧978-986-289-883-3（EPUB）
2023年6月初版 2024年4月2刷

首席執行長　Chief Executive Officer
何飛鵬　Feipong Ho

生活旅遊事業總經理暨墨刻出版社長　PCH Group President & Mook Managing Director
李淑霞　Kelly Lee

總編輯　Editor in Chief
汪雨菁　Eugenia Uang

資深主編　Senior Managing Editor
呂宛霖　Donna Lu

編輯　Editor
趙思語‧唐德容‧陳楷琪‧王藝霏
Yuyu Chew, Tejung Tang, Cathy Chen, Wang Yi Fei

資深美術設計主任　Senior Chief Designer
羅婕云　Jie-Yun Luo

資深美術設計　Senior Designer
李英娟　Rebecca Lee

影音企劃執行　Digital Planning Executive
邱茗晨　Mingchen Chiu

資深業務經理　Senior Advertising Manager
詹顏嘉　Jessie Jan

業務經理　Advertising Manager
劉玫玟　Karen Liu

業務專員　Advertising Specialist
程麒　Teresa Cheng

行銷企畫經理　Marketing Manager
呂妙君　Cloud Lu

行銷企畫專員　Marketing Specialist
許立心　Sandra Hsu

業務行政專員　Marketing & Advertising Specialist
呂瑜珊　Cindy Lu

印務部經理　Printing Dept. Manager
王竟為　Jing Wei Wan

國家圖書館出版品預行編目資料

德國/蔣育荏, 蒙金蘭, 墨刻編輯部作. -- 初版. -- 臺北市：墨刻出版
股份有限公司出版：英屬蓋曼群島商家庭傳媒股份有限公司城邦分
公司發行, 2023.06
320面；16.8×23公分. -- (New action；74)
ISBN 978-986-289-881-9(平裝)
1.CST: 旅遊 2.CST: 德國
743.9　　112007412